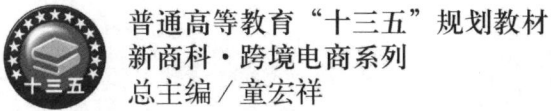

普通高等教育"十三五"规划教材
新商科·跨境电商系列
总主编／童宏祥

U0780970

国际贸易实务
——跨境电商

童宏祥　崔慧华／主　编

立信会计出版社
LIXIN ACCOUNTING PUBLISHING HOUSE

图书在版编目(CIP)数据

国际贸易实务:跨境电商 / 童宏祥,崔慧华主编
. —上海:立信会计出版社,2021.6
普通高等教育"十三五"规划教材. 新商科·跨境电
商系列
ISBN 978 - 7 - 5429 - 6221 - 8

Ⅰ.①国… Ⅱ.①童… ②崔… Ⅲ.①国际贸易-贸
易实务-高等学校-教材 Ⅳ.①F740.4

中国版本图书馆 CIP 数据核字(2021)第 113472 号

策划编辑 余 榕
责任编辑 余 榕
封面设计 南房间

国际贸易实务——跨境电商
GUOJI MAOYI SHIWU KUAJING DIANSHANG

出版发行	立信会计出版社		
地 址	上海市中山西路 2230 号	邮政编码	200235
电 话	(021)64411389	传 真	(021)64411325
网 址	www.lixinaph.com	电子邮箱	lixinaph2019@126.com
网上书店	http://lixin.jd.com	http://lxkjcbs.tmall.com	
经 销	各地新华书店		
印 刷	上海万卷印刷股份有限公司		
开 本	787 毫米×1092 毫米	1/16	
印 张	20		
字 数	512 千字		
版 次	2021 年 6 月第 1 版		
印 次	2021 年 6 月第 1 次		
印 数	1—3 100		
书 号	ISBN 978 - 7 - 5429 - 6221 - 8/F		
定 价	49.00 元		

总　序

当下,我们正处于一个互联网、大数据、人工智能快速发展与变革的时代,各种新业态和新商业模式层出不穷,给高等学校的专业建设带来了机遇与挑战。高等学校的人才培养必须适应我国新技术、新产业、新业态和新模式的新需求,由此我们必须对现有的专业领域及课程设置做出相应的调整或者更新。教育部部长陈宝生在新时代全国高等学校本科教育工作会议上的讲话中指出:"当前,我国高等教育改革发展已经进入深水区,某些领域也开始进入无人区,没有现成的经验可以模仿复制,需要有旱路不通走水路、水路不通走山路、山路不通开新路的敢为天下先的勇气,不断推动高等教育的思想创新、理念创新、方法技术创新和模式创新。"

新商科是基于新技术、新业态、新模式的背景提出的,其涉及《普通高等学校本科专业类教学质量国家标准》中设置的国际商务、电子商务、物流管理、市场营销和商务英语等专业,涉及外贸企业和跨境电子商务企业的外贸单证专员、外贸采购专员、跨境营销专员、外贸业务专员、跨境电商运营专员、跨境电商物流专员、跨境电商报检专员、跨境电商报关专员等岗位所必须具备的知识、技能等职业能力课程,需要根据岗位要求调整课程结构,完善课程内容,形成一个跨专业领域的课程体系。2017年以来,上海立达学院成立了以经管学院院长童宏祥教授为引领的"新商科·跨境电商系列"教材编写课题组,对外贸企业、跨境电子商务企业和国际物流企业的岗位设置、岗位要求和职业素养等方面进行了调研,开展了专家访谈,经过分析与归类,制定了岗位职业能力表,并在此基础上拟定了新商科课程体系,其中专业课程模块系列教材包括《国际贸易实务》《跨境电商实务》《外贸英语制单》《跨境市场营销》《跨境贸易跟单》《跨境电商物流》《报检报关理论与实务》《电子商务数据应用基础》《电子商务法律实务》《国际商法》《跨境电商运营》《国际贸易模拟操作》等。该系列教材具有以下五大特色。

1. 新理念

基于协同学的方法和理论,立足工作过程的视角,跨越学科的界限,创立新商科的体系,为外贸企业和跨境电子商务企业培养复合型的专门人才。

2. 新视角

本书基于"互联网+"的战略,贯通线上线下的脉络,打造国际贸易与跨境电子商务复合型新商科平台。

3. 新结构

基于新商科的视角,构建"国际商务、市场营销、物流管理十电子商务"多元化模块,对接新商科的业态化。

4. 新知识

基于新商科的学科领域,介绍新商科的生态圈,重述产业链,传授新模式、新流程、新手段等方面的理论知识、信息化技术和专业技能。

5. 新思想

基于"三全"育人的视角,在专业课程中融入思政教育,培育和践行社会主义核心价值观,坚持立德树人。

"新商科·跨境电商系列"教材在策划与建设过程中,得到了上海立达学院董事会、校领导的指导和关心,以及立信会计出版社的大力支持和编辑余榕老师的具体帮助,在此表示衷心的感谢。

"新商科·跨境电商"是一个全新的专业学科领域,我们在探索新商科课程体系及课程建设过程中难免会有不足之处,希望同仁不吝赐教,批评指正。

董宏祥

2021 年 6 月

前　言

当下,高等教育正处于一个互联网、大数据、人工智能快速发展与变革的时代,国际商务等商科类学科、专业面临着改革与发展。传统的国际贸易主要包括一般贸易、加工贸易等方式。跨境电子商务与传统贸易既有联系,又有差异。跨境电子商务包含了一般贸易,不仅是对传统贸易的补充,而且改变了传统的操作模式,加速了贸易便利化进程;同时,跨境电子商务又有自身的特征,在贸易形态、产业链、监管原则、交易模式、准入模式等方面,相比传统贸易有着明显的差异。上海立达学院"新商科·跨境电商系列"教材编写课题组基于传统的国际商务学科、专业,结合当下跨境电子商务新模式,编写了本书。

本书与传统的同类教材相比,具有以下"四个新"。

一、新理念

本书基于协同学的方法和理论,跨越学科的界限,提出了"进出口贸易＋跨境贸易电子商务＋加工贸易"的课程结构,具有一定的独创性。

二、新视角

本书基于协同学的方法和理论,立足工作过程的视角,以主体的经营资质、工作过程、工作内容和工作要求等工作逻辑关系为主线,通过"专业知识理论＋案例分析＋样例展示"等形式,形成了理实一体化的课程体系。

三、新知识

伴随着互联网、大数据、人工智能等新技术的发展,政府机构的改革、贸易便利化措施的进一步推进,以及我国对法律法规、行业规范、国际贸易业务操作模式等方面进行的一系列调整,本书增加了相关的监管模式、认证标准、操作内容等方面的新知识、新方法和新要求。

四、新思想

根据教育部有关课程思政建设的精神,探索课程思政的形式,本书设置了"案例思政"模块,结合不同章节的内容确定了一系列培育社会主义核心价值观的主题,将专业性与思想性进行了有机融合,突出了立德树人的教育理念。

本书由现就职于上海外国语大学贤达经济人文学院的童宏祥负责策划和总纂,由童宏祥与上海立达学院崔慧华担任主编,由上海立达学院姜颖珲和陈琳担任副主编。本书的具体分工如下:上海立达学院陆佳佳编写第一章;上海立达学院丁滟湫编写第二章;陈琳编写

第三章和第四章;童宏祥编写第五章、第六章和第七章;崔慧华编写第八章和第九章;姜颖珲编写第十章和第十一章。

本书在策划和编写过程中,得到了上海立达学院各位领导的关心,也得到了立信会计出版社的领导与编辑的具体指导和帮助,在此一并表示感谢。由于编者实务经验有限,书中难免存在疏漏或者不妥之处,恳请同行和专家不吝赐教。

编者

2021 年 6 月

目　录

第一章　国际贸易经营资质

学习目标

◆ 了解国际贸易基本内涵、主要分类与特征以及发展的现状。

◆ 熟悉中国对外贸易发展概况和主要标志。

◆ 明确中国对外贸易发展对全球经济的主要作用。

◆ 掌握国际贸易企业资质申请程序及其主要内容。

本 章 概 要

　　本章包括两部分内容:第一部分为国际贸易概述,介绍了国际贸易的分类、特征,进出口货物配额与许可证管理,中国对外贸易发展现状;第二部分为外贸企业经营资质,介绍了工商经营资质、外贸经营资质和报检报关资质。

第一节　国际贸易概述

国际贸易是指世界各个国家或者地区之间商品、技术和服务的商业交换活动。

一、国际贸易的分类

国际贸易方式通常包括以下四种类型。

（一）进口贸易与出口贸易

国际贸易按照商品的流向可分为两类:一是进口贸易,是指从其他国家或者地区引进商品、技术和服务到本国市场的商务活动;二是出口贸易,是指将本国的商品、技术和服务输出到其他国家或者地区的商务活动。

（二）有形贸易与无形贸易

国际贸易按照商品形态可分为两类:一是有形贸易,是指国际贸易交易的标的是实物形态的商品,如服装、化妆品和家具等;二是无形贸易,是指国际贸易交易的标的是劳务或者其他非实物形态的商品,如为进出口商品提供货物运输、货物保险、货物销售和金融等服务。

（三）直接贸易与转口贸易

国际贸易按照交易模式可分为两类:一是直接贸易,是指进出口双方就商品、技术和服务直接达成交易,签订国际贸易合同,并按其履行的贸易方式;二是转口贸易,是指进出口双方就商品、技术和服务通过第三国达成交易,签订国际贸易合同,并按其履行的贸易方式。

（四）一般贸易与加工贸易

国际贸易按照贸易方式一般可分为以下两类。

1. 一般贸易

一般贸易是指境内有进出口经营权的企业单边输入或输出关境的进出口贸易方式。一般贸易货物依据不同的监管方式可分为三类:一是一般进出口货物,是指按一般进出口监管制度办理海关手续的进出口货物;二是特定减免税货物,是指一般按特定减免税监管制度办理海关手续,可以享受特定减免税优惠的进出口货物;三是保税货物,是指经海关批准保税,按保税监管制度办理海关手续的进出口货物。

2. 加工贸易

加工贸易是指经营企业进口全部或部分原辅材料、零部件、元器件和包装物料经加工或者装配后,将制成品复出口的经营活动。加工贸易是以加工为特征的再出口业务,按照所承接的业务特点不同,分为进料加工、来料加工和装配业务。

二、国际贸易的特征

国际贸易是各国或地区在国际分工基础上形成的相互依赖关系,由于是在不同国家或者地区间进行的,与国内贸易业务相比具有明显的特征。其主要表现为以下四个方面。

（一）受各国政治的影响

国际贸易必然要受到国际局势变化和不同国家或者地区的政治、双边关系等条件的影响,各国势必都会采取保护本国根本利益的措施,其直接影响着国际贸易的发展。例如,近年来韩国不顾中国在萨德部署问题上的多次抗议,由此影响了两国国际贸易发展的态势,中国政府减少了对韩国进出口货物的总量。

（二）受各国贸易政策的影响

伴随着全球经济一体化进程和不同国家或地区竞争博弈日趋激烈,各国都会采取保护本国经济利益的贸易保护政策,一定程度上将影响着国际贸易的发展。例如,有些发达国家出于保护本国经济的目的,连续不断对中国出口产品开展反倾销和反补贴调查,中国成为全球遭遇反倾销和反补贴调查最多的国家,阻碍了我国对外经济的发展。

（三）受各国社会习俗的影响

从事国际贸易时,我们要面对不同国家或者地区的传统文化、生活习俗和消费习惯等方面的差异,所涉的问题远比国内贸易业务复杂得多,稍有疏忽就会影响到外贸企业的经济利益。例如,伊斯兰国家一般是指以伊斯兰教为国教和多数居民信奉伊斯兰教的国家和地区,共计 57 个国家和 2 个地区。伊斯兰教禁食猪肉,如果向伊斯兰国家出口含有猪肉的食品,就会侵犯他国社会习俗,将被其海关拒绝入境。

（四）受外在风险的影响

进出口货物交易要涉及买卖双方的洽谈与签约,还要通过货物运输、进出口货物认证、货物运输保险、进出口货物通关、支付与结汇以及核销退税等环节,合同履行时间较长,承担的风险远要比国内贸易业务大得多,尤其是传统国际贸易成交数量一般较大,运输距离较远。

三、进出口货物配额与许可证管理

进出口货物配额与许可证管理制度是世界上大多数国家普遍采用的管理进出口贸易秩序的重要工具。它是根据国家有关法律法规对进出口经营权、经营范围、贸易国别、进出口商品的品种等实行有效监测,通过政府有关行政机构发放进出口货物配额与签发进口货物许可证或者出口货物许可证来进行全面管理。目前,我国采用配额许可证管理的措施,即配额与许可证结合使用,需要配额管理的商品必须要申领许可证。

（一）货物进出口原则

1. 最惠国待遇

《1994 年关税及贸易总协定》及其他协议在有关条款中规定了成员之间应相互给予最惠国待遇。最惠国待遇要求在世界贸易组织成员间进行贸易时彼此不能搞歧视,大小成员要一律平等,只要其进出口的产品是相同的,则享受的待遇也应该相同,不能附加任何条件,并且是永久的。《中华人民共和国货物进出口管理条例》（以下简称《货物进出口管理条例》）第五条规定:"中华人民共和国在货物进出口贸易方面根据所缔结或者参加的国际条约、协定,给予其他缔约方、参加方最惠国待遇、国民待遇,或者根据互惠、对等原则给予对方最惠国待遇、国民待遇。"

2. 货物进出口自由

我国《货物进出口管理条例》第四条规定:"国家准许货物的自由进出口,依法维护公平、有序的货物进出口贸易。除法律、行政法规明确禁止或者限制进出口的外,任何单位和个人均不得对货物进出口设置、维持禁止或者限制措施。"

（二）货物进出口分类管理

1. 禁止进出口货物

禁止进出口的货物有两大类:一是《中华人民共和国对外贸易法》（以下简称《外贸法》）第十七条规定情形之一的货物;二是其他法律、行政法规规定禁止进口的货物。禁止进出口货物的目录由商务部会同国务院有关部门制定、调整并公布。

2. 限制进出口的货物

限制进出口的货物有两大类:一是我国《外贸法》第十六条规定情形之一的货物;二是其他法律、行政法规规定限制进口的货物。限制进出口的货物目录由商务部会同国务院有关部门制定、调整并适时公布。

1）限制进出口货物的配额管理

配额管理是指国家在一定时期对于某种商品的进出口数量或者金额直接加以限制的管理措施,在规定的期限和配额以内的货物准许进口或者出口。我国对小麦、玉米、大米、食糖、棉花、羊毛、毛条和化肥等关系国计民生的大宗商品实行关税配额管理。其中,小麦、玉米、大米、棉花的进口关税配额由国家发改委管理,食糖、羊毛、毛条和化肥的进口关税配额由国家商务部管理。我国出口货物配额管理范围包括小麦、玉米、大米、棉花、小麦粉、玉米粉、大米粉、锯材、活牛(对港澳地区)、活猪(对港澳地区)、活鸡(对港澳地区)、煤炭、焦炭、原油、成品油、稀土、锑及锑制品、钨及钨制品、锌矿砂、锡及锡制品、白银、铟及铟制品、钼、磷矿石、蔺草及蔺草制品、碳化硅、滑石块(粉)、镁砂、矾土、甘草及甘草制品。其中,小麦、玉米、大米、棉花的出口配额由国家发改委管理,小麦粉、玉米粉、大米粉、锯材、活牛(对港澳地区)、活猪(对港澳地区)、活鸡(对港澳地区)、煤炭、焦炭、原油、成品油、稀土、锑及锑制品、钨及钨制品、锌矿砂、锡及锡制品、白银、铟及铟制品、钼、磷矿石的出口配额由国家商务部管理,蔺草及蔺草制品、碳化硅、滑石块(粉)、镁砂、矾土、甘草及甘草制品的出口配额由国家商务部公开实行出口配额招标。

2) 限制进出口货物的许可证管理

我国对限制进出口货物配额管理以外的货物实行许可证管理。进口商或出口商凭许可证管理机构发放的进口或出口许可证,向海关办理进出口货物报关验放手续。

我国 2019 年实行出口许可证管理的货物共 45 种,由商务部和商务部委托的省级地方商务主管部门及副省级市商务主管部门负责实施货物出口许可。商务部配额许可证事务局负责签发小麦、玉米、煤炭、原油、成品油(不含一般贸易方式出口润滑油、润滑脂及润滑油基础油)、棉花 6 种货物的出口许可证。商务部驻有关地方特派员办事处负责签发活牛、活猪、活鸡、大米、小麦粉、玉米粉、大米粉、药料用麻黄草、甘草及甘草制品、蔺草及蔺草制品、天然砂、磷矿石、镁砂、滑石块(粉)、锡及锡制品、钨及钨制品、锑及锑制品、锯材、白银、铂金(铂或白金)、铟及铟制品 21 种货物的出口许可证。商务部委托机构负责签发牛肉、猪肉、鸡肉、矾土、氟石(萤石)、稀土、钼及钼制品、焦炭、成品油(仅限一般贸易方式出口润滑油、润滑脂及润滑油基础油)、石蜡、部分金属及制品、硫酸二钠、碳化硅、消耗臭氧层物质、柠檬酸、维生素 C、青霉素工业盐、摩托车(含全地形车)及其发动机和车架、汽车(包括成套散件)及其底盘 19 种货物的出口许可证。

我国 2019 年实行进口许可证管理的货物共 14 种,包括消耗臭氧层物质(有 56 个十位数海关商品编码)、化工设备(有 2 个十位数海关商品编码)、金属冶炼设备、工程机械(有 9 个十位数海关商品编码)、起重运输设备(有 6 个十位数海关商品编码)、造纸设备(有 3 个十位数海关商品编码)、电力电气设备(有 15 个十位数海关商品编码)、食品加工及包装设备(有 6 个十位数海关商品编码)、农业机械(有 9 个十位数海关商品编码)、印刷机械(有 8 个十位数海关商品编码)、纺织机械、船舶(有 7 个十位数海关商品编码)、硒鼓和 X 射线管。

3. 自由进口的货物

自由进口的货物是指国家相关法律法规规定的禁止和限制以外的进口货物。基于监测货物进口情况的需要,国家对部分属于自由进口的货物实行自动进口许可管理,该目录由商务部在实施前 21 天公布。属于自动进口许可管理的货物,进口商应当在办理海关报关手续前,向商务部主管机构提交自动进口许可申请,凭自动进口许可证明,向海关办理报关验放手续。

4. 关税配额管理的货物

关税配额管理的进口货物目录由商务部会同国务院有关部门制定、调整并公布。进口商在规定的时间内向进口配额管理机构申请,凭关税配额证明向海关办理关税配额内货物的报关验放手续,属于关税配额内进口的货物按照配额内税率缴纳关税。

（三）物进出口临时措施

1. 货物进口临时措施

1）实施的依据

我国《货物进出口管理条例》规定，为维护国家的经济利益，既可以对进口货物的价值或者数量采取临时限制措施，也可以采取限制或者禁止进口的临时措施。

2）实施的范围

实施的范围主要包括三个方面：一是对相同产品或者直接竞争产品的国内生产或者销售采取限制措施；二是通过补贴消费的形式，消除国内过剩的相同产品或者直接竞争产品；三是对完全或者主要依靠该进口农产品水产品形成的动物产品采取限产措施。

2. 货物出口临时措施

我国《货物进出口管理条例》对特定货物的出口采取限制或者禁止临时措施的情形包括：一是发生严重自然灾害等异常情况，需要限制或者禁止出口的；二是出口经营秩序严重混乱，需要限制出口的；三是依照我国《外贸法》第十六条、第十七条的规定，需要限制或者禁止出口的。

四、中国对外贸易发展现状

中国对外贸易发展的历程可以分为以下三个阶段。

（一）迈上进出口贸易总额万亿美元阶梯

1978 年，中国货物贸易进出口总额为 206.4 亿美元；2004 年，中国货物贸易进出口总额达到 1.15 万亿美元。贸易额首次迈上万亿美元的大台阶，日本用了 30 年，德国用了 25 年，美国用了 20 年，而中国只用了 16 年。

（二）成为世界贸易第一大出口国

2009 年，中国货物贸易进出口总额为 22 072.7 亿美元，其中，出口货物贸易总额为 12 016.7 亿美元，进口货物总额为 10 056 亿美元，超过了德国，成为世界贸易第一大出口国。

（三）列为世界货物贸易第一大国

2013 年，中国货物贸易进出口总额为 4.16 万亿美元，约占全球贸易总额的 12%，跃居全球货物贸易第一大国。2013 年之后，由于受到各种政治与经济等国际因素的影响，中国货物贸易进出口总额排位往向下位移。2017 年，中国货物贸易进出口总额达到 4.105 万亿美元，其中，出口货物贸易总额为 2.263 万亿美元，位列世界第一；进口货物总额为 1.842 万亿美元，位列世界第二，仅次于美国，并重新列为世界货物贸易第一大国。

近年来，中国货物贸易进出口规模继续保持稳步增长的态势。2020 年，中国货物贸易进出口总额达 46 462.60 亿美元，同比增长了 1.5%。其中出口为 25 906.50 亿美元，同比增长 3.6%；进口为 20 556.10 亿美元，同比下降 1.1%。在全球受到新冠肺炎疫情冲击的情形下，中国成为全球唯一实现货物贸易正增长的主要经济体，继续稳居世界货物贸易第一大国的宝座。2021 年一季度，中国货物贸易进出口总额达 8.47 万亿元人民币，比 2020 年同期增长 29.2%。其中，出口为 4.61 万亿元，增长 38.7%；进口为 3.86 万亿元，增长 19.3%。其前五大贸易伙伴依次为东盟、欧盟、美国、日本和韩国。

近年来，中国货物贸易进出口呈现出四个方面的特点：一是一般贸易货物进出口比重持续提升；二是出口机电产品比重超 6 成，其中自动数据处理设备及其零部件、手机、汽车增幅较大;三是进口铁矿砂、原油、天然气、大豆、玉米、小麦大宗商品量增加;四是民营企业成为中国第一大外贸经营主体,对中国货物贸易进出口贡献度在50%左右。

第二节　外贸企业经营资质

一、工商经营资质

根据《中华人民共和国公司法》和《中华人民共和国公司登记管理条例》的有关规定,公司设立应当由申请人依法办理公司登记手续,经公司登记机构核准并获取"五证合一"营业执照后,才具有工商经营资质。

（一）公司名称预先核准

1. 公司名称的构成

注册公司名称由行政区划、字号、行业、组织形式依次组成,如"上海(地区名)＋某某(企业名)＋贸易(行业名)＋有限公司(类型)"。法人姓名可以作为注册公司名称中的字号使用;注册公司名称中的行业应当反映其主要经营活动内容或者经营特点。

2. 公司名称的登记

设立有限责任公司,应当由全体股东指定的代表或者共同委托的代理人向公司登记机关申请公司名称核准;设立股份有限公司,应当由全体发起人指定的代表或者共同委托的代理人向公司登记机关申请公司名称核准。公司名称实行网上计算机自动检索或者人工查询,无重名后可办理企业名称登记。其登记程序如下。

1) 提交申请文件

申请公司名称核准应提交的文件主要包括:有限责任公司的全体股东或者股份有限公司的全体发起人签署的公司名称预先核准申请书;全体股东或者发起人指定代表或者共同委托代理人的证明;国家工商行政管理总局规定要求提交的其他文件。

2) 核准公司名称

公司登记机关受理申请人的相关材料后作出决定。予以核准的,出具《企业名称预先核准通知书》;不予核准的,出具《企业名称驳回通知书》,说明不予核准的理由,并告知申请人享有依法申请行政复议或者提起行政诉讼的权利。

（二）公司设立登记

1. 提交登记文件

设立有限责任公司应由全体股东指定的代表或者共同委托的代理人到公司登记机关,也可以通过信函、传真和电子邮件等方式提出设立登记申请,并提交有关文件。其主要包括:公司法定代表人签署的设立登记申请书;全体股东指定代表或者共同委托代理人的证明;公司章程;验资机构出具的出资证明书;股东的主体资格证明或者自然人身份证明;载明公司董事、监事、经理的姓名与住所的文件以及有关委派、选举或者聘用的证明;公司法定代表人任职文件和身份证明;企业名称预先核准通知书;公司住所证明。

2. 受理登记申请

公司登记机关对通过信函、传真和电子邮件等方式提出设立企业申请的，自收到申请文件和材料之日起5日内做出是否受理的决定。受理设立登记的范围包括：申请文件与材料齐全符合法定形式的，或者申请人按照公司登记机关的要求提交全部补正申请文件或材料的；申请文件与材料齐全符合法定形式，但公司登记机关认为申请文件或者材料需要核实的；申请文件与材料存在可当场更正的错误，应允许申请人当场予以更正，由申请人在更正处签名或者盖章，注明更正日期，并经确认申请文件、材料齐全，符合法定形式的。公司登记机关对符合要求的申请者出具《受理通知书》；对不予受理的，出具《不予受理通知书》，说明不予受理的理由，并告知申请人享有依法申请行政复议或者提起行政诉讼的权利。

3. 颁发"五证合一"营业执照

"五证合一"营业执照是指将原先分别到工商行政管理部门、质量监督检验检疫部门、税务部门、人力资源与社会保障部门、统计部门办理的企业法人营业执照、组织机构代码证、税务登记证、社会保险登记证和统计登记证统一合并到由市场监督管理部门核发加载法人名称和其他组织统一社会信用代码的营业执照。"五证合一"营业执照的核发流程如下。

1）网上申报

申请人在市场监督管理部门网上申报系统中填写《新设企业"五证合一"登记申请表》，审核无误后打印，并由企业法定代表人签署。

2）窗口申请

申请人携带《新设企业"五证合一"登记申请表》《公司设立登记申请书》《指定代表或者委托代理人的证明》及指定代表或委托代理人的身份证复印件、公司章程、企业名称预先核准通知书和公司住所使用证明等规定的材料，在市场监督管理部门"五证合一"综合受理窗口办理申请。

3）申请受理

市场监督管理部门自收到登记申请材料之日起5个工作日内做出是否受理的决定。申请材料齐全并符合法定形式的，或按照要求提交全部补正申请材料的予以受理；不符合规定的材料不予以受理，但要现场说明其理由，并告知申请人享有依法申请行政复议或者提起行政诉讼的权利。

4）核准颁发

市场监督管理部门将《新设企业"五证合一"登记申请表》《公司设立登记申请书》《指定代表或者委托代理人的证明》及指定代表或者委托代理人的身份证复印件、公司章程、企业名称预先核准通知书和公司住所使用证明等申请材料和《工商企业注册登记联办流转申请表》发送到质监部门、税务部门、人力资源与社会保障部门、统计部门，由这四个部门分别进行审核，核准后将统一社会信用代码、税务登记证号码、社保证号码、统计证号码分别填入《工商企业注册登记联办流转申请表》，再发送至市场监督管理部门。市场监督管理部门将相关信息导入工商准入系统，生成工商注册号，打印"五证合一"营业执照向申请公司颁发。

二、外贸经营资质

按照我国《对外贸易经营者备案登记办法》的规定,除了法律规定不需要备案登记的,所有从事货物或者技术进出口的对外贸易经营者,都应当向国务院对外贸易主管部门或者其委托的机构办理备案登记,获得外贸经营权。对外贸易经营者备案登记程序如下。

(一)在线申报

申请者先通过商务部业务系统统一平台,点击"空白表下载"菜单,选择《对外贸易经营者备案登记表》下载,并按要求填写《对外贸易经营者备案登记表》,填写完毕后由企业法人代表签字盖章;然后点击"备案登记"菜单,按要求进行在线申报,上传备案登记材料扫描件。

(二)窗口申请

申请者携带《对外贸易经营者备案登记表》、"五证合一"营业执照复印件等相关材料到注册地商务委员会备案登记机构进行现场申请。

(三)登记受理

备案登记机构自收到备案登记材料之日起 5 日内,对材料齐全并符合规定的予以受理,对材料不齐全或不符合规定的,不予以受理,告知其理由。

(四)核准登记

备案登记机构对符合规定的申请者给予对外贸易经营者备案登记,在《对外贸易经营者备案登记表》上加盖备案登记印章。申请者领取加盖备案登记印章的《对外贸易经营者备案登记表》,即拥有了进出口权。

三、报检报关资质

取得《对外贸易经营者备案登记表》的境内企业法人、个人独资和合伙企业,根据我国相关法律法规的规定办理备案注册手续,获取报检报关资质后才能办理进出口货物的报检与报关手续。

(一)报检报关企业备案注册的范围

2018 年 4 月 16 日,海关总署发布了《关于企业报关报检资质合并有关事项的公告》,对企业报关报检范围规定如下。

1. 海关进出口货物收发货人备案

海关总署将之前的检验检疫自理报检企业备案与海关进出口货物收发货人备案合并为海关进出口货物收发货人备案,备案后进出口货物收发货人可获得报关和报检资质。

2. 海关报关企业注册登记

海关总署将之前的检验检疫代理报检企业备案与海关报关企业(包括海关特殊监管区域双重身份企业)注册登记合并为海关报关企业注册登记,注册登记后海关报关企业可获得报关和报检资质。

3. 报关企业分支机构备案

检验检疫代理报检企业与海关报关企业(包括海关特殊监管区域双重身份企业)分支机构进行备案后,可获得报关和报检资质。

4. 其他备案

企业申请备案成为加工生产企业或者无报关权的其他企业,备案后可以办理报检业务,但不能办理报关业务。

（二）报检人员与报关人员的备案

根据《关于企业报关报检资质合并有关事项的公告》的相关规定,检验检疫报检人员备案与海关报关人员备案合并为报关人员备案,可取得报关和报检资质。

（三）报检报关企业注册登记或者备案的程序

1. 在线申报

申请企业登入"中国国际贸易单一窗口"（http://www.singlewindow.cn）,点击页面上方"注册"按钮,进入注册页面完成用户注册手续;点击"标准应用"菜单进入应用列表界面,点击该界面中的"企业资质"按钮,填写企业报关单位信息、报关人员信息和企业报检资质信息,点击"申报"按钮向海关提交。

2. 窗口申请

申请企业确认申请提交成功后,到属地海关指定业务现场提交申请材料。申请进出口货物收发货人备案的,需提交营业执照复印件、对外贸易经营者备案登记表（或者外商投资企业批准证书、外商投资企业设立备案回执、外商投资企业变更备案回执）复印件;申请备案成为加工生产企业或者无报关权的其他企业的,需要提交营业执照复印件;申请报关人员备案的,需要提交身份证复印件。书面申请材料应当加盖企业印章,复印件应交验原件。

3. 登记备案审核

海关对企业申请材料进行审核,将审核结果通过"单一窗口"反馈企业:审核通过的,予以注册登记或者备案;审核不通过的,一次性告知企业需要补正的全部内容。

4. 证书发放

海关向在业务现场的注册登记或者备案企业核发《中华人民共和国海关报关单位注册登记证书》《出入境检验检疫报检企业备案表》《报关人员备案证明》和《报检人员备案证明》。

 **实例展示**

业务情境

王祥是上海立达学院国际商务专业的在校学生,在老师与家长的支持下,与有志创业的同学一起成立上海立达进出口有限公司,经营服装与鞋帽批发业务,并根据我国有关法律法规的规定,申请"五证合一"营业执照,办理对外贸易经营者备案、报关单位注册、报检报关企业备案注册,以及报关人员与报检人员备案登记,具备从事进出口业务的各项资质。

一、上海立达进出口有限公司设立登记

（一）上海立达进出口有限公司名称预先核准申请

王祥拟成立的公司名称为上海立达进出口有限公司,上网检索是否重名。网上预查明通过后,王祥填写企业名称预先核准申请书（见实例1-1）,并向属地公司登记部门提交,申请名称核准。属地公司登记部门核准后,出具《企业名称预先核准通知书》（见实例1-2）。

实例 1-1	企业名称预先核准申请书
申请企业名称	上海立达进出口有限公司
备选企业名称	

1	上海斯波进出口公司
2	上海四波进出口公司
3	上海在野岛进出口公司

拟从事的经营范围(只需要填写与企业名称行业表述一致的主要业务项目)

进出口业务

注册资本(金)	150 万元	(法人企业必须填写)
企业类型	☑公司制 □非公司制 □个人独资 □合伙	
企业住所(地址)	上海市人民路 1 号	

投资人姓名或名称、证照号码、投资额和投资比例(签字盖章)
王祥、310106199208112837、60 万元、40%
方欣、310106199311042837、30 万元、20%
李丽、310106199108012837、30 万元、20%
张熙、310106199001252837、30 万元、20%

王祥 [王祥章]

2021 年 3 月 28 日

实例 1-2	企业名称预先核准通知书

(南)登记内名预核字〔120912〕第 210 号

根据《企业名称登记管理规定》《企业名称登记管理实施办法》等规定,同意预先核准下列个投资人出资,注册资本(金)150 万元(人民币壹佰伍拾万元整),住所设在 上海市人民路 1 号 的企业名称为:

上海立达进出口有限公司

行业及行业代码:

投资人、投资额和投资比例:王祥、60 万元、40%
方欣、30 万元、20%
李丽、30 万元、20%
张熙、30 万元、20%

[王祥章]

以上预先核准的企业名称保留期至 2021 年 9 月 28 日。在保留期内,企业名称不得用于经营活动,不得转让。经企业登记机关设立登记,颁发营业执照后企业名称正式生效。

上海市某区公司设立登记机构

核准日期: 2021 年 3 月 31 日

（二）上海立达进出口有限公司设立登记

上海立达进出口有限公司获取《企业名称预先核准通知书》后，向该机构办理公司登记，提交公司章程、出资证明书、公司法定代表人任职文件与身份证明、企业名称预先核准通知书和公司住所证明等文件。公司登记机构对申请文件等材料进行核准后收取设立登记费，并颁发《企业法人营业执照》。

二、上海立达进出口有限公司对外贸易经营者备案登记

上海立达进出口有限公司王祥先填写《对外贸易经营者备案登记表》，在该表上签字盖章，并按要求在线申报，上传备案登记材料扫描件；然后携带《对外贸易经营者备案登记表》等相关材料到注册地商务委员会备案登记机构进行现场申请。备案登记机构受理并核准后，在《对外贸易经营者备案登记表》上加盖备案登记印章，返给王祥（见实例1-3），王祥即拥有了外贸经营权。

实例1-3　　　　　　　　　　对外贸易经营者备案登记表

备案登记表编号：N08387623　　　　　　　　　　　　进出口企业代码：3100843215

经营者中文名称	上海立达进出口有限公司		
经营者英文名称	SHANGHAI LIDA IMPORT & EXPORT TRADE CO., LTD.		
组织机构代码		经营者类型 （由备案登记机关填写）	
住　　所	上海市人民路1号		
经营场所（中文）	上海市人民路1号		
经营场所（英文）	No.1 RENMIN ROAD SHANGHAI CHINA		
联系电话	021-65788811	联系传真	021-65788812
邮政编码	200056	电子邮箱	SIBO@sohu.com
工商登记注册日期	2021年4月1日	工商登记注册号	310607100226928
依法办理工商登记的企业还须填写以下内容			
企业法定代表人姓名	王祥	有效证件号	310106199208112837
注册资金	150万元	（折美元）23.44万美元	
依法办理工商登记的外国（地区）企业或个体工商户（独资经营者）还须填写以下内容			
企业法定代表人/ 个体工商负责人姓名	王祥	有效证件号	310198508111832
企业资产/个人财产	150万元	（折美元）23.44万美元	
备注：无进口商品分销业务			

填表前请认真阅读背面的条款，并由企业法定代表人或个体工商负责人签名

备案登记机关签章：

2021年4月4日

(续)

备案登记表背面：

本对外贸易经营者作如下保证：

一、遵守《中华人民共和国对外贸易法》及其配套法规、规章。

二、遵守与进出口贸易相关的海关、外汇、税务、检验检疫、环保、知识产权等中华人民共和国其他法律、法规、规章。

三、遵守中华人民共和国关于核、生物、化学、导弹等各类敏感物项和技术出口管制法规以及其他相关法律、法规、规章，不从事任何危害国家安全和社会公共利益的活动。

四、不伪造、变造、涂改、出租、出借、转让、出卖《对外贸易经营者备案登记表》。

五、在备案登记表中所填写的信息是完整的、准确的、真实的；所提交的所有材料是完整的、准确的、合法的。

六、《对外贸易经营者备案登记表》上填写的任何事项发生变化之日起，30 日内到原备案登记机关办理《对外贸易经营者备案登记表》的变更手续。

以上如有违反，将承担一切法律责任。

对外贸易经营者签字、盖章：**王祥**

2021 年 4 月 3 日

三、上海立达进出口有限公司收发货人备案注册登记

王祥先登入"中国国际贸易单一窗口"的注册页面，填写企业和报关人员相关信息，在线向海关提交申请；然后携带营业执照复印件、对外贸易经营者备案登记表和报关人员身份证复印件等指定材料到属地海关指定业务现场进行现场申请。海关通过了对上海立达进出口有限公司申请材料的行审核，向王祥颁发了《中华人民共和国海关报关单位注册登记证书》(见实例 1-4)、《出入境检验检疫报检企业备案表》(见实例 1-5)、《报关人员备案证明》和《报检人员备案证明》。

实例 1-4　　　　　　　　　　　　报关单位注册登记书

中华人民共和国海关
报关单位注册登记证书

海关注册编码　　　　3110965711
统一社会信用代码　3101062278358009-8
企业名称　　　　　上海立达进出口有限公司
企业住所　　　　　上海市人民路 1 号
企业经营类别　　　进出口货物收发货人
注册登记日期　　　2021 年 4 月 20 日
法定代表人（负责人）王祥
有效期　　　　　　至 2024 年 4 月 19 日

注册海关 中华人民共和国**上海**海关
（盖章）

实例 1-5　　　　　　　　　　　　　出入境检验检疫报检企业备案表

企业名称	中文	上海立达进出口有限公司		
	英文	SHANGHAI LIDA IMPORT & EXPORT TRADE CO.，LTD.		
住　所	上海市人民路 1 号			
经营场所	上海市人民路 1 号			
企业性质	民营		企业类别	股份有限公司
营业执照号	310607100226928		组织机构代码	
统一社会信用代码	3101062278358009-8		外资投资国别（三资企业）	
开户银行	工商银行某分行		银行账号	300834567321
法定代表人/负责人	王祥		有效证件号	310106199208112837
联系人	方欣		联系电话	13917935888
传真	021-65788812		电子邮箱	SIBO@sohu.com
快件运营企业备案还须填写一下内容				
快递业务经营许可证号			经营范围	

报检专用章印模：（使用报检专用章的需提供。另附页）

填表前请认真阅读背面的条款，并由企业法定代表人/负责人签字、盖章。

备案机构（签章）

2021 年 4 月 20 日

（备案表背面）

本企业保证：

一、遵守《中华人民共和国进出口商品检验法》及其实施条例、《中华人民共和国进出境动植物检疫法》及其实施条例、《中华人民共和国国境卫生检疫法》及其实施细则、《中华人民共和国食品安全法》及其实施条例等法律法规以及检验检疫相关规章、规定。

二、服从检验检疫机构对报检企业的管理，遵守报检行业组织的行业管理章程，强化对企业报检业务和报检人员的日常管理，自觉维护检验检疫报检工作秩序。

三、不伪造、变造、涂改、出租、出借、转让、出卖《出入境检验检疫报检企业备案表》。

四、在备案表中所填写的信息是完整的、准确的、真实的。

五、按要求认真填写、及时提交与报检活动有关的文件和资料。

六、备案信息发生变更的，及时办理变更手续。《出入境检验检疫报检企业备案表》中载明的备案信息发生变更之日起，30 日内到备案的检验检疫机构办理变更手续。

以上如有违反，愿承担相关法律责任。

法定代表人/负责人签字：王祥

（加盖企业公章）

2021 年 4 月 16 日

 **案例思政**

中国民企品牌　走向世界之巅

【案例简介】

1994年11月,年仅28岁的王传福在深圳创办了比亚迪公司,该公司的英文缩写为BYD,意为Build Your Dreams。1995年2月,比亚迪实业有限公司成立,并于2002年7月31日在香港主板发行上市,现为比亚迪股份有限公司(以下简称"比亚迪"),开启了筑梦之旅。

梦之旅第一站,成为国际电池巨头。比亚迪只用了3年时间,抢占了全球近40%的市场份额,成为镍镉电池当之无愧的老大。之后用了不到10年的时间,打破了锂离子电池被日本霸占的天下,击败索尼和松下两大国际电池巨头,占据全球15%的电池市场,成为三洋公司之后全球第二大电池供应商。

梦之旅第二站,成为全球新能源汽车引领者。2015年,比亚迪首度登上全球新能源汽车销售王座,之后2年新能源汽车销量连续蝉联世界第一。2018年,比亚迪半年度财报显示,同比增长121.06%,约7.58万辆的销量,使其继续保持全球第一的领先地位。

梦之旅第三站,开创了"云轨"先河。比亚迪颠覆了人类对交通工具的认知,让高铁飞在天上,打造半空中的交通网络。2017年8月,比亚迪"云轨"全球首条商业化运营旅游线在银川花博园通车运行。2018年5月,比亚迪中标巴西萨尔瓦多轨道交通项目,金额约合6.89亿美元。截至2018年7月,比亚迪已和菲律宾伊洛伊洛、埃及亚历山大、摩洛哥等签署合作协议,并获得全球100多个城市市政府领导的青睐。随着国家相关政策出台,国内外轨道交通项目陆续落地,将为比亚迪进一步打开全球发展空间。

【案例思政】

比亚迪始终坚持"技术为王,创新为本"的发展理念,顺应了全球之势,产品出口至世界各国,创立了国际著名的中国企业品牌。民营企业已经成为中国最大的贸易主体,推动了中国对外贸易的发展,正如习近平主席在2018年11月1日民营企业座谈会上指出的,民营经济已经是实现中华民族伟大复兴中国梦的重要力量。

≫≫ 复习与思考 ≪≪

一、单项选择题

1. 国际贸易基于本国的视角可称为(　　)。

A. 对外贸易　　　　B. 进口贸易　　　　C. 出口贸易　　　　D. 服务贸易

2. (　　)是指从其他国家或地区引进商品、技术和服务到本国市场的商务活动。

A. 对外贸易　　　　B. 进口贸易　　　　C. 出口贸易　　　　D. 服务贸易

3. (　　)是指将本国的商品、技术和服务输出到其他国家或地区的商务活动。

A. 对外贸易　　　　B. 进口贸易　　　　C. 出口贸易　　　　D. 服务贸易

4. 根据我国有关法律规定,公司设立应依法办理公司登记,领取(　　)。

A. 税务登记证　　　　　　　　　　　　B. 对外贸易经营者备案登记表

C. 组织机构代码证　　　　　　　　　　D. "五证合一"营业执照

5. 从事货物或技术进出口的公司必须办理对外贸易经营者理备案登记,获取(　　)。

A. 公司经营权　　　B. 外贸经营权　　　C. 进出口报检权　　　D. 进出口报关权

6. 办理好对外贸易经营者理备案登记后,必须向属地海关办理(　　)备案注册手续。

A. 通关　　　　　　B. 报检　　　　　　C. 报检报关　　　　　D. 报关

7. 持有(　　)才可以向海关办理进出口货物报关业务。

A. 报关单位注册登记证书　　　　　　　B. 报检人员备案证明

C. 报检单位注册登记证书　　　　　　　D. 报关人员备案证明

8. 具有(　　)的企业人员才有权办理出入境货物报检业务。

A. 报关单位注册登记证书　　　　　　　B. 报检人员备案证明

C. 报检单位注册登记证书　　　　　　　D. 报关人员备案证明

二、多项选择题

1. 国际贸易商业交换活动包括了世界各国或者地区之间的(　　)交易。

A. 商品　　　　　　B. 技术　　　　　　C. 服务　　　　　　D. 创新

2. 国际贸易基于商品流向可划分为(　　)。

A. 对外贸易　　　　B. 进口贸易　　　　C. 出口贸易　　　　D. 服务贸易

3. 国际贸易基于商品形态可划分为(　　)。

A. 有形贸易　　　　B. 进口贸易　　　　C. 出口贸易　　　　D. 无形贸易

4. "五证合一"是指(　　)合并到工商行政管理部门核发的营业执照。

A. 法人营业执照　　　　　　　　　　　B. 组织机构代码证

C. 税务登记证　　　　　　　　　　　　D. 社会保险登记证、统计登记证

5. 外贸企业类型根据公司的性质分为(　　)。

A. 股份有限公司　　　　　　　　　　　B. 有限公司

C. 外贸生产企业　　　　　　　　　　　D. 国际贸易控股集团

6. 海关进出口货物收发货人备案是由之前的(　　)合并而成,可获得报关和报检资质。

A. 检验检疫代理报检企业　　　　　　　B. 检验检疫自理报检企业备案

C. 海关进出口货物收发货人备案　　　　D. 海关报关企业

7. 海关报关企业注册登记是由之前的(　　)合并而成,可获得报关和报检资质。

A. 检验检疫代理报检企业　　　　　　　B. 检验检疫自理报检企业备案

C. 海关进出口货物收发货人备案　　　　D. 海关报关企业

8. 报关人员备案是由之前的(　　)合并而成,可获得报关和报检资质。

A. 检验检疫报检人员备案　　　　　　　B. 企对外贸易经营者备案

C. 组织机构统一代码办理　　　　　　　D. 海关报关人员备案

三、判断题

1. 外贸经营权管理方式已由审批制改为备案登记制,凡依法办理工商登记的法人、其他组织或者个人,都可直接从事对外贸易业务。　　　　　　　　　　　　　　(　　)

2. 从事货物或技术进出口的公司必须向商务部或者其委托的机构办理对外贸易经营者备案登记。 （ ）

3. 2018 年 4 月 20 日后设立的外贸企业为办理出入境商品报检，还必须办理报检企业备案。 （ ）

4. 2018 年 4 月 20 日之前已在海关和原检验检疫部门办理了报关和报检注册登记或者备案的企业，原报关和报检资质继续有效。 （ ）

5. 2018 年 4 月 20 日之前由原检验检疫部门核发的《出入境检验检疫报检企业备案表》无效。 （ ）

6. "五证合一"营业执照签发日期为公司成立日期。 （ ）

7. "五证合一"营业执照与企业法人营业执照的功能相同。 （ ）

四、简答题

1. 简述在我国对外贸易中民营企业主体地位进一步提升的表现。

2. 简述一般贸易货物的监管方式。

3. 简述中国对外贸易发展现状。

4. 简述国际贸易方式的类型。

五、案例分析题

某年，宁波华茂有限公司与宁波良友进出口公司签订了一份代理合同，进口印度产黄豆，总价款为 319 万美元。代理合同签订后，宁波华茂有限公司向宁波良友进出口公司转账货款 2 508 万元人民币。之后，宁波良友进出口公司与港商 FAMOUS MARK LTD. 签订一份进口合同，约定由港商供给宁波良友进出口公司印度产大豆 11 000 公吨①，1 周内通过电汇支付预付款 300 万美元，剩余货款到货后支付。宁波良友进出口公司通过中国银行宁波分行电汇 300 万美元，收款人为 FAMOUS MARK LTD. ，但是其收到 300 万美元后一直未予供货。宁波华茂有限公司与宁波良友进出口公司赴香港核查对 FAMOUS MARK LTD. 情况，无该公司的注册信息。于是，宁波华茂有限公司将宁波良友进出口公司告上法庭，请求返还 2 508 万元人民币的预付款。

请分析，本案发生的根本原因是什么？宁波华茂有限公司应吸取什么教训？

---

① 1 公吨＝1 吨。

第二章　国际贸易业务洽谈

 学习目标

◆ 了解进出口贸易磋商前准备工作的内容和要求。
◆ 熟悉进出口贸易磋商的形式与内容以及交易的环节与要求。
◆ 明确构成一项有效发盘与接受的具体条件。
◆ 掌握国际贸易合同的形式、结构及主要条款。

本 章 概 要

　　本章包括三部分内容：第一部分为交易前准备工作，介绍调研国际贸易市场、组织出口货源、发布或者获取商品信息；第二部分为进出口交易磋商，介绍交易磋商的形式和环节；第三部分为国际贸易合同的形式与结构。

第一节　交易前准备工作

　　在出口贸易中，国际市场的情况变化莫测，错综复杂，对我国各种出口商品的需求也不尽相同。为了尽可能取得对外出口贸易业务的成功，获取最大的经济利益，在正式交易前，进出口公司应开展对国际市场的调研工作，积极寻找贸易机会，编制出口计划并组织好出口货源的准备工作。进出口公司通常通过建立本公司的网站进行对外信息交流，并在与对方就某商品产生交易意向后，开展交易磋商。

一、调研国际贸易市场

　　国际贸易市场的需求变化莫测，进出口公司必须对出口贸易市场进行调研，了解一国的经济、政治、法律和社会文化环境，掌握适销品类、供求关系、价格动态等情况，作为制订进出口贸易计划的依据。

（一）确立调研内容

调研内容一般包括选择目标市场、选择适销品类及商品、确定合理商品价格等方面的内容。

（二）确定调研范围

调研范围主要包括以下两个层面。

1. 宏观层面

宏观层面主要包括三个方面：一是经济环境，一般包括一国的经济结构、经济发展水平、经济发展前景和收入分配等；二是政治环境与法律环境，一般包括政府的进口贸易措施、进口贸易方面的法律法规，如关税、配额、国内税收、外汇限制、卫生检疫、安全条例等；三是社会文化环境，一般包括教育水平、宗教信仰、风俗习惯等。通过各种调研方法与手段，进出口公司系统地搜集、记录、整理一国的经济环境、政治环境与法律环境、社会文化环境的基本状况，分析其不同的影响，选择出口目标国家或地区。

2. 微观层面

微观层面主要包括三个方面：一是选择目标市场，对一国或地区的商品销售渠道、销售网络规模、批零商经营规模和服务质量等方面进行调研，根据营销环境确定目标市场；二是分析商品供求关系，研究市场供求关系的变动，选择适销品类、热销或紧缺商品；三是研究价格规律，通过对商品价格变动的分析，预测价格走势，确定合理商品价格。

（三）明确调研形式

1. 文案调研法

文案调研法又称文献调研法，是指对现有的企业、政府、国际商会和行业协会提供的相关资料，以及研究机构、国际组织出版物提供的相关资料，通过不同的手段进行搜集、整理和分析，从而间接地获取有用的信息并形成调研报告的方法。

2. 实地调研法

实地调研法是指以国际展览会、进出口展销会、进口商、出口商、驻外商务机构等为对象，通过线上线下问卷调查、专题访谈、抽样调查、跟踪问卷等形式搜集各种信息，并对其进行整理分析形成调研报告的方法。

（四）成立调研小组

市场调研小组成员要精炼，并具备相关领域的知识与技能，确保研究数据的客观性和分析论证的有效性，确保调研报告的质量。

二、组织出口货源

进出口公司要根据出口贸易市场调研报告，选择相关产品的供应商进行采购，也可委托生产企业进行新产品开发。开发新产品是指研制新产品，或者改良原有产品。进出口公司在组织货源时应注意以下两个问题。

（一）增强知识产权法律意识

知识产权是指权利人对其智力劳动所创作的成果享有的专有权利。知识产权本质上是一种无形财产权，与有形财产一样，都具有价值和使用价值，受到国家法律的保护，其主要包括各种发明、外观设计以及在商业中使用的商品标志、厂商名称、产品图像等。据此，在采购商品或者委托新产品研制时，进出口公司要增强知识产权的法律意识，避免贸易纠纷的发生,维护好自身的经济利益。

（二）关注供应商或生产商的生产能力

进出口公司选择商品采购的备货形式,要根据出口交易的规模考察供应商的生产能力,确保按时交货;选择新产品加工的备货形式,要关注生产商的研制能力,确保出口商品的品质。

三、发布或者获取商品信息

（一）线上发布或者获取商品信息

1. 以公司官网为载体

公司官网是一种信息载体,通过其发布商品信息,能推广企业的品牌,将线下品牌在线上进行延伸,更快地获得国外商家和公众对企业品牌的认知和认可,从而快速树立公司品牌形象,提升公司整体形象。与此同时,绝大部分国外商家往往从生产商或者外贸生产企业或者外贸公司官网上获取第一手商品信息,尽量减少中间环节。

2. 以公共网站为载体

国内外商家往往会选择公共网站(如中国商品网、专业经贸信息网和行业信息网等)发布或者获取商品采购或者供应的相关信息,信息的对称能增加商品交易的成功率。

3. 以第三方跨境电子商务网站为载体

国内商家可入驻敦煌网等专门从事 B2B 的电子商务交易平台发布信息,形成一个虚拟的商家来进行对外销售;同时,国外商家也可通过这个虚拟的市场获取商品信息,通过快速比价后实施采购。

（二）线下发布或者获取商品信息

1. 以展览会为载体

参加展览会是推销自己、寻找客户的很好的方法。展览会主要有以下三种。

1) 中国进出口商品交易会

中国进出口商品交易会的前身是中国出口商品交易会(简称"广交会"),创办于 1957 年春季,每年春秋两季在广州举办,是迄今中国目前历史最长、层次最高、规模最大、商品种类最全、到会客商最多、成交效果最好的综合性国际贸易盛会。2006 年 10 月 15 日,时任国家总理温家宝在第 100 届中国出口商品交易会开幕式上宣布,将"中国出口商品交易会"更名为"中国进出口商品交易会",其意味着参展内容进一步扩大,国际影响更广。

2) 中国华东进出口商品交易会

中国华东进出口商品交易会(简称"华交会")由上海市、江苏省、浙江省、安徽省、福建省、江西省、山东省、南京市、宁波市 9 省市联合主办。自 1991 年创办以来,华交会吸引了全球 142 个多个国家或地区的客商,有逾 20 多万人次浏览了华交会网站,是中国规模最大、客商最多、辐射面最广、成交额最高的区域性国际经贸盛会。

3) 中国国际进口博览会

首届中国国际进口博览会于 2018 年 11 月 5 日至 10 日在国家会展中心(上海)举办,展会内容分为国家贸易投资综合展、企业商业展和虹桥国际贸易论坛。其中,国家贸易投资综合展将展示各国贸易、投资、旅游等相关情况,只展示不成交;企业商业展分为货物贸易和服务贸易两大板块,其中,货物贸易板块分为智能及高端装备、消费电子及家电、服装服饰及日用消费品、汽车、食品及农产品、医疗器械及医药保健等展区,服务贸易板块设新兴技术、服务外包、创意设计、文化教育、旅游服务等展区;虹桥国际贸易论坛由中华人民共和国商务部和上海市人民政府联合主办,有关国际组织作为合作单位,邀请参展国家领导人、部长和国际组织负责人,以及全球知名企业、大型跨国公司负责人参会,申请参展的企业可填写中国国际进口博览会参展申请表,并发邮件至 info@sinoexpo.cc 邮箱。

2. 利用工商名录

国际工商名录收录了各国著名的贸易公司、商号的名称、电传、电话、传真的号码,电子邮件地址,公司的地址,主要经营项目及历史经营情况。例如,《康帕斯国际工商指南》收录了 70 个国家 150 万家公司的名录,有书与光盘,每年更新,从中能获取最需要的第一手信息。进出口公司可以通过邮件等电子通信方式开展营销,建立业务关系,进行洽谈成交。

3. 通过驻外机构介绍

进出口公司可通过我国驻外商务机构、领事馆和有关人员的介绍认识新客户,也可利用各大公司在国外设立的分公司或者通过有关国家的商会、工业协会和国际组织,寻找取得更多的贸易机会。

4. 出国考察

进出口公司可以通过出国考察或者参加国外举办的国际商展,拓展社交的空间,结识客户,获取贸易机会。

 实例展示

业务情境

上海立达进出口有限公司根据公司的经营范围建立自己公司营销网站,利用中国商品网站、敦煌网站等渠道开展服装与鞋帽商品营销,发布服装与鞋帽商品供货信息,提升产品品牌度和公司在社会上的整体形象。

一、官网信息发布

以王祥经理为首的上海立达进出口有限公司创业团队建立了营销型公司网站,发布公司的服务理念、经营范围和经营特色,树立公司形象,获取商机(见实例 2-1)。

二、中国商品网信息发布

中国商品网是展示中国商品的公共平台,以《中国商品数据库》为基础,提供了 7 000 多种产品分类查询,并配备高效、准确的快速查询工具,为出口商与进口商架起了合作桥梁。通过利用中国商品网中的"中国商品""世界买家""供求合作"三个菜单,上海立达进出口有限公司公司发布经营范围、服务理念、产品品牌和女式服装供应等方面的信息,扩大公司的影响,获取更多的商机(见实例 2-2)。

实例 2-1 公司营销网站

实例 2-2 中国商品网

三、敦煌网信息发布

敦煌网是我国商务部重点推荐的对外贸易第三方电子商务平台,遍及全球 230 个国家和地区,实现 140 多万家国内供应商在线,拥有 4 000 万种商品和 1 000 万买家的规模,具备 11 种外国语言运营,每 3 秒产生一张订单,提供免费注册,助力中小企业实现"买全球、卖全球"。上海立达进出口有限公司入驻敦煌网站,发布公司经营范围、服务理念、产品品牌和服装供应等信息,扩大公司的影响,获取更多的商机(见实例 2-3)。

实例 2-3　　　　　　　敦煌网

第二节　进出口交易磋商

一、交易磋商的形式

(一) 口头磋商

口头磋商有两种形式:一是线下口头磋商,是指在展览会、公司等地进行面对面洽谈;二是线上口头磋商,是指电话洽谈、语音洽谈等形式。口头磋商的特点在能于直接了解对方的诚意和态度,以便采取相应的对策,及时调整策略,争取达到预期目的。

(二) 书面磋商

书面磋商也有两种形式:一是线下书面磋商,是指通过快递方式传送产品介绍、报价等书面材料,在一般出口业务中,采用较少;二是线上书面磋商,是指通过传真、电子邮件、网站留言、图片传送等方式传送书面文字材料进行的洽谈形式,在实际业务中应用较多。书面磋商具有可视性、便于查证的特点。

二、交易磋商的环节

(一) 询盘

询盘(enquiry)又称询价,是指交易的一方有意购买或出售某一种商品,向对方询问买卖该商品的有关交易条件。询盘是不定向发布自己的购买(或出售)意向,其内容可以是询问价格,也可询问其他一项或者几项交易条件,而多数是询问价格。

例如,BOOKABLE MIDDLE SIZE T-SHIRT 2000 DOZEN PLEASE CABLE LOWEST PRICE EARLIEST DELIVERY(拟订购中号 T 恤衫 2 000 打,请电告最低价格和最快交货期)。

询盘可以由买方发出,也可由卖方发出,其不是每笔交易磋商的必经环节。

(二) 发盘

发盘(offer)又称报价,是指买卖双方中的一方向另一方提出各项交易条件,并愿意按这些条件达成交易、订立合同的一种肯定表示。《联合国国际货物销售合同公约》认为:"向一个或一个以上特定的人提出的订立合同的建议,如果十分确定并且表明发盘人在得到接受时承受约束的意旨,即构成发盘"。

例如,OFFER MIDDLE SIZE T-SHIRT 120 PACKED IN CARTONS OF 10 DOZ EACH STERLING FORTY PER DOZEN CIF LONDON DECEMBER SHIPMENT IRREVOCABLE SIGHT L/C SUBJECT REPLY REACHING US FIFTEENTH(兹发中号 T 恤衫 120 纸箱,每箱 10 打,每打 40 英镑 CIF 伦敦,12 月装,即期不可撤销信用证支付,限 15 日回复到我方)。

在实际业务中,发盘通常是一方在收到对方的询盘之后提出的,也可直接发出。发盘多由卖方发出,习惯上称为售货发盘(selling offer);也可是买方发出,习惯上称为购货发盘(buying offer)或递盘(bid)。

1. 构成发盘的有效条件

一项有效的发盘必须具备四个条件:一是发盘应向一个或一个以上特定的人提出,"特定的人"是指在发盘中指明个人姓名或企业名称的受盘人;二是发盘的内容十分确定,详细列明品名、品质、数量、包装、价格、装运和支付条件等主要交易条件;三是表明发盘人受发盘的约束;四是传达受盘人,传达到受盘人的发盘才能生效。

2. 发盘的有效期

发盘的有效期(duration of offer)是指给予对方表示接受的时间限制。超过发盘规定的时限,发盘人即不受约束。发盘人对发盘有效期可作明确的规定,可规定最迟接受的期限(如限 5 月 31 日回复到此地),或者规定一段接受的期限(如发盘有效期为 10 天)。如果发盘中没有明确规定有效期,受盘人应在合理时间内接受。

3. 发盘的撤回

发盘的撤回(withdrawal of offer)是指发盘人将尚未为受盘人收到的发盘予以取消的行为。《联合国国际货物销售合同公约》规定,一项发盘只要撤回通知先于发盘或者与发盘同时到达受盘人,该发盘就可被撤回。

(三) 还盘

还盘(counter-offer)是指受盘人在接到发盘后,不同意或不完全同意发盘人在发盘中提出的条件,为了进一步磋商交易,对发盘提出修改意见。

例如,YOURS OFFER PRICE TOO HIGH COUNTER-OFFER US DOLLARS THIRTY REPLY FOURTEENTH(你方报价太高,还盘 30 美金,限 14 日复)。

还盘是对应发盘的,可以由买方发出,也可由卖方发出,其不是每笔交易磋商的必经环节。在实际业务中,一方在发盘中提出的条件与对方能够接受的条件不完全吻合的情况是经常发生的,有时一项交易须经过还盘、再还盘……才能最终达成。从法律意义上说,还盘是对发盘的一种拒绝,还盘一经做出,原发盘即失去效力,发盘人不再受其约束。一项还盘等于是受盘人向原发盘人提出的一项新的发盘。

(四) 接受

接受(acceptance)是指买方或卖方同意对方在发盘中提出的各项交易条件,并愿按这些条件与对方达成交易、订立合同的一种肯定的表示。一方发盘经另一方接受,交易即告达成,双方就应分别履行其所承担的合同义务。

例如,YOURS FIFTEENTH WE ACCEPT(你方 15 日电,我方接受)。

构成一项有效接受应具备四方面的条件:一是接受必须由受盘人做出,其他任何人对发盘表示同意,不能构成接受;二是接受必须表示出来,在实际业务中,发盘人如以口头形式发盘,受盘人一般以口头表示接受,如以书面形式发盘,则应以书面形式来表示接受;三是接受必须在发盘的有效期内传达到发盘人,才具备法律效力;四是接受内容必须与发盘相符,接受必须是无条件地同意发盘的全部条件,这样才能达成交易,订立合同。

 案例分析

2021年2月15日,江苏某进出口贸易公司有意向从韩国某服装贸易公司进口女士套装一批,并向其询价。韩国某服装贸易公司及时回复并进行报价,发盘有效期截至3月31日。3月1日,江苏某进出口贸易公司回函要求每件价格降低8美元,韩国某服装贸易公司没有接受。近期韩国女士套装十分流行,江苏某进出口贸易公司鉴于该服装国内行情看涨,在3月30日发函通知接受韩国某服装贸易公司原先发盘提出的各项条件。

请你从学习者的视角,分析我方3月30日接受函电的法律效力。

 **实例展示**

业务情境

上海立达进出口有限公司通过公司网站、中国商品网站和第三方跨境电商平台敦煌网发布各款裤子供应信息,寻找各种商机。近日,该公司收到日本高村商社的询盘函,对公司的男式短裤感兴趣,双方就该商品的交易条件进行磋商,对商品的价格进行讨价还价。

一、日本高村商社发出询盘函

日本高村商社浏览了上海立达进出口有限公司官网,对男式全棉短裤感兴趣,于是向上海立达进出口有限公司王祥经理发来了询盘函(见实例2-4)。

实例2-4   **询盘函**

答复	答复全部	转发▼	删除	永久删除	转到▼

发件人: TKAMRA < 19 @ hotmail.com >
收件人: SIBO @ sohu.com
主　题: Enquiry　　　　　　　　　　　　2021-4-15　14: 05

Dear Mr. Wang xiang,

We got your information from the website of Shanghai Lida Import & Export Co. We are interested in men's 100% cotton drill short. Could you please quote us the best price?

Looking forward to hearing from you soon.

Kind Regards,

TKAMRA

TKAMRA TRADE CORPORATION

Apr.15, 2021

二、上海立达进出口有限公司发送发盘函

上海立达进出口有限公司王祥经理收到了日本高村商社高村社长发来的询盘函,立刻查询了该公司的相关信息,与伙伴们研究决定后发出发盘函(见实例2-5)。

实例 2-5　　　　　　　　　　　　　　　发盘函

答复	答复全部	转发 ▾	删除	永久删除	转到 ▾

发件人：　SIBO @ sohu.com

收件人：　TKAMRA < 19 @ hotmail.com >

主　题：　OFFER　　　　　　　　　　　　　　　2021-4-16　　10：00

Dear Sir Tkamra,

Thank you very much for your enquiry dated Sept.15. Now we quote you the price as follows:

Unit price: @USD7.00 CIF TOKYO.

Payment: sight L/C

Means of transportation: shipment by sea

Packing: Each piece in a paper box, 20 pieces of assorted colors and sizes into an export carton.

　　　　　　　　　　　　　　　　　　　　　　Kind Regards,

　　　　　　　　　　　　　　　　　　　　　　　　WANGXIANG

　　　　　　　　　　　　　　　　　　　SHANGHAI LIDA IMP. & EXP. CO. , LTD.

三、日本高村商社发出还盘函

日本高村商社高村社长对上海立达进出口有限公司的发盘进行了仔细的研究,通过价格核算后提出了还价的请求和购货的意向,并发函通知上海立达进出口有限公司(见实例2-6)。

实例 2-6　　　　　　　　　　　　　　　还盘函

答复	答复全部	转发 ▾	删除	永久删除	转到 ▾

发件人：　TKAMRA < 19 @ hotmail.com >

收件人：　SIBO @ sohu.com

主　题：　COUNTER-OFFER　　　　　　　　　　　2021-4-17　　14：40

Dear Mr. Wangxinag,

Thank you for your offer dated on Apr.16, 2021. Could you please reduce the price to USD6.50 each? Other terms and conditions are acceptable.

Await for your soonest reply.

　　　　　　　　　　　　　　　　　　Kind Regards,

　　　　　　　　　　　　　　　　　　　TKAMRA

　　　　　　　　　　　　　　　　　　　TKAMRA TRADE CORPORATION

四、上海立达进出口有限公司发送接收函

上海立达进出口有限公司王祥经理在收到日本高村商社的还盘后,立刻与供应商提出降低采购价的要求,得到确定答复后向高村社长发出接受函(见实例2-7)。

实例2-7　　　　　　　　　　　　　　接受函

🖅 答复　🖅 答复全部　🖅 转发 ▾　🖿 删除　✖ 永久删除　🖅 转到 ▾

发件人：　SIBO @ sohu.com
收件人：　TKAMRA < 19 @ hotmail.com >
主　题：　ACCEPTANCE　　　　　　　　　　　2021-4-18　16：00

Dear Sir Tkamra,

Thank you for your letter dated on Apr .17.

After careful consideration of your request, we accept the price at USD6.50 per piece.

Looking forward to your order.

　　　　　　　　　　　　　　　　　　　　Kind Regards,

　　　　　　　　　　　　　　　　　　　　WANGXIANG

　　　　　　　　　　　　　　　　SHANGHAI LIDA IMP. & EXP. CO.，LTD.

第三节　国际贸易合同的形式与结构

一、国际贸易合同的形式

《中华人民共和国民法典》(以下简称《民法典》)合同编规定:"当事人订立合同,有书面形式、口头形式和其他形式。"我国进出口贸易主要采用书面合同。书面合同有以下两种形式。

(一) 合同书

合同书(contract)是指进出口双方当事人依照有关法律法规通过协商就各自在贸易上的权利和义务所达成的具有法律约束力的协议。合同书的条款齐全、内容详尽、规定具体,一般适用于大宗商品或者成交金额大的贸易。合同书按交易的流向可分为出口合同书和购货合同书。

(二) 确认书

确认书(sales confirmation)是指进出口双方当事人依照有关法律法规通过协商就商品的品质、数量、包装、价格、交货期、装运地和目的地、付款方式、货运保险、异议索赔、仲裁、不可抗力等内容进行详细规定的一种简式的合同书。它与合同书一样具有同等法律效力,适用于轻工纺织等产品以及成交金额不是很大的交易,或者具有代理、包销等长期协议的交易。确认书按交易的流向可分为销售确认书和购货确认书。

二、国际贸易合同的结构

国际贸易合同主要是由约首、正文和约尾三部分组成。

（一）约首

约首是合同的首部，包括合同名称、合同编号、订约日期、行约地点、买卖双方名称与地址、序言等内容。在规定这部分内容时，买卖双方的名称和地址要齐全，不用简称，合同的序言是表示双方订立合同的意愿和执行合同的保证，对双方具有约束力，因此，措辞要严谨，逻辑清晰。

（二）正文

正文是合同的主体部分，主要列明各项交易条款，明确买卖双方的责任，规定具体的义务。

（三）约尾

约尾是合同的尾部，主要包括合同的生效时间、合同书的份数及效力、双方代表的签字盖章等内容。

 **实例展示**

业务情境

上海立达进出口有限公司创业团队根据我国《民法典》合同编的相关规定，参照其他进出口贸易公司的销售确认书的格式，用中文和英文两种文字描述和表格形式确定销售确认书的约首、正文和约尾的内容。

一、上海立达进出口有限公司确定销售确认书的约首

上海立达进出口有限公司创业团队用中文和英文两种文字确定销售确认书的约首（见实例2-8）。

实例2-8 　　　　　　　　　　　　　　约首

上海立达进出口有限公司

SHANGHAI LIDA IMP. & EXP. CO., LTD.

No.1 RENMIN ROAD SHANGHAI CHINA

TEL:	**销 售 确 认 书**	S/C NO:
FAX:	**SALES CONFIRMATION**	DATE:
To Messrs:		

下列签字双方同意按下列条款达成协议：

The undersigned sellers and buyers have agreed to close the following transaction as per terms and conditions stipulated below:

二、上海立达进出口有限公司销售确认书的正文

上海立达进出口有限公司创业团队用中文和英文两种文字描述以及表格形式确定销售确认书的正文(见实例2-9)。

实例2-9　　　　　　　　　　　　　正文

品名与规格 Commodity and Specification	数　量 Quantity	单　价 Unit price	金　额 Amount

包　装:
PACKING:
装运港:
LOADING PORT:
目的港:
DESTINATION:
装运期限:
TIME OF SHIPMENT:
分批装运:
PARTIAL SHIPMENT:
转　船:
TRANSHIPMENT:
保　险:
INSURANCE:
付款条件:
TERMS OF PAYMENT :
一般条款:
GENERAL TERMS:

买方须于＿＿年＿月＿日前开出本批交易的信用证;否则,售方有权不经过通知取消本合同书,或向买方提出索赔。

The Buyer shall establish the covering Letter of Credit before ＿＿＿＿ falling which the Seller reserves the right to rescind without further notice, or to accept whole or any part of this Sales Contract-fulfilled by the Buyer, or, to lodge claim for direct losses sustained, if any.

凡以 CIF 条件成交的业务,保额为发票价的110%,投保险别以售货合同书中所开列的为限,买方如果要求增加保额或保险范围,应于装船前经卖方同意,因此而增加的保险费由买方负责。

For transactions conclude on C.I.F basis, it is understood that the insurance amount will be for 110% of the invoice value against the risks specified in Sales Confirmation. If additional insurance amount or coverage is required, the buyer must have consent of the Seller before Shipment, and the additional premium is to be borne by the Buyer.

由装运港中国出入境检验检疫局签发的质量检验证书作为信用证项下议付所提交的单据的一部分,买方有权对货物的质量进行复验,复验费由买方负担。但若发现质量与合同规定不符时,买方有权向卖方索赔,并提供经卖方同意的公证机构出具的检验报告。索赔期限为货物到达目的港后60天内。

It's mutually agreed that the Inspection Certification of Quality issued by the China Customs at the port of shipment shall be part of the documents to be presented for negotiation under the relevant L/C. The buyers shall have the right to reinspect the quality of the cargo. The reinspection fee shall be borne by the Buyers. Should the quality be found not in conformity with that of the contract, the Buyers are entitled to lodge with the Sellers a claim which should be supported by survey reports issued by a recognized surveyor

（续）

approved by the Sellers. The claim, if any, shall be lodged within 60 days after arrival of the goods at the port of destination.

如由于战争、地震或其他不可抗力的原因致使卖方对本合同项下的货物不能装运或迟延装运，卖方对此不负任何责任。但卖方应立即通知买方并出具由中国国际贸易促进委员会出具的证明书，以证明该不可抗力事件的发生。

If the shipment of the contracted goods is prevented or delayed in whole or in part by reason of war, earthquake or other causes of Force Majeure, the Seller shall not be liable. However, the Seller shall notify the Buyer a certificate issued by the China Council for the Promotion of International Trade attesting such event or events.

如买方提出索赔，凡属品质异议须于货到目的口岸之 60 日内提出，凡属数量异议须于货到目的口岸之 30 日内提出，对所装货物所提任何异议属于保险公司、轮船公司等其他有关运输或邮递机构，卖方不负任何责任。

In case of quality discrepancy, claim should be filed by the Buyer within 60 days after the arrival of the goods at port of destination; while for quantity discrepancy, claim should be filed by the Buyer within 30 days after the arrival of the goods at port of destination .It is understood that the seller shall not be liable for any discrepancy of the goods shipped due to causes for which the Insurance Company, other transportation organization or Post Office are liable.

凡因执行本合同所发生的或与本合同有关的一切争议，双方应通过友好协商解决；如果协商不能解决，应提交上海国际经济贸易仲裁委员会，根据该会的仲裁规则进行仲裁。仲裁裁决是终局的，对双方都有约束力。仲裁费用除仲裁庭另有规定外，均由败诉方负担。

All disputes in connection with this contract or arising from the execution thereof, shall be amicably settled through negotiation in case no settlement can be reached between the two parties, the case under disputes shall be submitted to Shanghai International Economic and Trade Arbitration. Commission for arbitration in accordance with its Rules of Arbitration. The arbitral award is final and binding upon both parties. The arbitration fee shall be borne by the losing party unless otherwise awarded by the arbitration court.

买方收到本售货合同书后请立即回签一份，如买方对本合同书有异议，应于收到后五天内提出，否则认为买方已同意接受本合同书所规定的各项条款。

The buyer is requested to sign and return one copy of the Sales Contract immediately after the receipt of same, Objection, if any, should be raised by the Buyer within five days after the receipt of this Sales Contract, in the absence of which it is understood that the Buyer has accepted the terms and condition of the sales Contract.

三、上海立达进出口有限公司销售确认书的约尾

上海立达进出口有限公司创业团队用中文和英文两种文字描述确定销售确认书的约尾（见实例2-10）。

实例2-10　　　　　　　　　　　**约尾**

本合同经甲乙双方当事人签章后生效，一式两份，双方各持一份。
This contract is taken into effect after the signing of the parties to Party A and B, with two copies and one share of each party.

买方：　　　　　　　　　　　　　　　卖方：
THE BUYER:　　　　　　　　　　　　THE SELLER

 **案例思政**

勇斗贸易霸凌　方得海阔天空

【案例简介】

中美贸易战是指在中美贸易往来的过程中,两国在贸易平衡上所产生的贸易摩擦。随着中美政治关系的发展和国际局势的变化,2018年3月23日凌晨,美国总统特朗普签署备忘录,基于美贸易代表办公室公布的对华"301调查"报告,指令有关部门对从中国进口约600亿美元商品大规模加征关税,并限制中国企业对美投资并购。同日7点,中华人民共和国商务部发布了针对美国进口钢铁和铝产品232措施的中止减让产品清单并征求公众意见,拟对自美进口部分产品加征关税,以平衡因美国对进口钢铁和铝产品加征关税给中方利益造成的损失,拉开中美贸易战的序幕。

特朗普政府不顾中方劝阻,执意发动贸易战,掀起了又一轮的中美贸易争端。对于中美经贸分歧,中方从维护中美经贸合作大局出发,一直在以最大诚意和耐心推动双方通过对话协商解决分歧。但是,美方出于其政治需要,反复无常、丧失诚信、欲壑难平,坚持与中方打一场贸易战。对此,中国针锋相对,坚持"以战止战"。

【案例思政】

美国发起中美贸易战的起因有多方面的,其深层目的是遏制中国复兴。2017年,中国GDP达12万亿美元,相当于美国的63%,并且中国经济增长率为6.9%,远高于美国的2.3%。如果按照6%左右的GDP的增速,大约在2027年前后,中国有望成为世界第一大经济体,重回世界之巅。在此背景下,美国一直试图遏制中国复兴。一个国家的强大崛起,必将会影响另外一个已经崛起的国家。因此,要实现中华民族伟大复兴的中国梦,我们要自信自强,走强国之路。

复习与思考

一、单项选择题

1. 文案调研法又称为(　　)。

A. 文献调研法　　　　　　　　　　B. 网络调研法

C. 直接调研法　　　　　　　　　　D. 对比调研法

2. 下列各项中,不属于线上信息发布渠道的是(　　)。

A. 公司网站　　　　　　　　　　　B. 户外广告

C. 行业营销网站　　　　　　　　　D. 第三方跨境电子商务平台

3. 2006年10月,中国出口商品交易会更名为(　　)。

A. 中国华东进出口商品交易会　　　B. 中国进出口商品交易会

C. 中国进出口商品交易会　　　　　D. 中国进口商品交易会

4. 中国规模最大、辐射面最广、成交额最高的区域性国际经贸盛会是指(　　)。

A. 中国进口商品交易会   B. 中国进出口商品交易会

C. 中国出口商品交易会   D. 中国华东进出口商品交易会

5. 2018 年 11 月 5 日,( )在国家会展中心(上海)举办。

A. 中国进口商品交易会   B. 中国国际进口博览会

C. 中国出口商品交易会   D. 中国华东进出口商品交易会

6. 下列各项中,不属于中国国际进口博览会企业商业展货物贸易板块的内容是( )。

A. 智能及高端装备、消费电子及家电   B. 汽车、医疗器械及医药保健

C. 服装、日用品、食品及农产品   D. 服务外包、创意设计

7. ( )是指通过传真、电子邮件、网站留言、图片传送等方式传递书面文字材料进行的洽谈形式。

A. 线下书面磋商   B. 线上书面磋商

C. 线下口头磋商   D. 线上口头磋商

8. 我国进出口贸易中主要采用( )的形式。

A. 销售确认书   B. 书面合同书

C. 购货确认书   D. 销售合同书

二、多项选择题

1. 市场调研目标一般包括( )等内容。

A. 选择目标市场   B. 选择适销品类

C. 选择适销商品   D. 确定合理商品价格

2. 宏观层面的市场调研一般包括( )等内容。

A. 经济环境   B. 政治环境

C. 法律环境   D. 社会文化环境

3. 中国国际进口博览会内容分为( )。

A. 国家贸易投资综合展   B. 企业商业展

C. 虹桥国际贸易论坛   D. 中国国际贸易论坛

4. 中国国际进口博览会企业商业展分为( )。

A. 物流板块   B. 论坛板块

C. 货物贸易板块   D. 服务贸易板块

5. 下列各项中,属于进出口商品交易磋商必须经过的环节有( )。

A. 询盘   B. 发盘

C. 还盘   D. 接受

6. 国际贸易合同主要是由( )组成。

A. 约首   B. 正文   C. 约尾   D. 签章

7. 确认书的主要条款主要包括( )。

A. 品质条款、数量条款、包装条款   B. 价格条款、支付方式条款

C. 装运条款、货运保险条款   D. 仲裁条款、不可抗力条款

8. 销售确认书经签章后通常由( )各持一份,作为履约的依据。

A. 出口商   B. 进口商

C. 检验检疫机构   D. 海关机构

三、判断题

1. 市场调研小组成员要具备相关领域的知识与技能,人越多越好。 （　）
2. 实地调研法与文案调研法的内容相同,只是形式有别。 （　）
3. 市场调研的形式只有实地调研法与文案调研法两种。 （　）
4. 侵犯他人的知识产权将受到法律的制裁。 （　）
5. 知识产权具有价值,但是不具有使用价值。 （　）
6. 发盘多由卖方发出,也可是买方发出。 （　）
7. 发盘必须明确规定有效期,否则该发盘无效。 （　）
8. 还盘是对发盘的否定,实质是一个新的发盘。 （　）
9. 合同书具有法律效力,确认书不具有法律效力。 （　）

四、简答题

1. 简述构成一项有效发盘的条件。
2. 简述构成一项有效接受的条件。

五、案例分析题

杭州某进出口有限公司在公司营销网站上发布了2021年当季女式裙裤流行款式。6月1日,美商密斯公司来函询价。6月10日,杭州某进出口有限公司回复报价,在发盘中规定"限6月30日回复到有效"。6月20日,杭州某进出口有限公司接到总公司的通知,该女式裙裤流行款即日起提加价20%,随即通知密斯公司之前发盘无效。6月22日,密斯公司经研究来电表示:"我方无条件接受6月10日发盘的条件。"

请分析,杭州某进出口有限公司6月10日的发盘仍有效吗?为什么?

第三章　国际贸易合同标的

学习目标

◆ 了解商品名称的构成及相关法律规定。

◆ 熟悉商品的品质、数量、包装条款的内容及其拟定要求。

◆ 明确商品标的相关条款的主要作用。

◆ 具备拟定商品的品质、数量、包装条款的基本能力。

本 章 概 要

　　本章包括四部分内容：第一部分为拟定商品品名条款，介绍商品的命名方法和要求、品名条款的拟定及注意事项；第二部分为拟定商品质量条款，介绍了品质表示方法、品质条款的拟定及注意事项；第三部分为拟定商品数量条款，介绍了计量单位与度量衡制度、重量的计算方法、数量条款的拟定及注意事项；第四部分为拟定商品包装条款，介绍了商品包装用材、商品包装种类和包装条款的拟定及注意事项。

第一节　拟定商品品名条款

　　商品品名(name of commodity)是指区别于其他商品的一种称呼或者概念。它是区别于其他商品的标识，需要在国际贸易合同中予以确定，并将其作为贸易合同的主要条款。

一、商品的命名

　　商品的命名是根据消费者的心理特点，选定恰当的语言文字，概括地反映商品的形状、用途和性能等特点。

（一）商品命名的方法

1. 以商品主要效用命名

该方法是通过名称直接反映商品的主要性能和用途,使消费者能迅速了解商品的使用价值,加快对商品的认知过程。其多用于日用工业品、化妆品和医药品的商品命名,如金鱼洗涤灵、玉兰油防晒霜、美加净护手霜等。

2. 以商品主要成分命名

该方法能让消费者直接了解商品的原料构成,以便其根据自己的实际情况选择商品。例如,螺旋藻麦片、复方甘草合剂、珍珠面膜等命名,起到了吸引消费者的作用。

3. 以商品的外形命名

该方法的特点是突出了商品造型新奇、优美等形象,能迅速引起消费者的注意和兴趣。其多用于食品、工艺品类的商品命名,如佛手酥、猫耳朵等。

4. 以制作工艺命名

该方法是通过名称直接反映商品的制作工艺,如二锅头等。

5. 以商品产地命名

冠以产地的命名方法,可以通过该地的民族风情、自然环境、水质特点、科学技术等独具的魅力,吸引消费者求特、求新的心理,如茅台酒、瑞士手表等。

6. 以人名命名

冠以人名的命名方法,可以通过发明者、制造者和历史人物等名字将特定的商品和特定的人联系起来,使消费者睹物思人和敬慕之情,表明商品系出名门,从而满足消费者求名心理。

7. 以外来词命名

该方法用外来词命名商品,以满足消费者的求奇与求异的心理,如可口可乐等。

（二）商品命名的要求

商品命名有两方面的要求:一是应当表明产品的真实属性;二是有国家或者行业标准的,应当采用国家或者行业标准规定的商品名称,如果没有国家或者行业标准规定的,应当使用不会引起用户和消费者误解和混淆的商品名称。

二、品名条款

（一）品名条款的拟定

品名条款的拟定,通常是在国际贸易合同中的品名项目栏内列明缔约双方同意买卖的商品名称,如男士西服、华为手机等。根据《联合国国际货物销售合同公约》的规定,商品名称的描述是构成商品说明的一个主要部分,是买卖双方交接货物的一项基本依据。若卖方交付的货物不符合约定的品名,买方有权要求损害赔偿,甚至拒收货物或者撤销合同。因此,列明合同标的物的具体名称,具有重要的法律和实践意义。

（二）订立品名条款的注意事项

订立品名条款应当注意三个问题:一是商品名称应明确、具体,译文表述准确,尽可能使用国际上通用的商品名称,避免双方误解;二是新商品名称的提出,尽量使用学名;三是选择有利于降低进口关税或者费用的商品名称。

案例分析

　　安徽某进出口公司与日本大阪商社签订一份销售合同,出口货物的商品名称为"手工制造书写纸"。我方根据该品名制作了商业发票、装箱单等结汇单据。日商在收到货物后,经检验发现货物部分工序为机械加工操作。这种情况按日本国法律属于"不正当表示",违反了销售合同品名条款的约定,日方向指定仲裁机构提出仲裁申请,要求我方赔偿其损失。

　　请你从学习者的视角,对该争议的产生进行分析与评价。

 **实例展示**

业务情境

　　上海立达进出口有限公司与日本高村商社签订了一份销售确认书,就达成的交易标的男式短裤,在合同的正文部分中用中文和英文两种文字拟订商品品名条款。

　　上海立达进出口有限公司创业团队根据我国《民法典》合同编的相关规定,参照其他进出口贸易公司的销售确认书的格式,用中文和英文两种文字拟定男式短裤品名条款(见实例3-1)。

实例3-1　　　　　　　　　　　　　销售确认书

<table>
<tr><td colspan="4" align="center">上海立达进出口有限公司
SHANGHAI LIDA IMP. & EXP. CO., LTD.
No.1 RENMIN ROAD SHANGHAI CHINA</td></tr>
<tr><td>TEL: 021-65788811
FAX: 021-65788812
To Messrs:</td><td colspan="2" align="center">销 售 确 认 书
SALES CONFIRMATION</td><td>S/C NO: 2021039

DATE: 5.2,2021</td></tr>
<tr><td colspan="4">TKAMRA TRADE CORPORATION

37 VICTORIA MACH, TOKYO JAPAN</td></tr>
<tr><td colspan="4">下列签字双方同意按下列条款达成协议:
The undersigned sellers and buyers have agreed to close the following transaction as per terms and conditions stipulated below:</td></tr>
<tr><td align="center">品名与规格
Commodity and Specification　　品名条款</td><td></td><td></td><td></td></tr>
<tr><td>　MEN'S DRILL SHORTS</td><td></td><td></td><td></td></tr>
</table>

第二节　拟定商品质量条款

　　商品品质的优劣直接关系到商品使用价值的高低,也影响到商品的价值。因此,在国际贸易合同中,买卖双方必须规定商品品质,并将其作为贸易合同的主要条款予以确定。

一、品质表示方法

商品品质(quality of goods)是指商品的外观形态和内在质量的综合。前者是指人们的感官可以直接感觉到的外形特征,如商品的结构、造型、款式、色泽和味觉等;后者则是指商品的物理和机械机能、化学成分、生物特征和技术指标等。在贸易合同中,商品的品质、规格主要有两种表示方法。

(一)用样品表示商品的品质

在国际贸易中,以实物样品来表示商品品质的方法有以下两种。

1. 凭卖方样品买卖

凭卖方样品买卖(sale by seller's sample)是指由卖方提供样品并经买方确认后,作为交货样品的依据。在出口交易中,卖方应注意样品的代表性,不可将品质定得太高或者太低,要留存"复样",作为交货时检验品质的依据。

2. 凭买方样品买卖

凭买方样品买卖(sale by buyer's sample)是指由买方提供样品,卖方应按来样复制或者从自己的在库商品中选择与来样品质一致的样品交买方确认后,将其样品作为交货的依据。复制样品又称为回样(return sample),当买方确认该回样后,卖方再按其样品品质进行加工。

(二)用文字约定商品的品质

在国际贸易中,大部分商品可用文字说明其品质。其具体可分为下列六种。

1. 凭规格买卖

凭规格买卖(sale by specification)是指用来反映商品品质的某些主要指标,如成分、重量和尺寸等。由于凭规格销售比较简单准确,所以在国际贸易中应用十分普遍。例如,中国东北大米的合同规格为:水分最高14%,杂质最高2%,不完善粒最高7%。

2. 凭等级买卖

凭等级买卖(sale by grade)是指在交易合同中列明买卖货物的级别,以其作为商品品质的依据。例如,钨砂特级的合同规格为:三氧化钨最低含量70%,锡最高含量0.2%。

3. 凭标准买卖

凭标准买卖(sale by standard)是指将国家或者国际组织制定的相关商品标准作为交易品质的依据,如ISO 9000系列标准体系等。

4. 凭商标或者牌号买卖

凭商标或者牌号买卖(sale by trade mark or brand)是指某些商品质量在国际市场上已被广大消费者一致公认并予以接受,久而久之,该商标或者牌号就代表了有关商品的品质,如德国的奔驰汽车等。

5. 凭产地名称买卖

凭产地名称买卖(sale by name of origin)是指某些商品由于受产地自然条件和传统的生产技术或者加工工艺的影响,在品质上具有其他地区产品所不具备的特色,因而其产地名称成为代表该项产品品质的标志,如青岛啤酒等。

6. 凭说明书买卖

凭说明书买卖(sale by description)是指机器、电器和仪表电子等技术密集型的商品,因其结构复杂,通常以说明书和图样来说明其构造、用途和性能等如数控机床等。

二、品质条款

（一）品质条款的拟定

品质条款的拟定,通常是在国际贸易合同中的品质项目栏内列明商品的规格或者等级或者标准或者商标等,如 5G 手机等。

（二）订立品质条款注意事项

订立品质条款应当注意下列事项。

1. 品质规定要具有合理性

出口商必须从实际出发,根据本企业的实际技术条件制定相应的品质,如果标准制定得过高,将会给合同履行带来一定的困难,使企业处于被动的状态。

2. 品质规定要具有灵活性

在规定商品品质时,卖方应当根据商品特性明确规定品质的具体表示方法,对一些特殊的商品要有一定的灵活性,可采取品质机动幅度和品质公差的办法。品质机动幅度和品质公差的表示方法主要有三种:一是规定范围,对某种商品的规格,应允许有一定幅度的差异,如羽绒的含量正常规定点为 50％,允许上下差幅为 1％;二是规定极限,即对某种商品的规格规定上下极限,如白籼米碎粒含量允许最多不超过 1％;三是规定上下差异,对卖方所交货物的品质允许在误差的范围内,如国际同行业所公认的品质公差。

3. 品质规定要避免多样性

出口商要避免品质双重指标的要求,如果必须以两种方法表示,应当明确以何种指标作为表示商品品质的主要依据;否则,会给国际贸易合同履行带来一定的困难。

 案例分析

大连粮油贸易公司与日本大桑商社签订了销售确认书,合同标的是东北大米,规定水分最高为 10％,杂质不得超过 1％,碎粒不得超过 2％。大连粮油贸易公司在货物装船后向日本大桑商社寄送样品,确认成交货物与样品一致。当货物到达目的地后,日本大桑商社经检验后发现东北大米品质与合同规定相符,但比样品的品质低,据此向我方索赔。

请你从学习者的视角,对该争议进行分析与评价。

 实例展示

业务情境

上海立达进出口有限公司与日本高村商社签订了一份男式短裤销售确认书,就达成的面料、规格等内容,在销售确认书的正文部分中用中文和英文两种文字拟定商品品质条款。

上海立达进出口有限公司创业团队根据我国《民法典》合同编的相关规定,参照其他进出口贸易公司的销售确认书的格式,用中文和英文两种文字拟定男式短裤品质条款(见实例 3-2)。

实例 3-2　　　　　　　　　　销售确认书

上海立达进出口有限公司

SHANGHAI LIDA IMP. & EXP. CO., LTD.

No.1 RENMIN ROAD SHANGHAI CHINA

TEL：021-65788811

FAX：021-65788812

销 售 确 认 书

SALES CONFIRMATION

S/C NO：2021039

DATE：May 2,2021

To Messrs:

TKAMRA TRADE CORPORATION

37 VICTORIA MACH, TOKYO JAPAN

下列签字双方同意按下列条款达成协议：

The undersigned sellers and buyers have agreed to close the following transaction as per terms and conditions stipulated below:

品名与规格 Commodity and Specification			
MEN'S DRILL SHORTS 100% COTTON S、M、L、XL、XXL			

品质条款

第三节　拟定商品数量条款

商品数量是指以一定度量衡表示商品的重量、个数、长度、面积、体积、容积的量。数量不仅是计算成交金额的基础,也是买卖双方交接货物的重要依据。因此,进出口公司正确掌握成交数量和订好合同中的数量条款,具有十分重要的意义。

一、计量单位与度量衡制度

（一）数量的计量单位

计量单位(unit of measurement)是指用以表示商品标准量的名称。不同的商品需要采用不同的计量单位来表示,常用的计量单位主要有以下六种。

1. 质量单位

常见的质量单位包括:克 (gram,G);千克 (kilogram,KG);公担①(quintal,Q);公吨②(metric Ton,M/T);长吨③(long ton,L/T);短吨④(short ton,S/T);磅⑤(pound);盎司⑥

---

① 1公担＝100 千克。

② 1公吨＝1 000 千克。

③ 1长吨＝1 016.046 千克。

④ 1短吨＝907.2 千克。

⑤ 1磅＝0.454 千克。

⑥ 1盎司＝28.35 克。

（ounce）；吨①（ton）等。

2. 长度单位

常见的长度单位包括：米（meter，M）；英尺②（foot，FT）；码③（yard，YD）等。

3. 面积单位

常见的面积单位包括：平方米（square meter，M2）；平方英尺④（square foot，FT2）等。

4. 体积单位

常见的体积单位包括：立方米（cubic meter，M3）；立方英尺⑤（cubic foot，FT3）等。

5. 容积单位

常见的容积单位包括：公升⑥（litre，L）；加仑⑦（gallon，GAL）等。

6. 个数单位

常见的个数单位包括：件（package，PKG）；只（piece，PC）；双（pair）；套（set）；打⑧（dozen，DOZ）；罗⑨（gross，GR）；令⑩（ream，RM）；卷（roll）；辆（unit）；箱（case）；桶（barrel）；袋（bag）；捆（bale）等。

（二）度量衡制度

在国际贸易中，度量衡制度主要包括国际单位制（international system of units）；公制（the meter system）；美制（The U.S. system）；英制（The British system）等。为避免因不同的度量衡制度的差异所导致的贸易纠纷，进出口公司必须在国际贸易合同中明确所采用的度量衡制度。

二、重量的计算方法

在国际贸易中，绝大多数商品是按质量计价的，但根据商品的性质和商业习惯，人们一般将质量称为重量。重量的计算方法主要有以下四种。

（一）按毛重计算

毛重（gross weight）是指商品皮重加净重之和，即商品本身的实际重量加上包装材料后的总重量。一些价值不高的粮食和饲料等大宗商品，通常采用以毛重作为计价基础，习惯上称为"以毛作净"。

（二）按净重计算

净重（net weight）是指商品本身的实际重量，即毛重减去皮重后的重量。其具体计算方法如下。

1. 实际皮重

实际皮重（real，actual tare）是指毛重减去商品净重后所剩全部包装材料的重量。

---

① 1 吨＝1 000 千克。

② 1 英尺＝0.3048 米。

③ 1 码＝0.9144 米。

④ 1 平方英尺＝0.0929 平方米。

⑤ 1 立方英尺＝0.0283 平方米。

⑥ 1 公升＝1 升。

⑦ 1 加仑（美）＝3.785412 升，1 加仑（英）＝4.546092 升。

⑧ 1 打＝12 个。

⑨ 1 罗＝144 个。

⑩ 1 令＝500 张 1 开的纸。

2. 习惯皮重

习惯皮重(customary tare)是指一些比较规范化的商品包装,因包装材料重量比较固定划一,可按该包装公认的重量计算。

3. 平均皮重

平均皮重(average tare)是指买卖双方通过抽查,得出某一批商品包装材料的平均重量后,计算出的全部货物的总皮重。

4. 约定皮重

约定皮重(computed tare)是指由买卖双方根据约定的包装重量进行计量的方法。

（三）按公量计算

公量(conditioned weight)是指用科学、公认的方法去除商品中所含水分,得出商品的干量,再加上标准含水量后所求得的商品重量。该计量方法通常用于那些价值较高而含水量又不很稳定的商品,如羊毛、生丝等。公量的计算公式如下:

$$公量＝实际重量×(1＋标准回潮率)÷(1＋实际回潮率)$$

（四）按理论重量计算

理论重量(theoretical weight)是指某些规格尺寸固定、用材质量均匀的商品,仅根据商品规格就可推算出的商品重量。

 案例分析

大连某粮油进出口公司向日本某公司出口大豆 600 公吨,合同约定需麻袋装,每袋装 30 千克大豆。我方按合同规定时间装运出口,并办妥了结汇手续。事后该日本公司来电称:我方所交货物扣除皮重后,实际到货不足 600 公吨,要求按净重计算价格,退回因短装多收的货款。

试分析,该日本公司的做法可行吗? 为什么?

三、数量条款

（一）数量条款的拟定

数量条款的拟定,通常是在国际贸易合同中的数量项目栏内列明成交的商品数量和计量单位。按重量成交的商品,应当明确计算的方法。

（二）订立数量条款注意事项

订立数量条款应当注意下列事项。

1. 列明交易的具体数量和计量单位

国际贸易合同应当明确成交的具体数量和计量单位,不要使用"大约"或者"左右"等字样,在规定计量单位时,要按照商业的习惯。

2. 明确按毛重或者净重计算

大宗商品交易的国际贸易合同应当明确按毛重或者按净重计算;如果未注明,则按"以毛作净"计算。

3. 合理规定数量机动幅度

数量机动幅度(quantity allowance)是指在数量条款中约定实际货物数量可多于或者少

于的一定幅度。其主要方法有以下两类。

1）溢短装条款

溢短装条款（more or less clause）是指在运输途中容易发生缺损的商品，或者为适应运输工具配载限制的需要，在国际贸易合同中规定允许多装或者少装的限量。例如，中国大米2 000公吨，卖方可溢短装5％，即2 100公吨至1 900公吨都是符合合同规定的数量要求。

2）"约"量条款

"约"量条款是指在交易数量前加一个"约"或者"大约"字样（about，circa），表示实际交货数量可以有一定弹性的条款。国际商会制定的《跟单信用证统一惯例》（第600号出版物）第30条a款规定："'约'或者'大约'这类词语用于信用证金额，或者用于信用证规定的数量或者单价时，应解释为允许各自对应的金额、数量或者单价有不超过10％的增减幅度。"

 案例分析

上海某畜牧进出口公司向美国某公司出口灰鸭毛一批，合同规定含绒量90％，允许1％上下差幅。货到目的地后，该美国公司提出了货物质量比合同规定的含绒量低了0.5％的质疑，并出具了相应的品质检验证书，据此向我方提出赔偿损失的要求。

试分析，我方是否违约？依据如何？

 实例展示

业务情境

上海立达进出口有限公司与日本高村商社签订了一份男式短裤销售确认书，就达成的成交数量，在销售确认书的正文部分中用中文和英文两种文字拟定商品数量条款。

上海立达进出口有限公司创业团队根据我国《民法典》合同编的相关规定，参照其他进出口贸易公司的销售确认书的格式，用中文和英文两种文字拟订男式短裤数量条款（见实例3-3）。

实例3-3　　　　　　　　　　　　销售确认书

上海立达进出口有限公司
SHANGHAI LIDA IMP. & EXP. CO., LTD.
No.1 RENMIN ROAD SHANGHAI CHINA

TEL：021-65788811　　　**销 售 确 认 书**　　　S/C NO：2021039
FAX：021-65788812　　　**SALES CONFIRMATION**　　　DATE：May 2,2021
To Messrs:

TKAMRA TRADE CORPORATION

37 VICTORIA MACH, TOKYO JAPAN

下列签字双方同意按下列条款达成协议：
The undersigned sellers and buyers have agreed to close the following transaction as per terms and conditions stipulated below:

品名与规格 Commodity and Specification	数 量 Quantity		
MEN'S DRILL SHORTS 100% COTTON S、M、L、XL、XXL	12000PCS	数量条款	

第四节　拟定商品包装条款

商品包装是商品进入流通领域的必要条件,也是实现商品使用价值和增值的一种手段。商品包装要做到牢固、实用、经济和美观,要符合商品包装标准化的要求,并能起到节约运力、提高仓储使用率和降低费用的作用。从市场竞争的视角度出发,商品包装对于美化商品、指导消费和树立企业的良好形象有着积极的意义,已经成为吸引消费、开展市场竞争的重要手段。

一、商品包装用材

(一) 运输包装用材

常用的运输包装用材主要有以下两类。

1. 纸板

纸板根据不同的制作材料和工艺可分为牛皮箱纸板、箱纸板和瓦楞纸板三种。

1) 牛皮箱纸板

牛皮箱纸板主要适用于制作进出口商品和国内高级商品的包装纸箱,是运输包装用的高级纸板。其具有强度高、防潮性强和外观质量好的特点。

2) 箱纸板

箱纸板主要用于制作日用百货包装的纸箱。根据我国部颁标准的规定,箱纸板分为三类:一号箱纸板为强韧箱纸板;二号箱纸板为普通箱纸板;三号箱纸板为轻载箱纸板。

3) 瓦楞纸板

瓦楞纸板是指用两面层纸板,中层夹瓦楞芯纸,用胶黏剂粘接而成的复合加工纸板。瓦楞纸板分为三种类别:一是瓦楞规格,以瓦楞轮廓的大小粗细为序,依次列为 K、A、C、B、D、E、F 七种型号,其中 A、C、B、E 型使用较为普遍。二是瓦楞形状,分为 U 形、V 形和 UV 形三种,其中 UV 形使用较为普遍。三是用纸层数,分为四种:①二层瓦楞纸板,采用 C、B、E 瓦楞规格和 U 形或 UV 形瓦楞形状来制作,用于包装衬垫物。②三层瓦楞纸板,采用 A、B、C 瓦楞规格和 UV 形瓦楞形状来制作,用于中、小型瓦楞纸箱和衬板。③五层瓦楞纸板,采用 A、B、C 瓦楞规格和 UV 形瓦楞形状来制作,用于包装容积较大或较重货物的大中型瓦楞纸箱及其衬板。④七层瓦楞纸板,采用 B+A+B 或 B+A+C、C+A+C、B+A+A、A+A+A 等瓦楞型号组合方式来制作大型及特大型的瓦楞纸箱,具有很高的承重抗压性能。

2. 木材

木材根据不同的树种分为以下七类。

1) 红松

红松主要适用于制造运输包装箱,其具有木质轻软、易干燥、干缩率小、握钉力适中、不易劈裂、易油饰和胶接等特点。

2) 马尾松

马尾松主要适用于制造包装箱,其具有木质轻硬、强度中、握钉力强和干缩率小等特点。

3) 门松

门松主要适用于制造包装用的板材,其具有强度中等、木质轻等特点。

4）杉木

杉木主要适用于制造小型包装,具有木质轻软、干缩率小、握钉力弱和易沿木纹劈裂等特点。

5）桦木

桦木主要适用于制造胶合板材料和包装箱,其具有结构细致、材质较硬、干缩率大和握钉力强等特点。

6）椴木

椴木主要适用于制造中低级胶合板的原料,其具有干缩率中等和材质轻软等特点。

7）毛白杨

毛白杨主要适用于制造包装箱和容器,其具有木质轻软、握钉力弱等特点。

（二）销售包装用材

1. 纸质包装材料

用于包装的纸质材料主要有纸、纸板及其制品。常用的包装纸和纸板有五种:一是白纸板,主要用于经彩色套印后制成的纸盒;二是牛皮纸,多用于棉毛丝绸织品、绒线和仪器仪表等包装;三是玻璃纸,主要用于医药、食品、纺织品和精密仪器等包装;四是纸袋纸,主要用于水泥、化肥和农药等包装袋用纸;五是黄纸板,主要用于制作各种食品、糖果和皮鞋等盒子。

2. 塑料包装材料

塑料是指以合成或者天然的高分子树脂为主要材料,添加各种助剂后,在一定的温度和压力下具有延展性,冷却后可以固定其形状的材料。其具有质轻、美观、耐腐蚀、强度高、绝缘性优、成型容易、易于着色和加工成本低等特点,广泛用于各类产品的包装,如包装薄膜、复合包装材料、包装容器等。

3. 金属包装材料

金属材料是指金属元素或者以金属元素为主构成的具有金属特性的材料的统称。金属包装材料主要有马口铁、镀铬薄钢板、铝板和铝箔等金属材料,主要适用于制造食品罐头、饮料、糖果、饼干、茶叶、化妆品等包装。

4. 玻璃包装材料

玻璃包装材料是指用于制造玻璃容器,满足玻璃产品包装要求所使用的材料。其具有四个方面的特点:一是具有良好的阻隔性能,防止氧气等气体对内装物的侵袭和内装物的挥发;二是安全卫生,具有良好的耐腐蚀能力;三是光亮、透明、美观,加工方便,价格便宜;四是可反复使用,包装成本较低。

5. 木质包装材料

木质包装材料是指木材和人造板,其具有良好的缓冲性能和制作容易等特点。木质包装用材应根据包装物的体积、重量和物品特性选择相应木材。例如,茶叶忌讳异味,其包装盒的木材主要有桦木、柳木和杨木等;食品有无臭、无味和色浅等要求,适用于食品包装的木材主要有枫香、桦木、七叶树和冷杉等。

二、商品包装种类

商品包装是指采用不同形式的容器或包装物对商品进行包装的操作过程。其分为以下两大类。

（一）运输包装

1. 运输包装的要求

运输包装（package for transport）又称外包装，是指保护货物在装卸、储存和运输过程中不受到影响的包装。在国际贸易中，商品运输包装应具备两个方面的要求：一是应当根据商品的特性、运输方式和路程等要求进行设计和选材，要便于装卸、储存和运输；二是包装用料应符合进口国海关的有关规定。

2. 运输包装的种类

1）瓦楞纸箱

瓦楞纸箱分为三类：一是出口运输包装；二是内销商品运输包装；三是用于短途或者低廉商品运输包装。我国国家标准局发布的 GB 6543—86 瓦楞纸箱国家标准，采用了欧洲瓦楞纸箱制造商协会的分类方法，并依据我国国情将瓦楞纸箱的基本箱型列为三种：一是开槽型纸箱，代号 02 型；二是套合型纸箱，代号 03 型；三是折叠型，代号 04 型。

相关链接

欧洲瓦楞纸箱制造商协会规定的箱型

欧洲瓦楞纸箱制造商协会制定的《国际瓦楞纸箱法规》，对瓦楞纸箱的箱型分为以下六个基本类型。

1. 开槽型纸箱

开槽型纸箱是由一片瓦楞纸板组成，通过钉合或者用胶带粘合等方法将箱坯接合制成箱体，箱体顶部和底部的折翼为上下摇盖，可构成箱底和箱盖。

2. 套合型纸箱

套合型纸箱是由两至三片瓦楞纸板组合而成，箱盖与箱底分开，使用时才套接起来构成箱的整体。

3. 折叠型纸箱

折叠型纸箱是用一片瓦楞纸板折叠组成整个箱体的侧面和底盖，且不需任何钉合或糊合，根据需求还可以加制启闭锁扣、展示窗、内隔衬和提手等。

4. 滑人型纸箱

滑人型纸箱是由两片瓦楞纸板组成，其中一片构成内套，另一片构成外套。

5. 硬体型纸箱

硬体型纸箱是由三片瓦楞纸板组成，将两个端片钉合在箱体的两侧，成型后便无法折叠展平。

6. 预粘型纸箱

预粘型纸箱是由一片瓦楞纸板构成，可以折叠展平，使用时只作简单的粘合嵌固便可成型。

2）木箱

木箱分为四种类型：一是一般包装箱，选择中等硬度以下，易钉木材为佳；二是重型包装箱，选择材质硬的木材；三是茶叶包装箱，选择无异味的木材；四是食品包装箱，选择无味、无臭、色浅的木材。

3）集装箱

集装箱是由钢板等材料制成的长方体形状，能满足不同商品特性和装卸要求的储运货柜。集装箱既是货物的运输包装，又是运输工具的组成部分，有的箱内设有空调或者冷冻设备，有的备有装入或者漏出的孔道等。根据国际标准化组织（ISO）的规定，集装箱共分为 13 种规格，其中用得最多的是 $8 \times 8 \times 20$ 英尺和 $8 \times 8 \times 40$ 英尺的集装箱。集装箱根据商品使用的性质分为九种类型，其适用范围及功能如表 3-1 所示。

表 3-1　　　　　　　　　　　　集装箱根据商品使用性质的分类

集装箱分类	适用范围及功能
干货集装箱（见图 3-1）	该类型集装箱适用于冷冻货、活动物和植物以外的各种干货，其有多种式样或箱型
冷藏集装箱	该类型集装箱设有冷冻机，适用于装载冷藏食品、新鲜水果和特种化工产品等
散货集装箱	该类型集装箱适用于装载小麦、谷类、水泥、化学制品等散装粉粒状货物
框架集装箱	该类型集装箱适用于大型机械运输，设有箱顶和两侧，可从集装箱侧面装卸货物
敞顶集装箱	该类型集装箱适用于超高货物运输，设有箱顶，使用吊装设备从箱子顶上装卸货物
牲畜集装箱	该类型集装箱适用于动物运输，在集装箱两侧设有金属网，便于喂养牲畜和通风
罐式集装箱（见图 3-2）	该类型集装箱适用于液体货物运输，箱顶部设有装货孔输入液体，在箱底设有出孔，靠重力作用自行流出液体
平台集装箱	该类型集装箱适用于超长、超重货物的运输，长度可达 6 米以上，载重量可达 40 公吨以上
汽车集装箱（见图 3-3）	该类型集装箱适用汽车运输，其分若干层运载汽车

图 3-1　干货集装箱　　　　图 3-2　罐式集装箱　　　　图 3-3　汽车集装箱

4）集装包/袋

集装包是用塑料纤维编织成的抽口式大包，两边有 4 个吊带，每包可装 1～4 吨的货物；集装袋也是用塑料纤维编织成的圆形大口袋，每袋可容纳 1～1.5 吨货物。它们均适用于已经装好的桶装和袋装多件商品。

5）托盘

托盘是用木材或塑料制成的托板，下面有插口，便于机械设备进行搬运和装卸（见图 3-4）。托板上承载的货物重量 1～1.5 公吨，用塑料薄膜或金属绳索加以固定，组成一件集合包装。

3. 商品包装标志

1）运输标志

运输标志（shipping mark）简称为唛头，通常刷在外包装两头，显示收货人简称、合同编号、目的港（地）和包装件数等内容（见图3-5）。

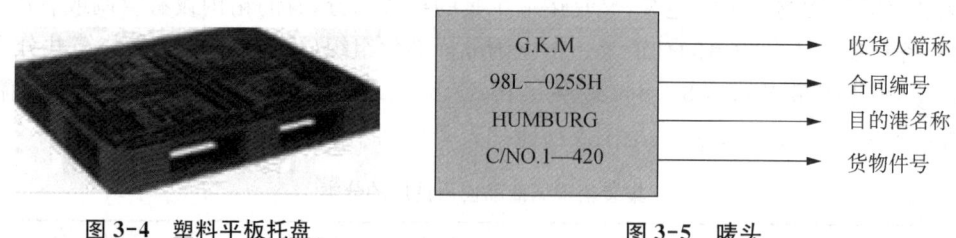

图 3-4　塑料平板托盘　　　　　　　　　　　图 3-5　唛头

2）指示性标志

指示性标志是指对易损、易碎、易爆、易燃和有毒等特殊货物，在外包装上显示文字与图案或者记号构成的指定标识。指示性标志主要是供装卸和搬运人员识别，保障货物和人身安全。常用的指示性标志如表3-2所示。

表 3-2　　　　　　　　　　　　　　常用指示性标志

中文	英文	图示标志
小心轻放 玻璃制品 易碎品	Handle With Care Glass Fragile	
禁用手钩	Use No Hand Hooks	
向上	The Way Up	
怕热	Keep In Cool Place	
怕湿	Keep Dry	
由此开启	Open Here	

3）警告性标志

警告性标志又称危险品标志，是指对爆炸品、易燃品、有毒物品、腐蚀性物品、氧化剂和放射性物品等危险货物，在外包装上标明指定的危险品标识。警告性标志主要是对装卸、搬运和保管人员以示警告，根据货物特性采取相应的防护措施，以保护货物和有关人身的安全。常用的警告性标志分别如图3-6至图3-8所示。

图 3-6　爆炸品　　　　图 3-7　爆炸品　　　　图 3-8　易自燃物品

（二）销售包装

1. 销售包装的要求

销售包装（sales package）又称内包装，是为适应商品销售的需要，直接盛装一定零售商品的包装，通常作为商品的组成部分卖给消费者。销售包装具有保护商品的品质，便于携带，美化商品，有利于商品的销售。在国际贸易中，销售包装的设计应当符合下列要求。

1）要便于运输和储存

销售包装所用的材料、结构、尺寸都要适应运输和储存的需要，提高装卸的速度，增强保护商品的效力。

2）要便于消费者识别、携带和使用

销售包装的文字说明应包括商品的名称、商标、品牌、数量、规格、成分和使用说明等内容，使用外文的说明要注意词义的正确表达，要使消费者了解商品的特性和正确使用商品的方法。

3）要便于陈列和经销

销售包装可根据商品的特点采用不同的形状，并印制条形码，便于陈列经销。条形码是由一组配有数字的黑白及粗细不等的平行条纹所组成，通过光电扫描阅读设备将数据的特殊代码语言输入计算机内（见图 3-9）。

图 3-9　条形码

4）要具有艺术性

包装设计的图案和色彩应新颖大方，不落俗套，富有艺术性，并应考虑进口国或者销售地的风俗习惯以及对颜色、图形、数字的偏好或者禁忌等。

2. 销售包装的种类

常用的销售包装有四种：一是包装盒，包括彩盒、卡纸盒和微楞纸盒等；二是包装袋，包括塑料包装袋、塑料复合袋和单层塑料袋等；三是包装瓶，包括塑料瓶、玻璃瓶、普通瓶和水晶瓶等；四是包装罐，包括铁罐、铝罐、玻璃罐和纸罐等。

（三）中性包装

中性包装（neutral packing）是指在商品内外包装上不注明生产国别或者商标牌号的包装方式。其有以下两种类型。

1. 无牌中性包装

无牌中性包装是指既无生产国别，也无生产厂家和商标等标志的包装。在有些原料性或者半成品或者价值不高的商品交易中，进口商为了节省人工等费用，借以降低售价，扩大销售，往往要求无牌中性包装。

2. 定牌中性包装

定牌中性包装是指虽注明进口商指定的商标，但无生产国别的包装。其是国际贸易通常做法,主要适用于进口商的大批量订货,目的是为了利用进口商的经营优势或者名牌声誉,以提高商品售价,扩大销售规模。

三、包装条款

(一) 包装条款的拟定

包装条款的拟定,通常是在国际贸易合同中的包装项目栏内列明包装材料、包装方式、包装费用和运输标志等相关内容。

(二) 订立包装条款的注意事项

国际贸易合同包装条款中不应采用"按习惯包装方式"之类的语句,否则将导致因理解不一而引起纠纷,而应明确包装材料、包装方式、包装费用和运输标志等相关内容。

 案例分析

某贸易公司与法商签订了一份番茄酱罐头销售合同,规定每箱装30罐。该贸易公司有现成的20罐装的小箱,便以此按合同规定的总数交付。法商以包装不符合同规定为由,拒收整批货物。该贸易公司经买方所在地的行会了解证实,无论每箱是装20罐还是装30罐,其每罐的市场价格完全相同,要求法商全部接受货物。

请评价,该贸易公司提出这种要求的理由何在?

 实例展示

业务情境

上海立达进出口有限公司与日本高村商社签订了一份男式短裤销售确认书,就达成的包装材料、包装方式、包装费用和运输标志等相关内容,在销售确认书的正文部分中用中文和英文两种文字拟定商品包装条款。

上海立达进出口有限公司创业团队根据我国《民法典》合同编的相关规定,参照其他进出口贸易公司的销售确认书的格式,用中文和英文两种文字拟定包装条款(见实例3-4)。

实例3-4 销售确认书

上海立达进出口有限公司
SHANGHAI LIDA IMP. & EXP. CO., LTD.
No.1 RENMIN ROAD SHANGHAI CHINA

TEL:021-65788811	销 售 确 认 书	S/C NO: 2021039
FAX:021-65788812	**SALES CONFIRMATION**	DATE: May 2,2021

To Messrs:

TKAMRA TRADE CORPORATION

37 VICTORIA MACH, TOKYO JAPAN

下列签字双方同意按下列条款达成协议:

The undersigned sellers and buyers have agreed to close the following transaction as per terms and conditions stipulated below:

（续）

品名与规格 Commodity and Specification	数　量 Quantity		
MEN'S DRILL SHORTS 100% COTTON S、M、L、XL、XXL	12000PCS		包装条款

包　装：　每条装入一只纸盒，20条不同尺码与颜色装入一只出口纸箱；纸箱长宽尺寸不能超过60厘米、50厘米。
PACKING: Each piece in a box, 20 pieces into an export carton.,with assorted sizes and colors.Maximum size of export cartons:length 60cm width 50cm.
唛　头：　主唛内容包括KKK、销售合同号、目的港和箱数；侧唛必须显示颜色、每箱件数、毛重和厂地。
MARKS:　Shipping mark includes kkk p/c no. port of destination, and carton no.side. Mark must show the color, pieces per carton, gross weight and country of origin

案例思政

中国法治

【案例简介】

广州某服装进出口有限公司在出口美国的男士运动衫产品上使用"Pantheras"商标。该商标是美国宾夕法尼亚州立大学塔尼雄狮队的队徽，于是宾夕法尼亚州立大学将广州某服装进出口有限公司诉至该地高级人民法院，并提交了经公证认证的图形作品说明书、作者声明、注册商标列表、全球招生宣传册和在中国域外地区的商标注册信息等15份证据，证明其对"Pantheras"商标享有专有权。法庭经过调查与辩论的环节，最终判决广州某服装进出口有限公司侵害了宾夕法尼亚州立大学的著作权，承担赔偿责任，维护了当事人的合法权益，体现了我国执法部门实事求是的严谨工作作风，树立了我国法治社会的良好国际形象。

【案例思政】

合同标的是指合同法律关系的客体，包括物、行为与智力成果，是合同当事人权利和义务共同指向的对象。商标是由文字、图形、字母、数字、颜色、商品独特的包装形状、多维标志、声音以及上述要素的组合构成的，经过注册的商标受到法律保护。市场经济是法治经济。法治是社会主义市场经济有序发展的基本保障，是实现自由平等、公平正义的制度保证。正因为如此，我国在宪法中将"健全社会主义法制"修改为"健全社会主义法治"，加强法治化的建设，创造良好的国家营商环境。

复习与思考

一、单项选择题

1. 商品的品名就是商品的(　　　)。

A. 名称   B. 品质   C. 产品   D. 特征

2. 商品的(   )是指人们的感官可以直接感觉到的外形特征。

A. 品质   B. 外观形态   C. 特征   D. 内在质量

3. 商品的(   )是指商品的物理和机械机能、化学成分、生物特征和技术指标等。

A. 品质   B. 外观形态   C. 特征   D. 内在质量

4. (   )样品买卖是指由卖方提供样品并经买方确认后,作为交货时检验品质的依据。

A. 凭买方   B. 凭第三方   C. 凭卖方   D. 凭所交货物

5. (   )样品买卖是指由买方提供样品并由卖方按其复制或者选样与其品质相符的样品。

A. 凭买方   B. 凭第三方   C. 凭卖方   D. 凭所交货物

6. 凭(   )买卖是指用来反映商品品质的某些主要指标。

A. 规格   B. 等级   C. 标准   D. 商标或牌号

7. 凭(   )买卖是指按照国家或者国际组织颁布的商品标准作为商品品质的依据。

A. 规格   B. 等级   C. 标准   D. 商标或牌号

8. 下列各项中,不属于按毛重计算的商品是(   )。

A. 食用油   B. 大米   C. 大豆   D. 饲料

9. 下列各项中,不属于按净重计算的方法是(   )。

A. 实际皮重   B. 约定皮重   C. 平均皮重   D. 以上都不是

10. 对大宗交易商品应明确计算方法,如未注明,则按国际惯例应视为按(   )计算。

A. 毛重   B. 净重   C. 以毛作净   D. 公量

11. (   )是指为适应货物的装卸、储存和运输的要求进行的包装。

A. 运输包装   B. 销售包装   C. 外包装   D. 中性包装

12. (   )是指适应商品销售需要直接盛装一定零售商品的包装。

A. 运输包装   B. 销售包装   C. 外包装   D. 中性包装

二、多项选择题

1. 商品品质是指商品的(   )的综合。

A. 序言   B. 约首   C. 外观形态   D. 内在质量

2. 品质机动幅度和品质公差的方法主有(   )。

A. 规定范围   B. 规定品质   C. 规定极限   D. 规定上下差异

3. 合同中的品质条款通常应列明(   )。

A. 商品规格   B. 商品等级   C. 商品标准   D. 商品商标

4. 在国际贸易中,常用的度量衡制度主要有(   )。

A. 国际单位制   B. 公制   C. 美制   D. 英制

5. 毛重包括商品的(   )的重量。

A. 皮重   B. 净重   C. 公量   D. 体积

6. 数量条款的主要内容应包括(   )。

A. 具体数量   B. 计量单位   C. 公斤   D. 千克

7. 商品包装的种类包括(   )。

A. 运输包装　　　　　B. 销售包装　　　　　C. 外包装　　　　　D. 中性包装

8. 运输包装类型包括(　　　)。

A. 集装箱　　　　　B. 单件运输包装　　　C. 集装包　　　　　D. 集合运输包装

9. 集合运输包装类型包括(　　　)。

A. 集装箱　　　　　B. 托盘　　　　　　　C. 集装包　　　　　D. 集合运输包装

10. 中性包装包括(　　　)。

A. 商品外包装　　　　　　　　　　　B. 无牌中性包装

C. 定牌中性包装　　　　　　　　　　D. 商品内包装

11. 商品包装条款主要包括(　　　)等内容。

A. 包装材料　　　　　B. 包装方式　　　　C. 包装费用　　　　D. 运输标志

三、判断题

1. 商品名称的提出,要用学名而不要用国内习惯名称。　　　　　　　　　　(　　)

2. 计量单位是指用以表示商品标准量的名称。　　　　　　　　　　　　　(　　)

3. 一些价值不高的大宗商品通常都是以净重作为计价基础。　　　　　　　(　　)

4. 毛重减去商品包装材料的总重量后的重量是指公量。　　　　　　　　　(　　)

5. 溢短装条款是指在实际货物数量可多于或者少于合同所规定数量的一定幅度。

　　　　　　　　　　　　　　　　　　　　　　　　　　　　　　　　(　　)

6. 对大宗交易商品未注明按毛重或者净重计算,应视为"以毛作净"计算方法。(　　)

7. 箱是多用于粉状、颗粒状、块状的农产品和化肥等货物的包装。　　　　(　　)

8. 袋是多用于液体、半液体和粉状等货物的包装。　　　　　　　　　　　(　　)

9. 桶是常用于易抗压的货物包装。　　　　　　　　　　　　　　　　　　(　　)

10. 唛头一般包括收货人简称、合同编号和目的港(地)等。　　　　　　　(　　)

11. 运输标志通常由出口商决定,也可由进口商提供。　　　　　　　　　(　　)

12. 指示性标志是根据运输包装内装有爆炸品等危险货物商品提出警告。　(　　)

13. 销售包装又称内包装。　　　　　　　　　　　　　　　　　　　　　(　　)

14. 定牌中性包装是指包装上既无生产国别,也无生产厂家和商标等标志。(　　)

四、简答题

1. 简述拟定商品品质条款应注意的问题。

2. 简述拟定商品数量条款应注意的问题。

3. 简述拟定商品包装条款应注意的问题。

五、案例分析题

南通某化工进出口公司与美国加利福尼亚化学制品公司签订了一份化工原料出口贸易合同,该公司按照合同规定的装运时间在装船前进行检验,货物符合合同的规定。但是,货到目的港时,美国加利福尼亚化学制品公司在提货后经目的港商检机构检验后发现,部分货物结块,品质发生变化,经调查后确认原因是货物包装不良,在运输途中吸收空气中的水分导致原颗粒状的原料结成硬块。

请分析,南通某化工进出口公司是否要承担因货物包装不良导致的损失?为什么?

第四章 商品价格与支付条款

 学习目标

◆ 了解国际贸易术语的作用、种类及买卖双方的基本义务。

◆ 熟悉汇票、本票、支票的要项和支付方式的种类及结算流程。

◆ 明确信用证支付方式对进出口双方的主要作用。

◆ 掌握价格条款与支付条款的基本内容及订立的要求。

本 章 概 要

　　本章包括两部分内容:第一部分为拟定价格条款,主要介绍国际贸易术语的概念、买卖双方的基本义务、佣金和折扣的表示方法、价格条款的内容、订立价格条款的注意事项;第二部分为拟定支付条款,介绍了支付票据(包括汇票、本票、支票)的法定要项、当事人和票据行为,汇付支付方式的种类(包括电汇、信汇和票汇)和支付条款,托收支付方式的种类、业务流程和支付条款,信用证支付方式的特点、作用以及信用证的基本当事人、种类、基本程序和支付条款。

第一节　拟定价格条款

　　国际贸易合同中的商品价格是指商品单价。它通常包括计价货币、计量单位、单位金额和国际贸易术语。订好价格条款,是国际贸易合同拟定的一项重要工作,关系到进出口双方当事人的直接的利益。

一、国际贸易术语

(一) 国际贸易术语概述

　　国际贸易术语(trade terms)是用英文缩写字母或者简语来表示商品价格的构成和买卖双方在货物交接过程中关于手续、风险、费用、责任、所有权转移的划分。其作用表现为三个方面：一是国际贸易术语明确了买卖双方关于手续、风险、费用和责任的划分，简化了交易的内容，缩短了谈判时间，节省了交易费用，有利于国际贸易的发展；二是国际贸易术语反映了商品价格的构成，有利于买卖双方核算价格和成本；三是国际贸易术语界定了商品风险和所有权转移的界线，有利于解决进出口双方当事人在履约中产生的各种争议。

国际贸易惯例是指在国际贸易长期实践中具有普遍意义的习惯做法，经国际组织加以编纂、解释后形成的规范性文件。国际贸易惯例本身不是法律，对贸易双方不具有强制性，买卖双方有权在合同中做出与某项惯例不符的规定。如果交易双方约定采用某些国际贸易惯例，并在合同中订明，这些惯例便具有了法律约束力。目前，有关贸易术语成文的国际贸易惯例主要有以下三种。

1.《1932 年华沙—牛津规则》

国际法协会于 1928 年在波兰华沙举行的会议上制定了有关 CIF 买卖合同的统一规则，共 22 条，称为《1928 年华沙规则》；之后，该规则分别在 1930 年的纽约会议、1931 年的巴黎会议和 1932 年的牛津会议进行了修订，并更名为《1932 年华沙—牛津规则》。《1932 年华沙—牛津规则》是专门为解释 CIF 国际贸易术语而制定的，是以英国的贸易习惯和判例为基础，对买卖双方的费用、责任和风险的划分以及所有权转移的方式等问题做了详尽的说明。

2.《1941 年美国对外贸易定义修正本》

1919 年，美国九大商业团体在纽约制定了《美国出口报价及其缩写条例》，得到了世界各国进出口双方的承认和使用。1941 年 7 月 30 日，由美国商会、美国进出口协会和全国对外贸易协会所组成的联合委员会对该条例做了修订，并通过了《1941 年美国对外贸易定义修正本》。《1941 年美国对外贸易定义修正本》只应用于北美和拉丁美洲地区，是地区性较强的国际贸易术语惯例，对产地交货（ex point of origin）、在运输工具上交货（free on board，FOB）、在运输工具旁边交货（free alongside ship，FAS）、成本加运费（cost and freight，C&F）、成本加保险费和运费（cost，insurance and freight，CIF）、目的港码头交货（ex dock）六种国际贸易术语做了解释与说明。

3.《国际贸易术语解释通则》

由于各国对同一个国际贸易术语解释的不同，出口商和进口商往往会出现因不同解释而产生的各种不确定性，不利于国际贸易的发展。1936 年，国际商会（ICC）制定并公布了《国际贸易术语解释通则》，解释了一整套国际贸易术语，并于 1953 年、1967 年、1976 年、1980 年、1990 年、2000 年和 2010 年进行了七次修订。现行版的《2020 年国际贸易术语解释通则》（简称 2020 年通则），于 2020 年 1 月 1 日起生效，其规定的国际贸易术语共计 11 种。虽然《2020 通则》已经正式生效，但并非《2010 通则》就自动作废，当事人在订立国际贸易合同时仍然可以选择。

（二）适用海运常用的国际贸易术语

1. FOB

FOB 是 free on board（……named port of shipment）的缩写，意为装运港船上交货（……指定装运港），是指当卖方在规定的装运港和装运期内将货物装上买方指定的船只后就履行了交货义务。《2020 年通则》规定，FOB 国际贸易术语仅适用于海运或者内河运输，如果双方当事人无意以货物装上船为界交货,则应改用 FCA 国际贸易术语。

1) 卖方的基本义务

卖方有四个方面的基本义务:一是在合同规定的装运港和装运期内,将符合合同规定的货物装上买方指定的船舶并及时通知买方;二是承担货物在装运港装上船之前的一切与货物有关的费用以及货物灭失或者损坏的风险;三是办理出口清关手续并支付关税及费用;四是提供商业发票、相关货运单据或者相应的电子信息。

2) 买方的基本义务

买方有五个方面的基本义务:一是按约租船订舱,支付运费,并将船名、装货地点和到达装运港的时间及时通知卖方;二是承担货物在装运港装上船之后的一切与货物有关的费用以及货物灭失或者损坏的风险;三是办理货物运输保险并支付保险费;四是办理进口清关手续并支付关税和费用;五是按合同规定受领单据和货物并支付货款。

3) 使用 FOB 国际贸易术语时的注意事项

使用 FOB 国际贸易术语时应注意三个问题:一是装运通知,买方负责将船名、装船时间等内容及时通知卖方,以便卖方备货装船;二是按时派船,如果买方未能按时派船,卖方有权拒绝交货,由此产生的各种费用,如空舱费、滞期费和仓储费等均由买方负担;三是 FOB 国际贸易术语异同,《1941 年美国对外贸易定义修订本》对 FOB 国际贸易术语分成六种解释,其中第五种"装运港船上交货"与《2020 年通则》的解释基本相近,但须加"Vessel"字样,如"FOB 船旧金山";否则,美国出口方仅负责在旧金山城市交货,而不负责将货物装上船。

4) FOB 国际贸易术语的变形

FOB 国际贸易术语的变形是指在程租船运输中,如果船方不愿意负担装船费用,买卖双方往往在 FOB 后加列附加条件,用来说明装船费用由谁负担。FOB 国际贸易术语变形只是界定装船费用由谁负担,并不改变 FOB 的交货地点和风险费用的划分。

FOB 国际贸易术语的变形分为五种:一是 FOB 班轮条件(FOB liner terms),是指装船费用按照班轮的做法处理,即卖方不负担装船的有关费用;二是 FOB 吊钩下交货(FOB under tackle),是指卖方仅负担将货物交到买方所派船只的吊钩所及之处的费用,吊装入舱以及其他各项费用均由买方负担;三是 FOB 理舱费在内(FOB stowed,或 FOBS),是指卖方负责将货物装入船舱,并承担包括理舱费在内的装船费用;四是 FOB 平舱费在内(FOB trimmed,或者 FOBT),是指卖方负责将货物装入船舱,并承担包括平舱费在内的装船费用;五是 FOB 包括理舱、平舱(FOB stowed and trimmed,或者 FOBST),是指卖方负责将货物装上船,并支付包括理舱费和平舱费在内的装船费用。

案例分析

苏州某化工进出口有限公司与英国伦敦贸易公司签订了一份化工原料出口贸易合同,约定价格为每吨 5 000 美元 FOB 伦敦,交货时间为 2021 年 6 月。中方在规定时间内装上英商指派的海轮上,且装船前检验时,货物的品质良好,符合合同的规定。但是,货到目的地港后,英商提货后经目的港商检机构检验发现部分货物结块,品质发生变化,原因是货物包装不良,在运输途中吸收空气中的水分导致原颗粒状的原料结成硬块。对

（续）

此,中英双方产生了争议。中方认为,货物装船前经检验是合格的,品质变化是在运输途中发生的,也就是货物在装运港装上船之后才发生的,按照国际贸易惯例,其后果应由英商承担。

　　请你从学习者的视角分析,中方的理由合理吗? 为什么?

2. CFR

CFR 是 cost and freight(…named port of destination)的缩写,意为成本加运费(……指定目的港),是指卖方在指定的装运港和装运期内将货物装上船,并承担货物装上船之前的风险和费用。《2020 年通则》规定,CFR 贸易术语仅适用于海运或者内河运输,如果双方当事人无意以船舷为界交货,则应改用 CPT 国际贸易术语。

1) 卖方的基本义务

卖方有四个方面的基本义务:一是按约租船订舱,支付运费,在合同规定的期限内将货物装上船并及时向买方发出已装船通知;二是承担货物在装运港装上船之前的一切与货物有关的费用及货物灭失或者损坏的风险;三是办理出口货物清关手续并支付关税和费用;四是提供商业发票、相关货运单据或者相应的电子信息。

2) 买方的基本义务

买方有四个方面的基本义务:一是承担货物在装运港装上船之后所产生的一切费用和风险;二是办理进口货物清关手续并支付关税和费用;三是办理货物运输保险并支付保险费;四是按合同规定受领单据和货物并支付货款。

3) CFR 国际贸易术语应注意事项

卖方应当在货物装船后及时地通过电传、传真、电子邮件等方式向买方发出装船通知,以便买方办理投保手续;否则,对所造成的后果,不能以风险以转移为由免除其责任。

4) CFR 国际贸易术语的变形

CFR 国际贸易术语的变形是指在程租船运输中,买卖双方往往在 CFR 后加列附加条件,用来说明卸货费用由谁负担。

CFR 国际贸易术语的变形分为四种:一是 CFR 班轮条件(CFR liner terms),是指卸货费按班轮办法处理,即买方不负担卸货费;二是 CFR 卸至岸上(CFR landed),是指由卖方负责承担卸货费,包括因船不能靠岸,用驳船将货物运至岸上支出的驳运费;三是 CFR 吊钩下交货(CFR under ship's tackle),是指卖方负责将货物从船舱吊起一直卸到吊钩所及之处,如码头或者驳船上的费用,船舶不靠岸时,驳船费用由买方负担;四是 CFR 舱底交货(CFR ex ship's hold),是指船到目的港在船上办理交接后,由买方自行启舱,并负担货物从舱底卸到码头的费用。

 案例分析

　　苏州丽丽丝绸进出口有限公司与英国大卫贸易公司签订了一份刺绣工艺品销售确认书,约定价格为每件 5 000 美元 CFR 伦敦,交货时间为 2021 年 6 月。苏州丽丽丝绸

（续）

进出口有限公司在 6 月 18 日委托某国际货运代理公司出运。由于业务员是位新人，其在 6 月 30 日才发出装船通知。英国大卫贸易公司收到装船通知后立刻向属地保险公司办理投保。该保险公司获悉装载该批货物的轮船已于 29 日凌晨触礁沉没而拒绝承保。为此，英商向中方提出损失赔偿。

请你从学习者的视角分析，英商要求合理吗？为什么？

3. CIF

CIF 是 cost，insurance and freight（…named port of destination）的缩写，意为成本加保险费加运费（……指定目的港），是指卖方在指定装运港和装运期内将合同规定的货物装上船，办理出口货物运输保险并承担货物装上船之前的风险和费用。《2020 年通则》规定，CIF 国际贸易术语仅适用于海运或者内河运输，如果双方当事人无意以船舷为界交货，则应改用 CIP 国际贸易术语。

1）卖方的基本义务

卖方有五个方面的基本义务：一是按约租船订舱，支付运费，在合同规定的期限内将货物装上船并及时向买方发出已装船通知；二是办理出口货物运输保险手续并支付保险费；三是承担货物在装运港装上船之前的一切与货物有关的费用以及货物灭失或者损坏的风险；四是办理出口货物清关手续并支付关税和费用；五是提供商业发票、相关货运单据或者相应的电子信息。

2）买方的基本义务

买方有三个方面的基本义务：一是承担货物在装运港装上船之后所产生的一切费用和风险；二是办理进口清关手续并支付关税和费用；三是按合同规定受领单据和货物并支付货款。

3）CIF 国际贸易术语应注意事项

CIF 国际贸易术语在应用时应注意两个问题：一是 CIF 属于象征性交货（symbolic delivery），是指卖方只要按期在约定地点完成装运，并向买方提交包括物权凭证在内的有关单据，就算完成交货义务，而无须保证到货；二是 CIF 投保险别，《2020 年通则》规定卖方只需按最低责任的险别投保，最低保险金额应为国际贸易合同成交总额的 110％。

4）CIF 国际贸易术语的变形

CIF 国际贸易术语变形与 CFR 国际贸易术语变形基本相同。

4. FOB、CFR、CIF 的异同

1）三者相同点

相同点有三个方面：一是三者均适用于海运或者内河航运运输方式；二是都在装运港完成交货义务；三是风险划分都以货物装到装运港船上为界。

2）三者不同点

不同点也有三个方面：一是责任方面，FOB 卖方只负责装运港交货，CFR 卖方负责货物运输，CIF 卖方负责货物运输和货运保险；二是费用方面，FOB 卖方不负担运费和保险费，CFR 卖方负担运费，CIF 卖方负担运费和货运保险费；三是价格组成方面，FOB 为成本价，CFR 是"成本＋运费"价，CIF 则是"成本＋运费＋保险费"价。

案例分析

浙江丽华服装进出口有限公司与德国汉堡贸易公司签订了皮衣销售确认书,约定价格为每件 1 500 美元 CIF 汉堡。双方当事人在签约时,德商认为该批货物季节性强,要求在合同订明:"卖方必须保证货物于 11 月之前在达汉堡,否则买方有权撤销合同并要求损害赔偿。"

请你从学习者的视角分析,这是 CIF 价格条件吗?为什么?

(三) 适用任何运输方式常用的国际贸易术语

1. FCA

FCA 是 Free Carrier(...named place)的缩写,意为货交承运人(……指定地点),是指卖方在指定的时间与地点将货物交给买方指定的承运人,即完成交货义务,自启运地至目的地的运费由买方承担。《2020 年通则》规定,FCA 术语适用于公路、铁路、江河、海洋、航空及多式联运等运输方式。

1) 卖方的基本义务

卖方有四个方面的基本义务:一是按合同规定的时间和地点,将货物交予买方指定的承运人并及时通知买方;二是承担货交承运人之前的一切费用和风险;三是办理出口货物清关手续并支付关税及费用;四是提供商业发票、相关货运单据或者相应的电子信息。

2) 买方的基本义务

买方有四个方面的基本义务:一是承担货交承运人之后所发生的一切费用和风险;二是签订自指定地点承运进口货物的契约,支付运费并将承运人名称及时通知卖方;三是办理进口货物清关手续并支付关税和费用;四是按合同规定受领单据和货物并支付货款。

3) FCA 国际贸易术语应注意事项

使用 FCA 国际贸易术语应注意两个问题:一是交货地点。当指定地点为卖方所在地时,卖方负责将货物装上买方指定的承运人或者代表买方的其他人提供的运输工具时就完成了交货;当指定地点不是卖方所在地时,卖方只要将置于运输工具上的货物交给买方指定的承运人处置时即可。二是订立运输合同。《2020 年通则》规定 FCA 由买方负责指定承运人并通知卖方,订立自装运地至目的地的运输合同,如果买方要求卖方代其与承运人订立合同,只要买方承担风险和费用,卖方可以办理。

2. CPT

CPT 是 carriage paid to(...named place of destination)的缩写,意为运费付至(……指定目的地),是指卖方在指定的时间和地点将货交给指定的承运人并支付货物自启运地至目的地的运费。《2020 年通则》规定,CPT 适用于任何运输方式,包括公路、铁路、江河、海洋、航空及多式联运。

1) 卖方的基本义务

卖方有五个方面的基本义务:一是自费签订自指定地点承运货物的契约并支付运费;二是承担货交承运人之前的一切费用和风险;三是按合同规定的时间和地点,将货物交予买方指定的承运人并及时通知买方;四是办理出口货物清关手续并支付关税及费用;五是提供商业发票、相关货运单据或者相应的电子信息。

2）买方的基本义务

买方有四个方面的基本义务：一是承担货交承运人之后所发生的一切费用和风险；二是办理进口货物清关手续并支付关税和费用；三是办理货运投保并支付保险费；四是按合同规定受领单据和货物并支付货款。

3）CPT 国际贸易术语应注意事项

《2020 年通则》规定货物自交货地点至目的地的途中风险由买方承担，卖方只承担货物交给承运人控制之前的风险，在多式联运情况下，则承担货物交给第一承运人之前的风险。

4）CPT 和 CFR 的异同点

两者相同点的表现为划分买卖双方义务的原则相同，即卖方要负责订立自装运地至目的地的运输合同，支付运费，向买方发送装运通知；两者不同点的表现为适用的运输方式不同，即 CPT 国际贸易术语则适用于任何运输方式，CFR 国际贸易术语仅适用于水上运输方式。

3. CIP

CIP 是 carriage and insurance paid to(…named place of destination)的缩写，意为运费、保险费付至(……指定目的地)，是指卖方在指定的时间和地点，将货交给指定的承运人并支付货物自启运地至目的地的运费和保险费。《2020 年通则》规定，CIP 适用于任何运输方式。

1）卖方的基本义务

卖方有六个方面的基本义务：一是签订自指定地点承运货物的契约并支付运费；二是承担货交承运人之前的一切费用和风险；三是按合同规定的时间和地点，将货物交予卖方指定的承运人并及时通知买方；四是办理出口货物清关手续并支付关税及费用；五是办理货运保险并支付保险费；六是提供商业发票、相关货运单据或者相应的电子信息。

2）买方的基本义务

买方有三个方面的基本义务：一是承担货交承运人之后所发生的一切费用和风险；二是办理进口货物清关手续并支付关税和费用；三是按合同规定受领单据和货物并支付货款。

3）CIP 国际贸易术语应注意事项

《2020 年通则》规定，按 CIP 国际贸易术语成交，卖方负责办理货运保险并支付保险费，货物从交货地点至目的地的途中风险由买方承担。通常，卖方只按约定险别投保，如买卖双方未约定具体投保险别，按国际惯例卖方投保最低险别即可。

4）CIP 和 CIF 的异同点

两者相同点的表现为划分买卖双方义务的原则是相同的，即卖方负责办理运输与保险手续，支付运费和保险费；两者不同点的表现为适用的运输方式不同，即 CIP 国际贸易术语适用于任何运输方式，CIF 国际贸易术语仅适用于水上运输方式。

4. FCA、CPT、CIP 的异同

1）三者相同点

相同点表现为两个方面：一是运输方式，均适用于各种运输方式；二是风险划分，均以货交承运人为界。

2）三者不同点

不同点表现为三个方面：一是责任范围不同，在 FCA 国际贸易术语条件下，卖方不负责办理运输、保险，不承担相应费用，价格中不含出口运费、保险费；二是费用承担不同，在 CPT 国际贸易术语条件下，卖方负责办理运输并支付运费，价格中包含运费；三是价格构成不同，在 CIP 国际贸易术语条件下,卖方负责办理运输、保险并支付运费、保险费,价格中包含运费、保险费。

5. FOB、CFR、CIF 与 FCA、CPT、CIP 的区别

适用海运常用的国际贸易术语与适用任何运输方式常用的国际贸易术语的区别有以下四个方面。

1) 适用运输方式不同

FOB、CFR、CIF 国际贸易术语适用于海运或内河航运;FCA、CPT、CIP 国际贸易术语适用于各种运输方式,包括多式联运。

2) 获取的运输单据不同

在 FOB、CFR、CIF 国际贸易术语条件下,采用国际海洋货物运输,获取的是提单。在 FCA、CPT、CIP 国际贸易术语条件下,采用国际航空货物运输,获取的是空运单;采用国际铁路货物运输,获取的是铁路运单;采用国际多式联运,获取的是多式联运单据。

3) 风险转移的界线不同

在 FOB、CFR、CIF 国际贸易术语条件下,买卖双方风险的转移是以装运港船舷为界;在 FCA、CPT、CIP 国际贸易术语条件下,买卖双方风险的转移是货交给承运人为界。

4) 装卸费用承担不同

在 FOB、CFR、CIF 国际贸易术语条件下,如采用租船运输,买卖双方需用贸易术语变形来确定装卸费用由谁承担;在 FCA、CPT、CIP 国际贸易术语条件下,没有贸易术语变形,装卸费用都包含在运费之中。

(四) 其他五种国际贸易术语

1. EXW

EXW 是 ex works(...named place)的缩写,即工厂交货(⋯⋯指定地点)。它是指卖方在指定的时间和地点将货物备好并置于买方的支配下即完成交货义务。也就是说,卖方既不负责将货物装上买方备好的运输工具,也不负责办理货物出口手续,承担责任、风险、费用最小。买方到交货地接收并承担从交货地至目的地的一切风险、费用和责任。《2020 年通则》规定,EXW 适用于各种运输方式。

2. FAS

FAS 是 free alongside ship(...named port of shipment)的缩写,即装运港船边交货(⋯⋯指定装运港)。它是指卖方在指定的装运港将货交至买方指定的船边即完成了交货义务,并承担货交船边之前的一切费用和风险。买方承担货交船边之后的一切费用和风险。如果买方所派的船只不能靠岸,卖方要负责用驳船把货物运至船边,仍在船边交货,装船的责任和费用由买方承担。《2020 年通则》规定,FAS 适用于海运和内河运输。

3. DDP

DDP 是 delivered duty paid(...named place of destination)的缩写,即完税后交货(⋯⋯指定目的地)。它是指卖方承担货物运至目的地的风险和费用,办理进出口清关手续并支付关税和捐税,在指定的目的地将货物交予买方支配,无须卸下即完成交货义务。买方只需在目的地受领货物即可。该术语是卖方承担责任、风险、费用最大的一种术语。《2020 年通则》规定,DDP 适用于各种运输方式。

4. DPU

DPU 是 delivered at place unloaded(...named place of destination)的缩写,即目的地卸货后

交货(……指定目的地)。它是指卖方在指定目的地或在指定目的地内的约定交货点将货物交给买方处置即完成交货。卖方承担将货物运至指定的目的地以及卸载货物的一切风险。《2020 年通则》规定,DPU 适用于任何运输方式或者多式联运。

5. DAP

DAP 是 delivered at place(...named place of destination)的缩写,即目的地交货(……指定目的地)。它是指卖方在指定的目的地交货,只需做好卸货准备无需卸货即完成交货义务。卖方承担将货物运至指定的目的地的一切风险和费用(除进口费用外)。《2020 年通则》规定,DAP 适用于任何运输方式、多式联运方式及海运。

二、佣金和折扣

(一) 佣金

佣金(commission)是指卖方或者买方付给中间商为其对货物的销售或者购买提供中介服务的酬金。在进出口贸易中,有些交易是通过中间代理商成交的,需要向其支付一定的酬金,其可以由卖方支付也可由买方支付。凡在合同中明确表示佣金的,称为"明佣";不在合同中表示出来,仅写明单价,由一方当事人按约另付佣金的,称为"暗佣"。

1. 佣金的规定方法

1) 用"佣金"文字表示

例如,每箱 100 美元 CIF 纽约含佣金 3%(USD 100 per case CIF New York including 3% commission)。

2) 用字母"C"表示

例如,每公吨 200 美元 CIFC 3%纽约(USD 200 per metric ton CIFC 3% New York)。

3) 用绝对数表示

例如,每箱支付佣金 3 美元(USD 3 per case for commission)。

2. 佣金的计算方法

佣金一般是以发票金额为基础计算的。其计算公式如下:

$$佣金 CIF 发票金额×佣金率$$

【例 4-1】 CIF 发票金额为 2 000 美元,佣金率为 1%,则应付多少佣金?

解: 佣金＝2 000×1%＝20(美元)

【例 4-2】 CFR 交易额为 1 000 美元,佣金率为 2%,则应付多少佣金?

解: 佣金＝1 000×2%＝20(美元)

在进出口贸易中实际业务中,佣金计算方法还可以采用下列两种方法:

第一种是以 FOB 价格作为计算佣金的基础,如果按 CFR 术语成交,在计算佣金时要先扣除运费;如果交易按 CIF 术语成交,先扣除运费、保险费,然后再按 FOB 价计算佣金。

【例 4-3】 CIF 价格为 100 美元,运费为 20 美元,保险费为 10 美元,佣金率为 3%,佣金为多少?

解: 佣金＝(100－20－10)×3%＝2.1(美元)

第二种是如已知净价,要求在不降低净收入的基础上给予中间商一定的佣金,则应根据下列公式先计算含佣价,再计算中间商获取多少佣金。其计算公式如下:

$$含佣价＝净价÷(1－佣金率)$$

$$佣金＝含佣价×佣金率$$

【例 4-4】CIF 净价为 95 美元,佣金率为 5%,请按 CIF 价格计算佣金。

解：　　CIF 含佣价＝净价÷(1－佣金率)＝95÷(1－5%)＝100(美元)

佣金＝含佣价×佣金率＝100×5%＝5(美元)

或　　佣金＝含佣价－净价＝100－95＝5(美元)

【例 4-5】某出口公司对外报价某商品每公吨 2 000 美元 CIF 纽约,外商要求 4% 佣金,在保持该公司净收入不变情况下应报多少含佣价(计算结果保留两位小数)?

解：$$CIFC\ 4\% = \frac{CIF\ 净价}{1-4\%} = \frac{2\ 000}{1-4\%} = 2\ 083.33(美元)$$

【例 4-6】对外报价为每公吨 2 000 美元 CIFC2% 纽约,外商要求将佣金率提高至 4%,在保持我方净收入不变的情况下应报价多少美元?

解：$$CIFC\ 4\% = \frac{CIF\ 净价}{1-4\%} = \frac{2\ 000 \times (1-2\%)}{1-4\%} = 2\ 041.67(美元)$$

3. 佣金的支付方法

通常佣金应先由卖方收齐全部款项后,然后再支付给中间商或者代理商。因为中间商不仅促成交易,还负责监管买方,确保按合同进行履行。但在实际业务中,也有中间商在交易达成后就提出要求支付佣金的做法。为了避免争议,卖方应与中间商事先明确佣金的支付方法,并达成书面协议。

(二) 折扣

折扣(discount)是指卖方给予买方一定的价格减让,即在原价基础上给予适当的优惠。

折扣在合同中明确表示出来的做法称为"明扣";若不在合同中订明,仅由买卖双方另行约定折扣,这种做法称为"暗扣"。

1. 折扣的规定方法

1) 用文字"折扣"表示

例如,每打 200 美元 CIF 纽约减 1% 折扣(USD 200 per dozen CIF New York less 1% discount)。

2) 用绝对数表示

例如,每打折扣 5 美元(USD 5 per dozen for discount)。

2. 折扣的计算方法

折扣的计算一般按实际发票金额乘以约定的折扣百分比。

【例 4-7】CIF 发票金额为 1 000 美元,折扣率为 5%,则应付多少折扣?

解：　　　　　　　折扣＝1 000×5%＝50(美元)

3. 折扣的支付方法

折扣一般在买方付款时预先扣除。

三、价格条款

(一) 价格条款的拟定

价格条款的拟定通常是指在国际贸易合同中的单价和金额项目栏内列明货物的单价和总值两部分内容。一个完整的外贸单价应当包括计量单位、单价金额、计价货币和国际贸易术语四项内容,如每公吨 2 000 美元 FOB 上海(USD　2 000 per metric ton FOB

Shanghai);总值也称总价,即单价与数量的乘积。

(二)订立价格条款的注意事项

订立价格条款应当注意八个方面问题:一是合理确定产品的单价,以防过高或者过低;二是根据实际情况和经营意图,权衡利弊,选用适当的国际贸易术语;三是灵活运用不同的作价办法,以防价格变动带来的风险;四是争取选择有利的计价货币,以防币值变动带来的风险;五是参照国际贸易的习惯做法,注意佣金和折扣的运用;六是若对交货品质和数量订有机动幅度,则对机动部分的作价也应做明确的规定;七是若对包装材料和包装费用另行计算,则对其计价方法应一并规定;八是单价中涉及的计量单位、单价金额、计价货币、国际贸易术语和港口名称,必须书写正确,清楚,以利合同的履行。

 实例展示

业务情境

上海立达进出口有限公司与日本高村商社签订了一份男式短裤销售确认书,双方就达成的单位价格和总额,在销售确认书的正文部分中用中文和英文两种文字拟定价格条款。

上海立达进出口有限公司创业团队根据我国《民法典》合同编的相关规定,参照其他进出口贸易公司的销售确认书的格式,用中文和英文两种文字拟定双方价格条款(见实例4-1)。

实例 4-1　　　　　　　　　　　销售确认书

上海立达进出口有限公司
SHANGHAI LIDA IMP. & EXP. CO.，LTD.
No.1 RENMIN ROAD SHANGHAI CHINA

TEL：021-65788811
FAX：021-65788812

销 售 确 认 书
SALES CONFIRMATION

S/C NO：2021039

DATE：May 2,2021

To Messrs:

TKAMRA TRADE CORPORATION

37 VICTORIA MACH, TOKYO JAPAN

下列签字双方同意按下列条款达成协议:

The undersigned sellers and buyers have agreed to close the following transaction as per terms and conditions stipulated below:

品名与规格 Commodity and Specification	数量 Quantity	单价 Unit price	金额 Amount
MEN'S DRILL SHORTS 100% COTTON S、M、L、XL、XXL	12000PCS	CIF TOKYO USD6.50	价格条款 USD78000.00

包　装： 每条装入一只纸盒,20 条不同尺码与颜色装入一只出口纸箱;纸箱长宽尺寸不能超过60 厘米50厘米。
PACKING: Each piece in a box, 20 pieces into an export carton with assorted sizes and colors. Maximum size of export carton: length 60cm, width 50cm.

唛　头： 主唛内容包括 KKK、销售合同号、目的港和箱数;侧唛必须显示颜色、每箱件数、毛重和厂地。
MARKS: Shipping mark includes kkk s/c no., port of destination and carton number. Side mark must show the color, pieces per carton, gross weight and country of origin.

第二节　拟定支付条款

在国际贸易业务中,货款结算主要采用支付票据工具(包括汇票、本票与支票),通过汇付、托收和信用证等支付方式完成国际贸易合同项下的进出口货物的收汇工作。为了有效保障票据的使用和流通,保护票据关系当事人合法利益,国际组织先后制定并颁布了《1930年关于统一汇票和本票的日内瓦公约》《1931 年关于统一支票法的日内瓦公约》《托收统一规则》(国际商会第 522 号出版物,以下简称《URC522》)和《跟单信用证统一惯例》(国际商会第 600 号出版物,以下简称《UCP600》)。

一、支付票据

(一) 汇票

1. 汇票的法定要项

汇票(draft)是指出票人签发的,委托付款人在见票时,或者在指定日期无条件支付确定的金额给收款人或者持票人的票据。汇票是要式证券,出票人必须按规定记载法定内容;否则,该汇票无效。

《中华人民共和国票据法》(以下简称《票据法》)规定了以下七项法定记载事项(见图 4-1)。

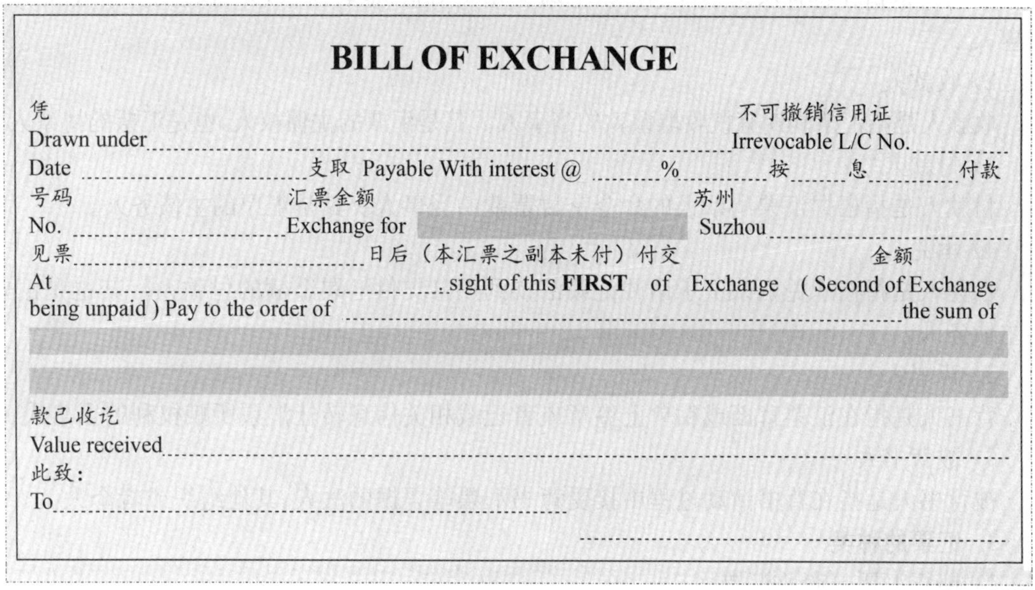

BILL OF EXCHANGE

凭 Drawn under	不可撤销信用证 Irrevocable L/C No.
Date	支取 Payable With interest @ ___% 按 息 付款
号码 No.	汇票金额 Exchange for	苏州 Suzhou
见票 At ___ sight of this **FIRST** of Exchange (Second of Exchange being unpaid) Pay to the order of	日后 (本汇票之副本未付) 付交 金额 the sum of

款已收讫
Value received

此致:
To

图 4-1　票据的法定记载事项

1) 标明"汇票"字样

汇票的票面用英文"bill of exchange"或者"draft"或者"bill"标明,以区别于其他证券。

2) 无条件支付的委托

汇票付款的委托不得附有任何条件,因为汇票是出票人委托付款人给收款人金额的无条件支付命令书。如果汇票上附有支付条件,则该汇票无效。

3）确定的金额

汇票票面所记载的金额必须确定,并用文字大写和数字小写分别表明,两者必须一致;否则,票据无效。

4）付款人名称

付款人一般为出票人和收款人以外的第三人,通常是进口商或者其指定的银行,其名称和地址应详细注明在"To"之后。

5）收款人名称

收款人是指受领汇票金额的人,通常是出口商或者其指定的银行。

6）出票日期

出票日期为签发汇票的具体时间,决定汇票的有效起算日。

7）出票人签章

出票人在汇票上签字,该汇票由此而生效。

汇票除了法定记载事项,还可记载一些票据法允许的其他内容,如付款日期、出票地、汇票编号、付一不付二、出票条款等。

2. 汇票的当事人

汇票的当事人包括出票人、付款人、收款人、承兑人、背书人、持票人和保证人等,其称谓与票据行为有关,在汇票行为过程中所享有的权利和承担的义务是不相同的。

1）出票人

出票人是指在符合法定条件的汇票上填写相关信息、签名盖章,并将其交付给收款人的当事人。

2）收款人

收款人是指汇票到期有权收取票款的当事人。其是汇票的主债权人,也是汇票的持票人。

3）付款人

付款人是指根据汇票出票人的命令支付票款的当事人。其是汇票的主债务人。

4）承兑人

承兑人是指在承兑汇票上承诺并记载汇票到期日支付汇票金额的付款人。其也是汇票的主债务人。

5）背书人

背书人是指在汇票背面或粘单上签章或者记载相关信息转让汇票所赋权利的当事人。

6）被背书人

被背书人是指在背书活动过程中接受背书汇票等票据的法人、其他组织或者个人。

3. 汇票的种类

1）银行汇票与商业汇票

银行汇票是指一家银行向另一家银行开出的汇票,其为银行见票即付;商业汇票是指出票人是工商企业或者个人,付款人可以是企业或个人或者银行的汇票,其应在指定时间付款。

2）跟单汇票与光票汇票

光票汇票是指出具的汇票不附有运输单据的汇票;跟单汇票是指随附运输单据的汇票,国际贸易货款的结算通常为跟单汇票。

3）即期汇票和远期汇票

即期汇票是指在提示付款或见票时,应当立即付款的汇票;远期汇票是指在一定期限或者特定日期须付款的汇票,其规定办法为见票后若干天付款、出票后若干天付款、提单签发日后若干天付款和指定日期付款四种形式。

 案例分析

浙江机械进出口有限公司与日本黑岩商社签订一份模具加工成套机械设备销售合同,采用保兑远期信用证结算支付方式。浙江机械进出口有限公司按照信用证单据条款规定制作发票、装箱单和汇票,并随附货运单等的全套议付单据向中国建设银行浙江分行进行议付。

请你以学习者的视角分析,该汇票属于哪一类汇票？为什么？

4. 汇票的票据行为

票据行为是指以票据权利、义务的设立和变更为目的的法律行为。汇票的票据行为通常有以下五个基本环节。

1）出票

出票是指出票人签发汇票并将其交付给收款人的行为。出票由两个行为组成:一是出票人填制汇票并签字,未签字汇票则无效;二是将汇票交付给收款人,如果仅为开票而开票,没有交付行为,也不是出票。

2）提示

提示是指出票人或者持票人将汇票提交付款人要求承兑或者付款的行为。其中,承兑是指汇票付款人承诺其付款的委托,负担票面金额支付义务而在票据上所做出意思表示的行为,即在汇票正面写上"承兑"字样,注明承兑日期;付款是指付款人向持票人支付汇票金额的行为。

3）背书

背书是指持票人在汇票背面签上自己名字,或者加上受让人的名字,注明背书日期并把汇票交给受让人的行为。背书是转让汇票权利的一种法定手续,汇票经过背书后,受款权利转让于被背书人。

背书有三种形式:一是限制性背书,是指背书人在汇票背面注明被背书人时,加上限制性条件,如"仅付上海进出口贸易有限公司,由指定的被背书人凭票取款";二是指示性背书,是指背书人在汇票背面注明被背书人的全称后签字,被背书人可以再继续转让汇票;三是空白背书,是指背书人只在汇票背面签字,而不注明被背书人的名称。空白背书的汇票仅凭交付即可完成转让,我国《票据法》规定汇票不允许做空白背书。

4）付款

付款是指付款人向持票人支付汇票金额的行为。收款人在获取款项后,应当在汇票上签收,并将其退还给付款人作为收据存查。

5）追索

追索是指汇票在被拒付,包括拒绝承兑、拒绝付款、死亡、逃匿、依法破产和因违法被责令终止业务时,持票人可以向之前所有背书人的前手进行追索,请求其偿还汇票金额及其拖欠产生的利息和因追索所产生的一切费用。

案例分析

浙江机械进出口有限公司与日本黑岩商社签订一份模具加工成套机械设备销售合同,采用保兑远期信用证结算支付方式。富士银行根据日本黑岩商社的申请向中国建设银行浙江分行开出了一份保兑远期信用证。中国建设银行浙江分行收到该信用证后立即予以审核,确认真实性后向浙江机械进出口有限公司发出信用证通知书,通知该公司取证,并要求审核信用证的内容。浙江机械进出口有限公司确认信用证的内容与销售合同相关规定一致后,组织货物装运,并按照信用证单据条款规定制作发票、装箱单、汇票等的全套议付单据并向中国建设银行浙江分行进行议付。富士银行对中国建设银行浙江分行转递的全套议付单据进行核准,确认单证一致、单单一致后向日本黑岩商社提示承兑。日本黑岩商社对远期汇票进行承兑后,在这张承兑汇票背面注明"被背书人日本三井商社"字样,并签名盖章,用来抵充与日本三井商社的债权。

请你以学习者视角分析,汇票的出票人、收款人、付款人和承兑人各是谁?该背书是限制性背书还是指示性背书?为什么?

(二) 本票

1. 本票的法定要项

本票(promissory note)是出票人签发的,承诺自己在见票时无条件支付确定的金额给收款人或者持票人的票据。本票是要式证券,出票人必须按规定记载法定内容;否则,该本票无效。我国《票据法》规定,本票必须记载六个事项,包括表明"本票"的字样、无条件支付的承诺、确定的金额、收款人名称、出票日期和出票人签章。本票记载付款地和出票地等事项的,应当清楚明确;如果未记载付款地和出票地的,出票人的营业场所为付款地和出票地。

2. 本票的当事人

1)出票人

出票人是指在符合法定项目的本票上填写相关信息后签名盖章,并将其交付给收款人的当事人。

2)收款人

收款人是指本票到期收取票款的当事人。

3. 本票与汇票的区别

本票与汇票有以下五个方面的区别。

1)当事人不同

本票的当事人只有出票人和收款人两个当事人;汇票有出票人、付款人和收款人三个当事人。

2)承兑不同

远期本票由出票人即付款人本人签发,因此无须承兑;远期汇票须经付款人承兑,做进一步的付款保证。

3)份数不同

本票只有一份,不能多开;汇票可以一式两份,注明"付一不付二"或者"付二不付一"字样即可。

4）责任范围不同。

本票自始至终由出票人负责;汇票在承兑前由出票人负责付款,承兑后则由承兑人负主要付款责任,出票人负次要责任。

5）债权债务关系不同。

本票是债务人对债权人的一种支付承诺;汇票是债权人对债务人的一种支付命令。

4. 本票的票据行为

本票的付款期限最长不得超过 2 个月,出票人在持票人提示见票时,必须承担付款的责任,如果持票人未按照规定期限提示见票的,丧失对出票人以外的前手的追索权。本票的背书、保证、付款行为和追索权的行使与汇票的规定基本相同。

 案例分析

浙江机械进出口有限公司在与日本黑岩商社签订模具加工成套机械设备销售合同后,又与浙江物流包装有限公司签订了模具加工成套机械设备木质包装委托加工协议,加工费用为 2 万元人民币,为此开出中国银行本票。

请分析,本票的出票人和收款人各是谁? 为什么?

（三）支票

1. 支票的法定要项

支票(check)是出票人签发的,委托办理支票存款业务的银行或者其他金融机构在见票时,无条件支付确定的金额给收款人或者持票人的票据。支票是要式证券;否则,该票据无效。我国《票据法》规定,支票必须记载的事项包括:表明"支票"的字样;无条件支付的委托;确定的金额;付款人名称;出票日期;出票人签章。如果支票未记载收款人名称的,经出票人授权,可以补记;如果支票未记载付款地的,付款人的营业场所为付款地;如果支票未记载出票地的,出票人的营业场所、住所或者经常居住地为出票地。

2. 支票的当事人

1）出票人

出票人是指签发支票的票据关系人。我国《票据法》规定,伪造、变造票据的,依法追究刑事责任。

2）付款人

付款人是指受出票人委托,付款给收款人的银行或金融机构。

3）收款人

收款人是指接收支票的票据关系人。

3. 支票与汇票的区别

支票与汇票的区别主要有四个方面:一是支付工具不同,支票只能用作支付工具,汇票用作支付工具的同时还可作为信贷工具;二是付款人不同,支票的付款人只能是银行,汇票的付款人不以银行为限;三是期限不同,支票都是即期的,汇票有即期和远期之分,其中远期汇票还需要承兑;四是资金关系不同,支票签发时出票人必须在银行存有资金,汇票无此限定。

4. 支票的种类

支票分为现金支票和转账支票。其中,现金支票只能用于支取现金;转账支票应当在支票正面注明,只能用于转账,不得支取现金。

5. 支票的票据行为

1)开立存款账户

申请人向汇款人银行开立支票存款账户时,必须使用其本名,提交相关证明材料和合法证件,预留其本名的签名式样和印鉴,并在银行存入一定的资金,然后领用支票。

2)签发支票

出票人签发支票时,签名式样或者印鉴必须与其预留银行的相符,签发的支票金额不得超过其付款时在银行的存款金额;如果超过银行的存款金额,该支票被称为空头支票。

3)足额付款

支票限于见票即付,出票人在付款人处的存款足以支付支票金额时,银行应当在当日足额付款。

我国《票据法》规定,中国缔结或者参加的国际条约同我国《票据法》有不同规定的,适用国际条约的规定;中国缔结或者参加的国际条约没有规定的,可以适用国际惯例。

 案例分析

浙江物流包装有限公司接受了浙江机械进出口有限公司的模具加工成套机械设备木质包装的委托加工业务后,随即转包了一家小型的浙江艺远物流包装公司。由于成套机械设备木质包装需要各种标签,还要在木质包装上喷刷装运标准等内容,于是浙江艺远物流包装公司委托雨润印刷包装公司制作,制作费为5 000元人民币,为此开出中国农业银行浙江分行义乌支行的5 000元金额转账支票,但浙江艺远物流包装公司由于经营不善,其在银行账户金额不到5 000元。

请你以学习者视角分析,该支票的出票人和收款人各是谁?该支票属于什么性质?该行为应承担什么责任?

二、汇付支付方式

汇付(remittance)又称汇款,是指付款人主动通过银行或者其他途径将款项汇给收款人。在国际贸易中,如果进、出口双方约定采用汇付方式付款,一般由进口方按合同约定的条件,将货款通过银行寄给出口方。汇款人在委托汇出行办理汇款时,要填写汇款申请书,汇出行接受申请后按申请书中的指示发出付款委托书,通过汇入行解付汇款。汇出行与汇入行之间订有代理契约,汇入行在代理契约规定的范围内承担解付汇款的义务。

(一)汇付的种类

汇付属于商业信用,其根据不同的汇款方式分为电汇、信汇和票汇。

1. 电汇

1)电汇的含义

电汇(telegraphic transfer,T/T)是指由汇款人委托汇出行用电报、电传、环球银行间金融电讯网络等电讯手段发出付款委托通知书给收款人所在地的汇入行,委托其将款项解付给指定的收款人。汇出行在发给汇入行的电报上须加注密押,以便汇入行核对证实电报的真伪。汇入行受到电报,核对密押无误后,缮制电汇通知书,通知收款人领款。电汇方式付款速度最快,便于出口方迅速收汇结汇,但银行收取的费用较高。

2）电汇的形式

在实际业务中,电汇根据支付时间可分为两种形式:一是前 T/T(payment in advance),是指进口商在交货前先全款电汇,然后按合同规定将货物发给买方的一种结算方法;二是后 T/T（deferred payment）,是出口商先按照合同的规定先发货,买方见到提单传真件或者收到提单后再全款电汇的一种结算方法。

3）电汇业务流程

电汇业务流程如图 4-2 所示。

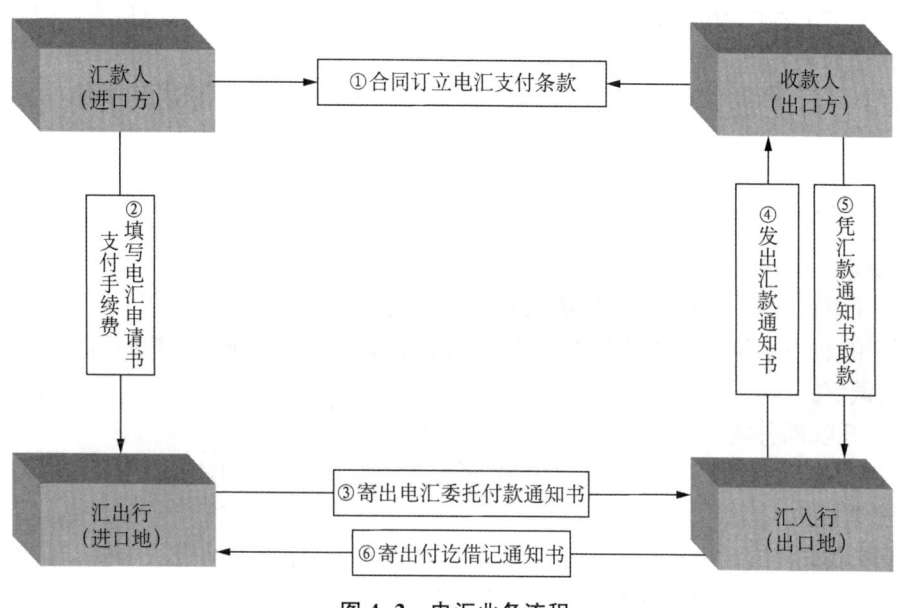

图 4-2　电汇业务流程

2. 信汇

信汇(mail transfer, M/T)是指汇出行应汇款人的申请,将信汇委托书邮寄给汇入行,授权解付一定金额给收款人的一种汇款方式。汇入行在收到汇出行邮寄来的信汇委托书时,需核对汇出行的签字或印签,证实无误后才能向收款人解付汇款。信汇方式在付款速度上较电汇慢,较票汇快,银行费用相对低廉。

3. 票汇

票汇(demand draft, D/D)是指汇出行应汇款人的申请,开立以汇入行为付款人的银行即期汇票,列明收款人姓名、汇款金额等,并交汇款人自行寄交或者代交收款人,由收款人凭该票向汇入行取款的一种汇款方式。在我国进出口业务中,当收到国外进口商寄来票据后,如付款银行在国外,我方均需委托当地银行通过付款地的国外代理行,向付款银行代为收款;当收到国外代收行的收妥通知后,方可据以结汇。

（二）汇付的支付条款

1. 汇付支付条款的拟定

汇付支付条款的拟定,通常是在国际贸易合同中的支付项目列明汇付的时间、具体的汇付方式和金额等内容。

【例4-8】进口方应于2021年5月31日前,将全部货款用电汇方式预付给出口方(The importer shall pay the total value to the exporter in advance by T/T not later than May 31, 2021).

【例4-9】进口方采用后T/T支付发生将全部货款付给出口方(The importer shall pay the total value to the exporter in advance by T/T deferred payment)。

2. 订立汇付支付条款时的注意事项

在国际贸易中,汇付方式通常用于预付货款、收货后付款、赊账、定金、分期付款、佣金和货款尾数等费用的支付。在预付货款的交易中,进口方为了减少预付风险,往往要求凭单付汇(remittance against documents)。凭单付汇是指进口方先通过汇出行将货款以信汇或者电汇方式汇给汇入行,并指示汇入行凭出口方提供的指定单据付款给出口方。出口方只有在向汇入行提交了指定单据后,方可拿到货款。但需要注意的是,汇款在尚未被收款人支取前,可随时撤销。因此,出口方在接到汇入行的汇款通知书后,应尽快发运货物,从速办理交单取款。

三、托收支付方式

托收(collection)即委托收款,是指出口方根据合同规定装运货物后,开具汇票连同货运单据委托银行代其向进口方收取货款的一种方式。托收属于商业信用,银行只提供服务,不提供信用,也不承担任何风险和责任,贸易货款的结算完全取决于进出口双方中的一方对另一方的诚信。

（一）托收的种类

托收根据金融单据是否附有商业单据,可分为光票托收和跟单托收。

1. 光票托收

光票托收(clean collection)是指出口方以光票向进口方索款的托收方式。它通常用于货款尾数、小额货款、贸易从属费用和索赔款的收取。

2. 跟单托收

跟单托收(documentary collection)是指出口方以跟单汇票向进口方索款的托收方式。国际贸易的货款结算通常采用跟单托收。跟单托收根据交单的条件不同,可分为以下两种形式。

1）付款交单

付款交单(documents against payment,D/P)是指代收行向进口方提示跟单汇票时,进口方付清货款后,方可获得货运单等全套单据的跟单托收形式。根据付款时间的不同,付款交单又可分为两种形式:一是即期付款交单(documents against payment at sight,D/P at sight),是指出口方按照合同的规定发运货物后,开出即期汇票,连同货运单等全套单据通过托收行寄交代收行向进口方提示付款,进口方审单无误后付清全部货款,方可获得全套的单据;二是远期付款交单(documents against payment after sight,D/P after sight),是由出口方按照合同的规定发运货物后,开具远期汇票,连同货运单等全套单据通过代收行向进口方提示承兑,进口方审单无误后在汇票上承兑,于汇票付款到期日进行付款赎单。

2）承兑交单

承兑交单(documents against acceptance,D/A)是指出口方按照合同的规定发运货物后,开具远期汇票,连同货运单等全套单据通过代收行向进口方提示承兑,进口方审单无误后在汇票上承兑,代收行才予以交单,于付款到期日再进行付款的跟单托收形式。

（二）托收的业务流程

1. 托收的基本当事人

1）委托人

委托人（principal）是指开出汇票，委托银行向国外付款人收款的客户。其通常是出口方。

2）托收行

托收行（remitting bank）是指接受委托人的委托，转托国外银行向进口方代为收款的银行。其通常为出口地银行。

3）代收行

代收行（collecting bank）是指接受托收行的委托，代其向进口方收款的银行。其通常为托收行在进口地的分行或者代理行。

4）付款人

付款人（payer）是指汇票的受票人。其一般为进口方。

2. 托收的基本业务流程

即期付款交单业务的基本流程如图 4-3 所示。

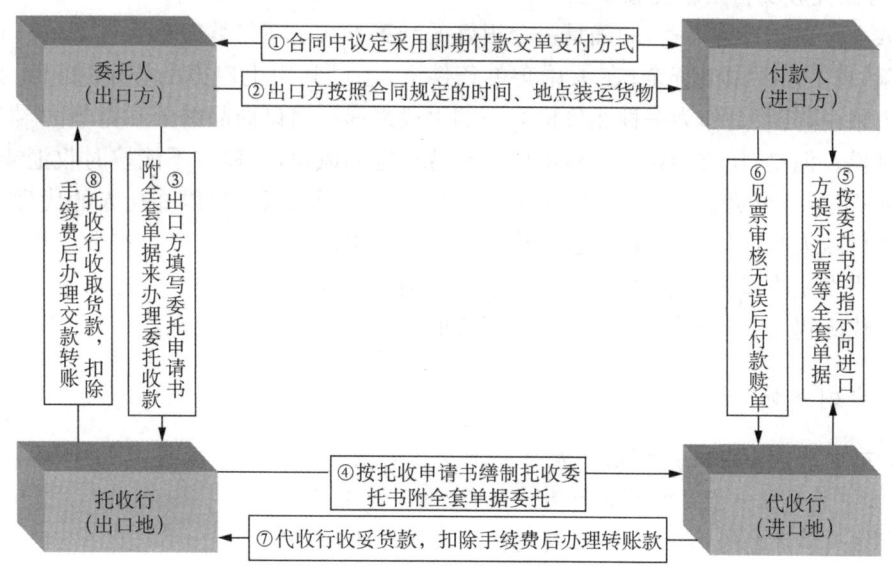

图 4-3　即期付款业务流程

说明：

① 买卖双方在合同中议定采用即期付款交单的支付方式。

② 出口方按照合同的规定装运货物后，缮制即期汇票。

③ 出口方填写委托申请书，随附发票、装箱单和货运单等全套单据交托收行，办理委托收款手续。

④ 托收行接受委托后，根据托收申请书缮制托收委托书，连同汇票和货运单等全套单据寄交进口地代收行委托代收货款。

⑤ 托收行根据委托书的指示向进口方提示汇票与货运单等全套单据。

⑥ 进口方见票审核无误后付款赎单。

⑦ 代收行收款交单后扣除手续费，并办理转账事宜。

⑧ 托收行收取货款后扣除手续费，并向出口方交款（转账）。

（三）托收的支付条款

1. 托收支付条款的拟定

托收支付条款的拟定,通常是在国际贸易合同中的支付项目列明付款方式、交单条件和支付时间等内容。

【例4-10】即期付款交单:进口方应凭出口方开具的即期跟单汇票于见票时立即付款,付款后交单(Upon first presentation the importer shall pay against documentary draft drawn by the exporter at sight. The shipping documents are to be delivered against payment only)。

【例4-11】远期付款交单:进口方对出口方开具的见票后60天付款的跟单汇票,于提示时应即予承兑,并应于汇票到期日即予付款,付款后交单(The importer shall duly accept the documents draft drawn by the exporter at 60 days sight upon first presentation and make payment on its maturity. The shipping documents are to be delivered against payment only)。

【例4-12】承兑交单:进口方对出口方开具的见票后90天付款的跟单汇票,于提示时应即承兑,并应于汇票到期日即予付款,承兑后交单(The importer shall duly accept the documents draft drawn by the exporter at 90 days sight upon first presentation and make payment on its maturity. The shipping documents are to be delivered against acceptance)。

2. 订立托收支付条款注意事项

托收业务对进口方而言,的确是一个很好的结算方式。在付款交单条件下,进口方既不承担风险,也不需要预垫资金;在承兑交单条件下,还可利用出口方的资金进行无本买卖。对出口方来说,托收是作为一种非价格竞争的手段来提高出口商品的国际竞争力,扩大出口商品的规模。但是,托收结算方式对出口方有着一定的风险,出口方不能按时收汇或者不能全部收回货款,甚至货款完全落空的情况也屡见不鲜。因为银行只以委托人的代理人行事,既无保证付款人必定付款的责任,也无检查审核货运单据是否齐全、是否符合买卖合同规定的义务。当发生进口方拒绝付款赎单的情况后,除非事先取得代收银行的同意;否则,代收银行也无代为提货、办理进口手续和存仓保管的义务。

 案例分析

山东进出口公司向日商推销大豆一批。日商来函称:"如中方接受D/P见票后60天付款,并通过日方指定的某银行为代收行,则可接受。"

请你从学习者的视角分析,日商提出此项要求的目的是什么?

四、信用证支付方式

信用证(letter of credit)是指开证行应开证申请人的要求和指示,开给受益人在其履行信用证条件时付款的承诺文件。

（一）信用证支付方式的特点

根据《UCP600》的规定,信用证支付方式具有以下三个特点。

1. 开证行应承担第一性付款责任

信用证支付方式是开证行以自己的信用作为付款保证的,只要出口方凭信用证向开证行凭单取款,并且所提交单据表面上符合信用证的规定,开证行不得拒付。

案例分析

　　浙江机械进出口有限公司根据信用证的规定按时装运并发货,并按照信用证单据条款规定制作全套议付单据来向中国建设银行浙江分行进行议付。富士银行(开证行)对中国建设银行浙江分行转递的全套议付单据进行核准后向日本黑岩商社提示承兑。此时日本黑岩商社已破产,富士银行以此为理由拒绝付款。

　　请分析,富士银行的行为是否合理?为什么?

2. 信用证是一项独立文件

　　信用证虽是根据贸易合同开立的,但信用证一经开立,就成为独立于贸易合同以外的另一种契约,不受贸易合同的约束。《UCP600》规定,信用证就其性质而言,与凭以开立的销售或者其他合同相比,乃属一项独立的交易。即使信用证对该合同有任何援引,银行也与之毫无关系,或者不受其约束。

案例分析

　　浙江机械进出口有限公司与日本黑岩商社签订一份模具加工成套机械设备销售合同,规定采用木质包装。如果信用证包装条款上注明是塑料包装,浙江机械进出口有限公司业务员由于审证疏忽,没有发现,出货的包装仍是木质包装。

　　请分析,浙江机械进出口有限公司是否存在结汇风险?为什么?

3. 信用证支付方式是纯单据业务

　　开证行处理信用证业务是以单证表面相符原则来决定是否付款,而不管实际货物如何。《UCP600》规定:"银行处理的是单据,而不是与单据可能有关的货物、服务或履行。"

案例分析

　　浙江机械进出口有限公司与日本黑岩商社签订一份模具加工成套机械设备销售合同,采用保兑远期信用证结算支付方式。该公司按照信用证的规定组织货物装运,并按照信用证单据条款规定制作全套议付单据向中国建设银行浙江分行进行议付。富士银行(开证行)对中国建设银行浙江分行转递的全套议付单据进行核准后向黑岩商社提示承兑,到了远期汇票付款时间,恰巧承运模具加工成套机械设备的轮船也到了目的地港。由于船在航行中遇到了暴风雨,船又触礁,导致该设备损坏。于是,开证行以此理由拒绝付款。

　　请分析,开证行行为是否合理?为什么?

(二)信用证支付方式的作用

在国际贸易中,信用证支付方式的主要作用如下。

1. 有利于交易的达成

由于银行信用一般优于商业信用,且信用证又是担保文件,它容易被贸易双方所接受。对出口方而言,只要提供符合信用证规定的单据,就能保证货款的收取;对进口方来说,通过信用证条款来约束出口方按时、按质、按量交付货物和相关单据。

2. 给予买卖双方的资金融通

出口方可通过议付获取资金融通；进口方只要交纳少量的开证押金，大部分货款是自赎单时支付，减少了资金的占用和预付资金的风险。

(三) 信用证的基本当事人

1. 开证申请人

开证申请人(applicant)是指向银行申请开立信用证的人。它一般是进口方，在信用证中，又称开证人(opener)。

2. 开证行

开证行(opening bank / issuing bank)是指接受开证申请人的要求和指示开立信用证的银行。它一般是进口地银行，其承担第一性付款责任。

3. 通知行

通知行(advising bank)是指受开证行的委托，将信用证转交出口方的银行。它一般是出口地银行，且通常是开证行的代理行。通知行只证明信用证的真实性，不承担其他义务。

4. 受益人

受益人(beneficiary)即信用证上所指定的信用证金额的收款人。它一般为出口方，其有权按信用证规定签发汇票向指定的付款行索取价款。

5. 议付行

议付行(negotiating bank)是指根据开证行授权买入信用证项下单据的银行。议付行一般为通知行或者其他指定的银行。如果信用证未做指定，受益人可向任何愿意接受该项业务的银行议付。议付行对受益人有票据追索权。

6. 付款行

付款行(paying bank)是指信用证规定履行信用证付款责任的银行。它一般是开证行。付款行一经付款，不得向受益人行使追索权。

由于银行业务关系，信用证的基本当事人还可能涉及偿付行和保兑行。偿付行(reimbursing bank)是指接受开证行委托或者授权向议付行或付款行偿付货款的银行。偿付行只负责付款而不受理单据、不审单。如果开证行在见单后发现单证不符时，可直接向议付行或付款行追回货款。如果偿付行未能偿付，开证行仍应承担付款责任。保兑行(confirming bank)是指根据开证行的请求，在信用证上加具保兑的银行。保兑行通常为通知行，也可是第三家银行。保兑行对受益人承担首先付款责任，一经付款，就无权向受益人追索。

(四) 信用证的种类

1. 跟单信用证和光票信用证

跟单信用证(documentary credit)是指开证行凭信用证所规定的代表货物所有权或者证明的货运单据付款或者议付的信用证。其中，单据是指信用证条款中所规定的，代表货物所有权或者证明货物已装运的货运单据，如提单、航空运单等。国际贸易中所使用的信用证，大多是跟单信用证。

光票信用证(clean credit)是指开证行仅凭受益人开具的汇票，无需附带货运单据付款的信用证。有的信用证要求汇票附有发票、收据、垫款清单等非货运单据，也属光票信用证。光票信用证仅用于从属费用的清算和总公司与分公司之间货款的清偿。

2. 即期信用证和远期信用证

即期信用证(sight credit)是指开证行或者付款行收到受益人符合信用证规定的单据后,立即履行付款义务的信用证。这种信用证的特点是出口方收汇迅速安全,有利于资金周转。

远期信用证(usance letter of credit)是指开证行或者付款行收到受益人符合信用证规定的单据后,在规定的期限内保证付款的信用证。远期信用证又可分为两种:一是承兑信用证(banker's acceptance credit),是指付款行在收到符合信用证规定的远期汇票和全套单据时,先在汇票上履行承兑手续,然后于汇票付款到期日再进行付款的信用证;二是延期付款信用证(deferred payment credit),是指开证行在信用证中规定货物装船后若干天付款,或者开证行收单后若干天付款的信用证。在国际贸易中,远期信用证多用于成交金额较大、付款期限较长的资本货物交易。

3. 议付信用证和付款信用证

议付信用证(negotiation credit)是指开证行许可受益人向某一指定银行或者任何银行交单议付的信用证。议付信用证又可分为两种:一是公开议付信用证(open negotiation credit),是指任何银行均可按信用证条款自由议付的信用证;二是限制议付信用证(restricted negotiation credit),是开证行指定某一银行进行议付的信用证。

付款信用证(payment credit)是受益人只能直接向开证行或其指定的付款行交单索偿的信用证。付款信用证一般不要求受益人开具汇票,仅凭受益人提交的单据付款。

议付信用证与付款信用证的主要区别是:前者当议付行议付货款后,如因单据与信用证条款不符等原因未能向开证行收回款项时,可向受益人追索;后者当付款行一经付款,无权以任何理由向受益人追索。

4. 保兑信用证和不保兑信用证

保兑信用证(confirmed letter of credit)是指另一家银行(保兑行)应开证行请求,对其所开信用证加以保证兑付的信用证。保兑行通常是由通知行担任,也可以是其他银行。信用证一经保兑,受益人可直接向保兑行交单索偿,保兑行对受益人承担首先付款或者议付的责任。只要在信用证有效期内,保兑行不能撤销其保兑责任,即使议付后发生开证行倒闭或者拒付,保兑行不能向受益人追索。

不保兑信用证(unconfirmed letter of credit)是指未经其他银行保兑的信用证。

 案例分析

苏州帆放进出口有限公司与日本大屋商社签订一份男士服装销售确认书,日本大尾商社根据其支付条款的规定开来不可撤销即期信用证,并在上海某日资银行加保。苏州帆放进出口有限公司按照销售确认书的规定发货,并持全套议付单据在保兑行进行议付。但是,该日资银行得知开证行倒闭,便要求苏州帆放进出口有限公司直接向进口商索赔。

请你从学习者的视角分析,该争议应当如何处理? 为什么?

5. 转让信用证和不可转让信用证

可转让信用证(transferable credit)是指开证行授权有关银行在受益人的要求下,可将信用证的全部或者一部分金额转让给第三者的信用证。可转让信用证必须由开证行在证中注明"可转让"字样,否则不得转让。可转让信用证只限转让一次。如果信用证允许分批装运,在总额不超过信用证金额的前提下,可分别转让给多个第二受益人;如果信用证不准分批装运,则限转让给一个第二受益人。进口方开立可转让信用证,意味着其同意出口方将交货、交单义务由出口方指定的其他人来履行,但买卖合同并未转让。如果发生第二受益人不能交货或者交货不符合合同规定或者单据不符合买卖合同的要求时,原出口方仍要承担买卖合同规定的卖方责任。可转让信用证主要适用于中间贸易。中间商(即第一受益人)为了赚取差额利润,通常要求开立可转让信用证转让给实际供货人(即第二受益人),由供货人办理出运手续。

不可转让信用证(untransferable credit)是指受益人无权转让给其他人使用的信用证。根据《UCP600》的规定,凡信用证未注明"可转让"字样,均为不可转让信用证,仅限于受益人本人使用。

 案例分析

黑龙江粮油进出口有限公司与韩国三林株式会社签订了大豆出口合同,成交金额为600万美元,支付方式为可转让信用证。黑龙江粮油进出口有限公司收到信用证后,将其金额300万美元转让给A公司,200万美元转让给B公司。货到目的地后,韩国三林株式会社来函称:"A公司所交货物部分质量不符合合同的规定,不予接受"。黑龙江粮油进出口有限公司以非本公司的产品予以拒绝,请韩国三林株式会社直接向A公司索赔。

请你从学习者的视角,该争议应当如何处理?为什么?

6. 循环信用证

循环信用证(revolving credit)是指受益人在信用证有效期内交货提款后,信用证金额又自动恢复到原金额,可再次使用此信用证,直至达到信用证规定的使用次数或者总金额为止的信用证。循环信用证一般适用于定期分批、均衡供应、分批结汇的长期合同,既可减少进口方的开证费用和押金,又可避免多次审证或者催证手续。循环信用证的循环方式有以下三种。

1)自动循环

自动循环(automatic revolving)即信用证金额在每次议付后,不必等待开证行通知即可自动恢复到原金额。

2)半自动循环

半自动循环(semi-automatic revolving)即信用证金额在每次议付后若干天内,未接到开证行停止恢复原金额的通知,方可自动循环。

3)非自动循环

非自动循环(non-automatic revolving)即信用证金额在每次议付后,须经开证行通知才能恢复原金额的使用。

7. 对开信用证

对开信用证(reciprocal credit)是指两张信用证的开证申请人互以对方为受益人而开立的信用证。对开信用证多用于易货贸易、来料来件加工和补偿贸易。在来料来件加工装配业务中,为避免垫付外汇,通常我方在进口原料或者配件对先开立远期信用证,返销成品对由对方开立即期信用证,用该货款支付到期原料或者配件货款,其余额就是加工利润。

对开信用证的特点包括:①第一张信用证的受益人和开证申请人就是第二张信用证的开

证申请人和受益人。②第一张信用证的开证行是第二张信用证的通知行,第二张信用证的开证行也是第一张信用证的通知行。③两张信用证的金额可相等或不等,两张信用证可同时生效,也可先后生效。

8. 对背信用证

对背信用证(back to back credit)是指受益人要求原证的通知行或者其他银行以原证为基础,另开一张内容相似的新信用证。对背信用证的内容除开证人、受益人、金额、单价、装运期和到期日等可作变动外,关于货物描述的条款一般与原证相同。

对背信用证的开证人通常是以原证项下收得的款项来偿付对背信用证开证行已垫付的资金。所以,对背信用证的开证行除了要以原证用作开新证的抵押,一般还要求开证人交纳一定数额的押金或者担保品。由于受原证的约束,对背信用证的受益人如要求修改内容,须征得原证开证人和开证行的同意。对背信用证通常是由中间商为转售他人货物而谋利;或者两国不能直接进行交易,须通过第三国商人开立此证来开展贸易。

9. 预支信用证

预支信用证(anticipatory credit)是指开证行授权代付行向受益人预付信用证金额的全部或者一部分,由开证行保证偿还并负担利息的信用证。预支信用证的特点是开证人付款在先,受益人交单在后。预支信用证凭出口方的光票付款,或者在预支条款中加列受益人须提供银行保函或者备用信用证,以保证受益人不履约时退还已预支的款项。一旦出口方事后不交单,开证行和代付行不承担责任。为引人注目,这种预支货款的条款,常用红字打出,故俗称红条款信用证(red clause credit)。如今预支条款并非用红色表示,但效力相同。

10. 备用信用证

备用信用证(stand by L/C)是指开证行根据开证申请人的请求,对受益人开立承诺负责某项义务的凭证。故备用信用证又称担保信用证(guarantee L/C),即开证行保证在开证申请人未能履约时,受益人只要凭备用信用证的规定向开证行开具汇票(或者不开汇票),并提交开证申请人未履约的证明文件,即可取得开证行的偿付。备用信用证属于银行信用,其作为一方违约补偿之用,如正常履约,该证就备而不用。

备用信用证是在有些国家禁止银行开立保证书的情况下,为适应对外经济发展的需要而产生的,因此,它的用途与银行保证书几乎相同。

11. 信开信用证和电开信用证

根据信用证开立的方式不同,信用证可分为以下两种。

1) 信开信用证

信开信用证(mail credit)是开证行用书信格式缮制,并通过航空邮寄送达通知行的信用证。目前,这种开证方式已较少使用。

2) 电开信用证

电开信用证(teletransmission credit)是用电讯方式开立和通知的信用证。其中,采用SWIFT形式开证的居多。通过SWIFT开立或者通知的信用证称为SWIFT信用证,其具有标准化、固定化和格式化的特性。由于SWIFT信用证传递速度快、成本低,因此银行乐于开立。

电开信用证有全电本和简电本两类。其中,全电本是以电文形式开出的完整信用证,可凭以交单议付,在SWIFT中,通常采用MT700/MT701格式(见表4-1);简电本是将信用证金额、有效期等主要内容用电文预先通知受益人,并注明"随寄证实书",即信开本信用证,目的是让受益人早日备货,在 SWIFT 中通常采用 MT705 格式,如果遇到信用证修改,则采用 MT707 格式(见表 4-2)。

表 4-1　　　　　　　　　**MT 700 Issue of Documentary Credit**

跟 单 信 用 证 的 开 立

Tag 代号	Field Name 栏位名称	Directions 说明
*27	Sequence of Total 合计次序	显示这份信用证共有几页纸,目前这页所处的位置
*40A	Form of Documentary Credit 跟单信用证类别	显示信用证的性质
*20	Documentary Credit Number 信用证号码	显示该信用证的号码
23	Reference to Pre-Advice 预告的摘要	
31C	Date of Issue 开证日期	显示该信用证的开证日期
*31D	Date and Place of Expiry 到期日及地点	显示该信用证的到期日期和到期地点
51a	Applicant Bank 申请的开证银行	显示该信用证的申请银行
*50	Applicant 申请人	显示开证申请人的名称和地址
*59	Beneficiary 受益人	显示受益人的名称和地址
*32B	Currency Code, Amount 币别代号、金额	显示该信用证的币种和金额
39A	Percentage Credit Amount 信用证金额加减百分率	显示该信用证总金额允许上下浮动的比率
39B	Maximum Credit Amount Tolerance 最高信用证金额	
39C	Additional Amounts Covered 可附加金额	
*41a	Available With...By... 向……银行押汇,押汇方式为……	显示该证在有效期内交付……银行,使用……信用证
42C	Drafts at... 汇票期限	显示该信用证中汇票的付款期限
42a	Drawee 付款人	显示该信用证的汇票付款人,一般情况下是开证行,但有时也会是偿付行
42M	Mixed Payment Details 混合付款指示	
42P	Deferred Payment Details 延迟付款指示	

(续表)

Tag 代号	Field Name 栏位名称	Directions 说明
43P	Partial Shipments 分批装船	显示该信用证中的货物是否允许分批出运
43T	Transshipment 转船	显示该信用证中的货物在运输中是否允许转运
44A	Place of Taking in charge at/from.../ Place of Receipt 接受监管地/发运地/收货地	显示该信用证装船、发运或者接受监管的地点
44B	Place of Final Destination/For Transportation to .../Place of Delivery 最终目的地/运往……/交货地	显示该信用证中的货物发送至最终目的地
44C	Last Date of Shipment 最后装运日	显示该信用证中的货物不能迟于此日期出运
44D	Shipment Period 装船期间	
44E	Port of Discharge/Airport of Destination 卸货港/目的地机场	显示该信用证中的货物发送至卸货港/目的地机场名称
45A	Description of Goods and/or Services 货物叙述与交易条件	显示对该信用证中的货物描述
46A	Documents Required 应具备单据	显示该信用证对单据制作的具体规定
47A	Additional Conditions 附加条件	显示对该信用证条款的补充说明,通常是对受益人的补充要求
71B	Charges 费用	显示该信用证业务由受益人承担的费用
48	Period for Presentation 提示时间	显示该证的交单期限,否则为提单签发日后第21天,但在信用证的有效期内
*49	Confirmation Instructions 保兑指示	显示该信用证被开证行要求加具保兑的指示
53a	Reimbursement Bank 清算银行	显示该信用证的偿付行
78	Instructions to the Paying/Accepting/ Negotiation Bank 对付款/承兑/让购银行之指示	
57a	"Advice Through" Bank 收讯银行以外的通知银行	
72	Sender to Receiver Information 银行间的备注	

注:"*"表示必须的项目。

表 4-2   **MT 707 Amendment to a Documentary Credit**
跟 单 信 用 证 的 修 改

Tag 代号	Field Name 栏位名称	Directions 说明
*20	Sender's Reference 送讯银行的编号	表明该信用证发报行的编号
M21	Receiver's Reference 收讯银行的编号	表明该信用证收报行的编号
23	Issuing Bank's Reference 开证银行的编号	表明该信用证开证银行的编号
52a	Issuing Bank 开证银行	表明该信用证开证行的名称
31C	Date of Issue 开证日期	表明该信用证的开证日期
30	Date of Amendment 修改日期	表明该信用证的修改日期
26E	Number of Amendment 修改序号	表明该信用证修改的次数
*59	Beneficiary (before this amendment) 受益人（修改以前的）	表明原信用证修改前的受益人名称和地址
31E	New Date of Expiry 新的到期日	表明原信用证修改后的有效期
32B	Increase of Documentary Credit Amount 信用证金额的增加	表明原信用证需增加的币种和金额
33B	Decrease of Documentary Credit Amount 信用证金额的减少	表明原信用证需减少的币种和金额
34B	New Documentary Credit Amount After amendment 修改后的新的信用证金额	表明原信用证修改后新金额
39A	Percentage Credit Amount Tolerance 信用证金额加减百分率	表明修改后的信用证所允许的浮动范围
39B	Maximum Credit Amount 最高信用证金额	表明修改后信用证金额的最高限额
39C	Additional Amount Covered 可附加金额	表明修改后信用证的附加金额，诸如对保险费、运费、利息等的修改
44A	Loading on Board/Dispatch/Taking in Charge at/from... 由……装船/发送/接管	表明修改后信用证对装船、发运或者接受监管的地点的规定
44B	For Transportation to... 装运至……	表明修改后信用证对货物发送最终目的地的规定

（续表）

Tag 代号	Field Name 栏位名称	Directions 说明
44C	Last Date of Shipment 最后装船日	列明对最迟装船、发运和接受监管的期限的修改
44D	Shipment Period 装船期间	对装船、发运和接受监管的期限的修改

（五）信用证的基本程序

采用信用证支付方式结算货款，其具体程序会因信用证种类不同而有所差异，但从一般原理来分析，信用证的收付程序如图 4-4 所示。

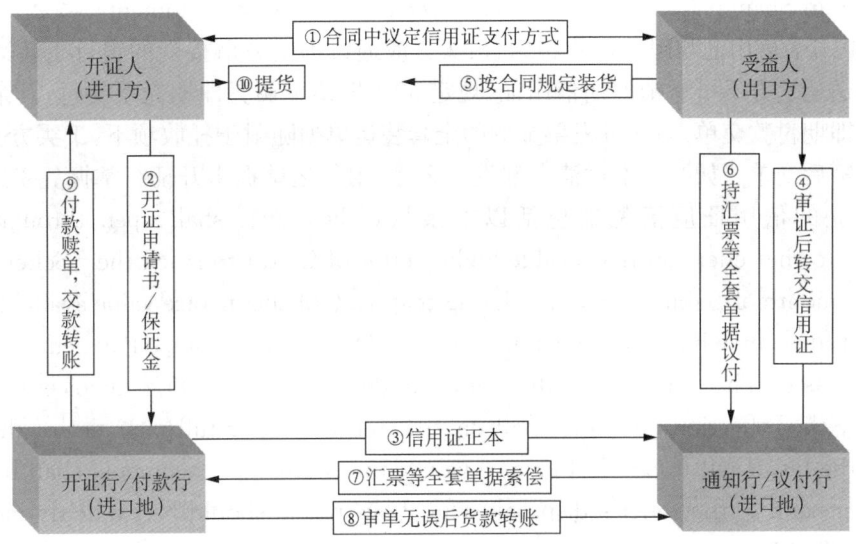

图 4-4　信用证一般业务流程

说明：

① 进出口双方在贸易合同中明确以信用证方式结算货款，并确定信用证的种类、金额、到期日和开证日期等。

② 进口方在合同规定的时限内向当地银行申请开证，依照合同各项有关规定，填写开证申请书，并交付押金或者其他保证金。

③ 开证行根据申请书的内容，开立以出口方为受益人的信用证，并寄交通知行。

④ 通知行收到信用证，即核对开证行的签字与密押，审核无误后，转交出口方。

⑤ 出口方审证，如发现与合同条款不符或者其他错误，即通知进口方修改信用证；如审核无误，则按时装运货物取得货运单据。

⑥ 出口方在信用证有效期和交单期内，缮制汇票及信用证规定的各种单据，提交议付行办理议付。议付行审核单证无误后，根据汇票金额扣除利息，将货款垫付给出口方。

⑦ 议付行将汇票和全套单据寄交开证行或者其指定付款行索偿。

⑧ 开证行或者付款行审核单据无误后，付款给议付行。

⑨ 开证行通知进口方付款赎单，进口方审核单据无误后办理付款手续，获取全套单据。

⑩ 进口方凭货运单据向承运人提货。

（六）信用证的支付条款

1. 信用证支付条款的拟定

信用证支付条款的拟定，通常是在国际贸易合同中的支付项目列明开证日期、开证银行、受益人、信用证的种类和金额等内容。

【例 4-13】即期信用证:买方应通过卖方所接受的银行于装运月份前 45 天开立并送达卖方不可撤销即期信用证,有效至装运月份后第 15 天在中国议付(The buyer shall open through a bank acceptable to the sellers an Irrevocable Sight Letter of Credit to reach the Sellers 45 days before the month of shipment,valid for negotiation in China until the 15th day after the month of shipment)。

【例 4-14】远期信用证:买方应通过卖方所接受的银行于装运月份前 60 天开立并送达卖方不可撤销见票后 30 天付款的信用证,有效至装运月份后第 15 天在上海议付(The buyer shall open through a bank acceptable to the seller an Irrevocable Letter of Credit at 30 days sight to reach the seller 60 days before the month of shipment,valid for the negotiation in Shanghai until the 15th day after the month of shipment)。

【例 4-15】信用证与跟单托收相结合:买方应通过为卖方所接受的银行于装运月份 45 天开立并送达卖方不可撤销即期信用证,规定 50% 发票金额凭即期光票支付,其余 50% 用托收方式即期付款交单。100% 发票金额的全套装运单据随附于托收项下,于买方付清发票的全部金额后交单。如买方不付清全部发票金额,则装运单据由开证行掌握凭卖方指示处理。所开立的信用证应清楚地包括以上条款(The buyer shall open through a bank acceptable to the sellers an Irrevocable Sight Letter of Credit to reach the Sellers 45 days before the month of shipment,stipulating that 50% of the invoice value available against clean draft at sight while the remaining 50% on Documents against Payment at sight on collection basis. The full set of the shipping documents of 100% invoice value shall accompany the collection item and shall only be released after full payment of the invoice value. If the buyer fail to pay full invoice value,the shipping documents shall be held by the issuing bank at the seller's disposal. The above terms should be explicitly included in the established Letter of Credit)。

2. 订立信用证支付条款注意事项

采用信用证支付方式,开证申请人应严格按照贸易合同和《UCP600》的规定及时开证。《UCP600》已被世界各国银行所采用,成为公认的、最重要的国际贸易惯例之一。但是《UCP600》不是法律,只有开证行在信用证中明确注明根据《UCP600》开立的文字,才受其约束。为此,我国银行开立的信用证也都加上这一段文字。

 实例展示

业务情境

上海立达进出口有限公司与日本高村商社签订了一份男式短裤销售确认书,就达成的支付条件,在销售确认书的正文部分中用中文和英文两种文字拟定支付条款。

上海立达进出口有限公司创业团队根据我国《民法典》合同编的相关规定,参照其他进出口贸易公司的销售确认书的格式,用中文和英文两种文字拟定支付条款(见实例 4-2)。

实例 4-2   销售确认书

上海立达进出口有限公司
SHANGHAI LD IMP. & EXP. CO.，LTD.
No.1 RENMIN ROAD SHANGHAI CHINA

TEL：021-65788811

FAX：021-65788812

销 售 确 认 书
SALES CONFIRMATION

S/C NO：2021039

DATE：May 2,2021

To Messrs:

TKAMRA TRADE CORPORATION

37 VICTORIA MACH, TOKYO JAPAN

下列签字双方同意按下列条款达成协议：

The undersigned sellers and buyers have agreed to close the following transaction as per terms and conditions stipulated below:

品名与规格 Commodity and Specification	数 量 Quantity	单 价 Unit price	金 额 Amount
MEN'S DRILL SHORTS 100% COTTON S、M、L、XL、XXL	12000PCS	CIF TOKYO USD6.50	USD78000.00

包　装：　每条装入一只纸盒，20 条不同尺码与颜色装入一只出口纸箱；纸箱长宽尺寸不能超过60厘米、50厘米。

PACKING: Each piece in a box, 20 pieces into an export carton with assorted sizes and colors. Maximum size of export carton: length 60cm, width 50cm.

唛　头：　主唛内容包括KKK、销售合同号、目的港和箱数；侧唛必须显示颜色、每箱件数、毛重和厂地。

MARKS:　Shipping mark includes kkk s/c no., port of destination and carton number. Side mark must show the color, pieces per carton, gross weight and country of origin

支付条款

付款条件：即期信用证/ L/C AT SIGHT

TERMS OF PAYMENT:

一般条款：

GENERAL TERMS:

买方须于　2021　年　5　月　12　日前开出本批交易的信用证；否则，售方有权不经过通知取消本合同书，或向买方提出索赔。

The Buyer shall establish the covering Letter of Credit before May12,2021 , falling which the Seller reserves the right to rescind without further notice, or to accept whole or　any part of this Sales Contract non-fulfilled by the Buyer ,or ,to lodge claim for direct losses sustained, if any.

案例思政

人民币国际化　大国崛起标志

【案例简介】

　　2017 年 6 月,欧洲央行已经把等额 5 亿欧元的美元储备转换为人民币,这是发达国家第一次将人民币纳为储备货币,是人民币走向国际化的开端。截至 2018 年,全球已有 60 多个国家和地区将人民币纳入外汇储备,有 38 个国家和地区与中国签署了双边本

（续）

币互换协议,有 28 个国家使用人民币进行经贸结算,至少 9 个石油国拟用人民币进行大规模的石油交易结算。2019 年 1 月 30 日,缅甸央行宣布,为促进国际支付、结算与贸易的发展,将使用人民币和日元作为国际支付和转账的结算货币。有关专家预计,2020年,全球将会有超过一半的国家使用人民币来进行经贸结算。这一切都标志着中国正在崛起,走向世界强国之列。

【案例思政】

人民币国际化的最终目标是在国际货币体系中拥有与美元及欧元并驾齐驱的地位,可以在境内和境外自由兑换成外币,在国际贸易合同中可以人民币为计价单位,可以采用人民币作为支付货币,可以作为国际投资和融资的货币,可以作为国际储备货币。货币国际化是国家竞争的结果,只有强者才能脱颖而出。人民币国际化是大国崛起的标志,也是实现中华民族伟大复兴的战略目标。

复习与思考

一、单项选择题

1.《2020 年国际贸易术语解释通则》生效的时间是( )起。

A. 2020 年 1 月 1 日　　　　　　　　B. 2021 年 1 月 1 日

C. 2018 年 1 月 1 日　　　　　　　　D. 2019 年 1 月 1 日

2. 下列各项中,不属于国际贸易术语惯例的是( )。

A.《1932 年华沙—牛津规则》　　　　B.《国际货物买卖合同公约》

C.《1941 年美国对外贸易定义修正本》　D.《国际贸易术语解释通则》

3.《2020 通则》规定的国际贸易术语有( )种。

A. 13　　　　　　　　　　　　　　　B. 12

C. 11　　　　　　　　　　　　　　　D. 10

4. 装运港船上交货的英语译文是( )。

A. cost and freight　　　　　　　　B. free on board

C. cost,insurance and freight　　　　D. insurance and freight

5. 在 FOB 条件下,下列各项中,不属于卖方义务的是( )。

A. 按合同规定的时间与地点交货　　　B. 按销售合同规定的品质交货

C. 办理租船订舱手续　　　　　　　　D. 按销售合同规定的数量交货

6. ( )是指卖方在指定装运港和装运期内交货,并承担货物从装运港至目的港的运费。

A. free on board　　　　　　　　　　B. cost and freight

C. cost,insurance and freight　　　　D. insurance and freight

7. 在 CFR 条件下,下列各项中,不属于卖方义务的是( )。

A. 按合同规定的时间与地点交货　　　　B. 按销售合同规定的品质交货

C. 办理货运投保手续并支付保费　　　　D. 按销售合同规定的数量交货

8. (　　)是指卖方在指定装运港和装运期内交货并办理货物运输和运输保险,承担货物装上船之前的风险和费用。

A. free on board　　　　　　　　　　　B. cost and freight

C. cost,insurance and freight　　　　　　D. insurance and freight

9. (　　)是指卖方在指定时间与地点将货物交给买方指定的承运人,即完成交货义务。

A. free carrier　　　　　　　　　　　　B. carriage paid to

C. carriage and insurance paid to　　　　D. insurance and freight

10. (　　)是指卖方在指定时间与地点将货物交给卖方指定的承运人并需支付货物自启运地至目的地的运费。

A. free carrier　　　　　　　　　　　　B. carriage paid to

C. carriage and insurance paid to　　　　D. insurance and freight

11. (　　)是指卖方在指定时间与地点将货物交给卖方指定的承运人并需支付货物自启运地至目的地的运费和保险费。

A. free carrier　　　　　　　　　　　　B. carriage paid to

C. carriage and insurance paid to　　　　D. insurance and freight

12. 卖方承担责任、风险、费用最小的国际贸易术语是(　　)。

A. FAS　　　　　　　　　　　　　　　B. EXW

C. DDP　　　　　　　　　　　　　　　D. CPT

13. 卖方承担责任、风险、费用最大的国际贸易术语是(　　)。

A. FAS　　　　　　　　　　　　　　　B. EXW

C. DDP　　　　　　　　　　　　　　　D. CPT

14. 开证行是接受开证申请人的要求和指示开立信用证的银行,承担(　　)付款责任。

A. 主要　　　　　B. 次要　　　　　C. 其他　　　　　D. 第一性

15. 跟单信用证与光票信用证不同之处,看是否随附(　　)单据。

A. 报关　　　　　B. 金融　　　　　C. 报检　　　　　D. 运输

16. 可转让信用证在受益人的要求下可转让(　　)次。

A. 1　　　　　　B. 2　　　　　　C. 3　　　　　　D. 4

17. 下列各项中,不属于信用证业务的特点是(　　)。

A. 信用证是商业信用　　　　　　　　　B. 开证行承担第一性付款责任

C. 信用证是一项独立文件　　　　　　　D. 信用证方式是纯单据业务

二、多项选择题

1. 下列各项中,属于国际贸易术语惯例的有(　　)。

A.《1932 年华沙—牛津规则》　　　　　B.《国际货物买卖合同公约》

C.《1941 年美国对外贸易定义修正本》　D.《国际贸易术语解释通则》

2. FOB 国际贸易术语仅适用的运输方式有(　　)等运输方式。

A. 公路　　　　　B. 海运　　　　　C. 内河　　　　　D. 多式联运

3. 在 FOB 条件下,买方的基本义务有(　　)。

A. 办理租船订舱手续并支付运费　　　　　B. 办理货运投保手续并支付保费

C. 支付货款　　　　　　　　　　　　　　D. 受领单据

4. 在 CFR 条件下,买方的基本义务有(　　)。

A. 办理租船订舱手续并支付运费　　　　　B. 办理货运投保手续并支付保费

C. 支付货款　　　　　　　　　　　　　　D. 受领单据

5. 在 CIF 条件下,买方的基本义务有(　　)。

A. 办理租船订舱手续并支付运费　　　　　B. 办理货运投保手续并支付保费

C. 支付货款　　　　　　　　　　　　　　D. 受领单据

6. 下列对 FOB、CFR、CIF 的表述中,正确的有(　　)。

A. 均适用于海运或内河航运　　　　　　　B. 都在装运港完成交货

C. 风险都以装运港船上交货为界　　　　　D. 价格构成都是一样的

7. CIF 与 CIP 国际贸易术语的区别在于(　　)。

A. 适用运输方式不同　　　　　　　　　　B. 获取的运输单据不同

C. 风险转移的界线不同　　　　　　　　　D. 装卸费用承担不同

8. 在 CPT 条件下,买方的基本义务有(　　)。

A. 承担货交承运人后所的一切风险　　　　B. 办理货运投保手续并支付保费

C. 支付货款　　　　　　　　　　　　　　D. 受领单据

9. 在 CIP 条件下,买方的基本义务有(　　)。

A. 承担货交承运人后所的一切风险

B. 承担货交承运人后除运费保费之外的一切费用

C. 支付货款

D. 受领单据

10. FCA、CPT 和 CIP 适用的运输方式包括(　　)。

A. 铁路　　　　　　　　　　　　　　　　B. 江河

C. 航空　　　　　　　　　　　　　　　　D. 多式联运

11. 下列各项中,不属于卖方承担责任、风险、费用最小的国际贸易术语有(　　)。

A. FAS　　　　　　　　　　　　　　　　B. CFR

C. EXW　　　　　　　　　　　　　　　　D. CPT

12. 佣金根据在贸易合同显示的方式不同分为(　　)。

A. 明佣　　　　　　　　　　　　　　　　B. 暗佣

C. 反佣　　　　　　　　　　　　　　　　D. 折扣

13. 汇付基本当事人主要有(　　)。

A. 汇款人　　　　　　　　　　　　　　　B. 汇出行

C. 汇入行　　　　　　　　　　　　　　　D. 收款人

14. 电汇按支付的时间可分为(　　)。

A. payment in advance　　　　　　　　　B. deferred payment

C. telegraphic transfer　　　　　　　　　D. T/T

15. 汇付支付条款主要包括(　　)。

A. 货款收付方式 　　　　　　　　B. 付款时间

C. 付款金额 　　　　　　　　　　D. 交货时间

16. 托收方式的基本当事人主要有（　　　）。

A. 委托人 　　　　　　　　　　　B. 托收行

C. 代收行 　　　　　　　　　　　D. 付款人

三、判断题

1. 开证行与议付行不接受电子单证。（　　　）

2. FCA、CPT 和 CIP 适用于任何的运输方式。（　　　）

3. CPT 与 CFR 仅仅是运输方式的不同。（　　　）

4. 佣金必须在合同中明确表示。（　　　）

5. 折扣只有明扣，没有暗扣。（　　　）

6. 合同中的价格条款一般包括单价和总值两部分内容。（　　　）

7. 单价 USD100 PER METRIC TON FOB SHANGHAI 的表述是正确的。（　　　）

8. 总值的计算公式是：总值＝单价×包装数量。（　　　）

9. 托收业务属于银行信用。（　　　）

10. 信用证业务属于商业信用。（　　　）

11. 托收支付方条款包括托收类型、单据名称、交单条件和支付时间等内容。（　　　）

12. 开证申请人是向银行申请开立信用证的人，通常是出口商。（　　　）

13. 通知行不仅要证明信用证的真实性，还要承担其他义务。（　　　）

14. 受益人是指信用证上所指定的信用证金额的收款人，通常是进口商。（　　　）

15. 保兑信用证与不保兑信用证的区别在于是否具有保兑银行。（　　　）

16. 议付信用证与付款信用证不同之处是其可向任何银行交单议付。（　　　）

17. 电开信用证具有标准化、固定化和格式化的特性。（　　　）

18. 循环信用证一般不适用于定期分批、均衡供应、分批结汇的长期合同。（　　　）

19. 对开信用证多用于易货贸易、来料来件加工和补偿贸易。（　　　）

20. 信用证条款通常对开证日期、开证银行、受益人、信用证种类和金额等做出明确规定。

（　　　）

四、简答题

1. 简述国际贸易术语的主要作用。

2. 简述 FOB、CFR、CIF 与 FCA、CPT、CIP 的区别。

3. 简述拟定商品价格条款应注意的问题。

4. 简述拟定托收支付条款应注意的问题。

5. 简述信用证的作用、特点和种类。

6. 简述拟定信用证支付条款应注意问题。

五、案例题

2021 年，山东大地食品有限公司与德国百力有限公司签订了一份番茄酱罐头销售确认书，总金额为 435 200 美元，支付方式为可转让信用证。合同签订后，德国百力有限公司根据合同的约定及时向德意志银行申请开立以山东大地食品有限公司为受益人的可转让信用证。山东大地食品有限公司收到信用证后，根据信用证的相关规定发货，并将信用证要求制作的全套议付单据递交给山东银行某分行进行议付。该议付行通过审查认为所提交的单据符合信用证条款的规定,并将其寄交至德意志银行。该付款银行对全套单据进行审核,认为提单、受益人证明没标"正本"字样,形成不符点,并拒绝支付信用证项下的货款。山东大地食品有限公司认为,付款银行提出标明"正本"字样的要求不是信用证规定的内容。

由于德意志银行拒绝履行其付款义务,货物长期滞留在德国汉堡港口,每天都在不断地增加各种港口的相关费用,山东大地食品有限公司只好委托当地代理商将货物进行拍卖;同时,通过议付行向付款行提出索赔要求。

请分析,山东大地食品有限公司的索赔要求是否合理?为什么?

第五章　国际货物运输及保险条款

- ◆ 了解国际货物运输主要方式、特点及其分类。
- ◆ 熟悉国际货物运输方式相关保险的基本险、附加险及其承保的范围。
- ◆ 明确正确选择国际货物运输方式和货运保险险别对外贸企业经营成本的影响。
- ◆ 掌握国际货物运输条款与国际货物运输保险条款的基本内容及订立的要求。

本 章 概 要

　　本章包括两部分内容:第一部分为拟定国际货物运输条款,介绍国际海洋货物运输、国际航空货物运输、国际铁路货物运输和国际多式联运方式的运输特点、分类、运费构成、运输单据、货物运输条款内容和订立条款注意事项;第二部分为拟定国际货物运输保险条款,依据《中国保险条款》和《伦敦保险协会货物保险条款》分别介绍了国际海洋货物运输保险、国际航空货物运输保险、陆上货物运输保险、邮包运输保险、国际货物运输保险条款的内容和订立条款注意事项。

第一节　拟定国际货物运输条款

　　国际货物运输是指通过专用运输工具将货物在国家与国家、国家与地区、地区与地区之间,从一地向另一地运送的物流活动,包括集货、仓储、搬运、中转和装卸等一系列操作过程。国际货物运输是国际贸易活动中必不可少的一个环节,是实现货物转移的重要手段。因此,买卖双方在订立国际贸易合同时,必须根据成交货物的属性、数量、交货时间和运输成本选择国际海洋货物运输、国际航空货物运输、国际铁路货物运输和国际多式联运等运输方式,订好国际货物运输不同方式的装运条款。

一、国际海洋货物运输

国际海洋货物运输是指使用船舶通过海上航道在不同国家和地区的港口之间运送货物的一种方式。目前,国际贸易货物总运量和中国进出口货运总量约90%都采用了国际海洋货物运输方式。国际海洋货物运输按照船舶的经营方式,可分为班轮运输和租船运输,其中采用班轮运输较多。

(一) 班轮运输的特点

班轮运输(liner shipping)是指按照固定航行时间表,沿着固定航线,停靠固定港口并收取固定运费的一种船舶运输方式。班轮运输有三个特点:一是装卸费用包括在运费中,船方负责货物的装卸;二是班轮承运货物的品种、数量比较灵活,一般货物都可接受装运;三是货物运输当事人的权利与义务,以船方签发的提单条款为依据。

(二) 国际海洋货物运输单据

国际海洋货物运输单据有海运提单和海运单两种形式。

1. 海运提单

1)海运提单的作用

海运提单的作用表现为三个方面:一是提单是承运人或者其代理人签发的货物收据,证明已按提单所列的内容收到货物;二是提单是货物所有权的凭证,持有人凭提单可在目的港向船运公司提取货物,也可在载货船舶到达目的港之前,通过对提单的背书转让该货物所有权,或者凭以向银行办理押汇货款;三是提单是承运人与托运人之间订立的运输契约的证明,在提单背面印有的运输条款中,明确规定了承运人与托运人双方之间的权利、义务、责任和豁免,是处理承运人和托运人之间争议的法律依据。

2)海运提单的种类

从不同的角度分析,海运提单可分为以下八类:

第一类是已装船提单和备运提单。已装船提单(on board B/L or shipping B/L)是指承运人将货物装上指定的船只后签发的,并注明载货船舶名称和装货日期的提单;备运提单(received for shipping B/L)是指承运人收到托运的货物后,在待装船期间签发给托运人的提单,其上无装船日期和载货船名。银行在办理货款结算时,不接受备运提单。

第二类是清洁提单和不清洁提单。清洁提单(clean B/L)是指货物在装船时表面状况良好,承运人在签发提单上未加任何货损、包装不良或者其他有碍结汇的批注的提单;不清洁提单(unclean B/L or foul B/L)是指承运人在签发提单上注明货物或者包装有缺陷等批注的提单。银行在办理货款结算时,不接受不清洁提单。

 案例分析

大连粮油进出口公司与日本野岛商社签订了一份大豆销售确认书,规定采用麻袋包装。该公司的供应商在包装过程中发现麻袋不够整批货物的包装,因装船时间紧,就用旧麻袋进行包装。货物装船后,理货员在装货单上批注"货物部分包装是旧麻袋",船长在签发的提单上也注明了这个批注。

请你从学习者的视角,对该批注的现象进行分析,确定其是否会构成不清洁提单。

第三类是记名提单、不记名提单和指示提单。记名提单（straight B/L）是指在收货人栏里内写明收货人的具体名称，不能通过背书进行转让的提单；不记名提单（blank B/L or open B/L）是指收货栏内留空，其不需任何背书即可转让的提单；指示提单（order B/L）是指收货人一栏内填写"凭指定""凭发货人指定"等字样，可通过空白背书或者记名背书进行转让的提单。空白背书是指背书人在提单背面签名，注明背书日期；记名背书是指背书人除了在提单背面签名，还列明被背书人名称。由于指示提单具有流通性和安全性的特点，它在实际业务中使用最多。

第四类是直达提单、转船提单和联运提单。直达提单（direct B/L）是指装载出口货物船只直接驶往目的港所签发的提单；转船提单（transshipment B/L）是指载运货物需经过中途转船才能到达目的港，由承运人在装运港签发的全程提单；联运提单（through B/L）是指货物需要经过海运和其他运输方式联合运输才能到达目的港，由第一承运人签发，在目的港或者目的地凭以提货的提单。

第五类是全式提单和略式提单。全式提单（long form B/L）是指提单背面列有承运人、托运人权利和义务的详细提单；略式提单（short form B/L）是指提单背面无条款，而只列出正面内容的提单。略式提单具有全式提单的同等法律效力，仅仅是提单内容的繁简而异。

第六类是正本提单和副本提单。正本提单（original B/L）是指提单上标有"正本"的字样，由承运人、船长或者其代理人签名盖章，并注明签发日期的提单；副本提单（copy B/L）是指提单上没有承运人、船长或者其代理人签字盖章，也无"正本"字样的提单。银行在办理货款结算时，不接受副本提单。

第七类是预借提单、倒签提单、顺签提单和过期提单。预借提单（advanced B/L）是指信用证规定装运期和结汇期到期而货物因故未能及时装船，但已在承运人掌握之下或者已开始装船，由托运人出具保函要求承运人预借的提单；倒签提单（anti-date B/L）是指承运人应托运人的要求在货物装船后，提单签发的日期早于实际装船完毕日期的提单；顺签提单（post-date B/L）是指货物装船后，承运人或者船代应货主的要求以晚于该票货物实际装船完毕的日期作为提单签发日期的提单；过期提单（stale B/L）是指出口商在货物出运后延滞过久才交到银行议付或者收款的提单。根据国际惯例，凡在提单签发后21天才向银行提交的提单均属于过期提单，银行对该提单予以拒收。

第八类是纸质提单和电子提单：纸质提单（paper B/L）是指通过纸的载体所呈现的提单，即传统提单；电子提单（electronic B/L）是将纸面提单的全部内容以电子形式进行传递的电子数据提单。

2. 海运单

海运单（sea waybill，ocean waybill）是指证明海上货物运输合同和承运人接收货物或者已将货物装船的不可转让的单证。

1）海运单的作用

海运单的作用有两个方面：一是作为承运人接管货物或货物已装船的货物收据；二是作为承运人与托运人之间订立海上货物运输合同的证明。海运单不是物权凭证，不能转让。

2）海运单的内容

海运单印有"不可转让"的字样，其他正面内容与提单的大致相同。海运单在背面订有的内容包括：托运人定义条款，承运人责任、义务与免责条款，装货、卸货与交货条款，运费及其他费用条款,留置权条款,共同海损条款,双方有责碰撞条款,首要条款,法律适用条款等。

3)海运单的使用

海运单通常的使用范围有三种情形:一是用于跨国总公司与分公司或相关子公司之间的业务;二是用于关系密切的伙伴贸易之间的业务;三是用于货物先到而提单未到的短途海运业务。

(三)国际海洋货物运输条款

1. 装运条款的拟定

装运条款的拟定主要是对装运时间、装运港、目的港、分批装运、转运等内容做出具体的规定。

1)装运时间

装运时间(time of shipment)是指卖方将合同规定的货物装上运输工具或者交给承运人的期限。其规定方法有两种:一是明确规定具体的装运时间,如装运期不迟于 5 月 31 日;二是规定收到信用证后若干天装运,如收到信用证后 30 日内装运。

2)装运港和目的港

装运港(port of shipment)是指货物起始装运的港口。目的港(port of destination)是指最终卸货的港口。装运港和目的港通常只规定一个,且应明确港口的具体名称。

3)分批装运和转船

分批装运(partial shipment)是指一个合同项下的货物,分成若干批装于不同航次船只而进行的运输。同一船只、同一航线中多次装运的货物,即使提单注明不同的日期和装运港,只要目的港相同,不视作分批装运。转船(transshipment)是指货物装船后在中途港换装其他船舶至目的港的运输方式。货物中途转船将增加运输费用,还有容易导致货损货差的现象。

 案例分析

上海丽达进出口公司对日本板栗商社出口 10 万公吨大豆,合同或信用证规定不准分批装运。由于大豆在不同产地,该公司在规定的装运期限内,分别在大连、新港各装 5 万公吨于同一航次的"奋发"号船上,提单上装运地和装运日各栏内分别注明了大连、新港和不同的装运日期。

请你从学习者的视角分析,这是否会构成分批装运? 为什么?

2. 订立国际海洋货物运输条款注意事项

1)关于装运时间

装运时间应注意三个方面的问题:一是运输应考虑货源和船源的实际情况,避免造成有船无货或者有货无船的现象;二是装运时间的规定既要明确,又不能规定太死,还要考虑装运时间和开证日期的衔接;三是应注意商品的性质、特点和交货的季节性,避免商品变质和某些国家或者地区的冰冻期等。

2)关于装运港和目的港

装运港和目的港应注意三个方面的问题:一是选择接近货源地的对外贸易港口作为装运港;二是不接受我国政府不允许往来的目的港口;三是对国外港口名称的规定要具体、明确,避免诸如"欧洲主要港口"、重名港口的现象。

3）关于装运通知

为了互相配合,明确双方的责任,共同做好车、船、货的衔接工作,进、出口双方都要承担互相通知的义务。按照国际贸易的惯例,在 FOB 条件下,出口商应在约定的装运期前,向进口商发出货物备妥通知,以便其及时派船接货。进口商接到通知后,应按约定的时间,将船名、船舶到港日期等通知出口商,以便其及时安排货物出运和准备装船。在 CIF、CFR、FOB 条件下,出口商在货物装船后,应当立即将合同号、货物名称、数量、重量、发票金额、船名和装载日期等项内容通知进口商,以便其做好各项准备并做好进口报关等手续。

二、国际航空货物运输

国际航空货物运输是指利用飞机或飞行器进行运输的一种运输方式。国际航空货物运输具有三个方面的特点:一是运货速度快,交货时间短,对于鲜活、易腐商品的运输,具有独特的优势;二是安全准时,货损、货差率非常低;三是可节省包装和储藏等费用。

（一）国际航空货物运输经营方式

国际航空货物运输分为班机运输、包机运输、集中托运和航空急件运送等方式。

1. 班机运输

班机运输(scheduled airline)是指在固定时间、固定航线、固定始发站和固定目的站的航空运输。班机通常使用客货混合型飞机,一些大的航空公司也开辟定期全货机航班的。班机运输适用于运送急需物品、鲜活商品和节令性商品。

2. 包机运输

包机(chartered carrier)是指包租整架飞机或由几个发货人联合包租一架飞机来运送货物。包机的形式有三种:一是整架包机,适用于运送数量较多的商品,费率比班机运输要低得多;二是部分包机,适用于多个发货人,运费较低,但时间较长。

3. 集中托运

集中托运(consolidation)是指航空运输公司把若干单独发运的货物组成一整批货物,用一份总运单并随附分运单以整批形式发运到预定目的地,到达目的地后再进行分拨交给各个收货人。集中托运的运费较低,一般比班机的运费低 7%～10%。

4. 航空急件运送

航空急件运送(air express service)是专门经营该业务的航空运输代理企业设专人,用最快的速度在货主、机场、用户之间传送急件的服务项目。其有三种方式:一是机场到机场,发货人在飞机始发站将货物交给航空公司,收货人到目的地机场取货;二是门到门服务,快件公司派专人到发货人办公室取货,货到目的地后由专人送交收货人手中;三是专人随机送货,由快件公司派专人把货送到收货人手中。航空急件运送适用于急需的药品、医疗器械、贵重物品、图纸资料、货样和单证等的传送。

（二）国际航空货物运输单据

1. 航空货运单

航空货运单(air waybill)是指承运人或其代理人签发的货运收据。它是承运人和托运人之间的运输合同。航空货运单不是物权凭证,收货人提货不是凭航空货运单,而是凭航空公司的提货通知单。

2. 航空货运单的种类

1）总运单

总运单(master air waybill)是指由航空公司签发给集中航空货运代理公司的单据。航空货运单的正面载有航线、日期、货物名称、数量、包装、价值、收货人名称与地址、发货人名称与地址、运杂费等项目,背面则印有托运人和承运人双方各自的责任、权利和义务等内容的条款。

2）分运单

分运单(house air waybill)是指由航空货运代理公司签发给托运人的运输单据。分运单在内容上与总运单基本相同,并具有同等的法律效力。

三、国际铁路货物运输

国际铁路货物运输是指利用铁路列车运送国际贸易货物的一种方式。铁路运输具有两个方面的特点:一是与海洋运输、航空运输相比,受气候条件的影响较少;二是比航空运输运量大,比海洋运输风险小。在内陆接壤国家间的国际贸易中,铁路运输占有着重要的地位。

国际铁路货物运输的运营方式有国际铁路货物联运和对港澳地区的铁路运输。

(一) 国际铁路货物联运

国际铁路货物联运(international railway through transport)是指在两个或者两个以上国家的铁路运送中,使用一份运送票据,并以连带责任办理货物的全程运送,在一国铁路向另一国铁路移交货物时无需收货人和发货人参加的一种铁路运输方式。其有以下三种方式。

1）国际货协成员国之间的铁路联运

为了加强社会主义国家间的经济合作和交流,对抗西方国家的经济封锁,苏联、波兰、民主德国、阿尔及利亚等 8 个国家于 1951 年 11 月在华沙签订了《国际铁路货物联合运输协定》(以下简称《国际货协》)。根据《国际货协》和《国际铁路货物联运协定办事细则》的规定,国际铁路货物联合运输是指两个以上缔约国之间的铁路运输。中国铁路于 1954 年 1 月加入《国际货协》,并根据该协定在 12 个成员国之间开展国际铁路联运。

2）国际货约成员国之间的铁路联运

1890 年,欧洲各国铁路代表在瑞士伯尔尼召开的国际铁路合作会议上通过了《国际铁路货物运送规则》,该规则于 1934 年改称为《国际铁路货物运送公约》(以下简称《国际货约》),并于 1980 年 5 月 9 日予以修订,正式成员国共有 49 个国家。根据《国际货约》的规定,国际铁路货物联合运输是指两个以上缔约国之间的铁路运输。

3）《国际货协》与《国际货约》之间成员国的运输

《国际货协》与《国际货约》之间成员国的运输操作流程为:从《国际货协》某成员国发货,使用国际铁路货协的联运单据,在货物运到最后一个《国际货协》某成员国国境时,由铁路边境站负责改换适当的联运票据继续转至终点站。

《国际货协》的运单是由《国际货协》统一制定的,共有五联。其主要作用有四个方面:一是发货人、收货人与铁路间缔结的运输合同;二是确认国际铁路货物联运铁路连带责任的依据;三是用于银行议付货款和收汇核销的必要单据;四是财务记账的原始凭证。

(二) 对我国港澳地区的铁路货物运输

对我国港澳地区的铁路货物运输属于国内铁路运输的范围,但与一般铁路货物运输不同,是由国内段铁路运输和港澳段铁路运输组成的两票运输。

1. 对香港铁路运输

1）出口货物运输

先由发货人按《国内铁路货物运送规程》的规定，由始发站运至深圳北站，交由深圳外运公司接货（不卸车），完成国内段运输；然后再由深圳外运公司代发货人与香港有关货运代理公司办理香港段运输。

2）进口货物运输

货在香港至罗湖桥为港段铁路运输；从深圳站至国内目的地为国内段铁路运输，由深圳外运公司接受香港承运人的委托向铁路办理托运手续。

2. 对澳门铁路运输

先将货物从发送地按国内铁路运输托运到广州，收货人为广东省外运公司；货到广州后，由省外运公司办理水路中转手续并将货物运至澳门，再由澳门南光集团运输部负责接货并转交收货人。

3. 港澳地区铁路承运货物收据

承运货物收据是指承运人出具的货物收据，承运人与托运人签订的运输契约，是收货人凭以提货的凭证（见图5-1）。我国内地通过铁路运往港、澳地区的出口货物，一般多委托中国对外贸易运输公司承办。当出口货物装车发运后，对外贸易运输公司即签发一份承运货物收据给托运人，作为对外办理结汇的凭证。

中国对外贸易运输公司上海分公司承运货物收据				
			运编号＿＿＿＿	
			发票号＿＿＿＿	
	第一联（提货）		合约号＿＿＿＿	
委运人：		收货人：		
		通知：		
自	至			
发运				
日期：	车号：			
装车				
标记	件数	货物名称	件数	附记
全程运费在上海付讫		请向下列地点接洽提货		
押汇银行签认：	收货人签认：	中国对外贸易运输公司上海分公司		

图5-1　承运货物收据

承运货物收据的格式及内容和海运提单基本相同,在正本的反面印有"承运简章",载明承运人的责任范围。

四、国际多式联运

国际多式联运(international multimodal transport)是指按照多式联运合同,以至少两种不同的运输方式,由多式联运经营人将货物从一国境内接管货物的地点运至另一国境内指定交付货物地点的运输方式。

(一)国际多式联运的特征

国际多式联运主要有以下六个方面的特征。

1. 一份多式联运合同

多式联运合同是指多式联运经营人凭其收取全程运费,使用两种或者两种以上不同运输工具,负责组织完成货物全程运输的合同。在多式联运中,无论实际运输有几个区段,也无论有几种不同运输方式,多式联运经营人与托运人只须订立一份多式联运合同(见图5-2)。

多式联运合同   编号:

　　甲　方:　　　　　　　　　　　乙　方:
　　邮编地址:　　　　　　　　　　邮编地址:
　　电话传真:　　　　　　　　　　电话传真:
　　银行账户:　　　　　　　　　　银行账户:

甲乙双方经过友好协商,就办理甲方货物多式联运事宜达成如下合同:

1. 甲方应保证如实提供货物名称、种类、包装、件数、重量、尺码等货物状况,由于甲方虚报给乙方或者第三方造成损失的,甲方应承担损失。

2. 甲方应按双方商定的费率在交付货物_____天之内将运费和相关费用付至乙方账户。甲方若未按约定支付费用,乙方有权滞留提单或者留置货物,进而依法处理货物以补偿损失。

3. 托运货物为特种货或者危险货时,甲方有义务向乙方做详细说明;未做说明或者说明不清的,由此造成乙方的损失由甲方承担。

4. 乙方应按约定将甲方委托的货物承运到指定地点,并应甲方的要求,签发联运提单。

5. 乙方自接货开始至交货为止,负责全程运输,对全程运输中乙方及其代理或者区段承运人的故意或者过失行为而给甲方造成的损失负赔偿责任。

6. 乙方对下列原因所造成的货物灭失和损坏不负责任:

(1)货物由甲方或者代理人装箱、计数或者封箱的,或者装于甲方的自备箱中。

(2)货物的自然特性和固有缺陷。

(3)海关、商检、承运人行使检查权所引起的货物损耗。

(4)天灾,包括自然灾害,例如但不限于雷电、台风、地震、洪水等,以及意外事故,例如但不限于火灾、爆炸、由于偶然因素造成的运输工具的碰撞等。

(5)战争或者武装冲突。

(6)抢劫、盗窃等人为因素造成的货物灭失或者损坏。

(7)甲方的过失造成的货物灭失或者损坏。

(8)罢工、停工或者乙方雇佣的工人劳动受到限制。

(9)检疫限制或者司法扣押。

(10)非由于乙方或者乙方的受雇人、代理人的过失造成的其他原因导致的货物灭失或者损坏,对于第(7)项免除责任以外的原因,乙方不负举证责任。

（续）

7. 货物的灭失或者损坏发生于多式联运的某一区段,乙方的责任和赔偿限额,应该适用该区段的法律规定。如果不能确定损坏发生区段的,应当使用调整海运区段的法律规定,不论是根据国际公约还是根据国内法。

8. 对于逾期支付的款项,甲方应按每日万分之五的比例向乙方支付违约金。

9. 由于甲方的原因(如未及时付清运费及其他费用而被乙方留置货物或者滞留单据或者提供单据迟延而造成货物运输延迟)所产生的损失由甲方自行承担。

10. 合同双方可以依据《合同法》的有关规定解除合同。

11. 乙方在运输甲方货物的过程中应尽心尽责,对于因乙方的过失而导致甲方遭受的损失和发生的费用承担责任,以上损失不包括货物因延迟等原因造成的经济损失。在任何情况下,乙方的赔偿责任都不应超出每件_____元人民币的责任限额。

12. 本合同项下发生的任何纠纷或者争议,应提交中国海事仲裁委员会,根据该会的仲裁规则进行仲裁。仲裁裁决是终局的,对双方都有约束力。本合同的订立、效力、解释、履行、争议的解决均适用中华人民共和国法律。

13. 本合同从甲乙双方签字盖章之日起生效,合同有效期至_____止。

14. 本合同正本一式_____份。

甲　方(盖章)：　　　　　　　　乙　方(盖章)：
法定代表人(签字)：　　　　　　法定代表人(签字)：
订约日期：　　　　　　　　　　订约日期：
订约地点：　　　　　　　　　　订约地点：

图 5-2　多式联运合同

2. 多式联运经营人对全程运输负责

多式联运经营人依据多式联运合同的有关规定,负责从接货地至交货地的全程运输,承担全程运输中的货物灭失或者损害或者延迟等赔偿。

3. 两种以上不同运输方式组成的连贯运输

多式联运是至少两种不同运输方式的连贯运输,如海铁联运、海陆联运、海空联运等。

4. 国际间的货物运输

多式联运所承运的货物必须是从一国境内接管货物的地点运至另一国境内指定交付货物的地点,有别于同一国境内采用不同运输方式组成的联合运输。

5. 一份多式联运单据

多式联运经营人在接管货物后签发多式联运单据,保证将货物运至另一国指定交付地,并将货物交付指明的收货人或者多式联运单据的持有人。

6. 单一的运费率

在多式联运中,尽管组成多式联运的各运输区段运费率不同,但托运人与多式联运经营人订立的多式联运全程中的运费率只有一种。

（二）国际多式联运单据

国际多式联运单据是指多式联运经营人收到货物的收据和凭以交付货物的凭证,是多式联运合同的证明。根据发货人的要求,多式联运单据可以做成可转让的,也可以做成不可转让的。多式联运单据如签发一套一份以上的正本单据,应注明份数,其中一份完成交货后,其余各份正本即失效。副本单据没有法律效力。

 **实例展示**

业务情境

上海立达进出口有限公司与日本高村商社签订了一份男式短裤销售确认书,双方就达成的装运时间、装运港、目的港、分批装运、转运等相关内容,在销售确认书的正文部分中用中文和英文两种文字拟定货物装运条款。

上海立达进出口有限公司创业团队根据我国《民法典》合同编的相关规定,参照其他进出口贸易公司的销售确认书的格式,用中文和英文两种文字拟定货物装运条款(见实例5-1)。

实例 5-1 销售确认书

上海立达进出口有限公司
SHANGHAI LIA IMP. & EXP. CO., LTD.
No.1 RENMIN ROAD SHANGHAI CHINA

TEL:021-65788811	**销 售 确 认 书**	S/C NO:2021039
FAX:021-65788812	**SALES CONFIRMATION**	DATE:May 2,2021

To Messrs:

TKAMRA TRADE CORPORATION

37 VICTORIA MACH, TOKYO JAPAN

下列签字双方同意按下列条款达成协议:

The undersigned sellers and buyers have agreed to close the following transaction as per terms and conditions stipulated below:

品名与规格 Commodity and Specification	数 量 Quantity	单 价 Unit price	金 额 Amount
MEN'S DRILL SHORTS 100% COTTON S、M、L、XL、XXL	12000PCS	CIF TOKYO USD6.50	USD78000.00

包 装: 每条装入一只纸盒,20条不同尺码与颜色装入一只出口纸箱;纸箱长宽尺寸不能超过60厘米、50厘米。

PACKING: Each piece in a box, 20 pieces into an export carton with assorted sizes and colors. Maximum size of export cartons:length 60cm, width 50cm.

唛 头: 主唛内容包括KKK、销售合同号、目的港和箱数;侧唛必须显示颜色、每箱件数、毛重和厂地。

MARKS: Shipping mark includes kkk s/c no., port of destination and carton number. Side mark must show the color, pieces per carton, gross weight and country of origin

装运港: 上海/SHANGHAI.
LOADING PORT:

目的港: 东京/ TOKYO
DESTINATION:

装运期限:2021 年 6 月 30 日前/ BEFORE JUNE 30,2021
TIME OF SHIPMENT:

分批装运: 不允许/ NOT ALLOWED
PARTIAL SHIPMENT:

（装运条款）

（续）

转　船：　不允许/ NOT ALLOWED	
TRANSSHIPMENT:	
付款条件：　即期信用证/ L/C AT SIGHT	
TERMS OF PAYMENT:	
一般条款：	
GENERAL TERMS:	

　　买方须于 2021 年 5 月 12 日前开出本批交易的信用证；否则，售方有权不经过通知取消本合同书，或向买方提出索赔。

　　The Buyer shall establish the covering Letter of Credit before May 12,2021 , falling which the Seller reserves the right to rescind without further notice, or to accept whole or any part of this Sales Contract non-fulfilled by the Buyer ,or ,to lodge claim for direct losses sustained, if any.

第二节　拟定国际货物运输保险条款

　　国际货物运输保险是指被保险人向保险人对运输过程中的货物投保适宜的险别，确定保险金额，缴纳保险费，由保险人对被保险货物遭遇承保责任范围内的损失给予经济补偿。国际货物运输保险是国际贸易活动中的一个重要环节，由于进、出口货物的交付要经过长时间的运输、装卸和存储，其间可能会遭受自然灾害或者意外风险，导致货物损坏或者灭失，为了保障货物在遭受损失时能得到经济上的补偿，贸易双方应当在国际贸易合同中订立国际货物运输保险条款。根据国际货物运输方式的不同，国际货物运输保险分为国际海洋货物运输保险、国际航空货物运输保险、国际陆上货物运输保险和国际邮包运输保险。

　　在国际贸易合同中，国际货物运输保险条款通常是以《中国保险条款》和《伦敦保险协会货物保险条款》为依据的。《中国保险条款》是由原中国人民保险公司制定的，其包括了《PICC 海洋货物运输保险条款》《PICC 航空货物运输保险条款》《PICC 陆上货物运输保险条款》和《PICC 邮包运输保险条款》，全面引用了《伦敦保险协会货物保险条款》的相关规定。《伦敦保险协会货物保险条款》是由英国伦敦保险协会（ICC）于 1912 年制定的，包括《ICC 海洋货物运输保险条款》和《ICC 航空货物运输保险条款》，在各国保险业具有广泛的影响，2/3 的国家直接采用或者根据该条款制定本国的货物运输保险条款。

一、国际海洋货物运输保险

（一）《PICC 海洋货物运输保险条款》

　　《PICC 海洋货物运输保险条款》对国际海洋货物运输保险承保的范围、险别、保险人与被保险人的权利义务等内容都做了明确具体的规定。

1. 国际海洋货物运输保险承保的范围

　　由于货物在海上运输或者海陆交接过程中，可能会遭受各种各样的风险和损失，对此，《PICC 海洋货物运输保险条款》对承保的范围以及赔偿责任都做了明确规定。

　　1）保险人承保的风险

　　海洋货物运输保险人所承保的风险可分为海上风险和外来风险。

　　（1）海上风险。海上风险（perils of the sea）又称海难，是指货物在海上运输过程中发生的风险，包括自然灾害和意外事故。其中，自然灾害（natural calamities）是指因恶劣气候、雷电、海啸、地震、洪水和火山爆发等原因所引起的人力不可抗拒的灾害；意外事故（fortuitous accidents)是指运输工具在运输过程中遭受搁浅、触礁、沉没、互撞、失踪、失火和爆炸等意外原因所造成的事故。

（2）外来风险。外来风险（extraneous risks）是指由于海上风险以外的其他外来原因引起的风险。其有两种现象：一是一般外来风险（general extraneous risks），是指被保险货物在运输途中由于一般外来原因造成的损失，如偷窃、雨淋、短量、沾污、渗漏、破碎、串味、受潮、锈损、钩损等导致的各种损失；二是特殊外来风险（special extraneous risks），是指由于国家的政策、法令、行政措施和军事等特殊外来原因所造成的风险与损失，如因战争、罢工等原因导致交货不到或者出口货物被有关当局拒绝进口而引起的损失。

2）保险人承保的损失

保险人承保的损失是海损（average）。海损是指被保险货物在海洋运输中因海上风险所造成的损坏或者灭失，也包括与海陆连接的陆上和内河运输中所发生的损坏或者灭失。海损根据货物的损失程度可分为全部损失和部分损失。

（1）全部损失。全部损失（total loss）简称全损，是指在运输中的整批货物，或者不可分割的一批货物的全部损失。全损分为两种形式：一是实际全损，是指被保险货物在运输途中完全损毁和灭失；二是推定全损，是指被保险货物在海运途中遭遇承保风险后，实际全损已不可避免，或者为了避免发生实际全损所需支付的费用与继续运至目的地的费用之和将超过保险价值。当发生推定全损的情况时，被保险人可以要求保险人按部分损失或者全部损失进行赔偿。如果按照全部损失赔偿，被保险人必须向保险人发出委付通知。所谓委付，是指被保险人表示愿意将保险标的的一切权利和义务移交给保险人，并要求保险人按全部损失赔偿的一种做法。委付必须经保险人同意后方能生效，如果被保险人不办理委付，保险人将给予部分损失的赔偿。

（2）部分损失。部分损失（partial loss）是指被保险货物没有达到全损程度的损失。部分损失根据其性质的不同可分为两种形式：一是共同海损，是指载货船舶在航行中遭遇自然灾害或者意外事故并威胁到船、货等共同安全时，船方为了解除这种威胁，有意识地采取了合理措施所做出的某些特殊的牺牲或者支出额外的费用；二是单独海损，是指共同海损以外的，仅由各受损者单独负担的部分损失。

共同海损的成立必须具备三个条件：第一，危险必须是实际存在或者不可避免的，且危及船、货共同安全；第二，所采取的措施必须是主动的、合理的；第三，所做出的牺牲是特殊性质的，支出的费用是额外的，且必须是有效的。

共同海损和单独海损虽然都属于部分损失，但两者有着明显的区别。具体表现为三个方面：一是造成海损的原因不同。共同海损是为了解除或者减轻船、货、运费三方的共同危险，采取主动行为所造成的损失，而单独海损是承保风险所直接导致货物损失。二是损失构成的内容有异。共同海损包括货物牺牲和因采取必要措施而引起的费用损失，而单独海损是指货物本身的损失；三是损失承担的责任有别。共同海损是由各受益方按受益大小的比例分摊损失，而单独海损则由受损方独自承担。

 案例分析

上海丽达进出口公司对日本板栗商社出口 10 万公吨大豆，装载于"奋发"号船，由于该船舶在运行中遭到雷击，引起 A 舱起火，船长下令灌水灭火。火虽被扑灭，但是 A 舱的

（续）

全部服装被火烧毁，并且因灌水使得该船的主机受损，必须雇用拖轮牵引至附近港口修理。

请你从学习者的视角分析，这些损失中哪些是共同海损？哪些是单独海损？为什么？

3）保险人承保的费用

被保险货物遭遇保险责任范围内的风险，除了货物本身遭受损失，还会产生因营救而支出的费用。保险人对这种费用也给予赔偿，其主要有施救费用和救助费用。

（1）施救费用。施救费用（sue and labour charges）是指被保险货物在遭遇保险责任范围内的自然灾害和意外事故时，被保险人或者其他代理人为抢救被保险货物，防止损失继续扩大所支出的合理费用。

（2）救助费用。救助费用（salvage charges）是指被保险货物遭受承保范围内的灾害事故时，由保险人和被保险人以外的无契约关系的第三者采取救助措施并且获救成功，被救方向施救者支付的费用。

2. 国际海洋货物运输保险的险别

险别是保险人的承保责任和被保险人缴纳保险费的依据。海洋运物运输保险的险别分为基本险和附加险，基本险可单独投保，附加险应在投保基本险的基础上才能加保。

1）基本险

《PICC海洋货物运输保险条款》规定的基本险别有以下三种。

（1）平安险。平安险（free from particular average，FPA）是承保责任的范围最小，所缴保险费较少的一种基本险别。《PICC海洋货物运输保险条款》规定，保险公司承担平安险的责任范围有以下八条：

第一条，被保险货物在运输途中由于恶劣气候、雷电、海啸、地震、洪水等自然灾害造成整批货物的实际全损或者推定全损。

第二条，由于运输工具遭受搁浅、沉没、触礁、互撞、与流冰或者其他物体碰撞以及失火、爆炸等意外事故造成货物的全部或者部分损失。

第三条，在运输工具已经发生搁浅、触礁、沉没、焚毁等意外事故的情况下，货物在此前后又在海上遭受恶劣气候、雷电、海啸所造成的部分损失。

第四条，在装卸或者转运时，被保险货物一件或数件整件落海所造成的全部或者部分损失。

第五条，被保险人对遭受承保责任内危险的货物采取抢救、防止或者减少货损的措施而支付的合理费用，但以不超过该批被救货物价值为限。

第六条，运输工具遭遇海难后，在避难港由于卸货所引起的损失，以及在中途港或者避难港因卸货、存仓和运送货物所产生的特别费用。

第七条，共同海损所引起的牺牲、分摊和救助费用。

第八条，如果运输契约订有"船舶互撞条款"，则按该条款规定应由货方偿还船方的损失。

（2）水渍险。水渍险（with particular average，WPA）的水渍险责任范围比平安险的较大，保险费率比平安险要高的一种基本险别。《PICC海洋货物运输保险条款》规定，保险公司承担包括平安险的各项责任，还负责被保险货物由于恶劣气候、雷电、海啸、地震、洪水等自然灾害造成的部分损失。

（3）一切险。一切险（all risks）是在基本险中责任范围最大、保险费率最高的一种基本险别。《PICC海洋货物运输保险条款》规定，保险公司承担包括平安险和水渍险的各项责任，还负责对被保险货物在海运途中因一般外来原因所造成的全部损失或者部分损失。

我国基本险别的承保责任起讫，采用国际保险业通用的"仓至仓"条款（warehouse to warehouse clause，W/W），即保险公司的保险责任自被保险货物离开保险单所载明的起运（港）地发货人的仓库开始，直至该货物到达保险单所载明的目的（港）地收货人的仓库或者被保险人用作分配时终止。如果被保险货物从船上卸下后，放在码头或者海关仓库，而没有运到收货人的仓库，保险责任仍继续有效，但最长负责到卸离海轮后60天为止。如果在此期间货物需转运至非保险单所载明的目的地时，则以开始转运时终止。

 案例分析

黑龙江粮油进出口公司与德国汉堡贸易公司签订一份小麦销售合同，双方约定的成交数量为10万公吨，采用CIF贸易术语。合同签订后，黑龙江粮油进出口公司向中国财产保险公司投保了平安险，支付保险费后取得了保险单。货到达了汉堡目的港并进行卸货后，存储在码头仓库并进行分类包装，准备销往其他食品加工企业。在码头包装期间，暴风雨突然来临，致使码头仓库进水，导致100多公吨未包装的小麦受损。于是，德国汉堡贸易公司持保险单，依据"仓至仓"条款向中国财产保险公司德国保险代理提出索赔。

请你从学习者的视角分析，德商能否得到保险公司的理赔？为什么？

2）附加险

《PICC海洋货物运输保险条款》规定的附加险有以下两种。

（1）一般附加险。一般附加险（general additional risk）是承保因一般外来风险所造成的全部或者部分损失。《PICC海洋货物运输保险条款》规定的一般附加险有以下十一条：

第一条，偷窃、提货不着险（theft，pilferage and non-delivery）是指承保被保险货物因偷窃行为所致的损失和整件提货不着等损失。保险公司负责按保险价值赔偿。

第二条，淡水雨淋险（fresh water and /or rain damage）是指承保被保险货物因遭受雨淋、雪溶或者其他原因的淡水所致的损失。保险公司负责对此赔偿。

第三条，短量险（risk of shortage）是指承保被保险货物的数量和实际重量短缺的损失。保险公司负责对此赔偿。

第四条，混杂、沾污险（risk of intermixture and contamination）是指承保货物在运输过程中，因混进杂质所造成的损失，或者因与其他物质接触而被沾污所造成的损失。保险公司负责对此赔偿。

第五条，渗漏险（risk of leakage）是指承保的液体物质和油类物质，如在运输过程中因容器损坏而引起的渗漏损失，或者用液体储藏的货物因液体的渗漏而引起货物的腐败、变质等损失。保险公司负责对此赔偿。

第六条，碰损、破碎险（risk of clash and breakage）是指保险公司对机械设备或者易碎性物质等承保货物，在运输途中因颠簸、挤压、装卸野蛮造成货物本身的碰损和破碎的损失。保险公司负责对此赔偿。

第七条，串味险(risk of odour)是指承保被保险货物因与其他异味货物混装，致使其品质受损所造成的损失。保险公司负责对此赔偿。

第八条，受热、受潮险(sweat and/or heat risks)是指承保货物在运输过程中，因气温突变或者因船上通风设备失灵致使船舱水气凝结、发潮、发热所造成的损失。保险公司负责对此赔偿。

第九条，钩损险(hook damage risks)是指承保货物在装卸过程中，因使用手钩、吊钩等工具所造成的损失，并对包装进行修补或者调换所支付的费用。保险公司负责对此赔偿。

第十条，包装破裂险(breakage of packing risks)是指承保货物在运输过程中，因装运或者装卸不慎致使包装破裂所造成的损失。保险公司负责对此赔偿。

第十一条，锈损险(risk of fust)是指承保货物在运输过程中，由于生锈所造成的损失。保险公司负责对此赔偿。

 案例分析

江西粮油进出口公司与韩国大隐株式会社签订了一份大米销售合同，约定交易数量8万公吨、价格 CIF 釜山每公吨 10 000 美元，投保险别为平安险＋淡水雨淋险＋罢工险。承担该批货轮的船舶在航行途中，因船上水管漏水，货物到达釜山港时致使 200 多公吨大米致损。

请你从学习者的视角分析，保险公司对该损失是否给予赔偿？为什么？

(2)特殊附加险。特殊附加险(special additional risk)是指承保由于特殊外来风险所造成的全部或者部分损失。《PICC 海洋货物运输保险条款》规定特殊附加险有以下八条：

第一条，战争险(war risk)是指承保因战争、类似战争行为和敌对行为、武装冲突或者海盗行为及由此引起的捕获、拘留、禁止和扣押所造成的损失，或者各种常规武器所造成的损失，以及由于上述原因引起的共同海损牺牲、分摊和救助费用。战争险的责任起讫是以水上危险为限，即自货物在起运港装上海轮或者驳船时开始，直到目的港卸离海轮或者驳船时为止。如果不卸离海轮或驳船，则从海轮到达目的地的当日午夜起算满 15 天，保险责任自行终止；如果在中途港转船，保险责任以海轮到达该港或者卸货地点的当日午夜起算满 15 天为止，如果再装上续运的海轮时，保险责任继续有效。

第二条，罢工险(strikes risk)是指承保货物因罢工者、被迫停工工人、参加工潮暴动和民变的人员采取行动，或者任何人的恶意行为所造成的直接损失，以及上述行为所引起的共同海损的牺牲、分摊和救助费用。保险公司负责对此赔偿。罢工险不包括罢工等行为的间接损失，其按战争险费率计收。按国际保险业惯例，如投保人投保战争险再加保罢工险，保险公司不再另增收保险费。罢工险的保险责任起讫，采取"仓至仓"条款。

第三条，交货不到险(failure to deliver risk)是指不论任何原因，从承保货物装上船舶开始，不能在预定抵达目的地的日期起 6 个月内交货的，保险公司负责按全损赔偿。

第四条，进口关税险(import duty risk)是指承保货物遭受保险责任范围以内的损失，而海关仍要求被保险人按完好货物价值完税时，保险公司对损失部分货物的进口关税负责赔偿。

第五条，拒收险(rejection risk)是指承保货物具备有效进口许可证的情况下，被进口国当局拒绝进口或者没收，按货物的保险价值负责赔偿。

第六条，舱面险(on deck cisk)是指承保货物存放舱面时，除了按保险单所载条款负责赔偿，还包括被抛弃或者被风浪冲击落水的损失。如果普通集装箱装在舱面，则视同舱内货物承保,货主不必加保舱面险。

第七条,黄曲霉素险(aflatoxin risk)是指承保险货物因所含黄曲霉素超过进口国的限制标准,被拒绝进口、没收或者强制改变用途而遭受的损失。

第八条,货物出口到香港(包括九龙)或澳门存仓火险责任扩展条款(fire risk extension clause for storage of cargo at destination Hongkong, including Kowloon, or Macao)是指承保货物运抵目的港香港(包括九龙在内)或者澳门卸离运输工具后,如果直接存放于保险单载明的过户银行所指定的仓库,该保险对存仓火险的责任至银行收回押款解除货物的权益为止,或者运输险责任终止时满30天为止。

 案例分析

> 江西粮油进出口公司与韩国大隐株式会社签订了一份大米销售合同。双方约定:交易数量为8万公吨,价格为CIF釜山每公吨10 000美元,投保险别为"平安险+淡水雨淋险+罢工险"。承运大米的货船到达釜山港时,恰逢港口工人罢工,港口工人卸下部分大米当作掩体,与警察发生对抗,导致损失严重损失。
>
> 请你从学习者的视角分析,被保险人能否向保险人对该损失提出赔偿?为什么?

3. 国际海洋货物运输保险的除外责任

除外责任是指保险人不承担赔偿的范围。其主要包括:一是被保险人的故意行为或者过失所造成的损失;二是属于发货人责任所引起的损失;三是在保险责任开始前,被保险货物已存在的品质不良或者数量短差的损失;四是被保险货物的自然损耗、本质缺陷、特性,以及市价跌落、运输延迟引起的损失或者费用;五是包括海洋运输货物战争险和罢工险所规定的除外责任。

(二)《ICC海洋货物运输保险条款》

《ICC海洋货物运输保险条款》规定的基本险有协会货物条款(A)[ICC(A)]、协会货物条款(B)[ICC(B)]和协会货物条款(C)[ICC(C)]三种,规定的附加险有协会战争险条款(货物)(Institute War Clause-Cargo)、协会罢工险条款(货物)(Institute Strikes Clause-Cargo)和恶意损坏条款(Malicious Damage Clause)三种。

1. PICC与ICC海洋货物运输保险条款的相似点

《PICC海洋货物运输保险条款》的一切险、水渍险和平安险与《ICC海洋货物运输保险条款》的ICC(A)、ICC(B)和ICC(C)在承保范围、除外责任、责任起讫和被保险人义务等方面总体上相似。

2. PICC与ICC海洋货物运输保险条款的不同点

PICC与ICC海洋货物运输保险条款的基本险有以下五个方面的不同。

1)承保范围不同

三个基本险的对比:一切险与ICC(A)相比,一切险的承保范围用"外来原因"界定,ICC(A)采用一切和列明除外责任予以界定;水渍险与ICC(B)条款相比,ICC(B)不包括海啸;平安险与ICC(C)相比,ICC(C)不包括恶劣气候、雷电、海啸、地震、洪水,在装卸或者转运时由于一件或者数件整件货物落海造成的全部或者部分损失。

2)除外责任不同

其有三个方面的表现:一是《PICC海洋货物运输保险条款》有"被保险人的故意行为和

过失"，《ICC 海洋货物运输保险条款》则为被保险人的蓄意恶行的损失；二是《PICC 海洋货物运输保险条款》有"发货人责任所引起的损失"和"保险开始前的短少和已存在的品质不良"的直接表述，《ICC 海洋货物运输保险条款》没有；三是《ICC 海洋货物运输保险条款》有"由于船舶所有人、经理人、租船人或经营人破产或者不履行债务造成的损失"和"被保险人或者其雇员在装载时知道的船舶不适航、不适货的情况"的表述，《PICC 海洋货物运输保险条款》没有。

3）责任起讫不同

《PICC 海洋货物运输保险条款》规定，由于被保险人无法控制的运输延迟、绕航等现象，其承保继续有效；《ICC 海洋货物运输保险条款》规定被保险人获知情况后及时通知保险人，并在必要时追加保费。

4）被保险人义务不同

其有三个方面的表现：一是《PICC 海洋货物运输保险条款》规定了被保险人在提货、检验、单证和保护追偿权利方面的责任和要求，《ICC 海洋货物运输保险条款》仅规定了被保险人减少损失和保护追偿权利的义务；二是《PICC 海洋货物运输保险条款》规定了遇到航程变更或者发现保险单所载明的货物、船名或航程有遗漏或者错误时，被保险人在获悉后应立即通知保险人并在必要时追加保费，《ICC 海洋货物运输保险条款》没有有关更改保险标的或者起运港、目的港的规定。

5）索赔时效不同

《PICC 海洋货物运输保险条款》规定从被保险货物在最后卸载港全部卸离海轮后起算，最多不超过 2 年；《ICC 海洋货物运输保险条款》规定，从卸货最后日期算起最多不超过 6 年。

二、国际航空货物运输保险

国际航空货物运输保险是在国际海洋运输货物保险基础上发展起来的，但是航空运输方式具有自己的特点，与国际海洋运输货物保险相比，在承保的险别与责任范围都有所不同。《PICC 航空货物运输保险条款》对航空货物运输保险承保的险别、保险人和被保险人的权利、义务等内容规定如下。

（一）国际航空货物运输保险的险别

国际航空货物运输保险的险别分为基本险和附加险，基本险可单独投保，附加险应当在投保基本险的基础上才能加保。

1. 基本险

《PICC 航空货物运输保险条款》规定的基本险别有以下两种。

1）航空运输险

航空运输险（air transportation risks）是指保险公司对承保险货物在运输途中遭受雷电、水灾、爆炸，或者由于飞机遭受恶劣气候，或者其他危难事故所造成的全部或者部分损失，并包括对保险责任范围的货物采取的抢救而支付的合理费用，但以不超过被救货物的保险金额为限。该险别的承保责任范围与海洋货物运输保险中的"水渍险"大致相同。

2）航空运输一切险

航空运输一切险（air transportation all risks）除了包括上述航空运输险的全部责任，对被保险货物在运输途中由于一般外来原因所造成的全部或者部分损失，由保险公司承担赔偿责任。

航空运输险和航空运输一切险的责任起讫也采用"仓至仓"条款。但与海洋货物运输保险"仓至仓"责任条款不同的是：如果货物运达目的地而未运抵收货人仓库或者储存处，则以被保险货物在最后卸载地卸离飞机后满 30 天，保险责任即告终止。如在上述 30 天内转运非保险单载明的目的地时，则以该转运起终止。

2. 附加险

1）航空运输货物战争险

航空运输货物战争险（air transportation cargo war risks）是由保险公司负责赔偿因战争、类似战争行为、敌对行为或者武装冲突，以及各种常规武器和炸弹所造成的货物损失。

2）航空运输货物罢工险

航空运输货物罢工险的责任范围与海洋运输罢工险的责任范围相同。

航空运输货物战争险的责任起讫，从被保险货物在启运地装上飞机时开始，直到到达目的地卸离飞机时为止。如果货物不卸离飞机，则以飞机抵达目的地当日午夜起算满 15 天为止。

 案例分析

> 浙江水产品进出口公司与日本大田株式会社签订了一批大闸蟹销售确认书，交易数量为 800 千克，价格为 CIP 大阪每千克 30 美元，投保了航空运输一切险＋战争险＋罢工险。承运该货物的飞机抵达大阪机场后恰遇机场工人举行大罢工，无人卸货，等到复工后，该批大闸蟹已有一半死掉。
>
> 请你从学习者的视角分析，被保险人能否向保险人获得相应的理赔？为什么？

（二）航空货物运输保险的除外责任

航空运输险和航空运输一切险的除外责任与海洋运输货物基本险的除外责任大致相同。航空运输货物战争险不包括原子弹或者热核武器所导致的损失。

（三）ICC 航空货物运输保险条款

1. 保险险别

《ICC 航空货物运输保险条款》规定的基本险有两种：一是航空运输险（air transportation risks）保险人应该对被保险货物在运输途中因遭受雷电、火灾、爆炸或者由于飞机遇难被抛弃，以及飞机发生碰撞、倾覆、坠落、失踪等意外事故所造成的全部或者部分损失承担补偿责任；二是航空运输一切险（air transportation all risks）保险人除了应该承担航空运输险中所包含的有关责任，还应该对被保险货物在运输途中因外来原因，如偷窃、短少、破碎、渗漏等造成的全部或者部分损失承担补偿责任。

2. 赔偿责任

《ICC 航空货物运输保险条款》规定保险人赔偿责任有两类：一是对每一飞机最高责任额的限额；二是每一次空灾事故总责任额的限额。

3. 除外责任

《ICC 航空货物运输保险条款》规定，因战争、罢工和下列原因所致的灭失、损毁或者费用均不负责：

（1）可归属于被保险人的故意或者违法行为的灭失、损毁或者费用。

（2）保险标的物的漏损、失重或者自然消耗。

（3）由于保险标的物的不良或者不良包装或者搭配引起的灭失。

（4）因运载工具对保险标的物的不安全运送原因所引起的灭失、损毁或者费用（仅限于被保险人或者其受雇人，对于保险标的物运载工具已不适合，并且已知情者）。

（5）保险标的物的固有瑕疵或者本质缺陷所引起的灭失、毁损或者费用。

（6）因延迟为近因所致的灭失、毁损或者费用。

（7）由于运输飞机的所有人、经理人、租用人或者营运人的破产或者债务所引起了灭失、毁损或者费用。

（8）任何使用原子、核子武器或者其他类似武器引起的保险标的物的灭失、毁损或者费用。

三、国际陆上货物运输保险

国际陆上货物运输保险是在国际海洋货物运输保险基础上发展起来的，但是与国际海洋运输货物保险相比，在承保的险别与责任范围都有所不同。《PICC 陆上货物运输保险条款》对国际陆上货物运输保险承保的险别、保险人和被保险人的权利、义务等内容规定如下。

（一）国际陆上货物运输保险的险别

国际陆上货物运输保险的险别分为基本险和附加险，基本险可单独投保，附加险应在投保基本险的基础上才能加保。

1. 基本险

《PICC 陆上货物运输保险条款》规定的基本险别有以下两种。

1）陆运险

陆运险（overland transportation risks）是指承保货物在运输途中遭受暴风、雷电、洪水、地震等自然灾害，或者由于陆上运输工具遭受碰撞、倾覆、出轨，或者在驳运过程中因驳运工具遭受搁浅、触礁、沉没、碰撞，或者由于隧道坍塌、崖崩、火灾、爆炸等意外事故所造成的全部或者部分损失，并包括被保险人对遭受承保责任范围内的货物采取抢救措施而支付的合理费用，由保险公司负责赔偿，但以不超过该批被救货物的保险金额为限。陆运险的承保责任范围大致与《PICC 海洋货物运输保险条款》中的"水渍险"相同。

2）陆运一切险

陆运一切险（overland transportation all risks）是指除了承担上述陆运险的赔偿责任，保险公司还负责赔偿承保货物在运输途中因外来原因所造成的短少、短量、偷窃、渗漏、碰损、破碎、钩损、雨淋、生锈、受潮、受热、发霉、串味、沾污等全部或者部分损失。陆运一切险的承保责任范围与《PICC 海洋货物运输保险条款》中的"一切险"相似。

2. 附加险

1）陆上运输冷藏货物险

陆上运输冷藏货物险（overland transportation insurance frozen products risks）是指除陆运险的承保范围，保险公司还负责赔偿由于冷藏机器或者隔温设备在运输途中损坏所造成的承保货物解冻而腐坏的损失。陆上运输冷藏货物险是陆上运输货物险中的专项保险，具有基本险的性质。

陆上运输冷藏货物险的责任起讫：从起运地冷藏库装入运输工具开始运输时生效，直到货物到达目的地收货人仓库为止，但最长保险责任的有效期限以被保险货物到达目的地车站后 10 天为限。

2）陆上运输货物战争险（火车）

陆上运输货物战争险（火车）（overland transportation cargo war risks"by train"）是指陆运货物保险的附加险，其承保在火车运输途中，因战争、类似战争和敌对行为、武装冲突所致的损失，以及各种常规武器所致的货物损失。

陆上运输货物战争险的责任起讫：自被保险货物装上保险单所载起运地火车时开始，到卸离保险单所载目的地火车时为止。若被保险货物不卸离火车，则以火车到达目的地的当日午夜起算，满 48 小时为止。

3）陆上运输货物罢工险（火车）

陆上运输货物罢工险（火车）的承保范围与《PICC 海洋货物运输保险条款》中的"罢工险"的责任范围相同。

（二）国际陆上货物运输保险的除外责任

陆运险和陆运一切险的责任范围仅以火车和汽车运输为限，其除外责任与《PICC 海洋货物运输保险条款》的除外责任相同。陆上运输冷藏货物险的除外责任是指因战争、罢工、运输延迟，或者在保险责任开始时，因包装不妥、冷冻不合格导致承保货物的腐坏或损失，保险公司不予以赔偿。陆上运输货物战争险（火车）承保责任范围，不包括敌对行为使用原子弹或者热核武器所造成的损失。

四、国际邮包运输保险

国际邮包运输保险是指在国际海洋货物运输保险、国际航空货物运输保险和国际陆上运输货物运输保险的基础上发展起来的险种。它兼顾了该三种保险的特征。《PICC 邮包运输保险条款》对国际邮包运输保险承保的险别、保险人和被保险人的权利、义务等内容规定如下。

（一）国际邮包运输保险的险别

国际邮包运输保险的险别分为基本险和附加险。其中，基本险可单独投保；附加险应在投保基本险的基础上才能加保。

1. 基本险

《PICC 邮包运输保险条款》规定的基本险别有以下两种。

1）邮包险

邮包险（parcel post risks）是指保险公司对承保的邮包在运输途中，由于遭受恶劣气候、雷电、海啸、地震、洪水等自然灾害，或者由于运输工具搁浅、触礁、沉没、碰撞、出轨、坠落、失踪，或者由于失火和爆炸等意外事故所造成的全部或者部分损失负责理赔，并包括对遭受承保责任内的邮包所采取的抢救措施而支付的合理费用，但以不超过该批邮包的保险金额为限。

2）邮包一切险

邮包一切险（parcel post all risks）是指保险公司承保除了包括上述邮包险的全部责任，还负责赔偿被保险的邮包在运输途中因外来原因造成的全部或者部分损失。

邮包险和邮包一切险的保险责任起讫的范围，自被保险邮包离开保险单所载明的起运地点、寄件人的处所运往邮局时开始生效，直至该项邮包运达保险单所载明的目的地邮局，自邮局发出通知书给收货人当日午夜起算满 15 天为止，如在期限内邮包一经递交至收件人的处所起，保险责任即告终止。

2. 附加险

1）邮包战争险

邮包战争险（parcel post war risks）是指保险公司承保在邮包运输途中，因战争、类似战争和敌对行为、武装冲突所致的损失，以及各种常规武器所致的货物损失。

邮包战争险的保险责任起讫范围，自被保险邮包经邮局收讫后自储存处所开始运送时生效，直至该项邮包运达保险单所载明的目的地邮局送交收件人为止。

2）邮包罢工险

邮包罢工险（parcel post strike risks）的责任范围与《PICC 海洋货物运输保险条款》中的"罢工险"的责任范围相同。

（二）邮包运输保险的除外责任

邮包险和邮包一切险的除外责任范围包括对因战争、敌对行为、武装冲突和罢工所致的损失，以及由于运输延迟导致货物缺陷，或者由被保险人的故意、过失所造成的损失不负责赔偿。邮包战争险不负责赔偿使用原子弹或者热核武器所造成的损失和费用。

五、国际货物运输保险条款

（一）保险条款的拟定

保险条款的拟定，主要是对投保险别、投保金额、保险费、保险单据和保险适用的条款等内容做出具体的规定。

1. 确定险别

投保人应根据进出口货物的性质、包装、运输、装载、季节和气候等具体情况，既要使货物得到有效的保障，又要关注保险费用的高低。选择险别的基本方法有以下三个方面：

（1）根据进出口货物的实际情况选择一种基本险别，一般投保平安险。保险人对平安险的承保责任范围最小，因而保险费率也最低。

（2）根据货物的物理属性或者自然属性选择加保一般附加险。例如，茶叶一定要加保串味险，新鲜蔬菜可加保受潮受热险或者短量险，化妆品可加保串味险和其他有关附加险。

（3）根据国际政治形势，特别要考虑到贸易伙伴的地区局势，如贸易进口国或者途经的航线有战争、敌对行为、武装冲突或者罢工等情况，可加保战争险和罢工险。

2. 投保金额

投保金额（insured amount）又称保险金额，是指被保险人对保险标的实际投保金额，也是保险人承担的最高赔偿及计收保险费的基础。投保人在办理货物运输保险时，应向保险人申报投保金额。按《INCOTERMS 2000》和《UCP600》规定，卖方有义务按 CIF 或者 CIP 价格的总值另加 10% 作为投保金额。投保金额的计算公式如下：

$$投保金额 = CIF（或者 CIP）总值 \times (1 + 保险加成率)$$

3. 保险费

保险费（insurance premiums）是指被保险人在投保时缴纳给保险人的金额。它是被保险人获得损失赔偿权利的对价，也是保险人经营业务的基本收入。保险人收取保险费，一般采取保险费率表的形式，按照既定的标准计收保险费。保险费的计算公式如下：

$$保险费 = 保险金额 \times 保险费率$$

【例 5-1】上海服装进出口公司与日商签订一份全棉男式衬衫销售合同。合同规定的价格为 CIF 大阪每件 20 美元,成交数量为 100 000 件,按发票金额加一成投保一切险、战争险和罢工险,保险费率别为 1‰与 0.2‰。请计算该批货物的保险费。

解: 保险费＝2 200 000×(1‰＋0.2‰)

＝26 400(美元)

4. 保险单据

保险单(insurance policy)又称大保单,是保险人签发的正式凭证,是保险契约成立的重要证明(见图 5-3)。保险单正面内容包括被保险人名称、保险货物名称、数量、包装及标志、运输工具名称、投保险别、保险起讫地点、开航日期等内容。保险单背面印就保险条款,包括保险人的责任范围和除外责任,以及保险人与被保险人各自的权利、义务等详细内容。

中保财产保险有限公司
The People's Insurance (Property) Company of China, Ltd.

发票号码 Invoice No.	保险单号次 Policy No.

海 洋 货 物 运 输 保 险 单
MARINE CARGO TRANSPORTATION INSURANCE POLICY

被保险人
Insured: ....

中保财产保险有限公司(以下简称本公司)根据被保险人的要求,及其所缴付约定的保险费,按照本保险单承担的险别和背面所载条款与下列特别条款承保下列货物运输保险,特签发本保险单。

This policy of Insurance witnesses that The People's Insurance (Property) Company of China, Ltd. (hereinafter called "The Company"), at the request of the Insured and consideration of the premium paid by the Insures, undertakes to insure the under-mentioned goods in transportation subject to the condition of this Policy as per the Clauses printed overleaf and other special clauses attached hereon.

保险货物项目 Descriptions of Goods	包装 Parking	单位 Unit	数量 Quantity	保险金额 Amount Insured

承保险别　　　　　　　　　　　　　　　　货物标记
Condition　　　　　　　　　　　　　　　　Marks of Goods

总 保 险 金 额:
Total Amount Insured: ....

保费　　　As arranged Premium	运输工具 Per conveyance S. S	开航日期: Slg. On or abt

起运港　　　　　　　　　　　　　目的港
From　　　　　　　　　　　　　　To

所保货物,如发生本保险单项下可能引起索赔的损失或损坏,应立即通知本公司下述代理人查勘。如有索赔,应向本公司提交保险单正本(本保险单共有　　份正本)及有关文件。如一份正本已用于索赔,其余正本则自动失效。

In the event of loss or damage which may result in a claim under this Policy, immediate notice must be given to the Company's Agent as mentioned hereunder. Claims, if any, one of the Original Policy which has been issued in　　Original (s) together with the relevant documents shall be surrendered to the Company, If one of the Original Policy has been accomplished, the others to be void.

中保财产保险有限公司
THE PEOPLE'S INSURANCE (PROPERTY) COMPANY OF CHINA, LTD.

赔款偿付地点
Claim payable at ....

日期 Date	在 at	General Manager:

地址:
Address:

图 5-3　保险单

5. 保险凭证

保险凭证(insurance certificate)又称小保单,是指表示保险公司已接受承保的一种证明文件。它是一种略式保险单。保险凭证仅载明被保险人名称、被保险货物的名称、数量、包装及标志、船名、航程、开船日期、投保险别、保险期限和保险金额等基本内容,对保险人与被保险人的权利、义务则予以省略,但仍以保险单的保险条款为准,法律效力相当。

保险单或者其他保险凭证是出口商向银行议付货款所必备的单证之一。在国际贸易中,保险单可通过背书将投保人在保险单下的一切权益转移给被背书人。保险单证的背书有空白背书和指示背书两种,投保人究竟采取哪一种,应视买卖合同或者信用证的具体要求而定。

在保险人出立保险单之后,被保险人如果需要更改险别、运输工具名称、航程和保险金额等,应向保险人或者其授权的代理人提出申请。保险人或其授权的代理人如接受这项申请,应立即出立批单(endorsement),作为保险单的组成部分。此后,保险人应按批单的内容负责。

(二)订立国际货物运输保险条款的注意事项

其注意事项主要有五个方面:一是应当明确按照中国保险条款或者英国伦敦保险协会的货物保险条款进行投保;二是应当根据货物的性质和特点选择基本险或者附加险;三是应当明确投保加成率,并说明由此而产生的保险费由买方负担;四是应当按照合同或者信用证规定确定保险单或者保险凭证;五是保险单所采用的币种通常应与发票币种一致。

 **实例展示**

业务情境

上海立达进出口有限公司与日本高村商社签订了一份男式短裤销售确认书,就达成的依据《ICC海洋货物运输保险条款》投保的险别、投保金额、投保加成率等相关内容,在销售确认书的正文部分中用中文和英文两种文字拟定货物运输保险条款。

上海立达进出口有限公司创业团队根据我国《民法典》合同编的相关规定,参照其他进出口贸易公司的销售确认书的格式,用中文和英文两种文字拟定货物运输保险条款(见实例5-2)。

实例5-2　　　　　　　　　销售确认书

上海立达进出口有限公司
SHANGHAI LIDA IMP. & EXP. CO., LTD.
No. 1 RENMIN ROAD SHANGHAI CHINA

TEL:021-65788811	**销售确认书**	S/C NO:2021039
FAX:021-65788812	**SALES CONFIRMATION**	DATE:May 2,2021

To Messrs:

　　　　TKAMRA TRADE CORPORATION
　　　　37 VICTORIA MACH, TOKYO JAPAN

下列签字双方同意按下列条款达成协议:

The undersigned sellers and buyers have agreed to close the following transaction as per terms and conditions stipulated below:

（续）

品名与规格 Commodity and Specification	数量 Quantity	单价 Unit price	金额 Amount
MEN'S DRILL SHORTS 100% COTTON S,M,L,XL,XXL	12000PCS	CIF TOKYO USD6.50	USD78000.00

包　　装：每条装入一只纸盒,20 条不同尺码与颜色装入一只出口纸箱;纸箱长宽尺寸不能超过 60 厘米、50 厘米。

PACKING：Each piece in a box, 20 pieces into an export carton with assorted sizes and colors. Maximum size of export cartons：length 60cm，width 50cm.

唛　　头：主唛内容包括 KKK、销售合同号、目的港和箱数;侧唛必须显示颜色、每箱件数、毛重和厂地。

MARKS：Shipping mark includes kkk s/c no., port of destination and carton number. Side mark must show the color, pieces per carton, gross weight and country of origin.

装运港：上海/SHANGHAI.

LOADING PORT：

目的港：东京/ TOKYO

DESTINATION：

装运期限:2021 年 6 月 30 日前/ BEFORE JUNE 30,2021

TIME OF SHIPMENT：

分批装运:不允许/ NOT ALLOWED

PARTIAL SHIPMENT：

转　　船:不允许/ NOT ALLOWED

TRANSSHIPMENT：

装运条款

保　　险：按发票金额 110%投保 2009 年 1 月 1 日实行的海洋货物运输保险条款中的一切险/

INSURANCE：FOR 110 PERSENT OF INVOICE VALUE COVERING ALL RISKS AS PER OCEAN MARINE CARGO CLAUSES OF THE DATED 1/1,2009.

付款条件：即期信用证/ L/C AT SIGHT

TERMS OF PAYMENT：

一般条款：

GENERAL TERMS：

　　买方须于 2021 年 5 月 12 日前开出本批交易的信用证,否则,售方有权不经过通知取消本合同书,或向买方提出索赔。

　　The Buyer shall establish the covering Letter of Credit before Oct. 12,2019，falling which the Seller reserves the right to rescind without further notice, or to accept whole or any part of this Sales Contract non-fulfilled by the Buyer ,or ,to lodge claim for direct losses sustained，if any.

　　凡以 CIF 条件成交的业务,保额为发票价的 110%,投保险别以售货合同书中所开列的为限,买方如果要求增加保额或保险范围,应于装船前经卖方同意,因此而增加的保险费由买方负责。

　　For transactions conclude on C.I.F basis, it is understood that the insurance amount will be for 110% of the invoice value against the risks specified in Sales Confirmation. If additional insurance amount or coverage is required，the buyer must have consent of the Seller before Shipment，and the additional premium is to be borne by the Buyer.

案例思政

伊朗海军舰队驰援　中国籍巨轮解危

【案例简介】

　　一艘长约 285 米、宽约 42 米,装载着几百亿元人民币的出口货物的中国籍巨轮,在某年 9 月行驶到亚丁湾时,突然被 6 艘海盗武装船只包围。当船上人员通过卫星电话求救时,我国离该巨轮最近的舰队正在护送另一艘商船,要赶到突发地需要一段时间,救援无望。正在绝望的时候,该巨轮被在附近海域执行任务的伊朗海军舰队发现,其立即主动向中国籍巨轮靠拢进行解救。6 艘武装海盗船发现伊朗海军舰队正全副武装地向其靠近,知道其是前来解救中国籍巨轮的,马上企图掉头逃跑。此时,伊朗海军舰队呼叫周围正在巡航的另外几艘战舰,对这 6 艘海盗船进行包围,共抓获了 30 多名海盗。伊朗海军舰队的仗义出手,帮助中国籍巨轮解决了危机,保障了该巨轮上托运人或者收货人的经济利益,维护了中国船公司的良好印象。

【案例思政】

　　中国和伊朗拥有 2 000 多年的友好交往历史,为推动古丝绸之路沿线的友好合作做出了重要贡献,促进了世界贸易的发展和便利化。两国于 1971 年 8 月 16 日建交,双方在政治、经济、文化、国防等领域的合作取得了丰硕成果。2016 年 1 月,习近平主席对伊朗进行国事访问。2018 年 6 月,伊朗总统鲁哈尼来华出席上合组织青岛峰会并进行工作访问,两国建立了全面战略伙伴关系。伊方支持中方提出的丝绸之路经济带和 21 世纪海上丝绸之路的倡议,双方扩大在交通运输、铁路、港口、能源、贸易和服务业等领域的合作,加强在打击非法越境、商品走私、毒品及易制毒化学品走私、网络犯罪、跨国犯罪、有组织犯罪等领域的沟通与合作。

复习与思考

一、单项选择题

1. 运送急需物品、鲜活商品和节令性商品通常选择(　　　)。

A. 班机货物运输　　　　　　　　　　B. 包机货物运输

C. 集中托运　　　　　　　　　　　　D. 航空急件运送

2. 急需药品、医疗器械、贵重物品、图纸资料、货样及单证等通常选择(　　　)。

A. 班机货物运输　　　　　　　　　　B. 包机货物运输

C. 集中托运　　　　　　　　　　　　D. 航空急件运送

3. 办理国际货物运输保险后遭遇承保责任范围内的损失,保险公司给予(　　　)。

A. 相应补偿　　　　　　　　　　　　B. 精神补偿

C. 经济补偿　　　　　　　　　　　　D. 物质补偿

4. 装运港船上交货的英语译文是(　　　)。

A. cost and freight   B. free on board

C. cost，insurance and freight   D. insurance and freight

5.《ICC 海洋货物运输保险条款》规定的索赔时效为（　　）年。

A. 2   B. 6

C. 4   D. 8

6. 下列各项中，不属于意外事故的现象是（　　）。

A. 搁浅、沉没   B. 触礁、互撞

C. 失火、爆炸   D. 雷电、海啸

7. 下列各项中，不属于一般外来风险的现象是（　　）。

A. 偷窃、短量   B. 雨淋、渗漏、受潮

C. 罢工、战争   D. 锈损、钩损

8. （　　）是指被保险货物在运输途中完全损毁和灭失。

A. 推定全损   B. 认定全损

C. 实际全损   D. 鉴定全损

9. 下列各项中，不属于一般附加险范围的是（　　）。

A. 战争险、罢工险   B. 偷窃、提货不着险

C. 淡水雨淋险、渗漏险   D. 碰损破碎险、包装破裂险、锈损险

10. 下列各项中，不属于特别附加险范围的是（　　）。

A. 舱面货物险   B. 提货不着险

C. 交货不到险   D. 进口关税险

11. 在 CIF 和 CFR 的条件下，海运费付款的方式是（　　）。

A. 预付   B. 到付

C. 预付或到付   D. 以上都不正确

12. 根据 UCP600 规定，保险金额按 CIF 发票总值（　　）的金额填写。

A. 110%   B. 100%

C. 90%   D. 120%

二、多项选择题

1. 海洋货物运输方式有（　　）。

A. 航空运输   B. 公路运输

C. 班轮运输   D. 租船运输

2. 航空货物运输方式有（　　）。

A. 班机货物运输   B. 包机货物运输

C. 集中托运   D. 航空急件运送

3. 航空急件运送方式有（　　）。

A. 机场到机场   B. 门到门

C. 专人随机送货   D. 机场到门

4. 我国对外贸易铁路运输的运营方式有（　　）。

A. 集装箱铁路货运   B. 国际铁路货物联运

C. 对港澳地区的铁路运输   D. 班车铁路货运

5. 国际货物运输条款通常包括(　　)。

A. 装运时间

B. 装运港(地)与目的港(地)

C. 分批装运与转运

D. 装运通知

6.《中国保险条款》分为(　　)。

A.《PICC 海洋货物运输保险条款》

B.《PICC 陆上货物运输保险条款》

C.《PICC 航空货物运输保险条款》

D.《PICC 邮包运输保险条款》

7. 海上风险包括(　　)。

A. 自然灾害

B. 意外事故

C. 一般外来风险

D. 特殊外来风险

8. 保险人承保的损失根据其损失程度可分为(　　)。

A. 实际全损

B. 推定全损

C. 全部损失

D. 部分损失

9. 部分损失是指被保险货物没有达到全损程度的损失,按其性质可分为(　　)。

A. 实际海损

B. 共同海损

C. 单独海损

D. 推定海损

10. 海洋运输保险基本险别包括(　　)。

A. 平安险

B. 水渍险

C. 一切险

D. 附加险

11. 航空货物运输保险基本险包括(　　)。

A. 航空运输险

B. 航空运输一切险

C. 航空运输货物战争险

D. 航空运输货物罢工险

12. 陆上货物运输保险基本险包括(　　)。

A. 陆运险

B. 陆运一切险

C. 陆上运输冷藏货物险

D. 陆上运输货物罢工险

13. 国际货物运输保险条款通常包括(　　)等内容。

A. 投保金额

B. 投保险别

C. 保险费

D. 保险单证

三、判断题

1. 保险人承保的损失是指被保险货物在海洋运输中因海上风险所造成的损坏或者灭失,不包括海陆连接的陆上的损坏或者灭失。 (　　)

2. 国际多式联运必须是两种或者两种以上不同的运输方式。 (　　)

3. 全部损失是指在运输中的整批货物的灭失。 (　　)

4. 单独海损是指除共同海损以外的部分损失。 (　　)

5. 保险公司对被保险货物遭遇保险责任范围内的损失及因营救而支出的施救费用和救助费用给予理赔。 (　　)

6. 基本险可单独投保。 (　　)

7. 附加险不能单独投保。 (　　)

8. 投保人在投保航空运输险的基础上可加保航空运输货物罢工险。 (　　)

9. 投保人在投保水渍险的基础上可保加平安险。 (　　)

10. 投保人在投保航空运输一切险的基础上可加保航空运输险。 （　　）

11. 投保人在投保邮包一切险的基础上可加保邮包战争险。 （　　）

12. 投保人在投保邮包一切险的基础上可加保邮包险。 （　　）

13. 保险公司赔偿被保险邮包的金额是以保险金额为限的。 （　　）

四、简答题

1. 简述国际海洋货物运输条款的基本内容。

2. 简述保险除外责任的范围。

3. 简述《PICC 海洋货物运输保险条款》与《ICC 海洋货物运输保险条款》的区别。

4. 简述拟定国际货物运输保险条款应注意的问题。

五、案例分析题

中国厦门三乐进出口公司与法国巴黎有限公司签订了一份芦笋罐头销售确认书,约定数量为 20 000 箱,价格为每箱 15.50 美元 FOB 厦门,采用信用证方式支付,收到信用证后 15 天内发货。销售确认书订立之后,法国巴黎有限公司致电中国厦门三乐进出口公司代其以发票金额 110% 投保至法国马赛的一切险。中国厦门三乐进出口公司收到法国巴黎有限公司开来的信用证及派船通知后,按法国巴黎有限公司的要求代其向 A 保险公司投保,保险单载明被保险人为法国巴黎有限公司,起运地为供货厂商地址龙岩市,目的港为法国马赛。投保 3 天后,货物自龙岩市运往厦门港的途中发生了意外,致使 10% 的货物受损。事后,中国厦门三乐进出口公司以保险单中含有"仓至仓"条款为由,向 A 保险公司提出索赔要求,但遭到拒绝。中国厦门三乐进出口公司又请法国巴黎有限公司以其名义凭保险单向 A 保险公司提出索赔。

请分析,法国巴黎有限公司的索赔要求是否能得到法院的支持？为什么？

第六章 商品检验、免责、索赔与仲裁条款

 学习目标

◆ 了解进出口商品检验检疫机构、检验类型和检验检疫证书的种类。

◆ 熟悉仲裁机构的类型、仲裁协议的形式和仲裁流程。

◆ 明确不可抗力条款与国际贸易仲裁的主要作用。

◆ 掌握进出口商品检验与不可抗力、索赔与仲裁条款的基本内容及订立的要求。

本 章 概 要

本章包括四部分内容:第一部分为拟定商品检验条款,介绍了检验检疫机构的类型及职责、检验检疫的类型、检验的时间与地点、检验检疫证书的种类、检验条款的拟定和订立条款时的注意事项;第二部分为拟定不可抗力条款,介绍了不可抗力事件产生的原因、构成不可抗力事件的条件、不可抗力事件的处理、不可抗力条款的拟定和订立条款时的注意事项;第三部分为拟定索赔条款,介绍争议产生的原因、违约的性质、索赔条款的拟定和订立条款时的注意事项;第四部分为拟定国际商事仲裁条款,介绍了国际商事仲裁机构、国际商事仲裁员、国际商事仲裁协议、国际商事仲裁程序、国际商事仲裁裁决的承认与执行、国际商事仲裁条款的拟定和订立条款时的注意事项。

为了防止进出口双方当事人在履行合同时可能产生的争议或者违约现象,并使其能得到有效合理地解决,进出口双方当事人应当在国际贸易合同中订立商品检验、不可抗力、索赔和仲裁条款,以合同条款的法律形式加以规定。

第一节 拟定商品检验条款

出口商品能否顺利地交货履约,进口商能否得到符合合同规定的货物,以及发生问题时能否对外索赔挽回损失,这些都与合同的商品检验条款密切相关。为了规范进出口商品检

验行为,维护进口商、出口商的合法权益,当事人应当以《中华人民共和国进出口商品检验法》(以下简称《商检法》)等相关法律法规为依据。

一、检验检疫机构

我国 2018 年修订的《商检法》规定,国务院设立国家市场监督管理总局,主管全国进出口商品检验工作,在各地设进出口商品检验机构,管理所辖地区的进出口商品检验工作。根据第十三届全国人民代表大会第一次会议审议通过的国务院机构改革方案的要求,从 2018 年 4 月起,原国家质检总局出入境检验检疫管理的职责和队伍划入海关总署,各地设立进出口商品检验机构划入直属海关,统一负责本地区的进出口商品检验检疫和通关工作。

(一)检验检疫机构的类型

检验检疫机构可分为以下三种类型。

1. 官方检验检疫机构

官方检验检疫机构是指一国政府设立的专门检验检疫机构。例如,美国食品药物管理局(FDA)、罗马尼亚商品检验局、波兰的波尔卡哥检验所等均属于官方检验检疫机构。

2. 民间检验检疫机构

民间检验检疫机构是指一国某行业协会设立的检验检疫机构。例如,英国利物浦棉花协会、日本海事检定协会、瑞士通用公证行等均属于民间检验检疫机构。

3. 经营者自检部门

经营者自检部门是指外贸生产企业和进出口贸易公司设立的检验检疫部门。例如,上海进出口玩具有限公司检验检疫科负责对进出口玩具的检验检疫。

(二)检验检疫机构的职责

检验检疫机构的职责有以下三个方面。

1. 负责出入境卫生与动植物及其产品检验检疫

其包括三个方面工作:一是收集分析境外疫情,组织实施口岸处置措施,承担口岸突发公共卫生等应急事件的相关工作;二是对入出境人员、交通工具、集装箱、货物、行李、邮包、尸体骸骨、特殊物品等实施卫生检疫查验、传染病监测、卫生监督和卫生处理;三是对进出境和旅客携带、邮寄的动植物及其产品和其他检疫物,装载动植物及其产品和其他检疫物的装载容器、包装物、铺垫材料,来自疫区的运输工具,以及法律、法规、国际条约和多双边协议规定或者贸易合同约定应当实施检疫的其他货物和物品实施检疫、监管。

2. 负责出入境商品检验检疫及其监督管理

其包括六个方面工作:一是对列入《出入境检验检疫机构实施检验检疫的进出境商品目录》中的商品实施法定检验和监督管理,对该目录外的商品实施抽查;二是对涉及安全、卫生、健康和环保的重要进出口商品实施注册和登记或者备案制度;三是对进口许可制度民用商品实施入境验证管理;四是对法定检验商品免验实施审批;五是对一般包装和危险品包装实施检验;六是对进出口商品实施鉴定。

3. 负责进出口食品与化妆品检验检疫及其监督管理

其包括两个方面工作:一是对进出口食品和化妆品安全、卫生和质量进行检验监督管理,组织实施对进出口食品和化妆品及其生产单位的日常监督管理;二是对进口食品、食品添加剂、食品容器、包装材料和食品用工具及设备进行检验检疫与监督管理。

（三）检验检疫的类型

1. 法定检验

法定检验是指出入境检验检疫机构对列入《出入境检验检疫机构实施检验检疫的进出境商品目录》的进出口商品以及法律、行政法规规定须经出入境检验检疫机构检验的其他进出口商品实施检验。

2. 抽样检验

抽样检验是指出入境检验检疫机构对列入《出入境检验检疫机构实施检验检疫的进出境商品目录》以外的进出口商品，根据国家规定实施抽查检验。

3. 指定检验

指定检验是指出入境检验检疫机构对进出口药品的质量检验、计量器具的量值检定、锅炉压力容器的安全监督检验、船舶和集装箱的规范检验、飞机的适航检验以及核承压设备的安全检验等项目，由有关法律、行政法规规定的机构实施检验。

4. 免予检验

免予检验是指出入境检验检疫机构对进出境的样品、礼品、暂时进出境的货物以及其他非贸易性物品，免予检验。但是，法律、行政法规另有规定的除外。

二、检验的时间与地点

（一）出口国装船前检验

出口国装船前检验是指卖方在出口贸易合同指定地装运前，报请商品检验检疫机构对出口商品进行检验，以其出具的品质和重量等检验证书作为该项条件的最后依据。这种做法将最终检验权归属于卖方，买方无复验权。

（二）进口国卸货后检验

进口国卸货后检验是指出口商品到达目的地后，由进口国属地检验机构进行检验，以其出具的检验证书为最后依据，如买方发现商品的品质、数量等与合同规定不符，可凭检验证书向卖方提出索赔。除非造成上述情况是属于承运人或者保险人的责任，卖方不得拒绝理赔。

（三）出口国装船前检验与进口国卸货后复验

这种复验方法是指商品在出口国装运前进行检验，取得的检验证书作为议付单证，货物到达目的地后由买方对进口商品进行复验，如存在商品货损或者短缺等现象有权提出索赔。这种做法既承认卖方提供的检验证书是有效的文件，又承认买方具有检验货物的权力，比较合理，被进出口双方当事人普遍采用。

三、检验检疫证书

检验检疫证书是指检验检疫机构对进出口商品进行检验检疫后出具的证明检验结果的书面文件。进出口商品的检验检疫证书是通关、结汇和索赔的有效依据，它主要包括以下七类。

（一）品质检验证书

品质检验证书是指经检验检疫机构检验后出具的，对进出口商品的质量、规格、等级的书面证明。

（二）重量检验证书

重量检验证书是指经检验检疫机构检验后出具的，对进出口商品计量单位、计重方法的书面证明。

（三）数量检验证书

数量检验证书是指经检验检疫机构检验后出具的,对进出口商品数量的书面证明。

（四）兽医检疫证书

兽医检疫证书是指检验检疫机构对进出口动物、动物产品进行检疫,对符合检疫要求而出具的书面证明。

（五）熏蒸/消毒证书

熏蒸/消毒证书是指检验检疫机构对出口商品涉及木制包装材料,经过高温或者消毒处理后出具的虫害防治的书面证明。

（六）植物检疫证书

植物检疫证书是指检验检疫机构对进出口植物、植物产品进行检疫,对符合检疫要求出具的书面证明。

（七）温度检验证书

温度检验证书是指经检验检疫机构检验后出具的,对出口冷冻商品温度的书面证明。

 案例分析

江苏某玩具进出口有限公司与韩国亚丽株式会社签订了一份儿童玩具销售确认书,约定卖方在装运前由属地出入境检验检疫机构进行检验,出具数量检验证书和品质检验证书,并将其作为议付单证。货物到达目的地港后,由买方属地检验检疫机构进行复验,复验费由买方负担。如果发现质量或数量与合同规定不符时,买方有权向卖方索赔,并提供经卖方同意的公证机构出具的检验报告。索赔期限为货物到达目的港后 60 天内。江苏某玩具进出口有限公司在装运前向南京商品检验检疫局提出检验申请,经检验后出具品质和数量检验检疫证书。货物到目的港后,韩国亚丽株式会社发现货物数量短缺,向韩国首尔检验检疫机构申请复验,出具了数量短缺检验报告,并向中方提出赔偿的请求。

请你从学习者的视角分析,该争议应如何处理?为什么?

四、检验条款

（一）检验条款的拟定

检验条款的拟定,通常是在国际贸易合同中的检验条款项目中列明检验机构、检验时间、检验地点、检验证书名称和索赔时效等相关内容。

（二）订立检验条款时的注意事项

检验条款的订立应当注意以下三个问题。

1. 明确检验检疫机构

各国承担进出口商品检验检疫的机构有官方检验机构和民间检验机构。由于它们存在着技术和信誉方面的差异,有必要在国际贸易合同中明确检验检疫机构,确立其法律地位。

2. 明确复验的时间、地点和费用

买方对进口商品进行复验的地点一般为目的港,机器设备可在目的地。复验时间不宜过长,通常视商品性质而言,通常为货物到达目的港后 30～180 天。复验费用应当由买方支付。

3. 明确检验检疫证书种类

商品检验证书的种类很多,进出口当事人应当确定检验证书的类别及其商品检验检疫的要求。

 **实例展示**

业务情境

上海立达进出口有限公司与日本高村商社签订了一份男式短裤销售确认书,就达成的检验机构、检验时间、检验地点、检验证书名称和索赔时效等相关内容,在销售确认书的正文部分中用中文和英文两种文字拟定检验条款。

上海立达进出口有限公司创业团队根据我国《民法典》合同编的相关规定,参照其他进出口贸易公司的销售确认书的格式,用中文和英文两种文字拟定检验条款(见实例 6-1)。

实例 6-1　　　　　　　　　　　　**销售确认书**

上海立达进出口有限公司
SHANGHAI LIDA IMP. & EXP. CO., LTD.
No. 1 RENMIN ROAD SHANGHAI CHINA

TEL:021-65788811　　　　**销售确认书**　　　　S/C NO:2021039
FAX:021-65788812　　　**SALES CONFIRMATION**　　　DATE:May 2,2021
To Messrs:

　　TKAMRA TRADE CORPORATION
　　37 VICTORIA MACH, TOKYO JAPAN

下列签字双方同意按下列条款达成协议:

The undersigned sellers and buyers have agreed to close the following transaction as per terms and conditions stipulated below:

品名与规格 Commodity and Specification	数量 Quantity	单价 Unit price	金额 Amount
MEN'S DRILL SHORTS 100% COTTON S,M,L,XL,XXL	12000PCS	CIF TOKYO USD6.50	USD78000.00

包　　装:每条装入一只纸盒,20 条不同尺码与颜色装入一只出口纸箱;纸箱长宽尺寸不能超过 60 厘米、50 厘米。

PACKING:Each piece in a box, 20 pieces into an export carton with assorted sizes and colors. Maximum size of export carton: length 60cm, width 50cm.

唛　　头:主唛内容包括 KKK、销售合同号、目的港和箱数;侧唛必须显示颜色、每箱件数、毛重和厂地。

MARKS :Shipping mark includes kkk s/c no., port of destination and carton number. Side mark must show the color, pieces per carton, gross weight and country of origin.

（续）

装 运 港：上海/SHANGHAI.
LOADING PORT：
目的港：东京/ TOKYO
DESTINATION：
装运期限：2021 年 6 月 30 日前/ BEFORE JUNE 30,2021
TIME OF SHIPMENT：
分批装运：不允许/ NOT ALLOWED
PARTIAL SHIPMENT：
转 船：不允许/ NOT ALLOWED
TRANSHIPMENT：
保 险：按发票金额 110％投保 2009 年 1 月 1 日实行的海洋货物运输保险条款中的一切险。
INSURANCE：FOR 110 PERSENT OF INVOICE VALUE COVERING ALL RISKS AS PER OCEAN
MARINE CARGO CLA USES OF THE DATED 1/1,2009.
付款条件：即期信用证/ L/C AT SIGHT
TERMS OF PAYMENT：
一般条款：
GENERAL TERMS：

买方须于 2021 年 5 月 12 日前开出本批交易的信用证；否则，售方有权不经过通知取消本合同书，或向买方提出索赔。

The Buyer shall establish the covering Letter of Credit before May 12,2021, falling which the Seller reserves the right to rescind without further notice, or to accept whole or any part of this Sales Contract non-fulfilled by the Buyer ,or ,to lodge claim for direct losses sustained, if any.

凡以 CIF 条件成交的业务，保额为发票价的 110％，投保险别以售货合同书中所开列的为限，买方如果要求增加保额或保险范围，应于装船前经卖方同意，因此而增加的保险费由买方负责。

For transactions conclude on C.I.F basis, it is understood that the insurance amount will be for 110％ of the invoice value against the risks specified in Sales Confirmation. If additional insurance amount or coverage is required, the buyer must have consent of the Seller before Shipment, and the additional premium is to be borne by the Buyer.

由装运港中国海关签发的质量检验证书作为信用证项下议付所提交的单据的一部分，买方有权对货物的质量进行复验，复验费由买方负担。但若发现质量与合同规定不符时，买方有权向卖方索赔，并提供经卖方同意的公证机构出具的检验报告。索赔期限为货物到达目的港后 60 天内。

It's mutually agreed that the Inspection Certification of Quality issued by the China Customs at the port of shipment shall be part of the documents to be presented for negotiation under the relevant L/C. The buyers shall have the right to reinspect the quality of the cargo. The reinspection fee shall be borne by the Buyers. Should the quality be found not in conformity with of the contract, the Buyers are entitled to lodge with the Sellers a claim which should be supported by survey reports issued by a recognized surveyor approved by the Sellers. The claim, if any, shall be lodged within 60 days after arrival of the goods at the port of destination.

第二节　拟定不可抗力条款

不可抗力(force majeure)又称人力不可抗拒，是指当事人在国际贸易合同签订后，发生无法预见、避免和控制的事件，致使合同当事人不能履行或者不能全部履行合同。不可抗力条款是指在国际贸易合同中订明如当事人一方因不可抗力事件而不能履行合同的全部或者部分义务的，免除其相应的责任，另一方当事人不得对此要求损害赔偿。

一、不可抗力的认定

（一）不可抗力事件的原因

引起不可抗力事件的原因有很多，主要有两种因素：一是自然因素，如洪水、火灾、暴风雨、大雪、地震等自然灾害引起的；二是社会因素，如战争、罢工、政府禁令等社会异常事件引起的。值得注意的是，并非所有的自然原因和社会原因引起的事件都属于不可抗力。

（二）构成不可抗力事件的条件

构成不可抗力事件的条件主要有三个：一是不可抗力事件应当在国际贸易合同签订后发生的；二是不可抗力事件的发生不是由于任何一方当事人的故意或者过失所造成的；三是不可抗力事件的发生及其造成的结果是当事人不能预见、不能避免和不能克服的。

 案例分析

无锡某玩具进出口公司与日本大阪小野株式会社于 2021 年 3 月签订了一份电动玩具进口贸易合同，双方约定的交货时间为当年 7 月。2021 年 6 月 18 日，日本大阪发生了 6.1 级地震，日本大阪小野株式会社的厂房倒塌，部分电动玩具成品被毁，因此向无锡某玩具进出口公司电告因不可抗力事件无法交货，3 日内快递寄送日本商会出具的不可抗力事件的证明文件。

请你从学习者的视角分析，日本大阪小野株式会社的厂房倒塌、部分电动玩具成品被毁的事件能否构成不可抗力事件？为什么？

二、不可抗力事件的处理

我国《合同法》规定，一方当事人"因不可抗力不能履行合同的，根据不可抗力的影响，部分或者全部免除责任"。不可抗力事件的处理方法有下列两种。

（一）变更合同

变更合同是指对原订立的合同条款做部分的变更，使遭受不可抗力事件的当事人免除履行部分合同责任，或者延期履行合同责任。

（二）解除合同

解除合同是指当事人在发生不可抗力事件后，使合同不再可能履行时，可以解除合同，当事人不承担其责任。

在国际贸易合同履行的过程中，如果发生了不可抗力事件致使合同无法得到全部或者部分履行，有关当事人可依据法律或者合同的规定，免除其相应的责任，即解除合同或者变更合同。但发生不可抗力的一方必须采取合理的措施，减轻给对方造成的损失，及时通知对方，提出处理意见，并向对方提供不可抗力的证明。在我国，出具证明的机构一般是中国国际贸易促进委员会；在国外，则是当地的商会或者登记注册的公证行。在不可抗力事件发生后，接到关于不可抗力事件的通知或者证明文件的一方，无论同意与否，都必须立即予以答复。

案例分析

无锡某玩具进出口公司与日本大阪小野株式会社于 2021 年 3 月签订了一份电动玩具进口贸易合同,双方约定的交货时间为当年 7 月。日本大阪在当年 6 月 18 日发生了 6.1 级地震,直接导致出口商厂房倒塌,部分电动玩具成品被毁。不可抗力事件发生后,出口商电告进口商,又及时快递送达日本商会出具的不可抗力事件证明。

请你从学习者的视角分析,日本大阪小野株式会社应当如何正确处理这起事件? 为什么?

三、不可抗力条款

(一) 不可抗力条款的拟定

不可抗力条款的拟定,通常是在国际贸易合同中的不可抗力项目列明不可抗力事件的范围、处理原则和方法、通知期限与方式、出具证明机构等内容。

(二) 订立不可抗力条款时的注意事项

不可抗力条款的订立应当注意三个问题:一是在订立合同时要明确不可抗力的认定条件,避免因理解不同而产生争议;二是明确规定由中国国际贸易参加委员会出具不可抗力事件的通知;三是明确规定遭受不可抗力事件一方享有免责的权利。

 **实例展示**

业务情境

上海立达进出口有限公司与日本高村商社签订了一份男式短裤销售确认书,就达成的不可抗力事件的范围、处理原则和方法、通知期限与方式、出具证明机构等相关内容,在销售确认书的正文部分中用中文和英文两种文字拟定货物运输保险不可抗力条款。

上海立达进出口有限公司创业团队根据我国《民法典》合同编的相关规定,参照其他进出口贸易公司的销售确认书的格式,用中文和英文两种文字拟定不可抗力条款(见实例 6-2)。

实例 6-2 　　　　　　　　　　**销售确认书**

上海立达进出口有限公司
SHANGHAI LIDA IMP. & EXP. CO., LTD.
No. 1 RENMIN ROAD SHANGHAI CHINA

TEL:021-65788811　　　　**销 售 确 认 书**　　　S/C NO:2021039
FAX:021-65788812　　　**SALES CONFIRMATION**　　DATE:May 2,2021
To Messrs:

TKAMRA TRADE CORPORATION
37 VICTORIA MACH, TOKYO JAPAN

下列签字双方同意按下列条款达成协议:
The undersigned sellers and buyers have agreed to close the following transaction as per terms and conditions stipulated below:

(续)

品名与规格 Commodity and Specification	数 量 Quantity	单 价 Unit price	金 额 Amount
MEN'S DRILL SHORTS 100% COTTON S、M、L、XL、XXL	12000PCS	CIF TOKYO USD6.50	USD78000.00

包　　装：每条装入一只纸盒,20 条不同尺码与颜色装入一只出口纸箱;纸箱长宽尺寸不能超过 60 厘米、50 厘米。

PACKING：Each piece in a box，20 pieces into an export carton with assorted sizes and colors. Maximum size of export carton：length 60cm，width 50cm.

唛　　头：主唛内容包括 KKK、销售合同号、目的港和箱数;侧唛必须显示颜色、每箱件数、毛重和厂地。

MARKS：Shipping mark includes kkk s/c no.，port of destination and carton number. Side mark must show the color，pieces per carton，gross weight and country of origin.

装 运 港：上海/SHANGHAI.
LOADING PORT：

目的港：东京/ TOKYO
DESTINATION：

装运期限：2021 年 6 月 30 日前/ BEFORE JUNE 30,2021
TIME OF SHIPMENT：

分批装运:不允许/ NOT ALLOWED
PARTIAL SHIPMENT：

转　　船:不允许/ NOT ALLOWED
TRANSHIPMENT：

保　　险：按发票金额 110%投保 2009 年 1 月 1 日实行的海洋货物运输保险条款中的一切险。
INSURANCE：FOR 110 PERSENT OF INVOICE VALUE COVERING ALL RISKS AS PER OCEAN MARINE CARGO CLA USES OF THE DATED 1/1,2009.

付款条件:即期信用证/ L/C AT SIGHT
TERMS OF PAYMENT：

一般条款:
GENERAL TERMS：

　　买方须于 2021 年 5 月 12 日前开出本批交易的信用证;否则,售方有权不经过通知取消本合同书,或向买方提出索赔。

　　The Buyer shall establish the covering Letter of Credit before May 12,2021，falling which the Seller reserves the right to rescind without further notice，or to accept whole or any part of this Sales Contract non-fulfilled by the Buyer ,or , to lodge claim for direct losses sustained，if any.

　　凡以 CIF 条件成交的业务,保额为发票价的 110%,投保险别以售货合同书中所开列的为限,买方如果要求增加保额或保险范围,应于装船前经卖方同意,因此而增加的保险费由买方负责。

　　For transactions conclude on C.I.F basis，it is understood that the insurance amount will be for 110% of the invoice value against the risks specified in Sales Confirmation. If additional insurance amount or coverage is required，the buyer must have consent of the Seller before Shipment，and the additional premium is to be borne by the Buyer.

　　由装运港中国海关签发的质量检验证书作为信用证项下议付所提交的单据的一部分,买方有权对货物的质量进行复验,复验费由买方负担。但若发现质量与合同规定不符时,买方有权向卖方索赔,并提供经卖方同意的公证机构出具的检验报告。索赔期限为货物到达目的港后 60 天内。

（续）

It's mutually agreed that the Inspection Certification of Quality issued by the China Customs at the port of shipment shall be part of the documents to be presented for negotiation under the relevant L/C. The buyers shall have the right to reinspect the quality of the cargo. The reinspection fee shall be borne by the Buyers. Should the quality be found not in conformity with of the contract，the Buyers are entitled to lodge with the Sellers a claim which should be supported by survey reports issued by a recognized surveyor approved by the Sellers. The claim，if any，shall be lodged within 60 days after arrival of the goods at the port of destination.

不可抗力条款

如由于战争、地震或其他不可抗力的原因致使卖方对本合同项下的货物不能装运或迟延装运，卖方对此不负任何责任。但卖方应立即通知买方并出具由中国国际贸易促进委员会出具的证明书，以证明该不可抗力事件的发生。

If the shipment of the contracted goods is prevented or delayed in whole or in part by reason of war，earthquake or other causes of Force Majeure, the Seller shall not be liable. However, the Seller shall notify the Buyer a certificate issued by the China Council for the Promotion of International Trade attesting such event or events.

第三节　拟定索赔条款

索赔（claim）是指交易一方不履行合同义务或不完全履行合同义务，致使另一方遭受损失时，受损方向违约方提出要求给予损害赔偿的行为。理赔（settlement）是指违约方对受损方所提出的赔偿要求进行处理的行为。索赔和理赔是一个问题的两个方面，对受损方而言是索赔，对违约方而言是理赔。

一、争议与违约

（一）争议

所谓争议（disputes），是指交易的一方认为对方未能部分或全部履行合同规定的责任和义务而引起的纠纷。交易中引起争议的原因很多，一般有三种情况：一是出口方违约，如出口方不能按时、按质、按量交货，致使进口方受损；二是进口方违约，如进口方不按合同规定日期开信用证或者不开证，以及不按期接货或者无理拒付货款，致使出口方受损；三是进出口双方都有违约行为，如合同条款订立不明确，致使双方的理解产生分歧，从而引起一方或者双方都有违约行为。

（二）违约

所谓违约（breach of contract），是指交易双方中的任何一方违反合同义务的行为。违约的性质一般有三种：一是当事人一方的故意行为导致违约；二是当事人一方的疏忽、过失或者业务不熟而导致违约；三是对合同义务不重视或者玩忽职守而导致违约。

在国际贸易合同履行中，构成违约一方在法律上要承担违约责任，受损方有权根据合同或者有关法律的规定提出损害赔偿要求，这是国际贸易中普遍遵循的原则。但对不同性质的违约行为应承担的法律责任，各国法律有不同的解释。

1. 英国法将违约分为违反要件和违反担保

违反要件（breach of condition）是指违反合同中的主要条款，如卖方交货数量、品质不符合合同规定,或者不按时交货,受损害的一方可要求损害赔偿外,还有权解除合同。

违反担保(breach of guaranty)是指违反合同中的次要条款,则受损害的一方不可解除合同,但可要求损害赔偿。问题是合同中的条款哪些属于"要件",哪些属于"担保",英国的法律未做出具体的规定,要由法官在审理案件时根据合同的内容和推定出的双方意愿做出判断,这样就有一定的不确定性。不过,在司法实践中,英国法官一般将商品的品质、数量、交货期、付款等视为"要件",与合同标的不直接联系的视为"担保"。

2. 美国法把违约分为重大违约和轻微违约

重大违约(material breach)是指一方违约致使另一方无法获得该项交易的主要利益,由此,受损方有权解除合同,并提出损害赔偿。

轻微违约(minor breach)是指违约情况较轻,并未影响对方在该项交易中取得的主要利益,受损方可要求损害赔偿,但不可解除合同。

3.《联合国国际货物销售合同公约》把违约分为根本性违约和非根本性违约

根本性违约(fundamental breach)是指一方当事人违反合同,致使另一方当事人被剥夺了他根据合同规定有权期待得到的东西。这时,受损方可宣告合同无效,并可向违约方要求损害赔偿。

非根本性违约(non-fundamental)是指违约未达到根本性违约的程度,对此受损方只能要求损害赔偿而不能解除合同。

我国《合同法》规定,合同当事人一方违约后,另一方当事人可以要求违约方承担"继续履行、采取补救措施或者赔偿损失等违约责任",也可以提出"解除合同"。其中,违约方承担的违约责任可分为继续履行、补救措施、违约金、赔偿损失和定金五种形式,各类责任有各自适用的条件。

由于各国法律和国际公约对违约行为的区分有不同的方法,对于不同的违约行为应承担的责任有不同的法律规定,因此,为维护我方的权益,出口商要订好合同中的索赔条款。

 案例分析

　　安徽某国际贸易有限公司与日本金属商社签订了一份钢材出口贸易合同,合同约定:价格为每吨 2 000 美元 CFR 马鞍山;采用信用证方式付款;最迟装船时间为 2021 年 6 月 5 日。日本金属商社根据约定的时间开出了信用证,安徽某国际贸易有限公司对信用证审核,核准无误后根据信用证约定时间备妥货物运抵马鞍山港口。在装船日前 2 天,日本金属商社要求延期装船,双方达成一致延期发货后,该货物价格下跌了 60%。安徽某国际贸易有限公司宣告解除合同,并依法将该批货物转售后向日本金属商社提出索赔。

　　请你从学习者的视角分析,安徽某国际贸易有限公司宣告解除合同的行为是否合法?为什么?

二、索赔条款

(一)索赔条款的拟定

索赔条款的拟定,通常是在国际贸易合同中的索赔条款项目中列明索赔依据、索赔期限和索赔方法等相关内容。

(二) 订立索赔条款时的注意事项

订立索赔条款应当注意以下四个事项。

1. 索赔对象

在国际贸易中,根据损失的原因和责任的不同,索赔对象有三类:一是承保范围内的货物损失,则向保险公司索赔;二是承运人责任所造成的货物损失,则向承运人索赔;三是合同当事人责任所造成的损失,则向责任方提出索赔。

2. 索赔依据

索赔依据主要有两个方面:一是法律依据,包括相关法律和当事人签订的国际贸易合同;二是事实依据,包括违约的事实和符合法律规定的书面证明。

3. 索赔期限

索赔期限是指受损方有权向违约方提出索赔的时效。按照各国法律和国际贸易惯例的规定,受损方只能在一定的索赔期限内提出索赔,否则丧失索赔权。索赔期限的表述有两种:一是约定索赔期限,是指贸易双方在合同中明确规定的索赔期限,其长短须视交易的具体内容而定;二是法定索赔期限,是指根据有关法律规定受损方有权向违约方要求损害赔偿的期限,一般自买方实际收到货物之日起2年之内。约定索赔期限的法律效力优于法定索赔期限,只有在贸易合同中未约定索赔期限时,法定索赔期限才起作用。在索赔条款中,索赔期限的起算时间的规定方法有以下四种:

(1) 货物到达目的港后几天起算。

(2) 货物到达目的港卸离海轮后几天起算。

(3) 货物到达营业处所或用户处所后几天起算。

(4) 货物经检验后几天起算。

4. 索赔金额

如果国际贸易合同中规定了损害赔偿金额或者损害赔偿金额的计算方法,提出索赔的一方应当根据其规定提出;如果国际贸易合同未做具体规定,提出索赔的一方则依据以下三个原则确定索赔金额:一是赔偿金额应与因违约而遭受的包括利润之内的损失额相等;二是赔偿金额应以违约方在订立合同时可预料到的合理损失为限;三是由于受损方未采取合理措施使有可能减轻而未减轻的损失,应在赔偿金额中扣除。

 **实例展示**

业务情境

上海立达进出口有限公司与日本高村商社签订了一份男式短裤销售确认书,就达成的索赔依据、索赔期限和索赔方法等相关内容,在销售确认书的正文部分中用中文和英文两种文字拟定索赔条款。

上海立达进出口有限公司创业团队根据我国《民法典》合同编的相关规定,参照其他进出口贸易公司的销售确认书的格式,用中文和英文两种文字拟定索赔条款(见实例6-3)。

实例 6-3　　　　　　　　　　　销售确认书

上海立达进出口有限公司
SHANGHAI LIDA IMP. & EXP. CO., LTD.
No. 1 RENMIN ROAD SHANGHAI CHINA

TEL:021-65788811

FAX:021-65788812

To Messrs:

销售确认书
SALES CONFIRMATION

S/C NO:2021039

DATE:May 2,2021

TKAMRA TRADE CORPORATION

37 VICTORIA MACH, TOKYO JAPAN

下列签字双方同意按下列条款达成协议：

The undersigned sellers and buyers have agreed to close the following transaction as per terms and conditions stipulated below:

品名与规格 Commodity and Specification	数 量 Quantity	单 价 Unit price	金 额 Amount
MEN'S DRILL SHORTS 100% COTTON S、M、L、XL、XXL	12000PCS	CIF TOKYO USD6. 50	USD78000. 00

包　　装：每条装入一只纸盒，20 条不同尺码与颜色装入一只出口纸箱；纸箱长宽尺寸不能超过 60 厘米、50 厘米。

PACKING：Each piece in a box, 20 pieces into an export carton with assorted sizes and colors. Maximum size of export carton：length 60cm, width 50cm.

唛　　头：主唛内容包括 KKK、销售合同号、目的港和箱数；侧唛必须显示颜色、每箱件数、毛重和厂地。

MARKS ：Shipping mark includes kkk s/c no., port of destination and carton number. Side mark must show the color, pieces per carton, gross weight and country of origin.

装 运 港 ：上海/SHANGHAI.

LOADING PORT：

目的港：东京/ TOKYO

DESTINATION：

装运期限：2021 年 6 月 30 日前/ BEFORE JUNE 30,2021

TIME OF SHIPMENT：

分批装运:不允许/ NOT ALLOWED

PARTIAL SHIPMENT：

转　　船：不允许/ NOT ALLOWED

TRANSHIPMENT：

保　　险：按发票金额 110% 投保 2009 年 1 月 1 日实行的海洋货物运输保险条款中的一切险。

INSURANCE：FOR 110 PERSENT OF INVOICE VALUE COVERING ALL RISKS AS PER OCEAN MARINE CARGO CLA USES OF THE DATED 1/1,2009.

付款条件：即期信用证/ L/C AT SIGHT

TERMS OF PAYMENT：

一般条款：

GENERAL TERMS：

买方须于 2021 年 5 月 12 日前开出本批交易的信用证；否则，售方有权不经过通知取消本合同书，或向买方提出索赔。

（续）

The Buyer shall establish the covering Letter of Credit before Oct. 12, 2021, falling which the Seller reserves the right to rescind without further notice, or to accept whole or any part of this Sales Contract non-fulfilled by the Buyer, or, to lodge claim for direct losses sustained, if any.

凡以 CIF 条件成交的业务,保额为发票价的 110%,投保险别以售货合同书中所开列的为限,买方如果要求增加保额或保险范围,应于装船前经卖方同意,因此而增加的保险费由买方负责。

For transactions conclude on C.I.F basis, it is understood that the insurance amount will be for 110% of the invoice value against the risks specified in Sales Confirmation. If additional insurance amount or coverage is required, the buyer must have consent of the Seller before Shipment, and the additional premium is to be borne by the Buyer.

由装运港中国海关签发的质量检验证书作为信用证项下议付所提交的单据的一部分,买方有权对货物的质量进行复验,复验费由买方负担。但若发现质量与合同规定不符时,买方有权向卖方索赔,并提供经卖方同意的公证机构出具的检验报告。索赔期限为货物到达目的港后 60 天内。

It's mutually agreed that the Inspection Certification of Quality issued by the China Customs at the port of shipment shall be part of the documents to be presented for negotiation under the relevant L/C. The buyers shall have the right to reinspect the quality of the cargo. The reinspection fee shall be borne by the Buyers. Should the quality be found not in conformity with of the contract, the Buyers are entitled to lodge with the Sellers a claim which should be supported by survey reports issued by a recognized surveyor approved by the Sellers. The claim, if any, shall be lodged within 60 days after arrival of the goods at the port of destination.

如由于战争、地震或其他不可抗力的原因致使卖方对本合同项下的货物不能装运或迟延装运,卖方对此不负任何责任。但卖方应立即通知买方并出具由中国国际贸易促进委员会出具的证明书,以证明该不可抗力事件的发生。

If the shipment of the contracted goods is prevented or delayed in whole or in part by reason of war, earthquake or other causes of Force Majeure, the Seller shall not be liable. However, the Seller shall notify the Buyer a certificate issued by the China Council for the Promotion of International Trade attesting such event or events.

索赔条款

如买方提出索赔,凡属品质异议须于货到目的口岸之 60 日内提出,凡属数量异议须于货到目的口岸之 30 日内提出,对所装货物所提任何异议属于保险公司、轮船公司等其他有关运输或邮递机构,卖方不负任何责任。

In case of quality discrepancy, claim should be filed by the Buyer within 60 days after the arrival of the goods at port of destination; while for quantity discrepancy, claim should be filed by the Buyer within 30 days after the arrival of the goods at port of destination. It is understood that the seller shall not be liable for any discrepancy of the goods shipped due to causes for which the Insurance Company, other transportation organization or Post Office are liable.

第四节　拟定仲裁条款

在国际贸易过程中,交易双方在不同的法律环境下,基于不同的商业信誉,出于不同的经济利益,商务方面的各种争议常被引发。一般来说,解决国际商事争议的方式主要有协商、调解、仲裁或者诉讼,在协商或者调解不成的基础上,交易双方往往会采用仲裁或者诉讼。其中,仲裁是解决国际贸易争议的一种重要方式。为了规范仲裁和诉讼的行为,保护当事人的合法权益,国际组织、各国先后都制定了相关公约、法律和规则,如《联合国国际贸易法委员会国际商事仲裁示范法》《联合国国际贸易法委员会仲裁规则》《承认及执行外国仲裁裁决公约》《中华人民共和国仲裁法》(以下简称《仲裁法》)、《中国国际经济贸易仲裁委员会仲裁规则》。

一、国际商事仲裁机构

国际商事仲裁机构是指根据国际商事仲裁协议当事人一方提出的仲裁申请,受理其争议并做出裁决的专门组织。国际商事仲裁机构有以下两种类型。

(一) 常设仲裁机构

常设仲裁机构是指依国际条约或者本国法而成立的,具有固定的名称、地址、组织章程和仲裁规则,并具有自己的办事机构和行政管理制度,用来处理国际商事争议的仲裁机构。常设仲裁机构依据其性质和管辖范围不同,可以划分以下四种。

1. 国际性常设仲裁机构

全球有影响的国际性常设仲裁机构有国际商会仲裁院(ICCCA)、解决投资争议国际中心(ICSID)两家。ICCCA 是国际商会下设的提供国际商事仲裁服务的常设仲裁机构,在接受仲裁争议后,请有关国家的国际商会国家委员会依据《联合国国际贸易法委员会仲裁规则》负责具体仲裁,并与审理争议有关国家委员会共同主持审理程序上的事务。ICSID 是根据 1966 年生效的《解决缔约国与他国国民间投资争端公约》而建立的世界上第一个专门解决国家公民之间投资纠纷的常设仲裁机构,该公约的成员国有 100 多个。

2. 地区性仲裁机构

全球有影响的地区性仲裁机构有美洲国家商事仲裁委员会和亚洲及远东经济委员会商事仲裁中心。美洲国家商事仲裁委员会是拉丁美洲国家的一个区域性国际仲裁机构,成立于 1934 年,并于 1975 年签订了《美洲国家国际商事仲裁公约》,其成员有 12 个拉丁美洲国家,属于民间组织。亚洲及远东经济委员会商事仲裁中心是由联合国亚洲及远东经济委员会在泰国曼谷设立的仲裁机构。

3. 国别性仲裁机构

全球有影响的国别性仲裁机构有以下六家:一是瑞典斯德哥尔摩商会仲裁院,是瑞典全国性的仲裁机构,成立于 1917 年,专门解决工商和航运中发生的争议,订有《斯德哥尔摩商会仲裁院仲裁规则》,是我国优先选择的第三国仲裁机构;二是伦敦国际仲裁院,其前身为伦敦仲裁会,于 1892 年成立,1903 年改名为伦敦仲裁院,1981 年改名为伦敦国际仲裁院,该仲裁院现行的仲裁规则是 1985 年 1 月 1 日起生效的仲裁规则,也可以根据当事人合意采用《联合国国际贸易法委员会仲裁规则》;三是美国仲裁协会,成立于 1926 年,主要受理货物买卖合同、代理合同和工业产权等方面的仲裁,采用 1991 年 3 月 1 日生效的《美国仲裁协会国际仲裁规则》;四是日本商事仲裁协会,于 1950 年由日本工商联合会和其他一些全国性的工商组织共同组建,采用 1971 年生效的《日本商事仲裁协会商事仲裁规则》;五是香港国际仲裁中心,主要受理国际商事和本地的仲裁案件,成立于 1985 年,采用《联合国国际贸易法委员会仲裁规则》;六是中国国际经济贸易仲裁委员会,隶属于中国国际经济贸易委员会,成立于 1956 年,在北京、深圳和上海设有分会,并在重庆、成都、长沙、福州和大连设 立 5 个办事处,总会和分会使用《中国国际经济贸易仲裁委员会仲裁规则》和仲裁员名册,其有 492 名仲裁员,其中部分仲裁员来自中国香港、澳门特区和其他国家,其受案量已跃居世界第一位,其裁决得到 140 多个国家的承认和执行。

4. 专业性仲裁机构

专业性仲裁机构又称为行业性仲裁机构,是由各个行业、公会或者协会为解决本行业中发生的经济纠纷而设立的常设仲裁机构,如英国伦敦橡胶交易所的仲裁机构等。

（二）临时仲裁机构

临时仲裁机构是指当事人根据国际商事仲裁协议，在争议发生后推荐仲裁员，指定仲裁地点与仲裁程序，在做出裁决后即行解散的仲裁机构。

二、国际商事仲裁员

（一）仲裁员的资格

为了保证仲裁的公正性，各国法律和常设仲裁机构的仲裁规则对仲裁员的资格予以规定。我国《仲裁法》第十三条规定的仲裁员资格：一是通过国家统一法律职业资格考试取得法律职业资格，从事仲裁工作满 8 年的；二是从事律师工作满 8 年的；三是曾任法官满 8 年的；四是从事法律研究、教学工作并具有高级职称的；五是具有法律知识、从事经济贸易等专业工作并具有高级职称或者具有同等专业水平的。只有具备上述条件之一的，才能在中国担任仲裁员。

（二）仲裁员的回避

仲裁员的回避是指仲裁员在有可能影响对案件公正裁决的情形时依照法律的规定，自行申请退出仲裁，或者经当事人的申请根据仲裁委员会主任的决定退出仲裁。我国《仲裁法》规定了仲裁员的回避情形：一是本案当事人或者当事人、代理人的近亲属；二是与本案有利害关系；三是与本案当事人、代理人有其他关系，可能影响公正仲裁的；四是私自会见当事人、代理人，或者接受当事人、代理人的请客送礼的。仲裁员有上述情形之一的，当事人有权在首次开庭前提出回避申请，如果回避事由是在首次开庭后知道的，可以在最后一次开庭前提出，并说明理由。仲裁员是否回避，由仲裁委员会主任决定。仲裁委员会主任担任仲裁员的，由仲裁委员会集体决定。

三、国际商事仲裁协议

（一）国际商事仲裁协议的内涵

《国际商事仲裁示范法》第一条第一款对仲裁协议的界定，其"是指当事人同意将他们之间一项确定的契约性或者非契约性的法律关系中已经发生或者可能发生的一切或者某些争议提交仲裁的协议"。一项有效的国际商事仲裁协议应当具有以下三个方面要素。

1. 当事人之间存在国际商事法律关系

国际商事仲裁协议的双方当事人，必须具有民事法律行为能力的，并且是有关国际商事法律关系的自然人、法人、非法人组织。法律规定无民事行为能力人或者限制民事行为能力人订立的国际商事仲裁协议无效。

2. 当事人之间的真实意思表示

国际商事仲裁协议双方当事人应当是在自愿的基础上进行平等协商的，如果一方当事人采取胁迫手段，迫使对方订立的，该协议无效。

3. 当事人之间约定事项合法

国际商事仲裁协议双方当事人约定的仲裁事项，不能违背仲裁地国家法律的相关规定，不能超出仲裁法的适用范围。

（二）国际商事仲裁协议的形式

国际公约和各国相关法律对国际商事仲裁协议的形式都有明确的规定，其有以下两种形式。

1. 书面形式

书面形式是指包括合同书、信件、电报、电传、传真、电子数据交换和电子邮件等可以有形地表现所载内容的表现方式。国际商事仲裁协议书面形式有两种：一是仲裁条款，是指在商事合同中当事人订立的，将可能发生争议采取仲裁解决的内容以合同条款的形式表示出来，构成合同的一部分；二是仲裁协议书，是指国际商务争议发生后，双方当事人经过协商同意将其争议采取仲裁解决的一种书面文件。国际公约和绝大多数国家的仲裁法都有明确的规定，只有书面形式达成的国际商事仲裁协议才具有法律效力，如《纽约公约》《联合国国际贸易法委员会国际商事仲裁示范法》《中国国际经济贸易仲裁委员会仲裁规则》等。

2. 口头形式

口头形式是指国际商事仲裁协议的双方当事人，通过面对面约定仲裁事项的方式。世界上只有瑞典等极少数国家仲裁法规定，口头形式仲裁协议书与书面形式一样都具有相同的法律效力。

（三）国际商事仲裁协议的内容

国际公约和各国仲裁法对仲裁协议内容的规定不尽相同。为了能有效地开展国际商事仲裁活动，仲裁协议通常包括以下五个方面的内容。

1. 仲裁事项

国际商事仲裁协议要先约定将什么样的争议提交仲裁，这是仲裁机构接受仲裁的重要依据之一，也是当事人向法院申请执行仲裁裁决的一个必备要件。我国《仲裁法》第十八条规定："仲裁协议对仲裁事项或者仲裁委员会没有约定或者约定不明确的，当事人可以补充协议；达不成补充协议的，仲裁协议无效。"

2. 仲裁地点

当事人应当在国际商事仲裁协议中注明仲裁地址的详细信息。仲裁地点关系到仲裁规则的适用，仲裁员通常采用该地仲裁规则和有关法律来解决争议，对当事人的利益将产生不同的影响。

3. 仲裁机构

当事人应当在国际商事仲裁协议中确定仲裁机构的名称及相关信息。选择仲裁机构的方法包括：首先，选择本国的常设仲裁机构进行仲裁，因为其熟悉本国的法律和仲裁规则；其次，尽量争取在《纽约公约》成员国的常设仲裁机构进行仲裁，因为该国仲裁法大都依据公约制定的，具有一定的普适性；最后，选择对方当事人所属国的常设仲裁机构进行仲裁。如果仲裁协议约定两个以上仲裁机构的，根据我国《最高人民法院关于适用〈中华人民共和国仲裁法〉若干问题的解释》的规定，当事人可以协议选择其中的一个仲裁机构申请仲裁，如果不能就仲裁机构选择达成一致的，仲裁协议无效。

 案例分析

2021年2月，苏州制造有限公司与美国威廉贸易公司签订了某钢结构产品销售合同，合同总值为30万美元。双方当事人在该合同中的仲裁条款约定：如果双方当事人发生争议，均应将该争议提交中国国际经济贸易仲裁委员会或者美国纽约贸易仲裁委员会仲裁。由于双方在合同履行过程中发生了纠纷，美国威廉贸易公司选择向中国国际经济

（续）

贸易仲裁委员会提出申请仲裁,苏州制造有限公司代理在仲裁开庭前,向属地法院提起确认仲裁条款无效的诉讼,并及时向中国国际经济贸易仲裁委员会书面通报了这一情况,要求中止仲裁程序。

请你从学习者的视角分析,苏州制造有限公司的诉求是否合法? 为什么?

4. 仲裁规则

国际商事仲裁规则是仲裁审理的依据,其主要包括仲裁申请提出、仲裁受理、仲裁员选任、仲裁庭组成、仲裁审理和仲裁裁决等内容。在国际商事仲裁实践中,大多数仲裁协议是将仲裁规则与仲裁机构的选择结合起来,即当事人选择了某一常设仲裁机构,也就意味着选择了该机构的仲裁规则。

5. 裁决效力

当事人应当在国际商事仲裁协议中明确规定,仲裁裁决是终局性的。终局性的裁决具有耗时少、费用低、见效快等特点,在国际商事仲裁中,被仲裁机构广泛采用。

（四）国际商事仲裁协议的作用

国际商事仲裁协议的作用主要有三个方面:一是仲裁机构取得对特定案件管辖权的主要依据,没有仲裁协议,仲裁机构就不能受理有关案件;二是排除法院管辖权的重要依据,如果当事人之间订有仲裁协议,法院就不能受理,除非法院认定当事人之间的仲裁协议无效或失效,或者是不能履行的协议;三是独立于其他条款,仲裁协议不因该合同的变更、解除、终止或者无效而影响仲裁协议的效力。《中国国际经济贸易仲裁委员会仲裁规则》第五条第四款规定:"合同中的仲裁条款应视为与合同其他条款分离的、独立存在的条款,附属于合同的仲裁协议也应视为与合同其他条款分离的、独立存在的一个部分;合同的变更、解除、终止、转让、失效、无效、未生效、被撤销以及成立与否,均不影响仲裁条款或者仲裁协议的效力。"

四、国际商事仲裁程序

国际商事仲裁协议双方当事人一旦发生仲裁协议约定的争议时,任何一方当事人都有权提请指定仲裁机构进行仲裁。国际商事仲裁程序是指当事人提请仲裁和仲裁庭依据仲裁规则进行仲裁过程的统称。仲裁程序通常包括仲裁申请、仲裁受理、仲裁庭组成、仲裁审理等环节。

（一）仲裁申请

仲裁申请应当符合三个方面的要求:一是有仲裁协议;二是有具体的仲裁请求、事实和理由;三是属于仲裁委员会的受理范围。当事人申请仲裁,应当向仲裁委员会递交仲裁协议、仲裁申请书及副本。仲裁申请是一方或者双方当事人根据仲裁协议将现存的有关争议提请仲裁的意思表示,通常包括当事人的身份或者组织机构的信息、地址、仲裁请求的内容和理由,以及证据及来源、证人及身份信息等内容。在提请常设机构仲裁时,申请人要提交申诉书和证据材料。在提请临时机构仲裁时,申请人不仅要提交申诉书和证据材料,还要制作仲裁通知书,一并送交另一方当事人,并提交案件登记费、仲裁费用保证金等。

（二）仲裁受理

仲裁机构在收到仲裁申请书的规定时限内,对符合受理条件的申请材料应当受理,并通知当事人;认为不符合受理条件的,应当书面通知当事人不予受理,并说明理由。我国《仲裁法》规定的时限为收到仲裁申请书之日起5日内。

（三）仲裁庭组成

组成仲裁庭的形式有以下两种。

1. 独任仲裁庭

独任仲裁庭是指由双方当事人在仲裁员名册中共同选定1名仲裁员,担任仲裁庭审理。如果被申请人收到仲裁通知之日起15天内未能就独任仲裁员的人选达成一致意见时,则由仲裁委员会主任指定。

2. 合议仲裁庭

合议仲裁庭是指由3名仲裁员共同担任仲裁庭审理。其中,第一名仲裁员由申请人和被申请人在收到仲裁通知之日起15天内在仲裁委员会仲裁员名册中各自指定1名仲裁员,或者委托仲裁委员会主任指定;第二名仲裁员由申请人之间或者被申请人之间经过协商,各自共同选定或者各自共同委托仲裁委员会主任指定1名仲裁员;第三名仲裁员为首席仲裁员,由当事人共同选定或者共同委托仲裁委员会主任指定,如果当事人在被申请人收到仲裁通知之日起15天未能共同选定或者委托委员会主任指定第三名仲裁员,则由仲裁委员会主任指定。

仲裁庭组成后,仲裁委员会应当将仲裁庭的组成情况书面通知当事人。

（四）仲裁审理

仲裁审理是指仲裁庭对案情所做的审查和核实活动的总称。

1. 仲裁审理的范围

在国际商事仲裁的实践中,仲裁审理的范围因案而异,通常包括仲裁协议是否有效,仲裁庭是否具有管辖权,申诉人或者被诉人是否为仲裁协议当事人,各方当事人对实体争执的陈述与举证,对其他途径取得证据材料的审查核实等内容。

2. 仲裁审理的方式

仲裁审理可分为两种形式:一是口头审理,是指仲裁员和各方当事人在规定的时间,集中于指定场所,由仲裁员做口头查问,由相关当事人做口头陈述;二是书面审理,是指仲裁员根据当事人提交的书面材料进行审理的方式。在国际商事仲裁中,仲裁审理大多采用书面审理形式为主。

3. 仲裁审理的地点

国际商事争议应当依据仲裁协议规定的地点进行审理,如果仲裁协议规定不明确时,由仲裁员决定仲裁审理的地点。

4. 仲裁审理的程序

国际商事仲裁审理程序是根据仲裁规则进行的,主要有以下三个环节。

1）开庭

当事人应当在开庭时到庭,无正当理由不到庭或者未经仲裁庭许可中途退庭的,对申请人来说可视为撤回申请,对被申请人来说可以缺席裁决。仲裁一般不公开进行,但是当事人协议公开的,可以公开进行的,涉及国家秘密的除外。

2）调解

开庭后,仲裁庭可以先征求双方当事人是否对案件进行调解。如果双方当事人同意调解,并调解成功,应签订和解协议,由仲裁庭根据该协议制作裁决书。当事人在仲裁委员会之外通过调解解决达成和解协议的,也可以请求仲裁庭做出裁决书。

3) 裁决

开庭后,仲裁庭对调解不成的案件进行裁决。裁决应当根据多数仲裁员的意见做出,少数仲裁员的不同意见应当记入笔录。如果无法形成多数意见时,仲裁庭应当按照首席仲裁员的意见做出裁决。仲裁裁决依据不同的视角可以分为以下三类:

一是口头裁决与书面裁决。口头裁决是指仲裁庭仅以口头形式表示对争议问题处理结论的裁决;书面裁决是指仲裁庭以书面文件的形式表示其对争议问题处理结论的裁决。

二是临时裁决与终局裁决。临时裁决是指仲裁庭对当事人的请求事项做出的并非有终局意义的裁定,如仲裁庭做出的临时保全措施的裁定;终局裁决是指在法律上具有稳定的自治约束力的裁决。

三是本国裁决与外国裁决。本国裁决是指由本国境内仲裁机构在本国做出的裁决;外国裁决是指本国以外的仲裁机构在异国做出的裁决。

5. 仲裁裁决的撤销

裁决撤销的情形包括六个方面:一是没有仲裁协议的;二是裁决的事项不属于仲裁协议的范围或者仲裁委员会无权仲裁的;三是仲裁庭的组成或者仲裁的程序违反法定程序;四是裁决所根据的证据是伪造的;五是对方当事人隐瞒了足以影响公正裁决的证据的;六是仲裁员在仲裁该案时有索贿受贿、徇私舞弊、枉法裁决的行为的。

我国《仲裁法》规定,当事人能够提出证据证明裁决具有上述的情形之一,可以在收到裁决书之日起 6 个月内向仲裁委员会所在地的中级人民法院申请撤销裁决,法院接受该申请后组成合议庭审查,核实无误后裁定撤销。法院认定裁决违背社会公共利益的,应当裁定撤销。法院应当在受理撤销裁决申请之日起 2 个月内做出撤销裁决或者驳回申请的裁定。法院在受理撤销裁决的申请后,认为可以由仲裁庭重新仲裁的,通知仲裁庭在一定期限内重新仲裁,并裁定中止撤销程序。仲裁庭拒绝重新仲裁的,法院应当裁定恢复撤销程序。

五、国际商事仲裁裁决的承认与执行

在国际商事仲裁中,裁决的执行往往关系到双方当事人的利益,还涉及各国的法律及其国家利益,因此执行的过程较为复杂和困难。为了解决各国在承认和执行外国仲裁裁决问题上存在的分歧,使国际商事争议得到有效的解决,国际社会先后签署了《日内瓦仲裁条款议定书》《关于执行外国仲裁裁决的日内瓦公约》《纽约公约》《欧洲国际商事仲裁公约》《美洲国家间国际商事仲裁公约》,其中最有影响的是《纽约公约》,它已经成为大多数国家执行外国仲裁裁决法律制度的蓝本。

(一) 纽约公约的基本内容

纽约公约主要有六个方面的内容:一是将仲裁裁决的含义及范围加以扩展,适用于所有自然人或者法人间产生的纠纷、由被申请承认与执行地所在国之外的国家或者地区所做的裁决,或者是在被申请承认与执行地所在国所做的裁决;二是规定仲裁协议必须采用书面形式,包括通过信函、电报等方式;三是规定缔约国必须承认外国所做裁决具有拘束力,并依照一定的程序和条件加以执行;四是规定申请承认和执行仲裁裁决的一方当事人,应提交仲裁裁决正本、仲裁条款或者协议的原本,必要时还应附有上述两项的译本;五是规定执行国法院拒绝承认和执行外国仲裁裁决的理由;六是裁决经裁决地国或者裁决所依据法律国家的主管机关撤销或者停止执行。

我国于1986年加入《纽约公约》,但做了两点保留:一是互惠保留,即在互惠的基础上只承认和执行公约缔约国领土内做出的仲裁裁决;二是商事保留,即只承认和执行根据中国法律认定为属于契约性和非契约性的商事仲裁裁决。

（二）我国关于承认与执行仲裁裁决的法律

我国《民事诉讼法》和《仲裁法》分别对中国涉外仲裁机构所做出裁决的执行程序和对外国仲裁机构做出的裁决在中国申请执行的程序做出了明确的规定。根据《民事诉讼法》的规定,经中国涉外仲裁机构做出的裁决,当事人不得再向法院起诉。如一方当事人不履行仲裁裁决的,对方当事人可以向败诉人住所地或者财产所在地的中级法院申请执行。《民事诉讼法》规定,外国仲裁机构做出的裁决,需要中国法院承认和执行的,应当由当事人直接向被执行人住所地或者财产所在地的中级法院申请,法院应当依照中国缔结或者参加的国际条约,或者按照互惠原则办理。

 案例分析

2021年10月,克里斯蒂安公司与汉莎福莱克斯公司签订《股权转让协议》,约定将其所持有的汉莎福莱克斯液压技术(上海)有限公司100%的股权以400万欧元转让给汉莎福莱克斯公司,汉莎福莱克斯公司需在协议签订后15日内将股权转让价款一次性转账支付给克里斯蒂安公司。协议生效后,克里斯蒂安公司配合汉莎福莱克斯公司进行股权转让事宜,汉莎福莱克斯公司已成为汉莎福莱克斯液压技术(上海)有限公司股东。但在协议约定的支付期限内,克里斯蒂安公司未收到汉莎福莱克斯公司的股权转让款,故将其上诉至上海市浦东新区人民法院,请求判令确认双方之间的《股权转让协议》解除,恢复克里斯蒂安公司原股权份额,并由汉莎福莱克斯公司协助办理股权变更登记。上海市浦东新区人民法院在本案审理过程中,委托上海经贸商事调解中心就双方争议进行调解。鉴于涉案双方均系外籍公民及法人,法院及调解机构邀请澳大利亚籍调解员主持双方的调解工作,最终,双方达成调解协议,同意解除股权转让协议,并由汉莎福莱克斯公司配合克里斯蒂安公司办理股权转让的审批及工商登记手续。

请你从学习者的视角分析,该法院的做法有何现实意义?为什么?

六、国际商事仲裁条款

（一）仲裁条款的拟定

仲裁条款的拟定,通常是在国际贸易合同中的仲裁条款项目中列明仲裁地点、仲裁机构、裁决效力、仲裁费等相关内容。

（二）订立仲裁条款时的注意事项

仲裁条款的订立应当注意三个方面:一是多数国家法律规定,在哪个国家仲裁就使用哪个国家的仲裁法规,所以尽量争取在中国仲裁;二是仲裁机构通常选择中国国际经济贸易仲裁委员会;三是裁决费用通常由败诉方支付。

 **实例展示**

业务情境

上海立达进出口有限公司与日本高村商社签订了一份男式短裤销售确认书,就达成的仲裁地点、仲裁机构、裁决效力和仲裁费等相关内容,在销售确认书的正文部分中用中文和英文两种文字拟定仲裁条款。

上海立达进出口有限公司创业团队根据我国《民法典》合同编的相关规定,参照其他进出口贸易公司的销售确认书的格式,用中文和英文两种文字拟定仲裁条款(见实例6-4)。

实例 6-4 销售确认书

上海立达进出口有限公司
SHANGHAI LIDA IMP. & EXP. CO., LTD.
No. 1 RENMIN ROAD SHANGHAI CHINA

TEL:021-65788811
FAX:021-65788812

销售确认书
SALES CONFIRMATION

S/C NO:2021039
DATE:May 2,2021

To Messrs:

TKAMRA TRADE CORPORATION
37 VICTORIA MACH,TOKYO JAPAN

下列签字双方同意按下列条款达成协议:
The undersigned sellers and buyers have agreed to close the following transaction as per terms and conditions stipulated below:

品名与规格 Commodity and Specification	数量 Quantity	单价 Unit price	金额 Amount
MEN'S DRILL SHORTS 100% COTTON S、M、L、XL、XXL	12000PCS	CIF TOKYO USD6.50	USD78000.00

包　　装:每条装入一只纸盒,20条不同尺码与颜色装入一只出口纸箱;纸箱长宽尺寸不能超过60厘米、50厘米。

PACKING:Each piece in a box, 20 pieces into an export carton with assorted sizes and colors. Maximum size of export carton:length 60cm, width 50cm.

唛　　头:主唛内容包括KKK、销售合同号、目的港和箱数;侧唛必须显示颜色、每箱件数、毛重和厂地。

MARKS:Shipping mark includes kkk s/c no., port of destination and carton number. Side mark must show the color, pieces per carton, gross weight and country of origin.

装运港:上海/SHANGHAI.
LOADING PORT:
目的港:东京/ TOKYO
DESTINATION:
装运期限:2021年6月30日前/ BEFORE JUNE 30,2021
TIME OF SHIPMENT:
分批装运:不允许/ NOT ALLOWED
PARTIAL SHIPMENT:

（续）

转　　船：不允许/ NOT ALLOWED

TRANSHIPMENT：

保　　险：按发票金额 110％投保 2009 年 1 月 1 日实行的海洋货物运输保险条款中的一切险。

INSURANCE：FOR 110 PERSENT OF INVOICE VALUE COVERING ALL RISKS AS PER OCEAN
　　　　　MARINE CARGO CLA USES OF THE DATED 1/1, 2009.

付款条件：即期信用证/ L/C AT SIGHT

TERMS OF PAYMENT：

一般条款：

GENERAL TERMS：

　　买方须于 2021 年 5 月 12 日前开出本批交易的信用证；否则，售方有权不经过通知取消本合同书，或向买方提出索赔。

　　The Buyer shall establish the covering Letter of Credit before May 12, 2021, falling which the Seller reserves the right to rescind without further notice, or to accept whole or any part of this Sales Contract non-fulfilled by the Buyer , or , to lodge claim for direct losses sustained, if any.

　　凡以 CIF 条件成交的业务，保额为发票价的 110％，投保险别以售货合同书中所开列的为限，买方如果要求增加保额或保险范围，应于装船前经卖方同意，因此而增加的保险费由买方负责。

　　For transactions conclude on C.I.F basis, it is understood that the insurance amount will be for 110％ of the invoice value against the risks specified in Sales Confirmation. If additional insurance amount or coverage is required, thc buyer must have consent of the Seller before Shipment, and the additional premium is to be borne by the Buyer.

　　由装运港中国海关签发的质量检验证书作为信用证项下议付所提交的单据的一部分，买方有权对货物的质量进行复验，复验费由买方负担。但若发现质量与合同规定不符时，买方有权向卖方索赔，并提供经卖方同意的公证机构出具的检验报告。索赔期限为货物到达目的港后 60 天内。

　　It's mutually agreed that the Inspection Certification of Quality issued by the China Customs at the port of shipment shall be part of the documents to be presented for negotiation under the relevant L/C. The buyers shall have the right to reinspect the quality of the cargo. The reinspection fee shall be borne by the Buyers. Should the quality be found not in conformity with that of the contract, the Buyers are entitled to lodge with the Sellers a claim which should be supported by survey reports issued by a recognized surveyor approved by the Sellers. The claim, if any, shall be lodged within 60 days after arrival of the goods at the port of destination.

　　如由于战争、地震或其他不可抗力的原因致使卖方对本合同项下的货物不能装运或迟延装运，卖方对此不负任何责任。但卖方应立即通知买方并出具由中国国际贸易促进委员会出具的证明书，以证明该不可抗力事件的发生。

　　If the shipment of the contracted goods is prevented or delayed in whole or in part by reason of war, earthquake or other causes of Force Majeure, the Seller shall not be liable. However, the Seller shall notify the Buyer a certificate issued by the China Council for the Promotion of International Trade attesting such event or events.

　　如买方提出索赔，凡属品质异议须于货到目的口岸之 60 日内提出，凡属数量异议须于货到目的口岸之 30 日内提出，对所装货物所提任何异议属于保险公司、轮船公司等其他有关运输或邮递机构，卖方不负任何责任。

　　In case of quality discrepancy, claim should be filed by the Buyer within 60 days after the arrival of the goods at port of destination; while for quantity discrepancy, claim should be filed by the Buyer within 30 days after the arrival of the goods at port of destination .It is understood that the seller shall not be liable for any discrepancy of the goods shipped due to causes for which the Insurance Company, other transportation organization or Post Office are liable.

仲裁条款

　　凡因执行本合同所发生的或与本合同有关的一切争议，双方应通过友好协商解决；如果协商不能解决，应提交上海中国国际经济贸易仲裁委员会，根据该会的仲裁规则进行仲裁。仲裁裁决是终局的，对双方都有约束力。仲裁费用除仲裁庭另有规定外，均由败诉方负担。

（续）

All disputes in connection with this contract or arising from the execution thereof, shall be amicably settled through negotiation in case no settlement can be reached between the two parties, the case under disputes shall be submitted to Shanghai International Economic and Trade Arbitration Commission for arbitration in accordance with its Rules of Arbitration. The arbitral award shall be final and binding upon both parties. The arbitration fee shall be borne by the losing party unless otherwise awarded by the arbitration court.

 **案例思政**

不辱使命　再谱新篇

【案例简介】

2018年3月17日,第十三届全国人民代表大会第一次会议表决通过了国务院机构改革方案,组建国家市场监督管理总局,不再保留国家工商行政管理总局、国家质量监督检验检疫总局、国家食品药品监督管理总局,其中出入境检验检疫管理职责和队伍划入海关总署,对外统一使用海关标识,设置统一的政策宣传设施。合并后入境将由原来9个环节合并为5个环节,出境由原8个环节合并3个环节,同时将海关与检验检疫的原旅客通道进行合并,监管检查设备统一使用,行李物品只接受一次查验。根据国务院机构改革的总体思路,划入出入境检疫检验管理职责和队伍后,新的海关全面承担着服务外贸发展、守护国门安全的重要职责。

【案例思政】

国家的长治久安取决于制度建设,深化国家机构改革正是国家全面制度建设的重要举措。中国特色社会主义进入新时代,中国国家和社会发展已经并将继续发生深刻变化,治理理政的任务更加艰巨,这都对国家机构设置及职能配置提出了新的要求,使之适应这些变革,将有助于提高行政效率,更好地推动社会全面进步。

复习与思考

一、单项选择题

1. 检验检疫证书是由(　　)对进口货物进行检验检疫合格后出具的。

A. 海关　　　　　　　　　　　　　　B. 检验检疫机构

C. 商务部　　　　　　　　　　　　　D. 质量检验检疫局

2. (　　)是对进出口商品的质量、规格、等级进行检验合格后出具的书面证明。

A. 品质检验证书　　　　　　　　　　B. 重量检验证书

C. 数量检验证书　　　　　　　　　　D. 熏蒸/消毒检验证明书

3. (　　)是对进出口商品的重量进行鉴定后出具的书面证明。

A. 兽医检验证书　　　　　　　　　　B. 重量检验证书

C. 数量检验证书　　　　　　　　　　D. 价值检验证书

4. （ ）是对出口木质包装或动物产品及食品经过高温或者消毒处理后出具的书面证书。

A. 残损检验证书   B. 产地检验证书

C. 价值检验证书   D. 熏蒸/消毒检验证明书

5. （ ）是指对原合同条款做部分的变更,使遭受不可抗力事件的当事人免除履行部分合同责任,或者延期履行合同责任。

A. 重新订立合同   B. 订立补充合同

C. 变更合同   D. 解除合同

6. 我国提供不可抗力证明的机构是（ ）。

A. 中国外贸协会   B. 中国商务部

C. 中国各地法院   D. 中国国际贸易促进委员会

7. （ ）是指一方违反合同致使另一方被剥夺了合同规定有权期待得到的东西。

A. 违约   B. 非根本性违约

C. 根本性违约   D. 共同性违约

8. 非根本性违约的救济方法是（ ）。

A. 实物修理   B. 实物替换

C. 解除合同   D. 损害赔偿

9. （ ）是指违约方对受损方所提出的赔偿要求进行处理的行为。

A. 理赔   B. 索赔

C. 赔偿   D. 解决方法

二、多项选择题

1. 检验检疫时间与地点的规定方法有（ ）。

A. 出口国装船前检验检疫

B. 进口国卸货后检验检疫

C. 运输中检验检疫

D. 出口国装运前检验检疫与进口国卸货后复验

2. 商品检验检疫条款主要包括（ ）等内容。

A. 检验检疫机构   B. 检验检疫时间

C. 检验检疫地点   D. 检验检疫证书

3. 引起不可抗力事件原因主要有（ ）等现象。

A. 洪水、火灾   B. 暴风雨、大雪

C. 地震   D. 战争、罢工

4. 构成不可抗力事件的条件有（ ）。

A. 在签订合同后发生的

B. 不是由于当事人故意或过失所造成的

C. 需要当事人共同处理的

D. 结果是当事人不能预见、避免和克服的

5. 不可抗力事件的处理方式有（ ）。

A. 重新订立合同   B. 订立补充合同

C. 变更合同   D. 解除合同

6. 不可抗力条款主要包括(   )等内容。

A. 不可抗力事件范围   B. 不可抗力事件通知期限与方式

C. 不可抗力事件处理方法   D. 出具证明的机构

7. 在交易中引起争议的原因有(   )。

A. 出口方违约   B. 进口方违约

C. 进出口双方都有违约   D. 第三方违约

8. 根本性违约的救济方法有(   )。

A. 实物修理   B. 实物替换

C. 解除合同   D. 损害赔偿

9. 我国《仲裁法》规定,仲裁庭可以由(   )名仲裁员组成。

A. 1   B. 2

C. 3   D. 4

10. 仲裁条款包括(   )等内容。

A. 仲裁地点   B. 仲裁机构

C. 裁决效力   D. 仲裁费

三、判断题

1. 出入境商品检验检疫机构必须是政府设立的,这样才具有公正性。   (   )

2. 海关实施的检验检疫范围仅仅是商品。   (   )

3. 为了保障我国卫生安全,海关必须对所有进口商品实施法定检验检疫。   (   )

4. 海关可以第三者公证人身份对进出口商品等进行检验鉴定。   (   )

5. 海关依法对进出口商品的收发货人、生产、经营、储运单位实施监督管理。   (   )

6. 不可抗力条款是指在合同中订明如当事人一方因不可抗力事件而不能履行合同义务的,免除其责任,另一方当事人不得对此要求损害赔偿。   (   )

7. 发生不可抗力事件的一方未采取合理措施给对方造成的损失,应承担相应责任。

                                                                              (   )

8. 发生不可抗力事件时,必须及时通知对方。   (   )

9. 索赔是指受损方向违约方提出要求给予损害赔偿的行为。   (   )

10. 仲裁机构的裁决因当事人的异议可以再审。   (   )

11. 仲裁条款是指争议发生后签订的。   (   )

12. 由3名仲裁员组成的仲裁庭,设首席仲裁员。   (   )

四、简答题

1. 简述拟定商品检验检疫条款应注意的问题。

2. 简述拟定不可抗力条款应注意的问题。

3. 简述拟定仲裁条款应注意的问题。

五、案例分析题

2021年6月,广州某电子有限公司与匈牙利某贸易公司签订了一份圣诞LED灯销售确认书,单价为每套1 000美元FOB广州,电汇预付20%货款,信用证支付余款,要求产品符合CE标准。随后,匈牙利某贸易公司根据销售确认书的要求支付了20%货款,并开出了以广州某电子有限公司为受益人的不可撤销信用证。9 月中旬,匈牙利某贸易公司派专员检查货物后装船起运,并在 10 月支付了货款。货物到达匈牙利后立即上市销售,在销售过程中被该地消费者权益保护部门例行随机抽查,认定被抽检到的产品不符合 CE 标准且存在严重的安全隐患,勒令匈牙利某贸易公司召回已销售的产品,并处以罚款。匈牙利某贸易公司向广州某电子有限公司发出律师发函要求退货,但是广州某电子有限公司一直不予理睬。

请分析,该案例通过何种途径解决为好? 为什么?

第七章　出口贸易合同履行

学习目标

◆ 了解办理出口货物运输托运、出口货物运输保险和出口货物报检报关的流程。

◆ 熟悉办理出口货物运输托运、出口货物运输保险、出口货物报检报关、结算手续的相关单证。

◆ 明确出口退税对我国出口贸易企业的积极作用。

◆ 掌握办理出口货物运输托运、出口货物运输保险、出口货物报检报关、结算手续的基本要求。

本 章 概 要

　　本章包括七部分内容:第一部分为订立出口贸易合同,介绍出口贸易合同成立的条件和出口贸易合同的生效;第二部分为审核信用证,介绍信用证审核的程序和内容;第三部分为申请原产地证书,介绍原产地证书的作用与种类、原产地证书申领的对象、申领条件和申领程序;第四部分为办理出口货物托运,介绍班轮运费的构成与计算、班轮货物运输的托运流程;第五部分为办理出口货物运输保险,介绍投保金额、保险费的构成与计算、海洋货物运输投保流程;第六部分为办理出口货物报检报关,介绍报检报关企业和出口货物报检报关;第七部分为办理结算与出口退税,介绍交单结汇和审核单据。

第一节　订立出口贸易合同

一、出口贸易合同成立的条件

　　根据我国《民法典》合同编规定,合同是否具有法律效力,还要视其是否具备了一定的条件。不具备法律效力的合同是不受法律保护的。一项有法律效力的合同必须同时具备下列五个条件。

（一）当事人必须具有订立合同的行为能力

合同双方当事人必须具有法律行为的能力。没有法律行为能力的人或者限制法律行为能力的人，都被视为没有签订合同能力的人，其所订立的合同视情况予以撤销或者宣布无效。

（二）当事人必须在自愿和真实的基础上达成协议

我国《民法典》总则编规定："民事主体从事民事活动，应当遵循自愿原则，按照自己的意思设立、变更、终止民事法律关系。"违背自愿和真实原则所达成的国际贸易合同在法律上是无效的。

（三）合同必须有对价

对价是指当事人为了取得合同利益所付出的代价。例如，买方为了得到卖方提供的货物必须支付货款，而卖方为了取得买方支付的货款必须交货，买方支付货款和卖方交货就是买卖合同的对价。没有对价的合同在法律上是无效的。

（四）合同标的必须合法

合同标的是指合同当事人双方权利和义务共同指向的对象，如货物、劳务、工程项目等。我国《民法典》总则编规定："民事主体从事民事活动，不得违反法律，不得违背公序良俗。"凡是违反法律、违反善良风俗或者道德的合同，不具有法律的效力。

（五）合同必须符合法律规定的形式

我国《民法典》合同编规定："当事人订立合同，可以采用书面形式、口头形式或者其他形式。书面形式是合同书、信件、电报、电传、传真等可以有形地表现所载内容的形式。以电子数据交换、电子邮件等方式能够有形地表现所载内容，并可以随时调取查用的数据电文，视为书面形式。"但是法律、行政法规规定或者当事人约定合同应当采用书面形式订立，当事人未采用书面形式，该合同不具有法律的效力。

二、出口贸易合同的生效

我国《民法典》合同编规定："依法成立的合同，自成立时生效，但是法律另有规定或者当事人另有约定的除外。依照法律、行政法规的规定，合同应当办理批准等手续的，依照其规定。"例如，必须经政府部门审核批准的合同，批准之日是其生效时间。

 **实例展示**

业务情境

上海立达进出口有限公司王祥经理与创业团队伙伴，根据与日本高村商社达成的男式全棉短裤各项交易条件，用中文和英文两种文字拟定销售确认书（一式两份），签章后扫描发送至日本高村商社。高村商社社长收到销售确认书后打印审核，核准无误后签章，扫描后发送上海立达进出口有限公司。进出口双方各持一份销售确认书，并作为合同履行的依据。

上海立达进出口有限公司王祥经理及其创业团队伙伴依据我国《民法典》合同编的相关规定，根据与日本高村商社达成的男式全棉短裤交易条件，参照其他进出口贸易公司的销售确认书的格式，用中文和英文两种文字拟定销售确认书（见实例7-1）。

实例 7-1　　　　　　　　　　销售确认书

上海立达进出口有限公司
SHANGHAI LIDA IMP. & EXP. CO., LTD.
No. 1 RENMIN ROAD SHANGHAI CHINA

TEL:021-65788811

FAX:021-65788812

销 售 确 认 书
SALES CONFIRMATION

S/C NO:2021039

DATE:MAY 2,2021

To Messrs:

TKAMRA TRADE CORPORATION

37 VICTORIA MACH, TOKYO JAPAN

下列签字双方同意按下列条款达成协议:

The undersigned sellers and buyers have agreed to close the following transaction as per terms and conditions stipulated below:

品名与规格 Commodity and Specification	数 量 Quantity	单 价 Unit price	金 额 Amount
MEN'S DRILL SHORTS 100% COTTON S、M、L、XL、XXL	12000PCS	CIF TOKYO USD6.50	USD78000.00

包　　装:每条装入一只纸盒,20 条不同尺码与颜色装入一只出口纸箱;纸箱长宽尺寸不能超过 60 厘米、50 厘米。

PACKING:Each piece in a box, 20 pieces into an export carton with assorted sizes and colors. Maximum size of export carton:length 60cm, width 50cm.

唛　　头:主唛内容包括 KKK、销售合同号、目的港和箱数;侧唛必须显示颜色、每箱件数、毛重和厂地。

MARKS:Shipping mark includes kkk s/c no., port of destination and carton number. Side mark must show the color, pieces per carton, gross weight and country of origin.

装 运 港:上海/SHANGHAI.

LOADING PORT:

目的港:东京/ TOKYO

DESTINATION:

装运期限:2021 年 6 月 30 日前/ BEFORE JUNE 30,2021

TIME OF SHIPMENT:

分批装运:不允许/ NOT ALLOWED

PARTIAL SHIPMENT:

转　　船:不允许/ NOT ALLOWED

TRANSHIPMENT:

保　　险:按发票金额 110% 投保 2009 年 1 月 1 日实行的海洋货物运输保险条款中的一切险。

INSURANCE:FOR 110 PERSENT OF INVOICE VALUE COVERING ALL RISKS AS PER OCEAN MARINE CARGO CLA USES OF THE DATED 1/1,2009.

付款条件:即期信用证/ L/C AT SIGHT

TERMS OF PAYMENT:

一般条款:

GENERAL TERMS:

买方须于 2021 年 5 月 12 日前开出本批交易的信用证;否则,售方有权不经过通知取消本合同书,或向买方提出索赔。

The Buyer shall establish the covering Letter of Credit before May 12,2021, falling which the Seller reserves the right to rescind without further notice, or to accept whole or any part of this Sales Contract non-fulfilled by the Buyer ,or ,to lodge claim for direct losses sustained, if any.

(续)

凡以 CIF 条件成交的业务,保额为发票价的 110%,投保险别以售货合同书中所开列的为限,买方如果要求增加保额或保险范围,应于装船前经卖方同意,因此而增加的保险费由买方负责。

For transactions conclude on C.I.F basis, it is understood that the insurance amount will be for 110% of the invoice value against the risks specified in Sales Confirmation. If additional insurance amount or coverage is required, the buyer must have consent of the Seller before Shipment, and the additional premium is to be borne by the Buyer.

由装运港中国海关签发的质量检验证书作为信用证项下议付所提交的单据的一部分,买方有权对货物的质量进行复验,复验费由买方负担。但若发现质量与合同规定不符时,买方有权向卖方索赔,并提供经卖方同意的公证机构出具的检验报告。索赔期限为货物到达目的港后 60 天内。

It's mutually agreed that the Inspection Certification of Quality issued by the China Customs at the port of shipment shall be part of the documents to be presented for negotiation under the relevant L/C. The buyers shall have the right to reinspect the quality of the cargo. The reinspection fee shall be borne by the Buyers. Should the quality be found not in conformity with that of the contract, the Buyers are entitled to lodge with the Sellers a claim which should be supported by survey reports issued by a recognized surveyor approved by the Sellers. The claim, if any, shall be lodged within 60 days after arrival of the goods at the port of destination.

如由于战争、地震或其他不可抗力的原因致使卖方对本合同项下的货物不能装运或迟延装运,卖方对此不负任何责任。但卖方应立即通知买方并出具由中国国际贸易促进委员会出具的证明书,以证明该不可抗力事件的发生。

If the shipment of the contracted goods is prevented or delayed in whole or in part by reason of war, earthquake or other causes of Force Majeure, the Seller shall not be liable. However, the Seller shall notify the Buyer a certificate issued by the China Council for the Promotion of International Trade attesting such event or events.

如买方提出索赔,凡属品质异议须于货到目的口岸之 60 日内提出,凡属数量异议须于货到目的口岸之 30 日内提出,对所装货物所提任何异议属于保险公司、轮船公司等其他有关运输或邮递机构,卖方不负任何责任。

In case of quality discrepancy, claim should be filed by the Buyer within 60 days after the arrival of the goods at port of destination; while for quantity discrepancy, claim should be filed by the Buyer within 30 days after the arrival of the goods at port of destination .It is understood that the seller shall not be liable for any discrepancy of the goods shipped due to causes for which the Insurance Company, other transportation organization or Post Office are liable.

凡因执行本合同所发生的或与本合同有关的一切争议,双方应通过友好协商解决;如果协商不能解决,应提交上海中国国际经济贸易仲裁委员会,根据该会的仲裁规则进行仲裁。仲裁裁决是终局的,对双方都有约束力。仲裁费用除仲裁庭另有规定外,均由败诉方负担。

All disputes in connection with this contract or arising from the execution thereof e, shall be amicably settled through negotiation in case no settlement can be reached between the two parties, the case under disputes shall be submitted to Shanghai International Economic and Trade Arbitration Commission for arbitration in accordance with its Rules of Arbitration. The arbitral award shall be final and binding upon both parties. The arbitration fee shall be borne by the losing party unless otherwise awarded by the arbitration court.

买方收到本售货合同书后请立即回签一份,如买方对本合同书有异议,应于收到后五天内提出,否则认为买方已同意接受本合同书所规定的各项条款。

The buyer is requested to sign and return one copy of the Sales Contract immediately after the receipt of same, Objection, if any, should be raised by the Buyer within five days after the receipt of this Sales Contract, in the absence of which it is understood that the Buyer has accepted the terms and condition of the sales Contract.

本合同经甲乙双方当事人签章后生效,一式两份,双方各持一份。

This contract is taken into effect after the signing of the parties to Party A and B, with two copies and one share of each party.

买方: 日本高村商社
THE BUYER: 高村

卖方: 上海立达进出口有限公司 合同专用章
THE SELLER: 王祥

第二节　审核信用证

一、信用证审核的程序

（一）领取信用证

在信用证支付方式条件下，通知行收到来自开证行开出的信用证后，先审查该银行的资信能力、付款责任和索汇路线，并鉴别信用证的真伪，核准无误后在信用证正本上加盖"证实书"戳印，然后向出口商寄送《信用证通知书》。出口商收到《信用证通知书》后，携带公司证明、个人身份证明、《信用证通知书》等指定材料到通知行领取信用证。通知行柜台业务人员核对领证人的各种信息后，交付信用证。

（二）审核信用证

出口商根据销售合同书或者销售确认书的内容，结合国际贸易惯例、《UCP600》和进口国有关法律的规定，逐项审核信用证的相关信息和各项条款的内容；若发现信用证有错误信息或者不可接受的内容则提出改证，通过进口商提出修改信用证的要求。进口商对改证内容确认无误后向开证行申请改证，由开证行出具修改信用证通知书。修改信用证通知书构成信用证的一部分，作可为议付结算的依据。

二、信用证审核的内容

信用证审核的内容主要有以下六个方面。

（一）品质、数量、包装

信用证对商品名称、品质、数量和包装的规定应当与出口贸易合同的相关内容保持一致，如出口商发现信用证与合同规定不符又不能接受的，应要求进口商更改信用证，以避免在交货时争议的发生。

（二）受益人、开证申请人的名称和地址

信用证对受益人、开证申请人的名称和地址的表述应当与出口贸易合同规定的内容相同，如出品商发现有表述不一致的现象，应当要求进口商更改信用证，以避免在议付时拒付的发生。

（三）金额与货币

信用证对金额与货币的表述应当与出口贸易合同规定的单价、总额和货币一致，如合同订有溢短装条款，信用证金额亦有相应的增减。

（四）运输条款

信用证对装运港、目的港、装运期、分批装运和转运等的表述应当与出口贸易合同的相关内容一致，如发现有表述不一致的现象，出口商应当要求进口商予以改证。

（五）单据条款

信用证所要求提供的单据种类、填写内容、文字说明、文件份数、填写方法等都要认真审核，凡是信用证要求的单据与我国政策相抵触或者根本办不到的，出口商应及时与对方联系修改。

（六）信用证装运期、有效期和到期地点

信用证规定的装运期必须与合同规定的时间相一致，如因来证太晚或者发生意外情况

而不能按时装运,出口商应及时电请进口商延迟装运期限;信用证仅规定有效期而未规定装运期时,应当视有效期为装运期,通常两者应有一定合理时间的间隔,以便装运货物后有充足的时间办理制单、结汇工作,是否需要改证,由出口商根据装运情况予以决定;到期地点一般要求在出口国境内,如规定到期地点在国外,因难以确定寄单的时间,通常不轻易接受。

 **实例展示**

业务情境

日本高村商社根据销售确认书的开证时间,在 2021 年 5 月 10 日前通过 FUJI BANK 开出信用证。中国银行上海分行收到信用证后进行审核,核准无误向上海立达进出口有限公司发出信用证通知书。王祥经理携带公司证明、个人身份证明前往通知行领取信用证正本,并组织创业团队一起根据销售确认书来审核信用证的相关信息和内容。

一、上海立达进出口有限公司收到信用证通知书

上海立达进出口有限公司近日收到中国银行上海分行发出的信用证通知书(见实例7-2)。

实例 7-2　　　　　　　　　　　**信用证通知书**

BANK OF CHINA SHANGHAI BRANCH
信用证通知书
Notification of Documentary Credit

To: 致:	WHENCORRESPONDING	W556678
SHANGHAI LIDA IMP. & EXP. CO., LTD. No.1 RENMIN ROAD SHANGHAI CHINA	PLEASE QUOTE OUR REF NO →	

Issuing Bank: 开证行 　FUJI BANK	Transmitted to us through 转递行/转让行

L/C No. 信用证号　　　Dated 开证日期 XT181073　　　　　　20210509	Amount 金额 　　　　USD 78000.00

Dear Sirs,
谨启者:
We advise you that we have received from the a/m bank a(n) letter of credit, contents of which are as per attached sheet(s).
兹通知贵司,我行收自上述银行信用证一份,现随附通知。
This advice and the attached sheet(s) must accompany the relative documents when presented for negotiation.
贵司交单时,请将本通知书及信用证一并提示。
This advice does not convey any engagement or obligation on our part unless we have added our confirmation.
本通知书不构成我行对此信用证的任何责任和义务,但本行对本证加具保兑的除外。
If you find any terms and conditions in the L/C which you are unable to comply with and or any error(s), it is suggested that you contact applicant directly for necessary amendment(s) so as to avoid any difficulties which may arise when documents are presented.
如本信用证中有无法办到的条款及/或错误,请径与开证申请人联系,进行必要的修改,以排除交单时可能发生的问题。
This L/C is advised subject to ICC UCP publication No.600.
本信用证之通知系遵循国际商会跟单信用证同意惯例第 600 号出版物办理。
This L/C consists of one sheet(s), including the covering letter and attachment(s).
本信用证连同面函及附件共 1 纸。
Remarks:
备注:

　　　　　　　　　　　　　　　　　　　　　　　　Yours faithfully,
　　　　　　　　　　　　　　　　　　　　For　BANK OF CHINA

二、上海立达进出口有限公司领取信用证

上海立达进出口有限公司王祥经理携带公司证明、个人身份证明和《信用证通知书》前往中国银行上海分行领取不可撤销信用证(见实例7-3)。

实例7-3　　　　　　　　　　不可撤销信用证

IRREVOCABLE DOCUMENTARY CREDIT

SEQUENCE OF TOTAL	*27 : 1 / 1
FORM OF DOC，CREDIT	*40 A: IRREVOCABLE
DOC. CREDIT NUMBER	*20 : XT181073
DATE OF ISSUE	31C : 210509
APPLICABLE RULES	40E: UCP LATEST VERSION
DATE AND PLACE OF EXPIRY	*31D: DATE 210731 AT BENEFICIARY'S COUNTERY
APPLICANT	*50 : TKAMLA TRADE CORPORATION
	6-7,KAWARA MACH ,TOKYO JAPAN
ISSUING BANK	52A: FUJI BANK
	13, SAKULA OTOLI MACHI OSAKA JAPAN
BENEFICIARY	*59 : SHANGHAI LIDA IMP. & EXP. CO. LTD.
	No.1 RENMIN ROAD SHANGHAI CHINA
AMOUNT	*32 B: CURRENCY USD AMOUNT 78000.00
AVAILABLE WITH / BY	*41 D: BANK OF CHINA SHANGHAI BRANCH
	BY NEGOTIATION
DRAFTS AT …	42 C: DRAFTS AT SIGHT FOR FULL INVOICE COST
DRAWEE	42 A: FUJI BANK
PARTIAL SHIPMENTS	43 P: ALLOWED
TRANSSHIPMENT	43 T: NOT ALLOWED
LOADING ON BOARD	44 A: SHANGHAI PORT
FOR TRANSPORTATION TO …	44 B: TOKYO PORT
LATEST DATE OF SHIPMENT	44 C: 210630
DESCRIPT OF GOODS	45 A: MEN'S DRILL SHORTS100% COTTON AS PER ORDER
	NO. 120.CIF TOKYO.
DOCUMENTS REQUIRED	46 A:

+ SIGNED COMMERCIAL INVOICE 4 COPIES.

+ FULL SET OF B/L CLEAN ON BOARD, MADE OUT TO ORDER OF SHIPPER AND BLANK
　ENDORSED AND MARKED　" FREIGHT PREPAID "AND NOTIFY APPLICANT.

+ PACKING LIST 4 COPIES.

+ CERTIFICATE OF ORIGIN GSP FORM A , ISSUED BY THE CHAMBER OF COMMERCE OR
　OTHER AUTHORITY DULY ENTITLED FOR THIS PURPOSE.

+ FULL SET OF NEGOTIABLE INSURANCE POLICY OR CERTIFICATE BLANK ENDORSED FOR
　110 PERCENT OF THE INVOICE VALUE COVERING ALL RISKS.

PERIOD FOR PRESENTATION	48: DOCUMENTS MUST BE PRESENTED WITHIN 15 DAYS
	AFTER THE DATE OF SHIPMENT.

三、上海立达进出口有限公司审核信用证

上海立达进出口有限公司王祥经理与创业团队一起根据销售确认书审核信用证，列出了修改信用证的内容（见实例7-4）。

实例7-4　　　　　　　　　　修改信用证的内容

序号	信用证错误内容	拟改证内容
1	50：TKAMLA TRADE CORPORATION 　　6-7，KAWARA MACH，TOKYO JAPAN	50：TKAMLA TRADE CORPORATION 　　37 VICTORIA MACH，TOKYO JAPAN
2	43 P：ALLOWED	43 P：NOT ALLOWED
3	45 A：ORDER NO. 120	45 A：ORDER NO. 121

第三节　申请原产地证书

一、原产地证书

原产地证书（certificate of origin）是指出口国指定机构出具的证明其出口货物为该国家原产的一种证明文件。我国出口货物原产地证书是指证明有关出口货物的原产地为中华人民共和国的证明文件。

（一）原产地证书的作用

原产地证书具有三个方面的作用：一是核定关税的依据；二是确定采用哪种非关税措施的依据；三是国家贸易统计和制定政策的依据。

（二）原产地证书的种类

原产地证书主要分为以下三类。

1. 优惠性原产地证书

优惠原产地证书是指出口产品在进口国海关享受关税减免待遇的证明产品原产国/地区的官方证书。其主要有以下9种。

1）普惠制原产地证书

普惠制原产地证书（FORM A）适用于对比利时、丹麦、英国、德国、法国、爱尔兰、意大利、卢森堡、荷兰、希腊、葡萄牙、西班牙、奥地利、芬兰、瑞典、波兰、捷克、斯洛伐克、拉脱维亚、爱沙尼亚、立陶宛、匈牙利、马耳他、塞浦路斯、斯洛文尼亚、保加利亚、罗马尼亚、克罗地亚、挪威、瑞士、新西兰、列支敦士登、土耳其、俄罗斯、白俄罗斯、乌克兰、哈萨克斯坦、加拿大和澳大利亚等39个发达国家出口的符合给惠国相关规定的产品。

相关链接

不对输日货物签发普惠制原产地证书

我国海关总署于2019年3月22日发布关于不再对输日货物签发普惠制原产地证书的公告，根据日本财务省决定自2019年4月1日起不再给予中国输日货物普惠制关税

（续）

优惠,我国也将从 2019 年 4 月 1 日起不再对输日货物签发普惠制原产地证书及相关日本进料加工证书。如果输日货物发货人需要原产地证明文件,可申请签发非优惠原产地证书。

2)《亚太贸易协定》原产地证书

《亚太贸易协定》原产地证书适用于对印度、韩国、孟加拉国和斯里兰卡出口并符合相关规定的产品。

3)《中国—东盟自由贸易协定》原产地证书

《中国—东盟自由贸易协定》原产地证书(FORM E)适用于对印度尼西亚、泰国、马来西亚、越南、菲律宾、新加坡、文莱、柬埔寨、缅甸、老挝等国出口并符合相关规定的产品。

4)《中国—巴基斯坦自由贸易协定》原产地证书

《中国—巴基斯坦自由贸易协定》原产地证书适用于我国出口到巴基斯坦的该优惠框架项下的产品凭此证书可获得巴基斯坦给予的关税优惠待遇。

5)《中国—智利自由贸易协定》原产地证书

《中国—智利自由贸易协定》原产地证书(FORM F)适用于我国出口到智利的《中国—智利自贸区协定》项下的产品享受智利给予的关税优惠待遇。

6)《中国—新西兰自由贸易协定》原产地证书

《中国—新西兰自由贸易协定》原产地证书适用于我国出口到新西兰的符合中国—新西兰自贸区原产地规则的产品享受新西兰给予的关税优惠待遇。

7)《中国—新加坡自由贸易协定》原产地证书

《中国—新加坡自由贸易协定》原产地证书适用于我国出口到新加坡的符合中国—新加坡自贸区原产地规则的产品享受新加坡给予的关税优惠待遇。

8)《中国—秘鲁自由贸易协定》原产地证书

《中国—秘鲁自由贸易协定》原产地证书适用于我国出口到秘鲁的符合中国—秘鲁自贸区原产地规则的产品享受秘鲁给予的关税优惠待遇。

9)《中国—哥斯达黎加自由贸易协定》原产地证明书

《中国—哥斯达黎加自由贸易协定》原产地证书适用于我国出口到哥斯达黎加的符合中国—哥斯达黎加自贸区原产地规则的产品享受哥斯达黎加给予的关税优惠待遇。

2. 非优惠性原产地证书

非优惠性原产地证书简称原产地证书,是指适用于实施最惠国待遇、反倾销和反补贴、保障措施、原产地标记管理、国别数量限制、关税配额等非优惠性贸易措施以及进行政府采购、贸易统计等活动中为确定出口货物原产于中华人民共和国境内所签发的书面证明文件。其主要有以下三种。

1)一般原产地证书

一般原产地证书是指我国出口产品在进口国/地区通关时需要提供的一种证明文件。它是进口国进行贸易统计等的依据。

2)加工装配证书

加工装配证书是指对全部或者部分使用了进口原料或者零部件而在中国进行了加

工、装配的出口货物,当其不符合中国出口货物原产地标准、未能取得原产地证书时,由签证机构根据申请单位的申请所签发的证明中国为出口货物加工、装配地的一种证明文件。

3）转口证书

转口证书是指经中国转口的外国货物,由于不能取得中国的原产地证书,而由中国签证机构出具的证明货物系他国原产、经中国转口的一种证明文件。

3. 专用原产地证书

专用原产地证书是国际组织或者国家根据政治和贸易措施的需要,针对某一特殊行业的特定产品规定的原产地证书。其有以下两种。

1）金伯利进程证书

金伯利进程证书是指实施金伯利进程证书制度成员国之间使用的,用来证明进出口毛坯钻石合法来源地的证明书。

2）输欧盟农产品原产地证书

输欧盟农产品原产地证书是指欧盟委员会为进口农产品而专门设计的原产地证书,如蘑菇罐头证书。

二、原产地证书的申领

（一）原产地证书的申领对象

申领原产地证书的单位有三类:一是在我国境内依法设立并享有对外贸易经营权的企业;二是从事来料加工、来样加工、来件装配和补偿贸易业务的企业;三是外商投资企业。

（二）原产地证书的申领条件

1. 申领单位注册

申领单位应持有营业执照、主管部门批准的对外经济贸易经营权证明文件和证明货物符合出口货物原产地标准的有关资料,向所在地签证机构办理备案登记手续,获取《原产地证书申请企业备案证》。

2. 申领人员注册

申领人员在申请单位注册时予以登记,经注册机构培训通过考核获取原产地证申领员证。

（三）原产地证书的申领程序

1. 申领时间

申领单位最迟在货物装运前3天向中国国际贸易促进委员会分会申请签发。

2. 申领材料

申领单位在申请时需要提供已缮制的商业发票一份、普惠制原产地证书申请书或者一般原产地证书申请书一份和经申请单位手签人员手签和加盖公章的普惠制原产地证书或者一般原产地证一式四份;如果含有进口成分的产品,还需提交产品成本明细单。

 **实例展示**

上海立达进出口有限公司王祥经理及其创业团队伙伴根据与日本高村商社达成的销售确认书和信用证的相关规定提供一般原产地证书,为此缮制商业发票(见实例 7-5)、一般原产地证书申请书(见实例 7-6)和一般原产地证书(见实例 7-7)。

实例 7-5　　　　　　　　　　　　　　**商业发票**

上海立达进出口有限公司
SHANGHAI LIDA IMP. & EXP. CO., LTD.

出口专用

TEL: 021-65788811　　No.1 RENMIN ROAD SHANGHAI CHINA　　发票代码: 3108204229
FAX: 021-65788812　　税务登记号: 310928374655　　INV NO: LD181107

COMMERCIAL INVOICE

DATE: MAY 10,2021

S/C NO: 2021039

L/C NO: XTi81073

TO: M/S

TKAMRA TRADE CORPORATION

37 VICTORIA MACH, TOKYO JAPAN

FROM ___SHANGHAI PORT___　　TO ___TOKYO PORT___

MARKS & NO	DESCRIPTIONS OF GOODS	QUANTITY	U/ PRICE	AMOUNT
KKK 2021039 TOKYO C/NO.1-600	MEN'S DRILL SHORTS AS PER ORDER NO. 121 EACH PIECE IN A BOX, 20 PIECES INTO AN EXPORT CARTON	12000PCS	CIF TOKYO USD6.50/PC	USD78000.00
TOTAL				USD78000.00

TOTAL AMOUNT: SAY US DOLLARS SEVENTY EIGHT THOUSAND ONLY.

WE HEREBY CERTIFY THAT THE CONTENTS OF INVOICE HEREIN ARE TRUE AND CORRECT.

SHANGHAI LIDA IMP. & EXP. CO. ,LTD.

李莉

实例 7-6 一般原产地证书申请书

中国贸促会上海分会
中国国际商会上海分会

一般原产地证明书／加工装配证明书
申 请 书

申请单位注册号：<u>3108855996</u>　证书号：<u>SH310202107</u>

申请人郑重申明：　　　　　　发票号：<u>1310008204222</u>

| 全部国产填上 P | P |
| 含进口成分填上 W | |

本人被正式授权代表本企业办理和签署本申请书。

本申请书及一般原产地证明书／加工装配证明书所列内容正确无误，如发现弄虚作假，冒充证书所列货物，擅改证书，愿按《中华人民共和国出口货物原产地规则》有关规定受惩处并承担法律责任。现将有关情况申报如下：

商品名称	男式短裤	H.S. 编码（八位数）	6203.4290
商品生产、制造、加工单位、地点		上海南汇服装有限公司 上海市南汇公路 123 号	
含进口成分产品主要制造加工工序			
商品 FOB 总值(以美元计)	77220.00	最终目的地国家／地区	日本
拟出运日期	2021 年 6 月 30 日	转口国（ 地区 ）	
包装数量或毛重或其他数量	600 箱		

贸易方式和企业性质	
贸易方式	企业性质
一般贸易	民营企业

现提交中国出口货物商业发票副本一份，报关单一份或合同/信用证影印件，一般原产地证明书／加工装配证明书一正三副，以及其他附件一份，请予审核签证。

申请单位盖章：　上海立达进出口有限公司专用章

申领人（签名） 李莉

电话：65788811

日期：2021 年 6 月 20 日

实例 7-7   一般原产地证书

1. Exporter (full name and address) SHANGHAI LIDA IMP. & EXP. CO.,LTD. No.1 RENMIN ROAD SHANGHAI CHINA			CERTIFICATE No.: CERTIFICATE OF ORIGIN OF THE PEOPLE'S REPUBLIC OF CHINA		
2. Consignee (full name, address, country) TKAMRA TRADE CORPORATION 37 VICTORIA MACH, TOKYO JAPAN					
3. Means of transport and route FROM SHANGHAI TO TOKYO BY SEA			5. For certifying authority use only		
4. . Country/Region Of Destination JAPAN					
6.Marks and numbers of packages KKK 2021039 TOKYO C/NO.1-600	7. Description of goods; number and kind of packages MEN'S DRILL SHORTS SAY TOTAL SIX HUNDRED（600）CARTONS ONLY *****************************	8.H.S Code 6203. 4290	9. Quantity or weight 12000PCS	10.Number and date of invoices LD181107 May 10,2021	
11. Declaration by the exporter The undersigned hereby declares that the above details and statements are correct; that all the goods were produced in China and that they comply with the Rules of Origin of the People's Republic of China 上海立达进出口有限公司专用章 SHANGHAI JUNE 23,2021 李莉 Place and date, signature and stamp of authorized signatory			12. Certification It is hereby certified that the declaration by the exporter is correct Place and date , signature and stamp of certifying authority		

第四节　办理出口货物托运

一、班轮运费

（一）班轮运费的构成

班轮运费是由基本运费和附加运费两部分构成的。

1. 基本运费

基本运费是指货物从装运港到卸货港所应收取的基本运费。它是构成全程运费的主要部分。基本运费的计算标准因各船公司费率表而不同。例如,中国远洋运输公司仅采用中国远洋运输集团公司第一号运价表,运费以美元计收,其基本运费的计算标准有以下七种:

(1) 按货物毛重计收运费:在运价表中用"W"表示,以 1 公吨或者 1 长吨或者 1 短吨收取费用。

(2) 按货物体积计收运费:在运价表中用"M"表示,一般以 1 立方米或者 40 立方英尺(合 1.132 7 立方米)收取费用。

(3) 按货物毛重或者体积从高计收:在运价表中以"W/M"表示,在两种计费标准中从高收费。

(4) 按商品价格计收:在运价表中以"A.V."表示,一般按货物的 FOB 价格的 $3\% \sim 5\%$ 收取。

(5) 按货物重量、尺码和价格从高计收:在运价表中用"W/M or A.V."表示。

(6) 按货物的件数计收:通常是按大型货物的计量单位计收。

(7) 临时议定价格:通常适用于大宗低值货物。

2. 附加运费

附加运费是对一些需要特殊处理的货物,或者由于突然事件的发生或者客观情况变化等原因而需要另外加收的费用。其主要有以下十种:

(1) 超重附加费。超重附加费(extra charges on heavy lifts)是指由于货物单件重量超过一定限度而加收的一种附加费。

(2) 超长附加费。超长附加费(extra charges on long lengths)是指单件货物的长度超过一定限度而加收的一种附加费。

(3) 直航附加费。直航附加费(direct additional)是指货物达到一定数量可直达到指定非班轮停挂的港口而增收的附加费。

(4) 转船附加费。转船附加费(transshipment additional)是指因中途转船运至指定目的港而增收的附加费。

(5) 港口拥挤费。港口拥挤费(port congestion surcharge)是指因卸货港拥挤导致卸货延长而增收的附加费。

(6) 港口附加费。港口附加费(port surcharge)是指因港口装卸条件差、速度慢或者港口费用高而增收的附加费。

(7) 燃油附加费。燃油附加费(bunker adjustment factor,BAF)是指因原油价格上涨而增收的附加费。

(8) 选港附加费。选港附加费(optional fees)是指在预先指定的卸货港中加以选择而增收的附加费。

(9) 变更卸货港附加费。变更卸货港附加费(alternation of destination charge)是指变更货物原定卸货港的情况下而增收的附加费。

(10) 绕航附加费。绕航附加费(deviation surcharge)是指因正常航道受阻,船舶必须绕道航行而增收的附加费。

（二）班轮运费的计算

首先，根据货物的英文名称在运价表的货物分级表中，查出该货物应属等级和计费标准；其次，从航线费率表中查出该货物的基本费率和所经航线、港口的有关附加费率；最后，根据运费吨计算出该批货物的运费总额。

【例 7-1】某公司出口 Detergents 洗衣粉 100 箱到西非某港口城市，每箱装 100 袋，每袋重量为 1 磅，外包装纸箱尺寸为长 47 cm、宽 39 cm、高 26 cm。请计算该批货物运费。

解：首先按洗衣粉的英文名字 Detergents 的字母顺序从运价表中查出属于 5 级货，按"M"标准计算；其次按航线查去西非航线的 5 级货每尺码吨基本运费为 367 美元，另加转船费 15%、燃油费 33%、港口拥挤费 5%。

计算公式为：

$$F = f \times (1 + \sum S) \times Q$$

（F 为总运费；f 为基本费率；S 为附加运费；$\sum S$ 为附加运费率之和；Q 为货运量）

将数据代入计算公式：

$$F = f \times (1 + \sum S) \times Q$$
$$= 367 \times [1 + (15\% + 33\% + 5\%)] \times (0.47 \times 0.39 \times 0.26)$$
$$\times 100$$
$$= 2\,676.04（美元）$$

二、班轮货物运输托运

托运人办理班轮货物运输托运的流程如下。

（一）委托货代公司办理订舱

托运人根据出口贸易合同的相关信息缮制商业发票、装箱单和订舱委托书，委托货代公司办理订舱手续。

（二）货代公司办理订舱

货代公司根据订舱委托书的要求缮制托运单，并向船务公司代办订舱。船务公司进行舱位登记，并向货代公司发送配舱回单。货代公司先将订舱信息告知出口商，通知其装箱时间，然后派集装箱卡车前往装箱，并将集装箱货物送到指定集装箱堆场，如为散货则送至货运站装箱。

 **实例展示**

业务情境

上海立达进出口有限公司根据销售确认书和信用证规定的装运时间选择国际货运代理公司，缮制订舱委托书，并随附商业发票和装箱单，委托其办理海洋出口货物的托运手续。

上海立达进出口有限公司王祥经理及其创业团队伙伴根据销售确认书和信用证的相关规定缮制订舱委托书（见实例 7-8），随附商业发票和装箱单（见实例 7-9），委托国际货运代理公司办理海洋出口货物托运手续。

实例 7-8　　　　　　　　　　　　金发货运订舱委托书

经营单位（托运人）	上海立达进出口有限公司			金 发 编 号		JF0181018	
提 单 B/ L 项 目 要 求	发 货 人：Shipper:	上海立达进出口有限公司					
	收 货 人：Consignee:	TO ORDER OF SHIPPER					
	通 知 人：Notify Party:	TKAMRA TRADE CORPORATION 37 VICTORIA MACH, TOKYO OJAPAN					
洋运费（√）Sea freight	预付(√) 或者（ ）到付 Prepaid or Collect		提 单 份数	3	提单寄送 地 址	上海市人民路 1 号	
起运港	SHANGHAI	目的港	TOKYO	可否转船	否	可否分批	否
集 装 箱 预 配 数		20'×1 40'×		装运期限	2021.6.30	有效期限	2021.6.30
标记唛码	包 装 件 数	中英文货号 Description of goods		毛 重 （千克）	尺 码 （立方米）	成 交 条 件 （总 价）	
KKK 2021039 TOKYO C/NO.1-600	600 箱	男式短裤 MEN'S DRILL SHORTS		3000	72	USD78000.00	
				特种货物 □ 冷藏货 □ 危险品	重 件：每件重量		
内装箱（CFS）地址	上海逸仙路 2960 号三号门 电话：6820682×215				大 件 （长×宽×高）		
				特种集装箱：（　　　　　　　　）			
门对门装箱地址	上海市汇南镇三门路 1 号			物资备妥日期	2021 年 6 月 20 日		
外币结算账号	085310668432			物资进栈：自送( ) 或金发派送(√)			
声 明 事 项				人民币结算单位账号	300834567321 上海立达进出口有限公司		
				托运人签章	王祥 专用章		
				电 话	65788811		
				传 真	65788812		
				联系人	李丽		
				地 址	上海市人民路 1 号		
				制 单 日 期：	2021 年 6 月 1 日		

实例 7-9　　　　　　　　　　装销单

上海立达进出口有限公司
SHANGHAI LIDA IMP. & EXP. CO., LTD.

TEL: 021-65788811　　No.1 RENMIN ROAD SHANGHAI CHINA　　发票代码: 1310008204222
FAX: 021-65788812　　　　　　　　　　　　　　　　　　　　INV NO: LD181107

PACKING LIST

DATE: MAY 10,2021
S/C NO: 2021039

TO: M/S

L/C NO: XT181073

TKAMRA TRADE CORPORATION
37 VICTORIA MACH, TOKYO JAPAN

MARKS	GOODS DESCRIPTION & PACKING	QTY (PCS)	G.W (KGS)	N.W (KGS)	MEAS (M³)
KKK 2021039 TOKYO C/NO.1-600	MEN'S DRILL SHORTS				
	S（NATURAL、BLACK）	2000	5 /500	4 /400	0.12/12
	M（NATURAL、BLACK）	2000	5/500	4 /400	0.12/12
	L（NATURAL、BLACK）	4000	5 /1000	4 /800	0.12/24
	XL（NATURAL、BLACK）	2000	5 /500	4 /400	0.12/12
	XXL（NATURAL、BLACK）	2000	5 /500	4 /400	0.12/12
	AS PER ORDER NO. 121 EACH PIECE IN A BOX, 20 PIECES INTO AN EXPORT CARTON				
TOTAL		12000	3000	2400	72

SAY TOTAL CARTONS: SIX HUNDRED ONLY

SHANGHAI LIDA IMP. & EXP. CO., LTD.

王祥

第五节　办理出口货物运输保险

一、投保金额

(一) 投保金额的构成

投保人在办理货物运输保险时,应向保险人申报投保金额。投保金额由货物 CIF 或者 CIP 价格和保险加成两部分构成。

1. CIF 或者 CIP 价格

CIF 或者 CIP 价格是由 FOB 价格、运费、保险费三者构成的。

2. 保险加成

保险加成是指按交易发票金额,增加若干百分比,这部分增加的保险金额是买方进行这笔交易所支付费用的预期利润。在国际货物买卖中,凡是按 CIF 或者 CIP 价格条件达成的合同,一般均规定投保金额,如果合同对此未做规定,按《INCOTERMS 2000》和《UCP600》

规定,卖方有义务按 CIF 或者 CIP 价格的总值另加 10％作为投保金额。如果买方要求加保超过 10％,卖方也可接受,但由此增加的保险费应由买方承担。

（二）投保金额的计算

投保金额的计算公式为：

$$投保金额 = CIF（或者 CIP）价格总值 \times（1 + 保险加成率）$$

如果以 FOB 、CFR（或者 FCA、CPT）价格成交,可先将 FOB 、CFR（或者 FCA、CPT）价格换算成 CIF（或者 CIP）价格,再计算投保金额。

【例 7-2】上海服装进出口公司与日商签订一份全棉男式衬衫销售合同。合同规定价格为 CIF 大阪每件 20 美元,成交数量为 100 000 件,按发票金额加一成投保一切险、战争险和罢工险。请计算该批货物的投保金额。

解：
$$投保金额 = 20 \times 100\ 000 \times（1 + 10％）$$
$$= 2\ 200\ 000（美元）$$

二、保险费

（一）保险费的构成

保险费由保险金额与保险费率构成。

1. 保险金额

保险金额又称为投保金额。其计算公式为：

$$保险金额 = CIF（或者 CIP）价格总值 \times（1 + 保险加成率）$$

2. 保险费率

保险费率是指计算保险费的百分率它是由保险人依据被保险货物的危险程度大小、损失率的高低和经营费用的多少确定的。目前,中国人民财产保险公司制定的出口货物保险费率表有"一般货物费率表"和"指明货物加费费率表"两大类。前者适用于所有的货物;后者仅指特别标明的货物。

（二）保险费的计算

保险费的计算公式为：

$$保险费 = 保险金额 \times 保险费率$$

【例 7-3】上海服装进出口公司与日商签订一份全棉男式衬衫销售合同。合同规定价格为 CIF 大阪每件 20 美元,成交数量为 100 000 件,按发票金额加一成投保一切险、战争险和罢工险,保险费率别为 1％与 0.2％。请计算该批货物的保险费。

解：
$$保险费 = 2\ 200\ 000 \times（1％ + 0.2％）$$
$$= 26\ 400（美元）$$

三、海洋货物运输投保

海洋货物运输投保的流程如下。

（一）委托国际货运代理公司代办

托运人根据出口贸易合同与信用证的相关规定,可以及时委托国际货运代理公司办理海洋货物货物运输保险手续,提交发票和投保单;也可以直接向出口地保险公司办理出口货物投保。

（二）保险公司接受投保业务

保险公司对投保单和发票进行审核,核准后根据投保的险别及约定的保险费率收讫保险费,并依据投保单的相关内容出具保险单。

 **实例展示**

业务情境

上海立达进出口有限公司根据销售确认书和信用证的相关规定办理海洋货物运输保险手续,缮制投保单,并随附商业发票,委托国际货运代理公司代办。

上海立达进出口有限公司王祥经理及其创业团队伙伴根据与日本高村商社达成的销售确认书和信用证的相关规定缮制投保单(见实例7-10),随附商业发票,委托国际货运代理公司办理海洋出口货物运输投保手续。中保财产保险有限公司上海市分公司接受该笔保险业务后,收取保险费,并出具保险单(见实例7-11)。

实例 7-10   **投保单**

中保财产保险有限公司上海市分公司

The People's Insurance (Property) Company of China, Ltd. Shanghai Branch

进出口货物运输保险投保单

Application From form I/E Marine Cargo Insurance

被保险人: Assured's Name	SHANGHAI LIDA IMP. & EXP. CO., LTD.			
发票号码（出口用）或者合同号码（进口用） Invoice No. or Contract No.		包装数量 Quantity	保险货物项目 Description of Goods	保险金额 Amount Insured
AS PER INVOICE NO. LD181107		600CARTONS	MEN'S DRILL SHORTS	USD85800.00

装载运输工具 __PUDONG__ 航次、航班或车号 __V.503__ 开航日期 __JUNE 30,2021__

Per Conveyance   Voy. No.   Slg. Date

自 __SHANGHAI__ 至 __TOKYO__ 转运地   赔款地 __TOKYO__

From   To   W/Tat   Claim Payable at

海洋 FOR 110% OF THE INVOICE VALUE COVERING ALL RISKS AS PER OCEAN MARINE CARGO
Condition & / or   CLAUSE OF THE P. I.C.C. DATED 1/1,2009.
Special Coverage

> 上海立达进出口有限公司
> 专用章

投保人签章及公司名称、电话、地址:
Applicant's Signature and Co.'s Name, Add. And Tel. No.
Shanghai SK Imp. & Exp. Co. , Ltd.
No.1 Renmin Road Shanghai China
TEL: 021-65788811   FAX: 021-65788812

备注: Remarks	投保日期:2021.6.18 Date

保险公司填写:	报单号:	费率:

实例 7-11　　　　　　　　　　　保险单

中保财产保险有限公司

The People's Insurance (Property) Company of China, Ltd.

发票号码
Invoice No. LD181107

保险单号次
Policy No.018118765

海洋货物运输保险单
MARINE CARGO TRANSPORTATION INSURANCE POLICY

被保险人
Insured:　SHANGHAI LIDA IMP. & EXP. CO., LTD.

中保财产保险有限公司（以下简称"本公司"）根据被保险人的要求，及其所缴付约定的保险费，按照本保险单承担的险别和背面所载条款与下列特别条款承保下列货物运输保险，特签发本保险单。

This policy of Insurance witnesses that The People's Insurance (Property) Company of China, Ltd. (hereinafter called "The Company"), at the request of the Insured and consideration of the premium paid by the Insures, undertakes to insure the under-mentioned goods in transportation subject to the condition of this Policy as per the Clauses printed overleaf and other special clauses attached hereon.

保险货物项目 Descriptions of Goods	包装　单位　数量 Parking　Unit　Quantity	保险金额 Amount Insured
MEN'S DRILL SHORTS	600CARTONS	USD85800.00

承保险别　For 110% Of The Invoice Value Covering All Risks As Per　货物标记 As Per Invoice No. LD181107
Condition　Ocean Marine Cargo Clause Of The P.I.C.C. Dated 1/1,2009.　Marks of Goods
总保险金额:
Total Amount Insured:　SAY US DOLLARS EIGHT-FIVE THOUSAND EIGHT HUNDRED ONLY
保费　　　　　　　运输工具　　　　　　　　开航日期:
Premium　As arranged　Per conveyance S. S　PUDONG V.503　Slg. On or abt　As Per B/L Date
起运港　　　　　　　　　　　目的港
From　SHANGHAI　　　To　　　　TOKYO

　　所保货物，如发生本保险单项下可能引起索赔的损失或者损坏，应立即通知本公司下述代理人查勘。如有索赔，应向本公司提交保险单正本（本保险单共有 2　份正本）及有关文件。如一份正本已用于索赔，其余正本则自动失效。

　　In the event of loss or damage which may result in a claim under this Policy, immediate notice must be given to the Company's Agent as mentioned hereunder. Claims, if any, one of the Original Policy which has been issued in TWO Original (s) together with the relevant documents shall be surrendered to the Company, If one of the Original Policy has been accomplished, the others to be void.

THE PEOPLE'S INSURANCE (PROPERTY) COMPANY OF CHINA, LTD. TOKYO BRANCH
98 LSKL MACHPSAKA TOKYO JAPAN
TEL：56-543657

The People's
Insurance （Property）
Company of China,
Ltd

中保财产保险有限公司
THE PEOPLE'S INSURANCE (PROPERTY) COMPANY OF CHINA, LTD.

赔款偿付地点
Claim payable at　TOKYO　IN USD
日期　　　　　　　　在
Date　JUNE 20,2021　　　at　SHANGHAI　General Menager:　凡玲
地址:
Address:

第六节 办理出口货物报检报关

一、报检报关企业

（一）报检企业

根据我国《出入境检验检疫报检企业管理办法》的规定，报检企业分为自理报检企业和代理报检企业。

1. 自理报检企业

自理报检企业是指向海关办理本企业报检业务的进出口货物收发货人，也包括出口货物的生产和加工单位。自理报检企业可以在我国境内口岸或者检验检疫监管业务集中的地点向海关办理本企业的报检业务，也可以委托代理报检企业，代为办理。

2. 代理报检企业

代理报检企业是指接受进出口货物收发货人委托，为其向海关办理报检业务的境内企业。代理报检企业的业务范围有四个方面：一是办理报检手续，代理报检企业接受委托办理报检手续时，应当向海关提交报检委托书；二是代缴纳检验检疫费，收据抬头为委托人；三是联系和配合海关实施检验检疫；四是领取检验检疫证单。

（二）报关企业

进出口货物报关企业是指经海关准予注册登记，以进出口货物收发货人名义或者接受进出口货物收发货人的委托以自己的名义，向海关办理报关业务或者从事报关服务的境内企业法人。其有以下两种类型。

1. 自理报关企业

自理报关企业是指完成对外贸易经营者和海关备案注册登记并经备案机构核准的，办理本企业进出口货物报关手续的境内外企业。

2. 代理报关企业

代理报关企业是指经营国际货物运输和报检代理等业务的，并经海关准予备案登记的，接受进出口货物收发货人的委托，以进出口货物收发货人名义或者以自己的名义向海关办理代理报关业务，从事报关服务的境内企业。其通常冠名"国际货运代理""国际物流""报关行""报关服务公司"等字样。

代理报关企业的业务范围有四个方面：一是办理报关手续，代理报关企业接受委托办理报关手续时，应当向海关提交代理报关委托书/委托报关协议；二是垫缴税款，收据抬头为委托人；三是联系和配合海关实施报关查验；四是领取有关单证，并将有关单证、文件归还委托人。

二、出口货物报检报关

（一）出境货物检验的类型

1. 法定检验

法定检验是指出入境检验检疫机构对列入《出入境检验检疫机构实施检验检疫的进出境商品目录》的出口商品以及法律、行政法规规定须经出入境检验检疫机构检验的出口商品实施检验。

2. 抽样检验

抽样检验是指出入境检验检疫机构对列入《出入境检验检疫机构实施检验检疫的进出境商品目录》以外的出口商品，根据国家规定实施抽查检验。

3. 指定检验

指定检验是指出入境检验检疫机构对出口药品的质量检验、计量器具的量值检定、锅炉压力容器的安全监督检验、船舶和集装箱的规范检验、飞机的适航检验、核承压设备的安全检验等项目，由有关法律、行政法规规定的机构实施检验。

4. 免予检验

免予检验是指出入境检验检疫机构对出境的样品、礼品、暂时出境的货物和其他非贸易性物品，免予检验。但是，法律、行政法规另有规定的除外。

（二）出境检验工作的内容

出入境检验检疫机构对出口商品实施检验的内容包括是否符合安全、卫生、健康、环境保护等要求，以及相关的品质、数量、重量等项目。

（三）出境检验验证管理

出入境检验检疫机构根据我国《商检法》相关的规定，对实施许可制度和国家规定必须经过认证的出口商品实行验证管理，查验单证，核对查验单证信息与实际货物是否相符。

实行验证管理的出口商品目录，由海关总署会同有关部门制定、调整并适时公布。

（四）出口货物报检报关

根据《中华人民共和国海关法》（以下简称《海关法》）相关的规定，出口货物由发货人在货物出境地海关办理海关手续，如果发货人向海关申请并经其同意后，可以在设有海关的启运地办理海关手续。办理出口货物的海关申报手续，应当采用纸质报关单和电子数据报关单的形式。

1. 申报时间

除海关特准，出口货物的发货人应当在货物运抵海关监管区后、装货的 24 小时以前，向海关申报。

2. 申报材料

出口货物的发货人应当向海关如实申报，交验出口许可证件和有关单证。国家限制进出口的货物，没有出口许可证件的，不予放行。

3. 出口货物报检报关环节

1）网上申报

出口商根据出口贸易合同的规定备齐出口货物后，由本企业报检报关人员缮制代理报检委托书、代理报关委托书/委托报关协议，委托代理报检报关企业或自行向直属海关办理出口货物报检报关手续。代理报检报关企业或自理报检报关企业报检报关人员登入"中国国际贸易单一窗口"，填写企业与出口货物报检报关相关信息，系统向海关企业管理内网发送申报数据。海关企业管理内网接收到申报数据后自动审核，并自动反馈审核结果。

2）现场核准报检报关单证

代理报检报关企业或者自理报检报关企业报检报关人员打印出经海关审核通过的报检报关单据，并携带商业发票、装箱单、出口贸易合同、报检单、报关单和符合海关监管条件所涉及的各类证件到口岸海关进行现场核准。

3）现场查验货物

报检报关单证经核准无误后，口岸海关核查部门根据有关规定对出口货物进行现场查验以确定申报内容与实际出口货物是否一致。现场核查工作人员根据查验的结果填写验货记录，并将其作为是否放行的依据。

4）征税、缴税

海关对出口货物查验通过后，根据我国有关规定向报检报关企业收取检验检疫等费用，征收关税，实施无纸通关，自行打印放行凭证，承载出口货物的运输企业凭其予以装运出境。

4. 出口货物报检报关流程

1）委托代理报检报关企业办理报检报关

出口商通常在出运前 7 天填写报检委托书、报关委托书并随附报检报关单证委托代理报关企业办理出口货物报检报关手续。

2）代理报检报关企业办理报检报关

代理报检报关企业接受该代理业务后在委托书上签章，安排出口货物运送到指定地点，并登录电子口岸报关系统，输入相关信息后进行网上申报，系统自动审核。在信息通过审核后，其携带报检报关材料到口岸海关进行现场核准。

3）海关现场查验货物

口岸海关核查人员先对出口货物进行现场核查，通过查验后向代理报检报关企业征收相关费用和关税，然后放行。

 实例展示

业务情境

上海立达进出口有限公司根据销售确认书和信用证规定的装运时间选择代理报关企业并办理出口货物报检报关手续，提交报检委托书、代理报关委托书/委托报关协议和报检报关单证。

上海立达进出口有限公司王祥经理及其创业团队伙伴根据与日本高村商社达成的销售确认书和信用证的相关规定缮制代理报检委托书（见实例 7-12）、代理报关委托书（见实例 7-13）和出口货物报关单（见实例 7-14），并随附商业发票和装箱单，委托上海金发报关专业有限公司办理出口货物报检报关手续。

实例 7-12 代理报检委托书

代理报检委托书

编号：JF190023

_____上海市_____海关

本委托人（备案号/组织机构代码 310683771943453/3101062278358009-8）保证遵守国家有关检验检疫法律、法规的规定，保证所提供的委托报检事项真实、单货相符；否则，愿承担相关法律责任。具体委托情况如下：

本委托人将于 _2021_ 年 _6_ 月间进口/出口如下货物：

（续）

品　名	男式短裤	HS 编码	6203.4290
数（重）量	12000 条	包装情况	每条装 1 纸盒，20 条装 1 纸箱
信用证/合同号	XT181073/ 2021039	许可文件号	
进口货物收货单位及地址		进口货物提/运单号	
其他特殊要求			

　　特委托__上海金发报关专业有限公司__（代理报检注册登记号__310683771234567__），代表本委托人办理上述货物的下列出入境检验检疫事宜：

　　☑1. 办理报检手续；

　　☑2. 代缴纳检验检疫费；

　　☑3. 联系和配合海关实施检验检疫；

　　☑4. 领取检验检疫证单。

　　□5. 其他与报检有关的相关事宜_____

　　联系人：_____方 欣_____

　　联系电话：_____65788811_____

　　本委托书有效期至__2021__年__6__月__30__日　　　委托人（加盖公章）

　　　　　　　　　　　　　　　　　　　　　　　　　2021 年 6 月 20 日

受托人确认声明

　　本企业完全接受本委托书。保证履行以下职责：

　　1. 对委托人提供的货物情况和单证的真实性、完整性进行核实；

　　2. 根据检验检疫有关法律法规规定办理上述货物的检验检疫事宜；

　　3. 及时将办结检验检疫手续的有关委托内容的单证、文件移交委托人或其指定的人员；

　　4. 如实告知委托人检验检疫部门对货物的后续检验检疫及监管要求。

　　如在委托事项中发生违法或违规行为，愿承担相关法律和行政责任。

　　联系人：_____景发_____

　　联系电话：__58403212__　　　　　　　　　受托人（加盖公章）

　　　　　　　　　　　　　　　　　　　　　　　　　2021 年 6 月 20 日

实例 7-13　　　　　代理报告委托书

代理报关委托书

编号：1820987649

上海金发报关专业有限公司　：

　　我单位现　A　（A. 逐票；B. 长期）委托贵公司代理　A、C、E　等通关事宜［A. 填写申报；B. 申请、联系和配合实施检验检疫；C. 辅助税款；D. 代缴税款；E. 设立手册（账册）；F. 申办减免税手续核销手册（账册）；G. 领取相关单证；H. 其他]，详见《委托报关协议》。

　　我单位保证遵守海关有关法律、法规、规章，保证所提供的情况真实、完整、单货相符。无侵犯他人知识产权的行为，否则，愿承担相关法律责任。

　　本委托书有效期自签字之日起至 2021 年 6 月 30 日止。

委托方（签章）：

上海立达进出口有限公司
专用章

法定代表或其授权签署《代理报关委托书》的人（签字）：　王祥

2021 年 6 月 22 日

委 托 报 关 协 议

为明确委托报关具体事项和各自责任，双方经平等协议商定协议如下：

委托方	上海立达进出口有限公司	被委托方	上海金发报关专业有限公司	
主要货物名称	男式短裤	*报关单编号	NO.	
H.S 编码	6203.4290	收到单证日期	2021 年 6 月 22 日	
进/出口日期	2021 年 6 月 30 日	收到单证情况	合同 ☑	发票 ☑
提（运）单号	COS181123		装箱清单 ☑	提（运）单 ☐
贸易方式	一般贸易		加工贸易手册 ☐	许可证件 ☐
数（重）量	12000 条		其他	
包装情况	20 条装 1 纸箱			
原产地 / 货源地	上海			
		报关收费	人民币：	元
其他要求：		承诺说明：		
背面所列通用条款是本协议不可分割的一部分，对本协议的签署构成了对背面条款的同意。		背面所列通用条款是本协议不可分割的一部分，对本协议的签署构成了对背面条款的同意。		
委托方签章： 上海立达进出口有限公司 专用章 经办人签字：王祥 联系电话：65788811　　2021 年 6 月 22 日		被委方签章： 上海金发报关专业有限公司 业务专用章 报关员人员签名：王莉 联系电话：56987452　　2021 年 6 月 22 日		

中国报关协议监制

（续）

委托报关协议背面：

委托报关协议通用条款

委托方责任

委托方应及时提供报关报检所须的全部单证，并对单证的真实性、准确性和完整性负责，并保证没有侵犯他人知识产权的行为。

委托方负责在报关企业办结海关手续后，及时、履约支付代理报关费用，支付垫支费用，以及因委托方责任产生的滞报金、滞纳金和海关等执法单位依法处以的各种罚款。

委托方负责按照海关要求将货物运抵指定场所。

负责与被委托方报关员一同协助海关进行查验，回答海关的询问，配合相关调查，并承担产生的相关费用。

委托方在被委托方无法做到报关前提取货样的情况下，承担"单货相符"的责任。

被委托方责任

被委托方负责解答委托方有关向海关申报的疑问。

被委托方负责对委托方提供的货物情况和单证的真实性、完整性进行"合理审查"。审查内容包括：①证明进出口货物实际情况的资料，包括进出口货物的品名、规格、数（重）量、包装情况、用途、产地、贸易方式等。②有关进出口货物的合同、发票、运输数据、装箱单等商业单据。③进出口所需的许可证件及随附单证。④海关要求的加工贸易（纸质或者电子数据的）及其他进出口单证。

被委托方因确定货物的品名、归类等原因，经海关批准，可以看货或者提取货样。

被委托方在接到委托方交付齐备的随附单证后，负责依据委托方提供的单证，按照《中华人民共和国海关进出口报关单填制规范》认真填制报关单，承担"单单相符"的责任，在海关规定和本委托报关协议中约定的时间内报关，办理海关手续。

被委托方负责及时通知委托方共同协助海关进行查验，并配合海关开展相关调查。

被委托方负责支付因报关企业的责任给委托方造成的直接经济损失，所产生的滞报金、滞纳金和海关等执法单位依法处以的各种罚款。

被委托方负责在本委托书约定的时间内将办结海关手续的有关委托内容的单证、文件交还委托方或者其指定的人员（详见《委托报关协议》"其他要求"栏），并如实告知委托方一个货物的后续检验检疫及监管要求。

赔偿原则

被委托方不承担因不可抗力给委托方造成损失的责任。因其他过失造成的损失，由双方自行约定或者按国家有关法律、法规、规章的规定办理。由此造成的风险，委托方可以投保方式自行规避。

不承担的责任

签约双方各自不承担因另外一方原因造成的直接经济损失，以及滞报金、滞纳金和相关罚款。

法律强制

本协议的任一条款与《中华人民共和国海关法》及有关法律、法规不一致时，应以法律、法规、规章为准，但不影响本协议其他条款的有效性。

协商解决事项

变更、中止本协议或双方发生争议时，按照《中华人民共和国民法典》合同编有关规定及程序处理。因签约双方以外的原因产生的问题或报关业务需要修改协议条款，应协商订立补充协议。双方可以在法律、法规、规章准许范围内另行签署补充条款，但补充条款不得与本协议的内容相抵触。

实例 7-14　　　　　　　　　　　　报关单

中华人民共和国海关出口货物报关单

预录入编号：22010190E123456789　　　　　　　海关编号：220120210 E123987654

境内发货人 上海立达进出口有限公司 3110965711	出境关别 吴淞海关 2202	出境日期 2021.6.30		申报日期 2021.6.22	备案号
境外收货人 TKAMRA TRADE CORPORATION	运输方式 水路运输 2	运输工具名称及航次号 COSCO987654/COS753		提运单号 COS181123	
生产销售单位 上海南汇服装有限公司 12100000425204123M	监管方式 一般贸易 0110			许可证号	
合同协议号 2018039	贸易国（地区） 日本 116	运抵国（地区） 日本 116		指运港 东京 JPTOK	离境口岸 吴淞海关 2202

包装种类 纸箱 4M2	件数 600	毛重（千克） 3000	净重（千克） 2400	成交方式 CIF 1	运费 502/500/3	保费 502/25/3	杂费

随附单据及编号

标记唛码及备注　　KKK
　　　　　　　　　2021039
　　　　　　　　　TOKYO
　　　　　　　　　C/NO.1-600

项号 商品编号 商品名称及规格型号	数量及单位	单价/总价/币制	原产国（地区）	最终目的国（地区）	境内货源地
01 6203429012 男式全棉短裤	3000 千克				
S、M、L、XL、XXL	12000 条	6.50/78000/USD	中国	日本 116	浦东

报关入员 方欣 报关人员证号22010190E987653421 电话 65788811 兹声明以上内容承担如实申报、依法纳税之法律责任 申报单位 上海金发报关专业有限公司 申报单位（签章）　　　上海金发报关专业有限公司 　　　　　　　　　　　　公章	海关批注及签章 放行章

第七节　办理结算

一、交单结汇

交单结汇是指出口商在信用证有效期和交单期内缮制商业汇票,并随附信用证条款规定的单据向议付银行进行议付。

（一）议付单据

议付单据主要包括以下七种。

1. 商业汇票

商业汇票是出票人签发的,委托付款人在见票时或者在指定日期无条件支付确定金额给收款人或者持票人的票据。商业汇票是一种代替现金的支付工具,一般有两张正本,具有同等效力,付款人付一不付二、付二不付一,先到先付,后到无效。

2. 商业发票

商业发票（commercial invoice）是卖方向买方签发的载明货物的品质、数量、包装和价格,并凭以索取货物的凭证。

3. 装箱单

装箱单（packing list）又称包装单、码单,是用来说明货物包装细节的清单。

4. 普惠制原产地证书

普惠制原产地证书（FORM A）是指发达国家给予发展中国家或者地区在经济、贸易方面的一种非互利的特别优惠待遇。

5. 海运提单

海运提单（bill of lading, B/L）是货物的承运人或其代理人收到货物后,签发给托运人的一种证件。它用来说明货物运输有关当事人之间的权利与义务。

6. 保险单

保险单（insurance policy）是指保险人签发的正式凭证。它是保险契约成立的重要证明,也是出口商结汇的主要单据之一。

7. 装运通知

装运通知（shipping advice）是指出口商向进口商发出的关于出口货物的装运时间、船名、装船日期、货名、数量、提单号码等内容的通知书。

二、审核单据

（一）审核依据

议付单据审核的依据有三个方面:一是信用证支付条件下的单据,必须符合信用证的相关规定,未有相关规定的,可参照出口贸易合同条款的有关内容;二是其他支付条件下的单据,必须符合出口贸易合同的有关内容;三是如有特殊要求,应参照相应文件或者资料。

（二）审核要求

议付单据要达到单证一致、单单一致、单同一致、单货一致，确保出口结汇的顺利。

 **实例展示**

业务情境

上海立达进出口有限公司在信用证约定的有效期和交单期内，按照信用证规定的议付单证向中国银行上海分行提交商业发票、装箱单、普惠制原产地证书（FORM A）、海运提单、保险单、装运通知和商业汇票并办理议付。

上海立达进出口有限公司王祥经理及其创业团队伙伴在信用证编号为 XT181073 的有效期和交单期内，缮制商业汇票（见实例 7-15），随附商业发票（见实例 7-16）、装箱单（见实例 7-17）、普惠制原产地证书（FORM A）（见实例 7-18）、海运提单（见实例 7-19）、海洋货物运输保险单（见实例 7-20）和装运通知（见实例 7-21），向中国银行上海分行办理议付手续。中国银行上海分行核准全套议付单证后，根据商业汇票的金额将款项转账至上海立达进出口有限公司的账户。

实例 7-15 信用证

BILL OF EXCHANGE

凭
Drawn under ___FUJI BANK___

不可撤销信用证
Irrevocable L/C No. ___XT181073___

Date ___May 9, 2021___ 支取 Payable With interest @ ___%___ 按 息 付款

号码 汇票金额 上海
No. ___LD181107___ Exchange for ___USD78000.00___ Shanghai ___JULY 10,2021___

见票 日后（本汇票之副本未付）付交 金额
AT ___*＊＊.＊＊＊___ sight of this FIRST of Exchange （Second of Exchangebeing unpaid）
Pay to the order of ___BANK OF CHINA SHANGHAI BRANCH___ the sum of
SAY US DOLLARS SEVENTY EIGHT THOUSAND ONLY.

款已收讫
Value received _____
此致
To FUJI BANK
  13, SAKULA OTOLI MACHI OSAKA JAPAN

SHANGHAI LIDA IMP.&EXP.CO.,LTD
SHANGHAI LIDA IMP. & EXP. CO., LTD.
王祥

实例 7-16   商业发票

上海立达进出口有限公司
SHANGHAI LIDA IMP. & EXP. CO., LTD.

No.1 RENMIN ROAD SHANGHAI CHINA

税务登记号：310928374655

出口专用

TEL：021-65788811

FAX：021-65788812

发票代码：3108204229

INV NO：LD181107

COMMERCIAL INVOICE

DATE：May 10,2021

S/C NO：2021039

TO: M/S

TKAMRA TRADE CORPORATION

37 VICTORIA MACH, TOKYO JAPAN

L/C NO：XT181073

FROM   SHANGHAI PORT   TO   TOKYO PORT

MARKS & NO	DESCRIPTIONS OF GOODS	QUANTITY	U/ PRICE	AMOUNT
KKK 2021039 TOKYO C/NO.1-600	MEN'S DRILL SHORTS AS PER ORDER NO. 121 EACH PIECE IN A BOX, 20 PIECES INTO AN EXPORT CARTON	12000PCS	CIF TOKYO USD6.50/PC	USD78000.00
TOTAL				USD78000.00

TOTAL AMOUNT：SAY US DOLLARS SEVENTY EIGHT THOUSAND ONLY..

WE HEREBY CERTIFY THAT THE CONTENTS OF INVOICE HEREIN ARE TRUE AND CORRECT

SHANGHAI LIDA IMP. & EXP. CO., LTD.

王祥

实例 7-17　　　　　　　装箱单

上海立达进出口有限公司
SHANGHAI LIDA IMP. & EXP. CO., LTD.

TEL：021-65788811　　　No.1 RENMIN ROAD SHANGHAI CHINA　　　发票代码：1310008204222

FAX：021-65788812　　　　　　　　　　　　　　　　　　　　INV NO：LD181107

PACKING LIST

DATE：MAY 10,2021

TO: M/S

S/C NO：2021039

L/C NO：XT181073

TKAMRA TRADE CORPORATION

37 VICTORIA MACH, TOKYO JAPAN

MARKS	GOODS DESCRIPTION & PACKING	QTY (PCS)	G.W (KGS)	N.W (KGS)	MEAS (M³)
	MEN'S DRILL SHORTS				
KKK	**S**（NATURAL、BLACK）	2000	5 /500	4 /400	0.12/12
2021039	**M**（NATURAL、BLACK）	2000	5 /500	4 /400	0.12/12
TOKYO	**L**（NATURAL、BLACK）	4000	5 /1000	4 /800	0.12/24
C/NO.1-600	**XL**（NATURAL、BLACK）	2000	5 /500	4 /400	0.12/12
	XXL（NATURAL、BLACK）	2000	5 /500	4 /400	0.12/12
	AS PER ORDER NO. 121 EACH PIECE IN A BOX, 20 PIECES INTO AN EXPORT CARTON				
TOTAL		12000	3000	2400	72

SAY TOTAL CARTONS：SIX HUNDRED ONLY

上海立达进出口有限公司
业务专用章

SHANGHAI LIDA IMP. & EXP. CO., LTD.

王祥

实例 7-18 普惠利原产地证书

1. Goods consigned from (Exporter's business name, address, country) SHANGHAI LIDA IMP. & EXP. CO., LTD. No.1 RENMIN ROAD SHANGHAI CHINA	Reference No.: 20 2187463454 **GENERALIZED SYSTEM OF PREFERENCE** **CERTIFICATE OF ORIGIN** (COMBINED DECLARATION AND CERTIFICATE)
2. Goods consigned to (Consignee's name, address, country) TKAMRA TRADE CORPORATION 37 VICTORIA MACH, TOKYO JAPAN	**FORM A** ISSUED IN THE PEOPLE'S REPUBLIC OF CHINA (COUNTRY) SEE NOTES OVERLEAF
3. Means of transport and route (as far as known) FROM SHANGHAI TO TOKYO BY SEA	4. For official use

5.Item number	6.Marks and numbers of packages	7.Number and kind of packages; description of goods	8.Origin criterion (see notes overleaf)	9.Gross weight or other quantity	10.Number and date of invoices
1	KKK 2021039 TOKYO C/NO.1-600	MEN'S DRILL SHORTS SAY TOTAL SIX HUNDRED （600）CARTONS ONLY *****************************	" P "	3000KGS	LD181107 MAY 10,2021

11.Certification It is hereby certified , on the basis of control carried out ,that the declaration by the exporter is correct	12.Declaration by the exporter The undersigned hereby declares that the above details and statements are correct; that all the goods were produced in **CHINA** (country) and that they comply with the origin requirements specified for those goods in the Generalized System of Preference for goods exported to JAPAN (importing country) 上海立达进出口有限公司 专用章 李丽 SHANGHAI JUNE 23, 2021
Place and date, signature and stamp of certifying authority	Place and date , signature of authorized signatory

175

实例 7-19　　　　　　　海运提单

Shipper SHANGHAI LIDA IMP. & EXP. CO., LTD. No.1 RENMIN ROAD SHANGHAI CHINA	B/L NO. COS181123　　　　　　　**ORIGINAL**

	中 国 对 外 贸 易 运 输 总 公 司 CHINA NATIONAL FOREIGN TRADE TRANSPORT CORPORATION

Consignee or order TO ORDER OF SHIPPER	直 运 或 者 转 船 提 单 **BILL OF LADING DIRECT OR WITH TRANSHIPMENT**

Notify address TKAMRA TRADE CORPORATION 37 VICTORIA MACH, TOKYO JAPAN	SHIPPED on board in apparent good order and condition (unless otherwise indicated) the goods or packages specified herein and to be discharged or the mentioned port of discharge of as near there as the vessel may safely get and be always afloat. 　　THE WEIGHT, measure, marks and numbers quality, contents and value, being particulars furnished by the Shipper, are not checked by the Carrier on loading. 　　THE SHIPPER, Consignee and the Holder of this Bill of Lading hereby expressly accept and agree to all printed, written or stamped provisions, exceptions and conditions of this Bill of Loading, including those on the back hereof. 　　IN WITNESS where of the number of original Bill of Loading stated below have been signed, one of which being accomplished, the other(s) to be void.

Pre-carriage by	Port of loading SHANGHAI	
Vessel COSO98	Port of transshipment	
Port of discharge TOKYO	Frail destination	

Container Seal No. or marks and Nos.	Number and kind of packages Designation of goods	Gross weight (kgs.)	Measurement (m³)
TEXU3120345 KKK 2021039 TOKYO C/NO.1-600	MEN'S DRILL SHORTS SAY SIX HUNDRED (600) CARTONS ONLY 　TOTAL ONE 20' CONTAINER 　CY TO CY 　FREIGHT PREPAID	3000KGS	72CBM

REGARDING TRANSHIMENT　INFORMATION PLEASE CONTACT	Freight and charge FRIGHT PREPAID

Ex. rate	Prepaid at	Fright payable at SHANGHAI	Place and date of issue SHANGHAI　JUNE 30, 2021
	Total Prepaid	Number of original Bs/L THREE	Signed for or on behalf of the Master 丁毅　　as Agent

实例 7-20　　　　　　海洋货物运输保险单

中保财产保险有限公司

The People's Insurance (Property) Company of China, Ltd.

发票号码
Invoice No. LD181107

保险单号次
Policy No.018118765

海洋货物运输保险单
MARINE CARGO TRANSPORTATION INSURANCE POLICY

被保险人
Insured:　SHANGHAI LIDA IMP. & EXP. CO. LTD.

中保财产保险有限公司（以下简称本公司）根据被保险人的要求，及其所缴付约定的保险费，按照本保险单承担的险别和背面所载条款与下列特别条款承保下列货物运输保险，特签发本保险单。

This policy of Insurance witnesses that The People's Insurance (Property) Company of China, Ltd. (hereinafter called "The Company"), at the request of the Insured and consideration of the premium paid by the Insures, undertakes to insure the under-mentioned goods in transportation subject to the condition of this Policy as per the Clauses printed overleaf and other special clauses attached hereon.

保险货物项目 Descriptions of Goods	包装　单位　数量 Parking　Unit　Quantity	保险金额 Amount Insured
MEN'S DRILL SHORTS	600CARTONS	USD85800.00

承保险别　For 110% Of The Invoice Value Covering All Risks As Per　货物标记 As Per Invoice No. LD181107
Condition　Ocean Marine Cargo Clause Of The P.I.C.C. Dated 1/1,2009.　Marks of Goods

总保险金额：
Total Amount Insured:　SAY US DOLLARS EIGHT-FIVE THOUSAND EIGHT HUNDRED ONLY

保费　　　As arranged　　运输工具　　　　　　　　开航日期：
Premium　　　　　　　　Per conveyance S.S　PUDONG V.503　Slg. On or abt　As Per B/L Date

起运港　　　　　　　　　　目的港
From　　SHANGHAI　　　　　To　　　　　TOKYO

所保货物，如发生本保险单项下可能引起索赔的损失或损坏，应立即通知本公司下述代理人查勘。如有索赔，应向本公司提交保险单正本（本保险单共有 2 份正本）及有关文件。如一份正本已用于索赔，其余正本则自动失效。

In the event of loss or damage which may result in a claim under this Policy, immediate notice must be given to the Company's Agent as mentioned hereunder. Claims, if any, one of the Original Policy which has been issued in TWO Original (s) together with the relevant documents shall be surrendered to the Company, If one of the Original Policy has been accomplished, the others to be void.

THE PEOPLE'S INSURANCE (PROPERTY) COMPANY OF CHINA, LTD. TOKYO BRANCH
98 LSKL MACHPSAKA TOKYO JAPAN
TEL: 56-543657

The People's
Insurance（Property）
Company of China,
Ltd

中保财产保险有限公司
THE PEOPLE'S INSURANCE (PROPERTY) COMPANY OF CHINA, LTD.

赔款偿付地点
Claim payable at　TOKYO　IN USD
日期　　　　　　　　在
Date　JUNE 25, 2021　　at　　SHANGHAI　General Menager: 凡玲
地址：
Address:

实例 7-21　　　　　　　　　**装运通知**

SHANGHAI LIDA IMP. & EXP. CO. LTD.

TEL: 021-65788811　　　　No.1 RENMIN ROAD SHANGHAI CHINA　　　INV NO: LD181107

FAX: 021-65788812

SHIPPING ADVICE

DATE: JUNE 30,2021

S/C NO: 2021039

TO: M/S　　　　　　　　　　　　　　　　　　　　　　　L/C NO: XT181073

TKAMRA TRADE CORPORATION

37 VICTORIA MACH, TOKYO JAPAN

DEAR SIRS:

WE HEREBY INFORM YOU THAT THE GOODS UNDER THE ABOVE MENTIONED CREDIT HAVE BEEN SHIPPED. THE DETAILS OF THE SHIPMENT ARE STAED BELOW.

		SHIPPING MARKS
COMMODITY:	MEN'S DRILL SHORTS	KKK
NUMBER OF CTNS:	600CARTONS	2021039
TOTAL GROSS WEIGHT:	3000KGS	TOKYO
OCEAN VESSEL:	COSO987654	C/NO.1-600
B/L NO.:	COS181123	
PORT OF LOADING:	SHANGHAI	
DATE OF DEPARTURE:	JUNE 30, 2021	
DESTINATION:	TOKYO PORT	

SHANGHAI SK IMP. & EXP. CO., LTD.

王祥

 **案例思政**

中国品牌　世界共享

【案例简介】

品牌是企业、国家综合竞争力的重要体现,发展品牌经济有利于我国从经济大国向经济强国转变,为实现中华民族伟大复兴的中国梦奠定更加坚实的基础。从中国制造到中国创造,从中国速度到中国质量,一大批"颜值"与实力兼具的中国名牌产品在国际市场上崭露头角,成为彰显国家实力和形象的闪亮名片。从智能手机到白色家电,从穿戴产品到出行品牌,品质让品牌更富"颜值",科技让品牌更具"硬核",匠心让品牌更有"底气",中国企业在世界各地续写着"中国创造"的当代诗篇。走出去的不仅是产品、技术,还有标准。2007—2016 年,我国参与制定的国际标准累计达 1 705 项,助力中国品牌国际化。2017 年,国务院同意将每年 5 月 10 日设立为"中国品牌日",向世界宣告中国品牌建设的坚定信心,中国品牌正阔步前行。

（续）

【案例思政】

习近平总书记在 2014 年 5 月 10 日提出"推动中国制造向中国创造转变、中国速度向中国质量转变、中国产品向中国品牌转变"。近年来,全社会品牌发展意识不断增强,品牌创建成为越来越多市场主体的自觉行动,我们要大力弘扬专业精神与工匠精神,追求卓越,培育更多优秀中国品牌,通过出口贸易和跨境电子商务的载体让世界享有更好的中国产品与服务。

复习与思考

一、单项选择题

1. 国家法律法规规定必须经政府部门审核批准的合同,其生效时间是（   ）之日起。

A. 批准 　　　　　　　　　　　　B. 签订合同

C. 接受 　　　　　　　　　　　　D. 发盘

2. 信用证到期地点一般都要求在（   ）境内。

A. 外国 　　　　　　　　　　　　B. 出口国

C. 进口国 　　　　　　　　　　　D. 第三方

3. 开证行同意修改信用证,出具（   ）。

A. 信用证 　　　　　　　　　　　B. 修改信用证通知书

C. 信用证复印件 　　　　　　　　D. 新的信用证

4. 出口商在收到通知行发出的（   ）后才能去领取信用证 。

A. 信用证告知书 　　　　　　　　B. 通知书

C. 银行通知书 　　　　　　　　　D. 信用证通知书

5. 下列各项中,属于优惠性原产地证书的是（   ）。

A. 一般原产地证书 　　　　　　　B. 输欧盟农产品原产地证

C. 普惠制原产地证书 　　　　　　D. 加工装配证书

6. 下列各项中,属于非优惠性原产地证书的的是（   ）。

A. 一般原产地证书 　　　　　　　B. 输欧盟农产品原产地证

C. 普惠制原产地证书 　　　　　　D. 加工装配证书

7. 下列各项中,不属于申请普惠制原产地证书所需材料的是（   ）。

A. 装箱单 　　　　　　　　　　　B. 发票

C. 普惠制原产地证书申请书 　　　D. 普惠制原产地证书

8. 委托国际货运代理公司办理班轮货物运输托运手续所需提交的单据是（   ）。

A. 订舱委托书 　　　　　　　　　B. 配舱回单

C. 海运提单 　　　　　　　　　　D. 原产地证书

9. 保险加成通常是 CIF 或者 CIP 价格总值的（   ）。

A. 20%   B. 5%

C. 10%   D. 15%

10. 下列各项中,不属于办理报关手续需要提交的单据是(   )。

A. 发票   B. 装箱单

C. 产地证   D. 报关单

11. 出口退税是国家税务机关将出口离境货物在国内生产与流通环节中已征的(   )返还给出口企业。

A. 增值税   B. 所得税

C. 中间税款   D. 关税

12. 装运通知是(   )缮制的。

A. 出口商   B. 进口商

C. 国际货运代理公司   D. 船公司

二、多项选择题

1. 下列各项中,不具有行为能力的人包括(   )。

A. 不到法定年龄的人   B. 限制法律行为能力的人

C. 精神病患者   D. 年满 18 周岁且身体正常的自然人

2. 审核信用证的主要依据有(   )。

A. 销售确认书   B. 国际贸易惯例

C. UCP600   D. 进口国有关法律

3. 信用证的有效期可视为与(   )同一个时期。

A. 发货期   B. 出口期

C. 装运期   D. 有效期

4. 通知行在收到来自开证行的信用证后,应审查其(   )。

A. 银行资信能力   B. 付款责任

C. 索汇路线   D. 鉴别信用证的真伪

5. 进口商收到《信用证通知书》后,携带(   )等指定材料到通知行领取信用证。

A. 公司证明   B. 个人身份证明

C. 信用证通知书   D. 鉴别信用证的真伪

6. 原产地证作用有(   )。

A. 公司的证明   B. 核定关税的依据

C. 确定采用哪种非关税措施的依据   D. 国家贸易统计和制定政策的依据

7. 原产地证主要分为(   )。

A. 优惠性原产地证书   B. 非优惠性原产地证书

C. 专用原产地证书   D. 非专用原产地证书

8. 具有办理报关资质的企业有(   )。

A. 事业单位   B. 自理报关企业

C. 代理报关企业   D. 任何企业

9. 下列各项中,属于出口货物退税范围的有(   )。

A. 外贸企业出口产品   B. 外贸生产企业出口产品

C. 非外贸生产企业出口产品   D. 国外进口商品

10. 单证工作要求应当做到( )。

A. 发票与合同一致   B. 单证一致

C. 单单一致   D. 单同一致

三、判断题

1. 国际贸易合同只要进出口双方签章,就具有法律效力。   ( )

2. 没有对价的合同在法律上是无效的。   ( )

3. 违背自愿和真实原则所达成的国际贸易合同在法律上是无效的。   ( )

4. 进出口双方中只要有 1 位当事人不具有订立合同行为能力的,其所签订的国际贸易合同无效。   ( )

5. 不违反法律但违反公共秩序的合同同样具有法律的效力。   ( )

6. 修改信用证通知书构成信用证的一部分,作可为议付结算的依据。   ( )

7. 凡是信用证要求单据与我国政策相抵触或根本办不到的,出口商应及时改证。

    ( )

8. 如果出口贸易合同订有溢短装条款,信用证金额亦不得有相应的增减。   ( )

9. 只要根据信用证所要求的主要单据填写,也能被议付银行所接受。   ( )

10. 获得申领员证的企业人员才有资质申领原产地证。   ( )

11. 保险加成部分增加的保险金额是买方进行这笔交易所支付费用的预期利润。

    ( )

12. 保险加成部分必须是 CIF 或者 CIP 价格总值的 10%。   ( )

四、简答题

1. 简述审核信用证的主要内容。

2. 简述出口贸易合同成立的条件。

3. 简述出口货物报检报关环节。

4. 简述出口退税业务的基本流程。

五、案例分析题

2018 年,南宁海关共立案查办"洋垃圾"案件 41 起,涉案"洋垃圾"2.55 万吨;农产品案件 485 起,涉案农产品 4.92 万吨;冻品、活体禽畜走私大案 9 起,涉案冻品 1.22 万吨、生猪 17.66 万头、活牛 3 万头、斗鸡 1 万只;涉税商品案件 512 起,涉案烟酒 2.76 万件;枪毒案件 20 起,涉案枪支 3 支及毒品 9.2 千克;濒危动植物及其制品案件 34 起,涉案象牙及其制品 329.63 千克、犀牛角 40.51 千克、犀牛皮 272.7 千克等。此外,南宁海关还打掉洋垃圾走私团伙 5 个、生猪活牛走私团伙 7 个、冻品走私团伙 6 个,抓获犯罪嫌疑人 90 余名。

请结合案例分析海关反走私综合治理工作的重要性。

第八章　进口贸易合同履行

学习目标

◆ 了解办理国际多式联运、进口货物运输保险和进口货物报检报关手续及相关单证。
◆ 熟悉开立信用证的依据、时间和付款赎单的基本内容。
◆ 明确进口货物运输预约保险合同的主要作用。
◆ 掌握办理国际多式联运、进口货物运输保险和进口货物报检报关业务的基本要求。

本 章 概 要

　　本章包括六部分内容:第一部分为订立进口贸易合同,介绍进口贸易磋商和进口贸易合同的订立;第二部分为开立信用证,介绍外汇购买和信用证开立的依据、时间和流程;第三部分为办理进口货物国际多式联运,介绍国际多式联运业务、国际多式联运合同的签订;第四部分为办理进口货运保险,介绍进口货物运输保险的类型、进口货物运输预约保险合同;第五部分为办理进口货物报检报关,介绍付款赎单、进口货物报检报关。

第一节　订立进口贸易合同

一、进口贸易磋商

(一) 收集进口商品信息

1. 线上收集采购商品信息

　　进口企业可以通过自己公司的独立网站、注册的行业营销网站和第三方跨境电子商务网站等途径收集欲采购商品的价格、品质、包装和交货等信息,并对国家或者地区、出口商名称、商品名称、商品规格等方面进行分析归类。

2. 线下收集进口商品信息

进口企业可以通过参加中国进出口商品交易会、中国华东进出口商品交易会和中国国际进口博览会（见图 8-1）等途径，与外商进行面对面的洽谈，直接获取第一手商品信息。

图 8-1　中国国际进口博览会

（二）调研进口商品市场

进口企业根据其市场地位、经营目标和经营范围对进口贸易市场进行深入调研，除了需求商品的类型、规格和品质，还要了解出口国家的政治经济环境和交易环境，撰写书面调研报告，作为进口贸易计划制订的基本依据。

（三）进口交易磋商

进口商根据目标客户开展交易磋商主要有四个环节：一是进口商根据进出口商品市场调研的结果，选择合适的进口商并发送询盘，询问采购商品交易条件；二是出口商收到进口商的询盘后及时给予报价，包括商品品质、包装方式、成交价格、支付方式、交货方式等具体内容；三是进口商收到报价并对报价内容进行研究分析，根据自己的实际需求和定价目标对报价提出修改意见，即还盘；四是如果进口商直接同意报价中提出的各项交易条件并愿按这些条件与对方达成交易，或者出口商同意进口商的还盘条件，构成了接受，合同即告成立。

二、进口贸易合同的订立

根据我国《民法典》合同编的规定，进口贸易合同的成立必须满足五个条件：一是当事人必须具有订立合同的行为能力；二是当事人必须在自愿和真实的基础上达成协议；三是合同必须有对价；四是合同标的必须合法；五是合同必须符合法律规定的形式。当进出口双方当事人对交易条件达成一致意见并签名盖章后，进口贸易合同从该日起生效。

 **实例展示**

业务情境

上海立达进出口有限公司王祥经理及其创业团队伙伴通过公司网站、中国商品网站和第三方跨境电商平台敦煌网发布采购各款运动鞋的信息。近日,在敦煌网电商平台注册的该公司店铺收到加拿大皮特贸易公司男式运动鞋供货信息,通过对该商品的品质、款式和价格等方面的信息分析后,决定向该公司进口男式运动鞋,在与加拿大皮特贸易公司进行交易磋商并达成各项交易条件后拟定购货确认书。

上海立达进出口有限公司王祥经理及其创业团队伙伴依据我国《民法典》合同编的相关规定,根据与加拿大皮特贸易公司达成的男式运动鞋交易条件,参照其他进出口贸易公司的购货确认书的格式,用中文和英文两种文字拟定购货确认书(见实例8-1)。

实例 8-1 　　　　　　　　　　　　　**购货确认书**

购 货 确 认 书
PURCHASE CONTRACT

P/C NO: 20210512
DATE: May 20,2021

买　方:
The Buyer: SHANGHAI LIDA IMP. & EXP. CO., LTD.
　　　　　No.1 RENMIN ROAD SHANGHAI CHINA
　　　　　TEL: 021-65788811 　　FAX: 021-6578881

卖　方:
The Seller: PT. IMP. & EXP. CO., LTD.
　　　　　No. 310 VICTORIA ROAD MONTREAL CANADA
　　　　　TEL: 001-514-6415 　　FAX: 001-514-6416

本合同由买卖双方订立,根据本合同规定的条款,买方同意购买,卖方同意出售下述商品 This Contract is made by and between the Buyer and Seller, whereby the Buyer agrees to buy and the Seller agrees to sell the under-mentioned commodity according to the terms and conditions stipulated below.

1.商品名称、规格、数量及单价
COMMODITY, SPECIFICATIONS, QUANTITY AND UNIT PRICE.

品名与规格 Commodity and Specification	数　量 Quantity	单　价 Unit price	金　额 Amount
MEN'S SNEAKERS BRAND WEILAI	20000 PAIRS	FCA MONTREAL USD40.00	USD800000.00

2. 原产地国与制造商: 加拿大、皮特制鞋有限公司
COUNTRY OF ORIGIN & MANUFACTURER: CANADPITER、SHOEMAKING CO., LTD.

3. 包 装:每双装入一只纸盒,20 双不同尺码与颜色装入一只出口纸箱;纸箱长宽尺寸不能超过70CM、60CM
PACKING: EACH PAIR IN A BOX, 20 PAIRS INTO AN EXPORT CARTON, WITH ASSORTED SIZES AND COLORS MAXIMUM SIZE OF EXPORT CARTONS: LENGTH60CM WIDTH 50CM

4. 唛 头: 主唛包括 PT、销售合同号、目的地和箱数,由卖方提供
MARKS: SHIPPING MARK INCLUDES PT S/C NO., AIRPORT OF DESTINATION AND CARTON NO NO., BY THE SELLER'S OPINION

5.装运日期:2021 年 6 月 20 日前
DELIVERY: BEFORE JUNE 20, 2021

（续）

6. 启运地： 蒙特利尔机场
AIRPORT OF DEPARTURE: MONTREAL AIRPORT

7. 目的地： 中国浦东机场
AIRPORT OF DESTINATION: PUDONG AIRPORT CHINA

8. 运 输： 由买方办理
TRANSPORT: BY THE BUYER

9. 付款条件：即期信用证
TERMS OF PAYMENT: L/C AT SIGHT

10. 保 险： 由买方办理
INSURANCE: BY THE BUYER

11. 单 据： 卖方提供下列单据至结汇银行
DOCUMENTS: THE SELLER SHALL PRESENT THE FOLLOWING DOCUMENTS TO THE PAYING BANK

1）签字的商业发票三份，注明合同号
THREE COPIES OF SIGNED COMMERCIAL INVOICE INDICATING CONTRACT NUMBER

2）装箱单三份
THREE COPIES OF PACKING LIST

3）品质证书一式两份，由厂商签发
TWO COPIES OF CERTIFICATE OF QUALITY ISSUED BY MANUFACTURER.

12. 一般条款：
GENERAL TERMS:

买方须于 2021 年 5 月 31 日前开出本批交易的信用证；否则，卖方有权不经过通知取消本合同书，或者向买方提出索赔。
The Buyer shall establish the covering Letter of Credit before MAY 31,2021, falling which the Seller reserves the right to rescind without further notice, or to accept whole or any part of this Sales Contract non-fulfilled by the Buyer ,or , to lodge claim for direct losses sustained, if any.

本合同书内所述全部或者部分商品，如因人力不可抗拒的原因，以致不能履约或者延迟交货，卖方概不负责。
The Seller shall not be held liable for failure of delay in delivery of the entire lot or a portion of the goods under this Sales Contract consequence of any Force Majeure incidents.

凡因执行本合同所发生的或者与本合同有关的一切争议，双方应通过友好协商解决；如果协商不能解决，应提交上海国际经济贸易仲裁委员会，根据该会的仲裁规则进行仲裁。仲裁裁决是终局的，对双方都有约束力。仲裁费用除仲裁庭另有规定外，均由败诉方负担。
All disputes in connection with this contract or arising from the execution thereof, shall be amicably settled through negotiation in case no settlement can be reached between the two parties, the case under disputes shall be submitted to Shanghai International Economic and Trade Arbitration Commission for arbitration in accordance with its Rules of Arbitration. The arbitral award is final and binding upon both parties. The arbitration fee shall be borne by the losing party unless otherwise awarded by the arbitration court.

买方在开给卖方的信用证上请填注本合同书号码。
The Buyer is requested always to quote the number of this sales contract in the letter of Credit to be opened in favour of the Seller.

买方收到本售货合同书后请立即签回一份，如买方对本合同书有异议，应于收到后五天内提出，否则认为买方已同意接受本合同书所规定的各项条款。
The buyer is requested to sign and return one copy of the Sales Contract immediately after the receipt of same, Objection, if any, should be raised by the Buyer within five days after the receipt of this Sales Contract, in the absence of which it is understood that the Buyer has accepted the terms and condition of the sales Contract.

本合同经甲乙双方当事人签章后生效,一式两份,双方各持一份。
This contract is taken into effect after the signing of the parties to Party A and B, with two copies and one share of each party.

买方： 王祥   卖方： PETER
THE BUYER: THE SELLER:

第二节　开立信用证

一、外汇购买

中国本位币是人民币,在发生外币交易后支付外币时需要用人民币去购换成外币支付。外汇购买是指转账交易,用账户上的本币兑换外币,兑换后的外币还在账户上或者银行卡上,不提取现钞。进口商购买外汇时需要填写购买外汇申请书,银行凭其办理购汇。

二、信用证开立

(一) 开立信用证的依据

开证银行开立信用证的依据主要包括开证申请书、国际贸易惯例、《UCP600》和进口国有关的法律法规。

(二) 开立信用证的时间

进口商应当在购货合同规定的开证时限内向属地能被出口商所接受的银行申请开证,如果合同未规定开证日期,则应在合理时间内开证,一般为装运期前 30～45 天,以便出口商在收到信用证后有较宽裕的时间安排装运。

(三) 开立信用证的流程

进口商根据购货合同条款规定的内容填写开证申请书和进口付汇核查凭证,一并向开证银行提交。开证银行审核进口贸易合同和开证申请书,收取保证金和开证费用后开立信用证,将正本信用证寄送通知行,副本信用证交付进口商。

 实例展示

业务情境

上海立达进出口有限公司与加拿大皮特贸易公司签订了购货确认书后,要求出口商出具形式发票用于购买该批交易所支出的外汇。形式发票收到后,上海立达进出口有限公司填写购买外汇申请书,并随附形式发票向中国银行上海分行申请购汇;与此同时,向中国银行上海分行申请开立信用证。

一、上海立达进出口有限公司购买美元

上海立达进出口有限公司收到加拿大皮特贸易公司出具的形式发票(见实例 8-2)后,根据购货确认书的和发票的金额填写购买外汇申请书(见实例 8-3),向中国银行上海分行申请购买该批交易所支付的 80 万美元。

二、上海立达进出口有限公司申请开证

上海立达进出口有限公司王祥经理提出的购汇申请得到核准后,根据购货确认书的相

关信息填写开证申请书(见实例8-4),并将保证金和开证费一并向中国银行上海分行转账。中国银行上海分行根据开证申请书的内容开出不可撤销即期议付信用证,并通过出口地的通知行交付加拿大皮特贸易公司。

实例 8-2　　　　　　　　　　　形式发票

PT. IMP. & EXP. CO., LTD.

No. 310 VICTORIA ROAD MONTREAL CANADA

PROFORMA　INVOICE

TEL: 001-514-6415	（WITHOUT ENGAGEMENT）	P/I NO.: 202111012
FAX: 001-514-6416		DATE:　MAY 25, 2021
		P/C NO:　20210512

CONSIGNEE:

SHANGHAI LIDA IMP. & EXP. CO., LTD.

FROM _____MONTREAL CANADA_____ TO _____SHANGHAI, CHINA_____

DELIVERY: BEFORE JUNE 20, 2021

DESCRIPTIONS OF GOODS	QUANTITY	UNIT　PRICE	AMOUNT
MEN'S SNEAKERS		FCA MONTREAL	
BRAND WEILAI	20000 PAIRS	USD40.00	USD800000.00
EACH PAIR IN A BOX, 20 PAIRS			
INTO AN EXPORT CARTON			

SAY US DOLLARS EIGHT HUNDRED THOUSAND ONLY.

TERMS: 100% PAYMENT BY IRREVOCABLE DOCUMENTARY CREIDT AT SIGHT

| This invoice is supplied to enable you to apply | PT. IMP. & EXP. CO., LTD. |
| For the necessary import license to be valid up to | **PETER** |

实例 8-3　　　　　　　　　　　购买外汇申请书

购买外汇申请书

中国银行　　__上海__　　分（支）行:

　　我公司为执行第　__20210512__　号合同项下对外支付,需向贵行购汇。现按外汇局有关规定向贵行提出下述内容及所附文件,请审核并按实际付汇日牌价办理售汇。所需人民币资金从我公司在贵行账户 __300834567321__ 中支付。

　　1. 购汇金额:　USD800000.00

　　2. 用　　途:　☑进口商品　　口从附费用　　口索退赔款　　口其他

　　3. 支付方式:　☑信用证　　口托收　　口汇款（口货到付款　　口预付货款）

　　4. 商品名称:　男士运动鞋

　　5. 数　　量:　20000 双

　　6. 合同号 :　20210512　　　　　金额: USD800000.00

（续）

7. 发票号： 01811012	金额：USD800000.00

8. ☑一般进口商品，无须批文。

    □ 控制进口商品，批文随附如下：

        □进口证明   □许可证   □登记证明   □其他批文

    批文号码：   批文有效期：

9. 附件：□批文   ☑合同／协议   ☑发票   □正本运单

        □报关单   □运费单／收据   □保险费收据

        □佣金单   □关税证明   □仓单   □其他

10. ☑请于开证时立即售汇，转存保证金专用户。

                                申请单位（盖章）：王祥

银行审核意见：

    上述内容与随附文件／凭证描述相符，拟按申请书要求办理售汇。

    经办人：唐林   复核人：李惠利   核准人：王莉

    售汇日期：2021 年 6 月 30 日

    （加盖售汇专用章）

实例 8-4   **开证申请书**

IRREVOCABLE DOCUMENTARY CREDIT APPLICATION

To：BANK OF CHINA   Date：MAY 31，2021

Beneficiary (full name and address) PT. TRADE CORPORATION No. 310 VICTORIA ROAD MONTREAL CANADA	L/C No. Ex Card No. Contract No. 20210512
	Date and place of expiry of the credit JAN. 20, 2021 CANADA

Partial shipments □ allowed ☒ not allowed	Transshipment □ allowed ☒ not allowed	□ Issue by airmail With □ brief advice by teletransmission □ Issue by express delivery ☒ Issue by teletransmission（which shall be the operative instrument）
Loading on board/dispatch taking in change at/from MONTREAL not later than JUNE 20, 2021 for transportation to SHANGHAI		Amount (both in figures and words) USD 800 000. 00 SAY US DOLLARS EIGHT HUNDRED THOUSAND ONLY.

Description of goods
 	
MEN'S SNEAKERS
BRAND WEILAI
Packing：EACH PAIR IN A BOX, 20 PAIRS INTO AN EXPORT CARTON
		Credit available with
		☒ by sight payment □ by acceptance ☒ by negotiation
		□ by deferred payment at
		  against the documents detailed herein
		□ and beneficiary's draft for100 % of the invoice value
		  at USD 80 000. 00
		  on

		□ FOB □ CFR □ CIF or other terms FCA

（续）

Documents required：（marks with ×）

1. （ × ） Signed Commercial Invoice in 3 copies indicating L/C No. and Contract No. 20210512
2. （ ） Full set of clean on board ocean Bills of Lading made out to 　　 and blank endorsed, marked "freight ［　］to collect/［　］prepaid［　］showing freight amount" notifying
3. （ ） Air Waybills showing "freight ［　］to collect/［　］prepaid［　］including freight amount" and consigned to
4. （ ） Memorandum issued by 　　 consigned to
5. （ ） Insurance Policy/Certificate in copies for 　　 % of the invoice value showing claims payable in China in currency of the draft, blank endorsed, covering （［　］Ocean Marine Transportation /［　］Air Transportation / ［　］Over Land Transportation）All Risks, War Risks.
6. （×） Parking List / Weight Memo in 3 copies showing the quantity / gross and the weights of each packing and packing condition as called by the L/C.
7. （ ） Certificate of Quantity / Weight in 　 copies issued by an independent surveyor at loading port, indicating the actual surveyed quantity / weight of shipped goods as well as the packing condition.
8. （×） Certificate of Quantity in 2 copies issued by ［×］manufacturer /［　］public recognized surveyor /［　］
9. （ ） Beneficiary's certified copy of cable dispatched to the accountees within 12 hours after shipment advising ［×］name of vessel /［　］flight No. /［　］wagon No. , date quantity, weight and value of shipment.
10. （ ） Beneficiary's Certifying that extra copies of the documents have been dispatched according to the contract terms.
11. （ ） Shipping Co's Certificate attesting that the carrying vessel is chartered or booked by accountee or their shipping agents；
12. （ ） Other documents，if any：

Additional instructions：

1. （ ） All banking charges outside the opening bank are for beneficiary's account.
2. （ ） Documents must be presented with 15 days after the date of issuance of the transport documents but with the validity of this credit.
3. （ ） Third party as shipper is not acceptable. Short Form / Blank Back B/L is not acceptable.
4. （ ） Both quantity and amount 　　 % more or less are allowed.
5. （ ） Prepaid freight drawn in excess of L/C amount is acceptable against presentation of original charges voucher issued by shipping Co. / Air Line / or it's agent.
6. （ ） All documents to be forwarded in one cover，unless otherwise started above.
7. （ ） Other terms, if any：

Account No. ：08531066843214　　　　　　　　with　BANK OF CHINA　（name of bank）

Transacted by：SHANGHAI LIDA IMP. & EXP. CO., LTD.

（Applicant：name, signature of authorized person）

Telephone No.：65788811　　　　　　　　　　　王祥　　　（with seal）

第三节　办理进口货物国际多式联运

一、国际多式联运业务

国际多式联运业务是指托运人与多式联运经营人签订一份采用两种以上不同运输方式的国际多式联运合同，托运人支付运费，多式联运经营人负责将货物从一国境内接管货物的地点运至另一国境内指定交付货物地点的全程运输业务。

二、国际多式联运合同的签订

多式联运合同是指托运人与多式联运经营人之间承运货物的法律文件。它是当事人支付运费、交接货物的基本依据，也是解决双方争议的主要举证材料。多式联运合同经双方当事人签章后生效。

 **实例展示**

业务情境

在 FCA 价格条件下,由进口商负责办理货物运输。上海立达进出口有限公司根据购货确认书和信用证规定的装运时间选择金发国际货运代理有限公司,采用海空联运,并与其签订国际多式联运合同。金发国际货运代理有限公司根据运输合同的约定收取运费,承运该批进口男式运动鞋。

上海立达进出口有限公司王祥经理及其创业团队伙伴根据购货确认书和信用证规定的装运时间选择金发国际货运代理有限公司承运进口货物,与其签订了国际多式联运合同(见实例 8-5)。

实例 8-5   国际多式联运合同   编号:021584732

甲　方:上海立达进出口有限公司	乙　方:金发国际货运代理有限公司
地　址:上海市人民路 1 号	地　址:上海市机场路 432 号
电　话:021-65788811	电　话:021-58238165
银行账户:08531066843214	银行账户:08531234567435

甲乙双方经过友好协商,就办理甲方货物多式联运事宜达成如下合同:

1. 甲方应保证如实提供货物名称、种类、包装、件数、重量、尺码等货物状况,由于甲方虚报给乙方或者第三方造成损失的,甲方应承担损失。

2. 甲方应按双方商定的费率在交付货物 7 天之内将运费和相关费用付至乙方账户。甲方若未按约定支付费用,乙方有权滞留提单或者留置货物,进而依法处理货物以补偿损失。

3. 托运货物为特种货或者危险货时,甲方有义务向乙方做详细说明;未做说明或者说明不清的,由此造成乙方的损失由甲方承担。

4. 乙方应按约定将甲方委托的货物承运到指定地点,并应甲方的要求,签发联运提单。

5. 乙方自接货开始至交货为止,负责全程运输,对全程运中乙方及其代理或者区段承运人的故意或者过失行为而给甲方造成的损失负赔偿责任。

6. 乙方对下列原因所造成的货物灭失和损坏不负责任:

(1) 货物由甲方或者代理人装箱、计数或者封箱的,或者装于甲方的自备箱中。

(2) 货物的自然特性和固有缺陷。

(3) 海关、商检、承运人行使检查权所引起的货物损耗。

(4) 天灾,包括自然灾害,如但不限于雷电、台风、地震、洪水等,以及意外事故,如但不限于火灾、爆炸、由于偶然因素造成的运输工具的碰撞等。

(5) 战争或者武装冲突。

(6) 抢劫、盗窃等人为因素造成的货物灭失或者损坏。

(7) 甲方的过失造成的货物灭失或者损坏。

(8) 罢工、停工或者乙方雇佣的工人劳动受到限制。

(9) 检疫限制或者司法扣押。

(10) 非由于乙方或者乙方的受雇人、代理人的过失造成的其他原因导致的货物灭失或者损坏,对于第(7)项免除责任以外的原因,乙方不负举证责任。

7. 货物的灭失或者损坏发生于多式联运的某一区段,乙方的责任和赔偿限额,应该适用该区段的法律规定;如果不能确定损坏发生区段的,应当使用调整海运区段的法律规定,不论是根据国际公约还是根据国内法。

8. 对于逾期支付的款项,甲方应按每日万分之五的比例向乙方支付违约金。

9. 由于甲方的原因(如未及时付清运费及其他费用而被乙方留置货物或滞留单据或提供单据迟延而造成货物运输延迟)所产生的损失由甲方自行承担。

10. 合同双方可以依据《民法典》合同编的有关规定解除合同。

(续)

11. 乙方在运输甲方货物的过程中应尽心尽责,对于因乙方的过失而导致甲方遭受的损失和发生的费用承担责任,以上损失不包括货物因延迟等原因造成的经济损失。

12. 本合同项下发生的任何纠纷或者争议,应提交中国海事仲裁委员会,根据该会的仲裁规则进行仲裁。仲裁裁决是终局的,对双方都有约束力。本合同的订立、效力、解释、履行、争议的解决均适用中华人民共和国法律。

13. 本合同从甲乙双方签字盖章之日起生效,合同有效期至 2021 年 6 月 30 日止。

14. 本合同正本一式两份。

甲 方(盖章):上海立达进出口有限公司   乙 方(盖章):金发国际货运代理有限公司
法定代表人签字:王祥   法定代表人签字:张灵
订约日期:2021 年 6 月 10 日   订约日期:2021 年 6 月 10 日
订约地点:上海   订约地点:上海

第四节 办理进口货物运输保险

一、进口货物运输保险的类型

(一) 进口货物运输逐笔保险

进口货物运输逐笔保险是指进口商在收到出口商的装运通知后,向属地保险公司逐笔办理进口货物的投保手续,填写投保单并支付保险费。保险公司收到保险费后出具保险单,并承担自货物装上运输工具始至目的地收货人仓库之间的保险责任。

(二) 进口货物预约保险

进口货物预约保险通常是由被保险人与保险人签订预约保险合同,约定投保险别、保险费率、适用保险条款、保险费和赔偿方式内容,并在进口货物启运后发出装运通知,将运输工具名称、运输单据号码、启运日期、商品名称、数量、起运地和目的地等项内容予以告知,即刻起被保险货物自动承保。

二、进口货物运输预约保险合同

进口货物运输预约保险合同是指被保险人与保险人就被保险货物承保事项做出约定的法律书面文件。通常,进口货物运输预约保险合同签订后,被保险货物启运后,被保险人应当向保险公司办理投保手续,支付保险费,并获取保险单。

 **实例展示**

业务情境

上海立达进出口有限公司根据购货确认书和信用证约定的保险类型和险别等内容,与中国人民财产保险股份有限公司上海市分公司签订了进口货物预约保险合同。加拿大皮特贸易公司按照购货确认书和信用证约定的装运时间进行交货。被保险货物启运后,自动承保。

上海立达进出口有限公司王祥经理及其创业团队根据购货确认书和信用证保险条款的规定,与中国人民财产保险股份有限公司上海市分公司签订预约保险合同(见实例8-6),并在预约保险合同中对男士运动鞋的保险事项进行了约定。当被保险货物承运后,加拿大皮特贸易公司向上海立达进出口有限公司和中国人民财产保险股份有限公司上海市分公司发出装运通知,该批男士运动鞋自动承保。进口货物承保后,上海立达进出口有限公司向中国人民财产保险股份有限公司上海市分公司办理投保,支付保险费后获取保险单(见实例8-7)。

实例 8-6　　　　　　　　　　　　　预约保险合同

中国人民财产保险股份有限公司上海市分公司
进口货物运输预约保险合同

合同号:ZS2019112345
日期:2021 年 6 月 20 日

甲 方:上海立达进出口有限公司
乙 方:中国人民财产保险股份有限公司上海市分公司

进口货物运输预约保险合同双方当事人就进口货物运输预约保险相关事项进行议定,并规定如下。
一、保险范围
甲方从国外进口的全部货物,不论运输方式,依据贸易合同条款规定由买方办理保险的,都属于本合同范围之内。甲方应根据本合同规定,向乙方办理投保手续并支付保险费。
乙方对上述保险范围内的货物,负有自动承保的责任,在发生本合同规定范围内的损失时,均按本合同的规定,负责赔偿。
二、保险金额
保险金额以货物的到岸价货价加运费加保险费为准(运费可用实际运费,亦可由双方协定一个平均运费率计算)。
三、保险险别和费率
货物需要投保的险别由甲方选定并在下表中填明。乙方根据不同的险别费率收取保险费。

货物种类	运输方式	保险险别	保险费率
男士运动鞋	国际多式联运	一切险、战争险	按约定

四、保险责任
各种险别的责任范围,按照所属乙方制定的"海洋货物运输保险条款""海洋运输货物战争险条款""海运进口货物国内转运期间保险责任扩展条款""航空运输一切险条款"和其他有关条款的规定为准。
五、投保手续
被保险货物启运后,甲方即应向乙方寄送启运通知书,办理投保。通知书一式五份,由保险公司签认后,退回一份。如不办理投保,货物发生损失,乙方不予赔偿。
六、保险费
乙方按甲方寄送的启运通知书照前列相应的费率逐笔计收保费,甲方应及时付费。
七、索赔手续和期限
本合同所保货物发生保险责任范围时的损失时,乙方应按制定的"关于海运进口保险货物残损检验的赔款给付办法"和"进口货物施救整理费用支付办法"迅速处理。甲方应尽力采取防止货物扩大受损的措施,对已遭受损失的货物必须积极抢救,尽量减少货物的损失。向乙方办理索赔的有效期限,以保险货物卸离海港之日起满一年终止。如有特殊需要可向乙方提出延长索赔期。
八、合同期限
本合同自 2021 年 6 月 20 日起开始生效。
甲 方:上海立达进出口有限公司

乙 方:中国人民财产保险股份有限公司上海市分公司

法定代表人(签字):王祥
订约日期:2021 年 6 月 20 日
订约地点:上海

法定代表人(签字):李华
订约日期:2021 年 6 月 20 日
订约地点:上海

实例 8-7 保险单

中保财产保险有限公司

The People's Insurance (Property) Company of China, Ltd.

发票号码
Invoice No. 202111012

保险单号次
Policy No.2021118765

海洋货物运输保险单
MARINE CARGO TRANSPORTATION INSURANCE POLICY

被保险人
Insured: SHANGHAI LIDA IMP. & EXP. CO., LTD.

中保财产保险有限公司（以下简称本公司）根据被保险人的要求，及其所缴付约定的保险费，按照本保险单承担的险别和背面所载条款与下列特别条款承保下列货物运输保险，特签发本保险单。

This policy of Insurance witnesses that The People's Insurance (Property) Company of China, Ltd. (hereinafter called "The Company"), at the request of the Insured and consideration of the premium paid by the Insures, undertakes to insure the under-mentioned goods in transportation subject to the condition of this Policy as per the Clauses printed overleaf and other special clauses attached hereon.

保险货物项目 Descriptions of Goods	包装 单位 数量 Parking Unit Quantity	保险金额 Amount Insured
MEN'S SNEAKERS	20000 PAIRS	USD880000.00

承保险别 For 110% Of The Invoice Value Covering All Risks As Per   货物标记 As Per Invoice No. 01911012
Condition   Ocean Marine Cargo Clause Of The P.I.C.C. Dated 1/1,1981.   Marks of Goods
总保险金额:
Total Amount Insured: SAY US DOLLARS EIGHT HUNDRED AND EIGHTY THOUSAND ONLY
保费   As arranged   运输工具   开航日期:
Premium   Per conveyance S. S   CO.V21398   Slg. On or abt   As Per CTD Date
起运港   目的港
From   MONTREAL   To   SHANGHAI

所保货物，如发生本保险单项下可能引起索赔的损失或损坏，应立即通知本公司下述代理人查勘。如有索赔，应向本公司提交保险单正本（本保险单共有 2 份正本）及有关文件。如一份正本已用于索赔，其余正本则自动失效。

In the event of loss or damage which may result in a claim under this Policy, immediate notice must be given to the Company's Agent as mentioned hereunder. Claims, if any, one of the Original Policy which has been issued in TWO Original (s) together with the relevant documents shall be surrendered to the Company, If one of the Original Policy has been accomplished, the others to be void.

THE PEOPLE'S INSURANCE (PROPERTY) COMPANY OF CHINA, LTD. SHANGHAI BRANCH
NO.1085 SOUTH PUDONG ROAD, SHANGHAI CHINA
TEL: 021-68082772

The People's
Insurance（Property）
Company of China,
Ltd

中保财产保险有限公司
THE PEOPLE'S INSURANCE (PROPERTY) COMPANY OF CHINA, LTD.

赔款偿付地点
Claim payable at SHANGHAI IN USD
日期   在
Date JUNE 20,2021   at   SHANGHAI   General Manager: 凡玲
地址:
Address:

第五节　办理进口货物报检报关

一、付款赎单

付款赎单是指进口商向付款银行支付全部货款后获取信用证规定的发票、运输单据等全套单据的行为。在信用证支付方式条件下，出口商在信用证有效期和交单期内凭汇票和信用证规定的单据向议付银行办理议付，付款银行收到议付银行的全套议付单证后予以审核，符合单证一致、单单一致等条件后通知进口商支付货款，转账后交付全套单据。

二、进口货物报检报关

（一）入境货物检验的类型

1. 法定检验

法定检验是指出入境检验检疫机构对列入《出入境检验检疫机构实施检验检疫的进出境商品目录》的进口商品以及法律、行政法规规定须经出入境检验检疫机构检验的其他进口商品实施检验。

2. 抽样检验

抽样检验是指出入境检验检疫机构对列入《出入境检验检疫机构实施检验检疫的进出境商品目录》以外的进口商品，根据国家规定实施抽查检验。

3. 指定检验

指定检验是指出入境检验检疫机构对进口药品的质量检验、计量器具的量值检定、锅炉压力容器的安全监督检验、船舶和集装箱的规范检验、飞机的适航检验和核承压设备的安全检验等项目，由有关法律、行政法规规定的机构实施检验。

4. 免予检验

免予检验是指出入境检验检疫机构对进境的样品、礼品、暂时进境的货物和其他非贸易性物品，免予检验。但是，法律、行政法规另有规定的除外。

（二）入境检验工作的内容

出入境检验检疫机构依据相关法律法规对进口商品是否符合安全、卫生、健康和环境保护等要求进行检验检疫，依据进口贸易合同的相关规定对品质、数量和重量等项目实施检验。

（三）入境检验验证的管理

出入境检验检疫机构根据我国《商检法》相关的规定，对实施许可制度和国家规定必须经过认证的进口商品实行验证管理，查验单证，核对查验单证信息与实际货物是否相符。

（四）进口货物报检报关的申报

根据我国《海关法》相关的规定，进口货物由收货人在进境地海关办理海关手续，如果收货人向海关申请并经其同意后，可以在设有海关的指运地办理海关手续。办理进口货物的海关申报手续，应当采用纸质报关单和电子数据报关单的形式。

1. 申报时间

进口货物的收货人应当自运输工具申报进境之日起 14 日内，向海关申报。进口货物的收货人超过前款规定期限向海关申报的,由海关征收滞报金。如果进口货物的收货人自运输工具申报进境之日起超过 3 个月未向海关申报的,该货物由海关提取依法变卖处理,所得价款在扣除运输、装卸、储存等费用和税款后,尚有余款的,发还收货人或上缴国库。

2. 申报材料

进口货物的收货人应当向海关如实申报,交验有关单证。属于国家限制进口的货物,还需提交进口许可证;否则,海关不予放行。

3. 委托代理报检报关

进口商在办理付款赎单后,选择国际货运代理公司委托办理进口货物报检报关,填写报检委托书、报关委托书并随附进口合同、发票和装箱单等相关单证。

代理报检报关企业接受该代理业务后在委托书上签章,登录电子口岸报关系统输入相关信息进行网上申报,系统自动审核。在审核通过信息后,其携带报检报关材料到口岸海关进行现场核准。

4. 海关现场查验货物

口岸海关核查人员对进口货物现场核查,通过查验后向代理报检报关企业征收相关费用和关税并放行,由国际货运代理公司将进口货物运抵进口商的指定仓库或地点。

 实例展示

业务情境

上海立达进出口有限公司根据开证行发出的"进口信用证付款/承兑通知书"办理付款赎单手续,选择代理报关企业办理出口货物报检报关手续,提交报检委托书、报关委托书和报检报关单证。

一、上海立达进出口有限公司办理付款赎单

上海立达进出口有限公司收到中国银行上海分行的"进口信用证付款/承兑通知书"后,根据购货确认书的相关内容确认单据的种类、份数。核准无误后,上海立达进出口有限公司方正先生在"进口信用证付款/承兑通知书"上盖章,同意办理付款转账(见实例 8-8),并从中国银行上海分行获取发票、装箱单、运输单据等全套单据。

实例 8-8　　　　　　　进口信用证付款/承兑人通知书

中 国 银 行 BANK OF CHINA 进口信用证付款/承兑通知书	
申请人 上海立达进出口有限公司	信用证号:L/C NO: 18001734
	汇票金额:USD800000.00
	汇票期限:AT SIGHT
	汇票到期日:

（续）

寄单行：CANADA BANK MONTREAL BRANCH

受益人：PT. IMP. & EXP. CO., LTD.

单　据	汇　票	发　票	装箱单	多式联运单据	保险单	装运通知			
	1	2	2	1	1	1			

货物：MEN'S SNEAKERS

不符点：

　　无

　　上述单据已到，现将影印单据提交贵公司：

　　请审核并备妥票款于2021年6月25日前来我行，如不在上述期限来我行承兑，即作为你公司同意授权我行在公司存款账户内支出票款对寄单行承兑。

　　对于上述不符点，你公司如不同意接受，请于2021年6月21日书面通知我行，如不在上述期限来我行办理拒付，又不将单据退回我行，即作为你公司接受不符点并授权我行在你公司存款账户内支出票款对寄单行承兑。

同意付款　　　　　　　　　　　　　　　　　　　　　　　　中国银行

方正　　　　　　　　　　　　　　　　　　　　　　　　　　2021年6月20日

二、上海立达进出口有限公司办理进口货物报检报关

　　上海立达进出口有限公司王祥经理及其创业团队伙伴填写代理报检委托书（见实例8-9）、代理报关委托书（见实例8-10）和进口货物报关单（见实例8-11），并随附商业发票和装箱单，委托上海金发报关专业有限公司办理进口货物报检报关手续。

实例8-9　　　　　　　　　　　　　代理报检委托书

代理报检委托书

编号：JF1903223

　　　　上海市　　　海关：

　　本委托人（备案号/组织机构代码 310683771943453/3101062278358009-8）保证遵守国家有关检验检疫法律、法规的规定，保证所提供的委托报检事项真实、单货相符；否则，愿承担相关法律责任。具体委托情况如下：

　　本委托人将于　2021　年　7　月间进口/出口如下货物：

（续）

品　名	男士运动鞋	HS 编码	62034290
数（重）量	20000 双	包装情况	每双装 1 纸盒 20 盒装 1 纸箱
信用证/合同号	CY1910711/ 20210512	许可文件号	
进口货物收货单位 及地址	上海立达进出口有限公司 上海人民路 1 号	进口货物提/运单号	SC20194376321
其他特殊要求			

　　特委托　上海金发报关专业有限公司　（代理报检注册登记号 310683771234567 ），代表本委托人办理上述货物的下列出入境检验检疫事宜：

　☑1. 办理报检手续。

　☑2. 代缴纳检验检疫费。

　☑3. 联系和配合海关实施检验检疫。

　☑4. 领取检验检疫证单。

　☐5. 其他与报检有关的相关事宜＿＿＿＿＿＿＿＿＿＿＿＿＿＿＿＿＿＿＿＿＿＿

　联 系 人：　方欣

　联系电话：　65788811

　本委托书有效期至　2021 年 7 月 31 日　　　　委托人（加盖公章）

　　　　　　　　　　　　　　　　　　　　　　　　2021 年 6 月 20 日

受托人确认声明

本企业完全接受本委托书。保证履行以下职责：

1. 对委托人提供的货物情况和单证的真实性、完整性进行核实。

2. 根据检验检疫有关法律法规规定办理上述货物的检验检疫事宜。

3. 及时将办结检验检疫手续的有关委托内容的单证、文件移交委托人或其指定的人员。

4. 如实告知委托人检验检疫部门对货物的后续检验检疫及监管要求。

如在委托事项中发生违法或违规行为，愿承担相关法律和行政责任。

　联 系 人：　张景

　联系电话：　58403212　　　　　　　　　受托人（加盖公章）

　　　　　　　　　　　　　　　　　　　　　　　　2021 年 6 月 20 日

实例 8-10　　　　　　　　代理报关委托书

代理报关委托书

编号：193245987649

<u>上海金发报关专业有限公司</u>　：

　　我单位现　A　（A.逐票；B.长期）委托贵公司代理　A、C、E　等通关事宜（A.报关查验；B.垫缴税款；C.办理海关证明联；D.审批手册；E.核销手册；F.申办减免税手续；G.其他），详见《委托报关协议》。

　　我单位保证遵守《中华人民共和国海关法》和国家有关法规，保证所提供的情况真实、完整、单货相符；否则，愿承担相关法律责任。

　　本委托书有效期自签字之日起至 2021 年 7 月 31 日止。

　　　　　　　　　　　　　　委托方（签章）：

　　法定代表或其授权签署《代理报关委托书》的人（签字）：　王祥

　　　　　　　　　　　　　　　　　　　　　　2021 年 6 月 22 日

委 托 报 关 协 议

为明确委托报关具体事项和各自责任，双方经平等协议商定协议如下：

委托方	上海立达进出口有限公司	被委托人	金发国际货运代理公司	
主要货物名称	男士运动鞋	*报关单编号	NO.	
H.S 编码	62034290	收到单证日期	2021 年 6 月 22 日	
进出口日期	2021 年 6 月 20 日	收到单证情况	合同 ☑	发票 ☑
提单号	SC20194376321		装箱清单 ☑	提（运）单 ☑
贸易方式	一般贸易		加工贸易手册 □	许可证件 □
原产地/货源地	加拿大		其他	
传真号码	65788811	报关收费	人民币　　　　　元	
其他要求：		承诺说明：		
背面所列通用条款是本协议不可分割的一部分，对本协议的签署构成了对背面条款的同意。		背面所列通用条款是本协议不可分割的一部分，对本协议的签署构成了对背面条款的同意。		
委托方业务签章： 经办人签章：王祥 联系电话：65788811		被委方业务签章： 经办报关员签章：王 联系电话：56987452		

（续）

委托报关协议背面：

委托报关协议通用条款

一、委托方责任

1. 委托方应及时提供报关报检所须的全部单证，并对单证的真实性、准确性和完整性负责。

2. 委托方负责在报关企业办结海关手续后，及时履约支付代理报关费用，支付垫支费用，以及因委托方责任产生的滞报金、滞纳金和海关等执法单位依法处以的各种罚款。

3. 委托方负责按照海关要求将货物运抵指定场所。

4. 委托方负责与被委托方报关员一同协助海关进行查验，回答海关的询问，配合相关调查，并承担产生的相关费用。

5. 委托方在被委托方无法做到报关前提取货样的情况下，承担单货相符的责任。

二、被委托方责任

1. 被委托方负责解答委托方有关向海关申报的疑问。

2. 被委托方负责对委托方提供的货物情况和单证的真实性、完整性进行合理审查。审查内容包括：①证明进出口货物实际情况的资料，包括进出口货物的品名、规格、用途、产地、贸易方式等。②有关进出口货物的合同、发票、运输单据、装箱单等商业单据。③进出口所需的许可证件及随附单证。④海关要求的加工贸易（纸质或电子数据的）及其其他进出口单证。

3. 被委托方因确定货物的品名、归类等原因，经海关批准，可以看货或提取货样。

4. 被委托方在接到委托方交付齐备的随附单证后，负责依据委托方提供的单证，按照《中华人民共和国海关进出口报关单填制规范》认真填制报关单，承担"单单相符"的责任，在海关规定和本委托报关协议中约定的时间内报关，办理海关手续。

5. 被委托方负责及时通知委托方共同协助海关进行查验，并配合海关开展相关调查。

6. 被委托负责支付因报关企业的责任给委托方造成的直接经济损失，所产生的滞报金、滞纳金和海关等执法单位依法处以的各种罚款。

7. 被委托负责在本委托书约定的时间内将办结海关手续的有关委托内容的单证、文件交还委托方或其指定的人员（详见《委托报关协议》"其他要求"栏）。

三、赔偿原则

被委托方不承担因不可抗力给委托方造成损失的责任。因其他过失造成的损失，由双方自行约定或按国家有关法律法规的规定办理。由此造成的风险，委托方可以投保方式自行规避。

四、不承担的责任

签约双方各自不承担因另外一方原因造成的直接经济损失，以及滞报金、滞纳金和相关罚款。

五、收费原则

一般货物报关收费原则上按当地《报关行业收费指导价格》规定执行。特殊商品可由双方另行商定。

六、法律强制

本协议的任一条款与《中华人民共和国海关法》及有关法律、法规不一致时，应以法律、法规为准。但不影响本协议其他条款的有效。

七、协商解决事项

变更、中止本协议或双方发生争议时，按照《中华人民共和国民法典》合同编有关规定及程序处理。因签约双方以外的原因产生的问题或者报关业务需要修改协议条款，应协商订立补充协议。

实例 8-11

中华人民共和国海关进口货物报关单

预录入编号:22010190I368369456　　　　　　　　海关编号:220120190I129258365

境内收货人 上海立达进出口有限公司 3110965711	进境关别 浦东机场海关 2233	进口日期 2021.7.9	申报日期 2021.7.11	备案号
境外发货人 PT. TRADE CORPORATION	运输方式 多式联运 9	运输工具名称及航次号 AC17	提运单号 AC17/123	货物存放地点 AC23456789
消费使用单位 上海立达进出口有限公司	监管方式 一般贸易 0110	征免性质 一般征税 101	许可证号	起运港 蒙特利尔 252
合同协议号 20210512	贸易国(地区) 加拿大 124	启运国(地区) 加拿大 124	经停港 东京 501	入境口岸 上海浦东 340

包装种类 纸箱	件数 1000	毛重(千克) 5000	净重(千克)3500	成交方式 FCA	运费 502/2680/3	保费 502/880/3	杂费

随附单据及编号

标记唛码及备注	PT 20210512 SHANGHAI C/NO.1-1000

项号 商品编号 商品名称及规格型号 数量及单位 单价/总价/币制 原产国(地区) 最终目的国(地区) 境内目的地征免

01 62034290　男式运动鞋 40、41、42、43、44	5000 千克 20000 双	40/800000/USD	加拿大	中国	上海　照章

报关人员　方欣　报关人员证号 22010190E987653421 电话 65788811
兹声明以上内容承担如实申报、依法纳税之法律责任
申报单位　上海金发报关专业有限公司
申报单位(签章)

海关批注及签章

放行章

王莉 2021.7.12

　**案例思政**

举办中国国际进口博览会　向世界敞开市场

【案例简介】

　　首届中国国际进口博览会作为世界上第一个以进口为主题的大型国家级展会,是由中华人民共和国商务部、上海市人民政府主办,旨在坚定支持贸易自由化和经济全球化、

（续）

主动向世界开放市场。首届中国国际进口博览会共有 156 个国家、3 个地区和 13 个国际组织参加。首届中国国际进口博览会包括展会和论坛两个部分。展会即国家贸易投资综合展和企业商业展。其中,企业商业展分为消费电子及家电展区、服装服饰及日用消费品展区、汽车展区、智能及高端装备展区、食品及农产品展区、医疗器械及医药保健展区、服务贸易展区 7 个展区,吸引 172 个国家、地区和国际组织参会,3 617 家企业参展,80 多万人进馆洽谈采购、参观体验,成交额达 578 亿美元。中国将每年举办国际进口博览会,向世界敞开中国市场。

【案例思政】

2018 年 11 月 5 日,习近平主席在首届中国国际进口博览会开幕式演讲中强调,举办中国国际进口博览会,是中国坚定支持贸易自由化和经济全球化、主动向世界开放市场的重大举措,有利于促进世界各国加强经贸交流合作,促进全球贸易和世界经济增长,推动开放型世界经济发展。中国开放的大门不会关闭,只会越开越大。中国推动更高水平开放的脚步不会停滞! 中国推动建设开放型世界经济的脚步不会停滞! 中国推动构建人类命运共同体的脚步不会停滞!

复习与思考

一、单项选择题

1. 下列各项中,不属于开证银行开立信用证的依据是(　)。

A. 开证申请书　　　　　　　　　　B. 国际贸易惯例

C.《UCP600》　　　　　　　　　　D. 出口国有关法律法规

2. 如果购货合同未规定开证日期,进口商应当在(　)内开证。

A. 10 日　　　　　　　　　　　　　B. 15 日

C. 20 日　　　　　　　　　　　　　D. 合理时间

3. 银行办理购汇的主要依据是(　)。

A. 商业发票　　　　　　　　　　　B. 销售确认书

C. 购买外汇申请书　　　　　　　　D. 主管部门批文

4. 投保人向属地保险公司办理逐笔进口货物的投保手续应当提交(　)。

A. 保险单　　　　　　　　　　　　B. 投保单

C. 采购合同　　　　　　　　　　　D. 销售确认书

5. 被保险人签订了预约保险合同,并在进口货物自动承保后向保险人(　)。

A. 办理投保　　　　　　　　　　　B. 办理理赔

C. 获取保险单　　　　　　　　　　D. 办理索赔

6. 出入境检验检疫机构对列入《出入境检验检疫实施检验检疫的进出境商品目录》以外的进口商品实施(　)。

A. 法定检验 B. 抽样检验

C. 指定检验 D. 免予检验

7. 进口货物的收货人应当自运输工具申报进境之日起（　　）日内向海关办理报关手续。

A. 7 B. 10

C. 14 D. 21

8. 属于国家限制进口的货物,收货人应当向海关提交（　　）。

A. 进口许可证 B. 进口贸易合同

C. 产地证 D. 原产地证书

9. 国家为防止汇出外汇而不进口商品的逃汇行为实行（　　）制度。

A. 出口退税 B. 进口许可管理

C. 出口收汇核销 D. 进口付汇核销

二、多项选择题

1. 进口企业可以通过（　　）等途径收集欲采购商品的价格、品质、包装和交货等信息。

A. 本公司独立网站 B. 注册的行业营销网站

C. 注册的第三方跨境电子商务 D. 18周岁且身体正常的自然人

2. 开证银行核准进口商申请开证材料后向其收取（　　）后开立信用证。

A. 保证金 B. 开证费

C. 佣金 D. 手续费

3. 国际多式联运合同经（　　）双方当事人签章后生效。

A. 收货人 B. 开证人

C. 托运人 D. 承运人

4. 进口货物运输保险的类别有（　　）。

A. 逐笔保险 B. 一般保险

C. 预约保险 D. 特殊保险

5. 被保险人与保险人签订预约保险合同时应当约定（　　）等内容。

A. 投保险别 B. 保险费率

C. 适用保险条款 D. 保险费

6. 入境货物检验的类型有（　　）。

A. 法定检验 B. 抽样检验

C. 指定检验 D. 免予检验

7. 出入境检验检疫机构对入境的（　　）等物品免予检验。

A. 样品 B. 礼品

C. 暂时进境货物 D. 其他非贸易性物品

8. 委托代理报检报关企业办理进口货物报检报关手续应提交的单证有（　　）。

A. 报检委托书 B. 报关委托书

C. 进口合同 D. 发票

三、判断题

1. 进口商同意出口商报价中提出的各项交易条件,合同即告成立。 （　　）

2. 进口商应当根据公司市场地位、经营目标和经营范围对进口贸易市场进行调研,撰写调研报告,作为进口贸易计划制订的基本依据。 ( )

3. 进口商因采购进口商品办理外汇购买时,可以向银行提出提取现钞。 ( )

4. 进口商应当在购货合同规定的开证时限内向任何银行申请开证。 ( )

5. 开证银行开立信用证后,将正本信用证交付进口商。 ( )

6. 国际多式联运合同是指托运人与多式联运经营人之间承运货物的法律文件。

( )

7. 保险人与被保险人签订预约保险合同后,在收到进口货物装运通知时自动承保。

( )

8. 付款赎单是指进口商向付款银行支付全部货款后获取信用证规定的全套单据。

( )

9. 收货人未在承运进口货物运输工具进境之日 7 日内向海关申报,需缴纳滞报金。

( )

10. 收货人在承运进口货物运输工具进境之日起超过 3 个月未向海关申报,需缴纳滞报金。 ( )

四、简答题

1. 简述进口交易磋商的环节及其内容。

2. 简述进口货物代理报检报关的流程及其内容。

3. 简述进口货物预约保险业务的基本内容。

五、案例分析题

宁波某机床进出口公司受宁波宏兴模具有限公司的委托,与日本大山株式会社签订了一份数控加工中心进口贸易合同,价格为每台 100 万美元 FOB 大阪,数量共计 5 台,采用海洋货物运输方式,交货期限为 2021 年 10 月,即期付款信用证支付,投保了一切险和战争险。日本大山株式会社在 10 月 30 日装上宁波某机床进出口公司指定的货船上,并获取船公司代理签发的清洁海运提单。进口数控加工中心到达宁波港口后,宁波某机床进出口公司委托某国际货运代理公司代理报检报关,并将货物运到指定的宁波宏兴模具有限公司车间,此过程中包装一直完好无损。2021 年 12 月 10 日,宁波宏兴模具有限公司打开包装,按照调试其中 1 台数控加工中心时,发现某机械部件出现故障。

请分析,日本大山株式会社是否对其承担责任?为什么?

第九章 跨境电子商务

 学习目标

◆ 了解跨境电子商务的概念、分类、特征、产生与发展的概况。
◆ 熟悉第三方跨境贸易电子商务平台的特征、服务、盈利方式和作用。
◆ 明确跨境电子商务对我国外贸升级转型的主要作用。
◆ 掌握第三方跨境贸易电子商务平台营销与交易流程及其主要内容。

本 章 概 要

　　本章包括三部分内容:第一部分为跨境电子商务概述,介绍跨境电子商务的分类、特征、产生条件和产生阶段、发展阶段、我国跨境电子商务发展机遇,以及跨境电子商务对我国外贸转型升级的影响;第二部分为第三方跨境贸易电子商务平台营销,介绍第三方跨境贸易电子商务平台的选择、注册和店铺的营销;第三部分为第三方跨境贸易电子商务平台交易,介绍敦煌网跨境的物流服务和支付服务等内容。

第一节　跨境电子商务概述

一、跨境电子商务的分类

　　跨境电子商务是指分属不同关境的交易主体,在法律许可范围内通过电子商务平台实现买家与卖家之间的交易活动。跨境电子商务可分为以下两类。

　　(一)跨境贸易电子商务

　　1. 跨境贸易电子商务的含义

　　跨境贸易电子商务是指分属不同关境的交易主体,通过电子商务的手段将传统国际贸易中的展示、洽谈、成交、支付、物流、清关等环节的操作,以电子化、数字化和网络化予以呈现的一种新型的国际贸易形式。

2. 跨境贸易电子商务的交易形式

跨境贸易电子商务的交易形式是 B2B(business to business)，是指供需双方生产商或者零售商之间利用互联网技术，通过跨境电子商务交易平台完成货物买卖的一种交易模式。其中，B 是 business 的简称，意为生产商或者零售商；2 则是 to 的谐音。其交易双方的主体分别是上游的卖家生产商和下游的买家零售商或者生产企业。

(二) 跨境零售电子商务

1. 跨境零售电子商务的含义

跨境零售电子商务是指分属于不同关境的交易主体，通过电子商务的手段，完成订单处理、支付和结算，并通过快件、小包等方式将商品送达消费者的一种碎片化的交易活动。

2. 跨境零售电子商务的交易形式

1) B2C 交易形式

B2C(business to customer)是指供方是境内生产商或者零售商、需方是境外消费者，通过跨境电子商务交易平台完成货物买卖的一种交易模式。其中，B 是 business 的简称，意为生产商或者零售商；2 则是 to 的谐音；C 是 customer 的简称，意思是消费者。

2) C2B 交易形式

C2B(customer to business)是指需方是境内消费者，供方是境外生产商或者零售商，通过跨境电子商务交易平台聚合分散用户从生产商或者零售商获取批发价格购物，完成货物买卖的一种交易模式。其中，C 是 customer 的简称，意思是消费者；2 则是 to 的谐音；B 是 business 的简称，意为生产商或者零售商。

(三) 跨境零售电子商务与跨境贸易电子商务的异同

1. B2B 与 B2C 的比较

B2B 与 B2C 的交易形式既有共性，也有区别(见表 9-1)。

表 9-1　　　　　　　　　　　　　　　**B2B 与 B2C 交易模式异同**

比较项目	相同点	不同点
交易主体		B2B:卖家与买家都是生产商或零售商 B2C:卖家是生产商或零售商,买家是消费者
经营载体	均以"互联网＋电商平台"为载体	
服务对象	全球跨境贸易市场	B2B:对象是生产商或零售商 B2C:对象是消费者
营销特点		B2B:商品描述信息为主,促销信息为辅 B2C:促销信息为主,商品描述信息为辅
用户体验	均为虚拟网店,无购物或服务体验	

2. B2C 与 C2B 的比较

B2C 与 C2B 的交易形式既有共性，也有区别(见表 9-2)。

表 9-2   **B2C 与 C2B 交易模式异同**

比较项目	相同点	不同点
交易主体	供方是生产商或者零售商,需方是消费者	B2C:供方是境内生产商或者零售商,需方是境外消费者 C2B:供方是境外生产商或者零售商,需方是境内消费者
经营载体	均以"互联网+电商平台"为载体	
服务对象	均为消费者	B2C:境外消费者 C2B:境内消费者
贸易领域	全球跨境贸易市场	
营销特点	均以促销信息为主,商品描述信息为辅	
用户体验	均为虚拟网店,无购物或服务体验	

二、跨境电子商务的特征

(一) 全球性

跨境电子商务是在互联网技术的基础上,通过网络与网络之间的协议形成全球网络。作为一个没有边界媒介的全球网络,跨境电子商务能为世界各国的制造商、流通商和消费者等用户提供在线的各种商务活动。

(二) 无形性

跨境电子商务是在互联网技术的基础上,通过数据、声音和图像等数字化媒介在网络中进行传输,其数据、声音、图像和传输过程是看不见、听不着和触摸不到的,是一种虚拟形态。

(三) 匿名性

跨境电子商务活动是虚拟的交易,在线交易者不需要显示自己的真实身份,能有效保护交易者的隐私。

(四) 即时性

在跨境电子商务活动中,数字化产品的订货、交易和付款都可以在瞬间完成,无论实际时空距离远近,信息的发送与接收几乎是同时的,犹如面对面直接交谈。

(五) 无纸化

在跨境电子商务活动中,电子合同、电子单证、电子票据、电子文件等取代了一系列的纸面文件,实现了无纸化贸易。

三、跨境电子商务的产生条件和产生阶段

(一) 跨境电子商务的产生条件

跨境电子商务的产生在技术层面上有三个条件:一是通信技术,是指基础通信技术和终端设施;二是计算机技术,是指计算机硬件技术和计算机软件技术;三是网络技术,是指网络软件技术,如 X.25 等通信标准和通信网、基础网、增值网、互联网的网络协议以及 SSL、SET 等支付标准。

（二）跨境电子商务的产生阶段

1. 基于电子数据交换的跨境电子商务

电子数据交换（electronic data interchange，EDI）是指将商业或者行政事务按一个公认的标准，形成结构化的事务处理或者文档数据格式，从计算机到计算机的电子传输方法。EDI 在国际贸易领域中得到了广泛的应用，买卖双方按照进出口贸易合同的约定，在履行环节中将所需要的商业文件通过系统进行标准化和格式化，通过计算机网络在贸易伙伴计算机网络系统之间进行数据交换，自动进行识别、接受、处理单证数据信息，并自动制作新的电子单据传输到有关部门。因此，EDI 又称为"无纸化贸易"。

2. 基于因特网的跨境电子商务

因特网（internet）又称国际互联网，简称互联网，是指由网络与网络之间通过协议而连接成的全球网络。具体地说，计算机网络是由许多计算机组成的，通过传输控制协议（TCP）和网间协议（IP）计算机语言实现网络的计算机之间传输数据，以保证数据安全、可靠地到达指定的目的地。其具有八个方面的特征：一是自由化，能够不受空间限制来进行信息交换；二是开放化，任何一台计算机只要支持 TCP/IP 协议就可以连接到互联网上，实现信息等资源的共享；三是低值化，绝大多数的互联网服务都是免费提供的，仅个别服务收取低价费用；四是交互化，互联网作为信息沟通平台，人与人、人与信息之间可以互动交流；五是平等化，互联网上信息沟通双方不管其中一方的企业或者个人强弱与否，都在一个平等线上进行交互；六是个性化，信息交换的形式趋向于多元化发展，能不断满足每个人的个性化需求；七是虚拟化，互联网是通过对信息的数字化处理，以信息流动代替实物流动，不是实体的展现；八是全球化，互联网所具有的自由化和开发化的特点决定着商业化运作是跨界的、信息交流是无限的。

四、跨境电子商务的发展阶段

（一）1.0 阶段（1999—2002 年）

1.0 阶段的特征是：企业通过第三方平台在网上发表产品信息和展示商品，在线下完成交易活动，并向第三方平台企业支付会员费。典型代表事件是 1999 年阿里巴巴国际站贸易平台成立，提供一站式的店铺装修、产品展示、营销推广、生意洽谈及店铺管理等全系列线上服务和工具，其基于企业间电子商务网站阿里巴巴国际站贸易平台，通过向海外买家展示、推广供应商的企业和产品，进而获得贸易商机和订单。

（二）2.0 阶段（2003—2012 年）

2.0 阶段的特征是：将线下交易、支付、物流等流程实现电子化，借助于电子商务平台，通过服务与资源整合，有效打通了上下游供应链。与 1.0 阶段相比，2.0 阶段更能体现电子商务的本质。典型代表事件是 2004 年敦煌网在线外贸交易平台创建，敦煌网是国内首个为中小企业提供 B2B 网上交易的网站，让中国中小企业通过跨境电子商务平台走向全球市场，开辟出一条全新的国际贸易通道。

（三）3.0 阶段（2013 年至今）

3.0 阶段主要有三个方面的特征：一是大型化，是指大型企业进驻跨境电子商务平台，在运营管理中采用了跨境电子商务手段，直接面对全球市场，通过大数据分析找到自己产品的用户群体，并培育产品的品牌；二是全程化，是指能提供产业链服务的大型跨境电子商务综合服务平台出现,为跨境电子商务全程运营提供采购、仓储、营销、订单、支付、物流、清关、融资、翻译等系列服务,也为中、小、微型企业从事对外贸易提供了有利条件;三是品牌化,是指对产品或者服务设计品牌名、标识、符号和包装等可视要素,以及声音、触觉、嗅觉等感官刺激,推动产品或者服务具备市场标的和商业价值的整个过程。典型代表事件是2014年以奔腾为代表的中、小型企业通过速卖通、敦煌网第三方跨境电子商务平台开拓国际市场,一些优秀的大卖家、跨境物流企业、跨境贸易公司在跨境电子商务比较多的国家建立海外仓。

五、我国跨境电子商务发展的机遇

(一)国家政策支持

2009年以来,国务院和商务部、海关总署、国家外管局、质检总局、中国人民银行、国家工商总局、发改委等部委先后出台了一系列政策,促进跨境电子商务健康发展,完善海关监管体系,简化检验检疫流程,优化进出口税收体系,健全跨境电子商务相关法规,这为我国跨境电子商务的发展提供了新的空间。

(二)G20国家跨境电子商务潜在市场巨大

1. G20国家互联网的普及

G20国家互联网普及率平均值达到69%,高于全球平均水平,发达国家普及率趋于平稳,新兴国家具有较大的上升空间,其中印度网民增速的后发优势显现,成为G20国家中网民增速最快的国家,市场潜力巨大。

2. 中国与G20国家贸易关联度

据阿里巴巴集团发布的2016年中国与G20国家跨境电子商务连接指数,其排名前10的国家依次为美国、法国、英国、澳大利亚、德国、日本、意大利、加拿大、韩国、俄罗斯。

(三)世界电子贸易平台倡议

在2016年中国杭州G20峰会上,阿里巴巴集团提出建立世界电子贸易平台,搭建起一个自由、开放、通用、普惠的全球贸易平台,亿万消费者可以在这个平台上买遍全球,中小企业可以卖遍全球。可以预见,跨境电子商务将连接世界,成为未来全球贸易的主要形式。世界电子贸易平台倡议得到了G20国家贸易部长们的支持,将为全球互联网经济和电子商务发展创造良好的政策和商业环境等。

六、跨境电子商务对我国外贸转型升级的影响

(一)跨境电子商务推动了外贸环节的扁平化

跨境电子商务是通过互联网进行信息交换的,而商品交易、货物运输、报检报关、货款支付、商品配送等环节都可以在跨境电子商务平台上完成,这使得对外贸易环节扁平化,商品和交易成本大幅度降低,外贸企业与消费者受惠。

(二)跨境电子商务推动了中、小、微型企业进入国际市场

跨境电子商务已逐渐形成一条涵盖营销、交易、支付和物流服务的完整产业链,不仅能实现网上交易全部环节,而且还能获得金融与外语翻译的服务,将复杂的对外贸易业务操作变得简单透明,使得中、小、微型企业进入国际贸易市场的门槛不断降低。

（三）跨境电子商务推动了中国外贸的转型升级

跨境电子商务受到各国贸易保护主义的影响相对较小，能比传统对外贸易更精准地分析国际市场需求，及时调整产品结构，提升产品品质，借助跨境电子商务平台卖遍全球，对提升或创建我国企业品牌具有十分重要的积极作用。

第二节　第三方跨境贸易电子商务平台营销

一、第三方跨境贸易电子商务平台的选择

第三方跨境贸易电子商务平台也称为第三方电子商务企业，泛指按照特定的服务和交易规范，与服务或者产品的需求者和提供者保持相独立，凭借网络服务平台为企业或者个人提供商品交易中介服务，以收取佣金或者服务费为主要盈利模式的独立法人。

（一）第三方跨境贸易电子商务平台的特征

1. 独立性

独立性是第三方跨境贸易电子商务平台的性质所在，取决于其开展中介服务的性质，即在境内、外买家与卖家之间搭建供求信息交流的桥梁，撮合买卖双方之间开展交易，获得参与者的信任。

2. 集成性

集成性是第三方跨境贸易电子商务平台的基本属性，依托于通信技术、计算机技术和网络技术，在虚拟网络平台上，集聚境内、外买家的需求与卖家的供求信息，实现数据信息共享，增强交易信息的透明度，提高交易的成功率。

3. 规范性

规范性是第三方跨境贸易电子商务平台的主要属性，在提供服务的过程中，在信息发布、询盘发盘、订单协议、支付方式、物流配送等方面都有明确的规章和规范的交易过程，通过监督管理的手段提供安全便捷的服务，保证交易的公平公正。

（二）第三方跨境贸易电子商务平台的服务

1. 营销推广服务

第三方跨境贸易电子商务平台在营销推广方面主要提供四种服务：一是提供付费或者免费的店铺市场，给中小企业设立店铺，通过页面设计推广企业的经营理念、经营商品和服务特色，全方位提升宣传力度；二是设置 BANNER 广告、弹出广告、漂浮广告和软文营销等，推广各种商品、宣传各种促销活动、传播买家体验；三是提供搜索引擎，通过多维度优化，让产品获得更多曝光，带来更多的优质买家；四是提供引流工具，店铺产品将在类目/关键词搜索列表结果页及店铺列表页突出显示，强烈吸引卖家眼球，提高店铺流量，轻松获得点击。

2. 咨询情报服务

第三方跨境贸易电子商务平台在咨询情报方面主要提供两种服务：一是设立海外数字贸易中心，以海外展示中心为运营模式，通过市场商情、进出口信息发布等功能模块，快速对接买家，实现贸易最大化；二是设置数据智囊，提供店铺经营核心数据参考资料和核心数据

深度分析指导,进行商铺解析,监控店铺发展,预测市场变化趋势,挖掘行业潜力深度,并可通过搜索词追踪,把控买家搜索习惯,精准推荐热销产品。

3. 在线交易服务

第三方跨境贸易电子商务平台在在线交易方面主要提供两种服务:一是在线交易,包括品牌展示、线上查询、交易和追踪;二是提供物流、仓储、支付、金融等一站式服务,能够轻松完成每笔交易。

(三) 第三方跨境贸易电子商务平台的盈利方式

第三方跨境贸易电子商务平台主要通过在线营销、在线交易、在线服务吸引商家入驻,收取会员费、广告费、增值服务费、佣金和按效果付费,作为主要的收入来源。

1. 会员费

跨境贸易电子商务企业要通过第三方跨境贸易电子商务平台参与跨境贸易对外交易,必须注册该平台的 B2B 网站会员,根据不同服务等级价格交纳固定的年费,才能享受网站提供的各种服务。目前,会员费已成为中国 B2B 网站最主要的收入来源。

2. 广告费

第三方跨境贸易电子商务平台设置了 BANNER 广告、文字广告等多种表现形式,吸引跨境贸易电子商务企业投入广告宣传,并根据不同广告类型收取不等的广告费。

3. 增值服务费

第三方跨境贸易电子商务平台通常除了为企业提供贸易供求信息以外,还会提供一些如企业认证、独立域名、行业数据分析报告、搜索引擎优化等增值服务项目,并收取相应的服务费用。

4. 佣金

佣金是按逐笔交易交总额的一定比例收取费用的盈利模式,跨境贸易电子商务企业不再支付年费。即境内跨境贸易电子商务企业在与境外买家达成一笔交易后,向平台支付一定比例的佣金。佣金比例是第三方跨境贸易电子商务平台根据提供交易服务的成本等因素进行确定的,通常为成交金额的 2%~7%。

5. 按效果付费

按效果付费是按海外买家实际有效询盘来付费的盈利模式,跨境贸易电子商务企业不再支付年费。即境内跨境贸易电子商务企业在收到第三方跨境贸易电子商务平台提供大量的境外买家询盘后,经筛选确定有效询盘数量后,向平台付费。按效果付费主要是以中小企业综合服务贸易平台(ECVV)为代表的第三方跨境贸易电子商务平台,其优点就是零首付、零风险,卖家在辨认询盘的真实性和有效性后,在线支付单条询盘价格后就可以获得与海外买家直接谈判的机会,主动权完全掌握在卖家手中。

(四) 第三方跨境贸易电子商务平台的服务流程

在第三方跨境贸易电子商务平台上开展的服务与交易的环节见图 9-1。

1. 注册入驻平台

境内、外贸电子商务企业在获取"五证合一"营业执照、进出口贸易权资质、进出口货物收发货人报关注册登记证书、自理报检单位备案登记证明书后,选择第三方跨境贸易电子商务平台并进行注册入驻,建立企业商铺。

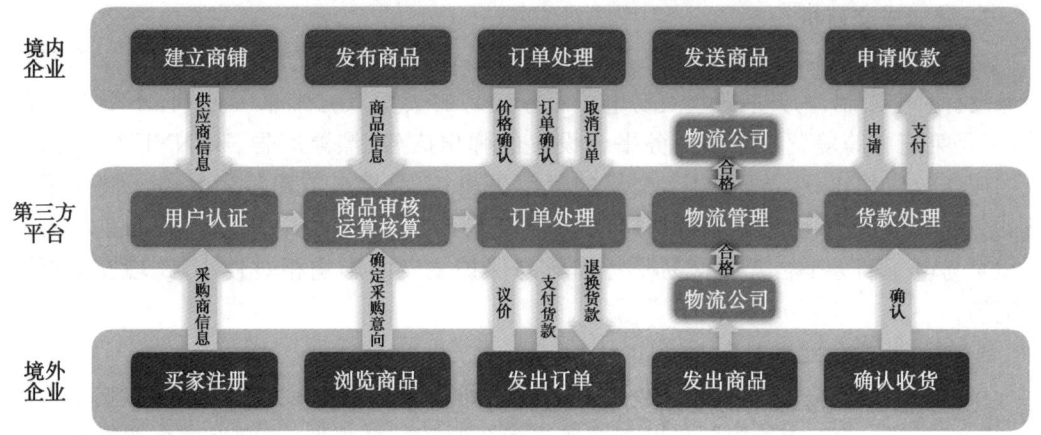

图 9-1　第三方跨境贸易电子商务平台的服务流程

2. 发布交易信息

境内卖家在企业商铺内介绍公司信息,发布销售商品类别、商品款式规格、商品价格数量、货款支付方式、交货方式等,让境外买家一目了然。

3. 磋商后订单处理

当境外买家浏览企业商铺页面后进行询盘,经过议价后下订单,境内、外贸电子商务企业对该订单进行处理,落实成交商品。

4. 货物托运通关

境内、外贸电子商务企业在境外买家支付货款予以确认,确认无误后在线办理出口货物的托运和报检报关手续,通关后装运发货。

5. 到货确认后转账付款

境内外贸电子商务企业在境外买家确认货物收讫后,向支付企业申请收款。支付企业在收到境外买家的"付款通知"后,向卖家发出"转账通知",并完成转账。

(五) 第三方跨境贸易电子商务平台的作用

无论是从其特征、服务功能、交易流程,还是从其交易形态、交易功能与未来发展趋势,第三方跨境贸易电子商务平台必然会在潜在商机的挖掘、综合管理成本的降低、海外市场的拓展、多元化服务能力的提升等方面都将起到积极地推动作用。其具体表现如下。

1. 降低经营成本

跨境贸易电子商务整个交易过程都是在第三方跨境贸易电子商务平台上进行的,包括产品信息介绍、商品营销推广、交易磋商、订单确定、货款支付、货物配送、客户服务等环节。从开展跨境贸易电子商务交易的卖方来看,第三方跨境贸易电子商务平台不仅能减少产品展示厅、存储仓库等一些传统企业所必须的基础设施外,还可以减少在交易过程中许多事务性工作及相关管理费用,还可以通过以销定产、以产定供,最大限度控制库存,降低企业的经营管理成本;从开展跨境贸易电子商务交易的买方来看,第三方跨境贸易电子商务平台能集中提供采购商品的众多信息,减少相应的人力、物力和财力,还通过批量采购降低采购价格;从开展跨境贸易电子商务交易的买卖双方来看,第三方跨境贸易电子商务平台的交易周期比传统贸易缩短了,能大幅度提高经营效益。

2. 增加成交商机

这种商机的诞生主要来自四个方面的因素：一是第三方跨境贸易电子商务平台提供的服务没有时空限制，为开展跨境贸易电子商务交易的买卖双方带来了便利，不受时空的影响；二是第三方跨境贸易电子商务平台设置的弹出广告、漂浮广告、BANNER 广告，与传统的广告效应相比，受益面更广，交易的概率更大；三是第三方跨境贸易电子商务平台具备的数据分析、搜索引擎优化等功能，能加强交易的针对性，提升成交数量；四是在第三方跨境贸易电子商务平台开展交易受各国贸易保护主义的影响相对较小，跨境交易渠道更为宽畅。

3. 提升小微企业参与度

在传统国际贸易领域中，小微外贸企业因受到规模、人员、资金等方面的影响是很难走入国际市场的。第三方跨境贸易电子商务平台入驻的门槛很低，小微外贸企业能通过这个平台上走向世界市场，与各国贸易商开展批量不大的且具有特色商品的交易，让国际贸易不再像以前那样难做。

（六）第三方跨境贸易电子商务平台选择的因素

中小企业由于资金、技术和人员条件的限制，往往通过第三方跨境贸易电子商务平台开展对外贸易，而如何选择平台对中小企业来说是非常重要的。选择第三方跨境贸易电子商务平台，中小企业需考虑以下四个方面因素。

1. 平台的类型

第三方跨境贸易电子商务平台主要分为垂直类 B2B 网站和水平类 B2B 网站。其中，垂直类 B2B 网站是为同类行业内的上下游买家与卖家提供交易，专业性强，目标客户明确，如中国服装网、我的钢铁网、食品商务网、全球五金网、环球塑化网、中国鞋网、中国化工网等；水平类 B2B 网站是将各个行业集中到同一个网站上进行贸易活动，为买家与卖家提供一个交易平台，如阿里巴巴、慧聪网、中国制造网、环境资源网等。

2. 平台的功能

第三方跨境贸易电子商务平台不仅硬件技术稳定，还具备搜索、咨询、营销、下单、支付、物流、结算等跨境交易的基本功能，导航清晰完整，操作简单便捷，能提供一站式服务，给用户一个良好的体验。

3. 平台的品牌

在国内或者国际上享有品牌效应的第三方跨境贸易电子商务平台，通常都是建立时间较长、规模较大、会员众多的平台，不仅能提供一站式的全方位服务，还拥有世界各国较大规模的各类大小买家，流量大，能实现精准营销，快速帮助中小企业在海外找到订单，且对用户具有精准的良好服务精神。

4. 平台的潜能

一家发展稳定的第三方跨境贸易电子商务平台，有着不断研发新功能、新模式的能力，不断适应市场的新变化，满足跨境贸易电子商务发展的需要。

二、第三方跨境贸易电子商务平台的注册

第三方跨境贸易电子商务平台的注册因不同的网站在注册环节、注册信息等方面会有一些差异，但基本雷同。

（一）阅读服务协议

服务协议是指第三方跨境贸易电子商务平台与注册卖家就服务的事项达成一致意见，注册卖家需事先阅读，注册后自动生效并产生法律效力的协议。国内各第三方跨境贸易电子商务平台的服务协议条款主要包括八个方面：一是注册卖家的定义及其资格；二是注册卖家的权利与义务；三是注册卖家的供货、售后服务及第三方担保承诺；四是网站的权利与义务；五是网站服务的中断与终止；六是不可抗力；七是仲裁；八是其他规定。

（二）填写或选择相关信息

在注册第三方跨境贸易电子商务平台店铺时注册卖家所需要填写或选择的信息包括六个方面：一是用户名（英语字母＋数字）；二是通信方式（手机号、邮箱地址、所在城市）；三是登入密码（英语字母＋数字）；四是用户类型（企业或个人）；五是证件号码（营业执照号、身份证号）；六是主营行业（服装、母婴用品、数码相机、手机、食品饮料、健康美容、鞋包、玩具等）。

（三）进行相关信息验证

在填写或者选择相关信息后，注册卖家按提示要求输入验证码并分别对手机和邮箱进行验证，还需提供营业执照、身份证影像图片进行验证。

（四）提交相关信息核准

相关信息验证后，系统自动提交注册信息，由第三方跨境贸易电子商务平台对其进行审核，通常在 3 日内反馈结果。如果审核通过，第三方跨境贸易电子商务平台会以邮件与短信的方式告知申请注册企业的平台店铺账号；如果审核没有通过，系统会告知错误情形，注册卖家需要及时更正，然后再验证提交。

三、第三方跨境贸易电子商务平台店铺的营销

（一）平台店铺的定位

跨境贸易电子商务企业要根据自己的经营范围、经营目标，分析主要交易商品变化的趋势、商品热销的属性、热销的品牌、热销的单品及价格，分析比较优势，寻找市场机会，对店铺进行合理定位。

（二）产品发布的要求

第三方跨境贸易电子商务平台为了更好的提升卖家服务，提高买家用户体验，建立公平、诚信、透明的平台运营环境，都会规定产品发布要求，通过制定规则进行规范实施。

1. 选择平台提供的产品上传工具

使用平台提供的产品上传工具，能确保卖家正确、快速地将产品上传到指定处，如果使用第三方搬家工具，容易发生错放类目等现象。

2. 选准平台对应的发布类目

产品必须发布在平台对应的类目中；否则，买家难以快速、准确地搜索到该产品。

3. 禁止发布重复产品

为了避免产品被判断为重复，注册卖家应从产品名称、价格、图片、简短描述、详细描述、产品特征等方面来展示产品之间的差异性。

4. 准确描述产品名称

为了能让买家更精准地搜索到产品，产品名称应与产品属性相符，采用规范的学名或者惯例表达。

5. 规范描述产品信息

描述产品信息应包含产品实物图片、产品特点或优势、产品使用说明、产品包装信息、产品付款方式、物流方式、服务承诺等,所有字句必须准确,禁止出现卖家联系信息、无关的文字、与外网链接等现象。

6. 不准更换产品

更换产品是指卖家通过修改有销售记录的产品,变成与原产品不同的其他产品。其无法体现新产品的真实情况,对买家有错误的引导。

7. 按规定发布产品图片

注册卖家应根据平台的规定设定产品图片文件格式,在指定数量内发布产品图片,禁止抄袭或者使用他人或与产品信息不符的图片。

8. 发布备货信息

卖家需根据产品实际情况如实填写产品备货信息,如备货状态、备货数量、备货所属地等,买家可按其搜索产品。

9. 合理设定产品价格

卖家须合理设定产品价格及购买数量区间,禁止卖家通过设定高价或者设定低价的方式影响产品的正常排序,影响买家购物体验。

(三)店铺营销方法

1. 网络品牌营销

一个品牌是由三大要素构成的:一是视觉形象,包括 LOGO、产品图片、广告等素材,一个企业产品展示的视觉形象决定了其在用户心中的定位;二是品牌故事,主要包括产品、创始人、公司、典型用户等故事;三是专属元素,即品牌的象征,用户看到它就会想起这个品牌,如特殊包装、差异化产品、特有词汇等。网络品牌营销就是将品牌要素通过各类在线渠道传达给用户,内化到用户的心中。

2. 软文推广

软文就是文字广告,通过标题、情景描述、博文、精华帖、网络新闻发布会等吸引客户,能让多家媒体进行投放,让外贸企业的资讯迅速覆盖到整个网络,提高企业品牌形象。如果将广告比作武侠中的招式,而软文就是内功心法,在潜移默化下,达到营销的目的。

3. 链接推广

链接推广是指将自己的链接发到 google、百度等网站上去进行推广,该网站上会出现"推广链接"字样。链接推广不仅能给网站带来访问量,而且能提升注册卖家在搜索引擎中的排名,吸引更多的访问者。

4. 网上视频营销

视频营销分为有声视频营销和无声视频营销两种营销方式。其中,有声视频营销是通过语言、音乐、图像和情景打动用户;而无声视频营销只有图像和情景,在广告上加字幕,让用户在无声的情况下明白广告的含义。视频营销可以通过 YouTube 等社交媒体植入想要宣传的产品视频,不仅能在社交媒体、网站中播放,还可以通过发送视频链接扩大传播。视频营销能给买家直观展示成品,吸引潜在买家进入店铺,将其转化成真实的买家,成本低且收效明显。

5. 网上直播营销

网上直播营销是指以网络平台为载体,注册卖家通过视频播出的方式进行产品互动宣传的营销手段。其不仅能让买家以最快最直接地方式了解产品和服务,而且还不受时空的限制,受众面非常广,成本低,能精准锁定目标客户,收效显著。

6. 搜索引擎推广

搜索引擎推广是指通过搜索引擎优化、搜索引擎排名、关键词相关性等在搜索引擎的结果页面取得较高排名的营销手段。注册卖家选择 Google、YouTube 等在世界排名前列的搜索引擎,在搜索框中输入想要推广的产品的名称、功能、产地等方面的关键词,确保排名靠前,买家可据此快捷地找到营销产品。

7. 整合营销

整合营销是指为达到产品和品牌的宣传目的,注册卖家将线上的社交媒体推广、搜索引擎推广、视频营销、直播营销等营销方法与线下的黄页营销、展销会等营销方法进行全方位的有效整合,并在理念、形象、方法、功能、资源等方面形成互动的协同效应,吸引不同浏览风格买家的关注,以获取更多订单的营销手段(见图 9-2)。

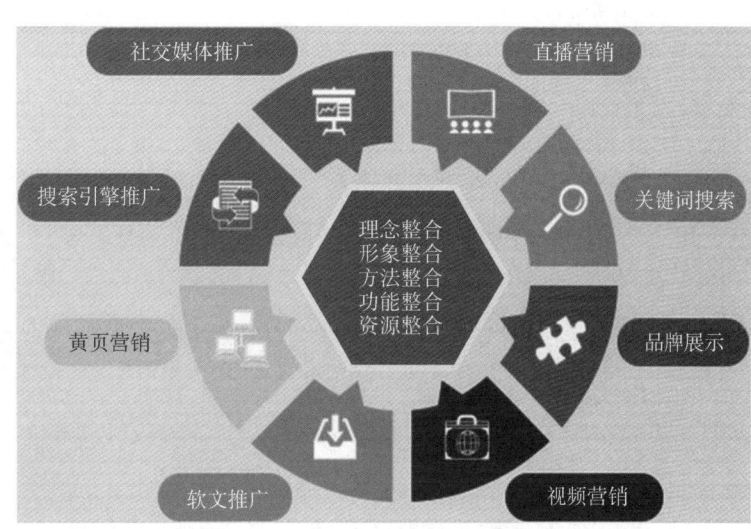

图 9-2　整合营销的架构图

 实例展示

业务情境

上海立达进出口有限公司在建立公司营销型电子商务平台后,为进一步拓展海外市场,决定在敦煌网注册第三方跨境贸易电子商务平台,并建立商铺,通过该网站提供的功能和服务开展全方位的营销,寻求更多的买家,不断地提升公司的经营效益。

一、敦煌网卖家注册

敦煌网卖家注册是指希望成为网站具有合法经营资格的实体,登录敦煌网并按要求填写相关信息,并确认同意履行其服务协议相关条款和条件的过程。完成敦煌网卖家注册程序的经办人和在敦煌网上以该供应商名义从事交易的经办人必须是具有该企业的合法授权且具备完全民事行为能力的自然人。

1. 敦煌网卖家注册的资格

敦煌网注册的卖家必须是具有合法经营资格的实体组织或个人。

2. 阅读登录敦煌网对注册卖家的服务协议

敦煌网对注册供应商的服务协议(见实例 9-1)在该网站上可以阅读,为了适应教学的规范性,现对该网站协议的格式、文字做以下调整。

实例 9-1　　　　　　　　　　敦煌网对注册供应商的服务协议

甲方:敦煌网(以下简称"网站")

乙方:注册供应商或者卖家(以下简称"卖家")

一、定义与资格

卖家注册是指申请注册者在登录网站并按要求填写相关信息并确认同意履行本协议的过程。

卖家资格是指具有合法经营资格的实体组织或个人,经办人具备完全民事行为能力的自然人。

二、甲方的权利与义务

(一)甲方的权利

1. 甲方对于数据维护更新等原因所造成的短时间的网络中断不承担任何责任。

2. 因网上交易的特殊性,甲方没有义务对乙方的注册资料、交易行为、与交易有关其他事项进行事先审查。但下列情况例外:

(1)甲方被告知某乙方、某具体交易事项可能存在重大问题;

(2)甲方被告知某乙方、某项交易有不当行为或违法时,可以明显确认其不当性质或者违法的。

3. 甲方承诺保护知识产权,制订知识产权权利人认证方案,禁止销售和展示侵犯知识产权的产品。

4. 甲方有权根据不同情况选择保留或删除相关信息、继续或停止提供服务,并追究相关法律责任。

5. 甲方对网站存在的违法行为、不当行为或甲方认为应当终止服务的情况,可随时删除相关信息,冻结账户,终止服务,无须征得乙方同意。

6. 甲方有权在网站上以网络发布形式公布乙方的违法行为。

7. 甲方不允许线下交易,对于违反规定的交易行为不负有责任。

8. 甲方不负责运送、储存或递交。

9. 甲方根据当事人的请求有权调解交易中产生的争议,依照法定程序要求积极配合并提供有关资料。

10. 甲方享有乙方授予许可使用权利,并有权对该权利进行再授权。

11. 甲方有权在法律允许的情况下,以乙方的资金抵扣乙方对甲方的债务。

12. 甲方有权单方面转让本协议,无需征得乙方同意。

(二)甲方的义务

1. 甲方仅提供产品展示和交易平台,不直接参与买卖行为的本身。

2. 甲方确保网站的正常运行,并着力提升和改进技术,保证交易活动的顺利。

3. 甲方对乙方在注册与交易中所遇到的问题及反映的情况应及时做出回复。

5. 甲方在收到乙方的付款申请后,经核实无误后向乙方进行放款操作。

6. 甲方不经乙方许可,不得向任何人出售或者出借其个人信息,不允许任何第三方以任何手段收集、编辑、出售或者无偿传播乙方信息。

7. 甲方可以采取有效措施对乙方进行评估,将评估结果公之于众,并对交易过程进行监督。

三、乙方的权利与义务

(一)乙方的权利

1. 乙方有权根据本协议及网站相关规则在网上登录产品信息,进行商品销售以及有关活动,并享受网站提供的信息服务。

2. 乙方可以接收来自网站的信息。

3. 乙方可以根据实际情况实时维护、修改价格信息。

4. 乙方在发送货物后可以保留货运记录,作为如何解决争议的证据。

5. 乙方必须通过货运公司确认货物妥投后,可以向网站提起付款申请。

6. 乙方如与其他注册卖家因交易产生纠纷,可请求网站协调解决,也可通过法律诉讼,网站按调解协议或者裁决进行交割。

7. 乙方如发现其他注册卖家有违法或者违反本协议的行为,可以向敦煌网进行反映要求处理。

(二)乙方的义务

1. 乙方在网站注册时提供真实资料,确保有效性及安全性,并在发生相关信息变更时应及时更新。

2. 乙方保证在注册、交易或者列举物品过程中提供的任何资料,包括数据、文本、软件、音乐、声响、照片、图画、影像、词句等不侵犯他人知识产权或合法权益,不违反法律法规规定;否则,承担其法律责任。

3. 乙方在网站上不得出售法律法规禁止的，或者违背社会公共利益和公共道德的，或者侵犯他人知识产权及合法权益的，或者网站认为不适合在网上销售的物品。

4. 乙方在网站进行交易中，须遵守诚实信用的原则，不得采取不正当竞争行为，不得扰乱网上交易的正常秩序，不得从事与网上交易无关的行为。

5. 乙方不得在产品描述页面、产品图片、询盘回复、留言、邮寄货物等留有自身联系方式，不得有在线下成交或者成交不卖的现象，一旦发现，视情节轻重分别给予警告、不符合要求信息删除、违规产品下架或者删除、扣除信用评分、账号封号或者关闭。

6. 乙方在收到网站订单付款通知后，按照订单供货时间、地点、数量、配置、品质、价格等要求发货。

7. 乙方负责产品售后服务并承担在保质期内因为售后服务产生的费用。

8. 乙方同意不把网站中的信息和资料做商业性利用。

9. 乙方应承担在网站交易、获取有偿服务或者接触网站服务器而发生的所有应纳税赋和办公费用等。

10. 乙方同意因其违反有关法律和本协议的规定致使网站受损，应承担赔偿网站一切损失费用。

四、服务终止的情形

（一）甲方终止的情形

甲方有权通过注销方式终止服务的情形：

1. 甲方未收取服务费的情况下，可自行决定终止乙方的服务，并删除其注册信息以及由此产生的义务。

2. 甲方对乙方违反服务协议的规定时，告知乙方终止对其提供服务，并不接受以后注册申请。

3. 乙方在三个工作日内未能更改的电子邮箱地址，甲方有权终止其服务的义务。

4. 甲方发现乙方注册资料中的主要内容是虚假的，可以随时终止其服务。

5. 甲方发现乙方在产品描述页面、产品图片上、询盘回复、留言、邮寄货物时留有自身联系方式的情况，可以终止其服务。

6. 乙方在服务协议终止或者补充或者修改时未予以确认新的服务协议，甲方有权终止其服务的义务。

（二）甲方中断与终止的情形

1. 乙方向甲方提出注销其注册时，经甲方审核同意后予以注销，解除服务协议关系。但甲方仍保留下列权利：

（1）甲方有权保留乙方的注册资料及以前的交易行为记录。

（2）甲方有权对乙方在注销前存在违法行为行为行使本服务协议所规定的权利。

2. 乙方在服务协议届满时，该协议自然终止。

（三）终止之前乙方交易行为的处理

1. 乙方在服务终止之前已经上传至网站的物品尚未交易或尚未交易完成的，甲方有权在终止服务的同时删除物品信息，并通知买家。

2. 乙方在服务终止之前已经确认订单，甲方有权在终止服务同时删除其要约，并通知买家负责退款。

3. 乙方在服务终止之前已经就确认订单交运，甲方可允许交易完成。

五、其他禁止的情形

1. 乙方不得将内容或者物品张贴于不适当的类别或网站或者服务中不适当的地方。

2. 乙方不得不运送买家已经购买的货品，除非买家并未遵守条款或者送货地址不详。

3. 乙方不得操纵任何货品价格，或者干扰其他会员的登陆物品。

4. 乙方不得规避或者操纵甲方的收费系统、缴款程序或者应缴的敦煌网收费。

5. 乙方不得以任何方式企图损害网站的安全系统或者功能。

6. 乙方不得张贴不实、错误、误导性、诽谤性或者中伤他人的内容，包括个人资料。

7. 乙方不得采取任何会破坏信用评价或者评级系统的行动。

8. 乙方未经甲方同意，不得将信用评价和会员账号转移给另外一人。

9. 乙方不得散布或者张贴垃圾邮件、连锁信件或者金字塔式销售。

10. 乙方不得散布病毒，或者散布任何可能损害敦煌网或者其他用户利益或者财产之技术。

11. 乙方不得复制、修改或者散布网站内容及敦煌网的版权和商标。

12. 乙方未经其他用户同意而收集或者以任何方式收集包括电邮地址等会员资料。

（续）

> **六、通知**
>
> 通知以电子邮件形式或者双方约定的其他形式发送,在电子邮件发出 24 小时后应被视为已送达。通过邮资预付挂号邮件的通知发送到乙方提供的地址,付邮当日 3 天后被视为已送达。
>
> **七、不可抗力**
>
> 由于超出合理控制范围以外的原因而使敦煌网迟延或者未能履约或未能完全履约,敦煌网不负任何责任。此情况包括但不限于:地震、台风、水灾、战争、恐怖活动、暴动、罢工、全国性行业政策调整、政府行为、网络传输故障、网络供应商原因、黑客攻击等不可抗力事件。
>
> **八、法律适用和争议解决**
>
> 1. 本协议之签署、效力、解释和执行以及本协议项下争议之解决等均应适用中华人民共和国法律。
>
> 2. 因本服务协议而产生之争议,双方应友好协商解决。如协商不成,则任何一方均可将有关争议提交中国国际经济贸易仲裁委员会,按照该会届时有效的仲裁规则在北京仲裁解决。仲裁语言为中文。双方均认可的仲裁裁决为终局的,对双方均有约束力。

3. 敦煌网卖家页面的登录

输入敦煌网网址 http://seller.gate.com,进入敦煌网卖家页面,点击"免费开店"按钮(见实例 9-2)。

实例 9-2　　　　　　　　　　　敦煌网卖家页面

4. 商户信息的填写

1) 用户名

用户名由 4~20 个英文字母或者数字组成,不支持中文与空格,其注册后不可以修改。用户名是用于敦煌网登录时的名称,也是作为店铺的初始名称。案例用户名为"SHANGHAI ZYDIEC"。

2) 登录密码

密码由 6~16 个字母与数字组合,字母与数字组合少,安全系数小,反之安全系数就大,系统会自动予以提示。案例登录密码为"ZYD123",系统显示安全系数为"中"。

3) 确认密码

确认密码是指将案例登录密码"ZYD123"再输入一次。

4) 手机号码

先选择"中国大陆"或者"香港",然后在右列输入框内输入手机号码,后续需要验证。案例手机号为"13917935888"。

5）常用邮箱

在输入框内输入邮箱地址，后续需要验证。案例邮箱地址为"SIBO@sohu.com"。

6）主营行业

主营行业品类主要包括：服装；汽车、摩托车；母婴用品；箱包及箱包辅料；商业及工业；数码相机、摄影器材；手机和手机附件；计算机和网络；消费类电子；时尚配件；食品饮料；电玩游戏；发制品；健康与美容；家具与花园；珠宝；照明灯饰；乐器；安全与监控；鞋类与鞋类辅料；运动与户外产品；战术装备；玩具与礼物；表；婚纱礼服；其他产品。主营行业只能选择一个，但对审核通过后的卖家账号不限制主营行业。案例主营行业为"服装"。

7）用户类型

选择"大陆企业"或者"香港和个人"，只能选择其中一种。案例用户类型为"大陆企业"。

8）验证码

根据界面下方提示的字母输入验证码框内。全部输入完成后，点击下方"提交注册信息并继续"按钮（见实例9-3）。

实例9-3　　　　　　　　　　　平台页面

5. 账号激活

点击下方"提交注册信息并继续"按钮进入激活账号界面(见实例 9-4),进行手机验证和邮箱验证。点击"发送验证码"进行验证后,再点击"登录邮箱激活"按钮进行验证。

实例 9-4   验证页面

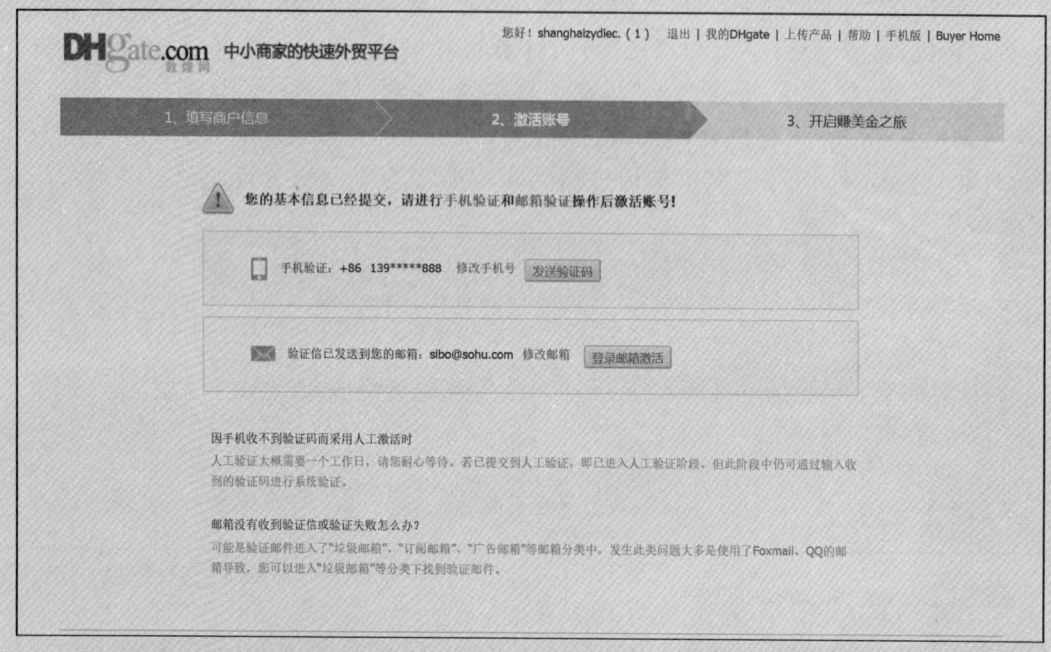

二、敦煌网产品发布规则

敦煌网为了规范卖家对产品的发布,制定了《敦煌网产品发布规则》(见实例 9-5),主要包括卖家产品发布基本规则、敦煌网产品发布规则以及乐器、家具、汽配、箱包、鞋、电子、游戏、健康、母婴、婚纱、珠宝、玩具、相机、手机、户外运动、配饰、手表、服装、安防 19 个行业的产品发布规则。

实例 9-5   敦煌网产品发布规则

第一条 禁销产品审核规则
当卖家发布在《禁止销售(限售)的产品规则》中的产品时,审核不予通过。
第二条 侵权产品审核规则
当销售主体为侵权产品,则不予通过。其主要分为以下两类。
1. 图片侵权
图片侵权是指发布图片产品有侵权现象,主要包括图片侵犯注册商标、图片侵犯他人的版权或者专利权、图片侵犯他人肖像权、图片产品形似品牌产品且有涂抹痕迹、图片产品形似品牌产品且故意不显示 logo 部位或者不完全展示、图片侵犯他人的发明专利、恶意破坏或者侮辱或其他不正当使用各国国旗图案等。
2. 文字侵权
文字侵权是指产品标题、短描或者长描中出现文字侵权现象。主要包括产品侵犯注册商标的文字、同类产品描述含注册商标的产品线词、同类产品含注册商标的变形文字(部分词)、形似品牌产品的文字暗示、产品为侵权产品的字句等。
第三条 违规产品审核规则
对卖家发布的违规产品,审核不予通过。

（续）

1. 图片违规

图片违规主要包括抄袭其他卖家图片、产品图片模糊、产品图片双水印等现象。

2. 文字违规

文字违规主要包括乱放关键词（使用多个品牌词、型号词、无关词）、留联系方式、产品图片名称与描述不符、详细描述有中文字符等现象。

3. 其他违规

其他违规主要有三种现象：一是乱放产品目录，即发布产品时选择的类目与产品实际类别不一致；二是更换产品，禁止将已有一定销售量基础的产品编号中的产品更换为其他产品，以增加曝光量；三是重复产品，即同一账户持有人在敦煌网持有一个或者多个卖家账户中发布没有明显差异的任意两个产品。

三、敦煌网店铺营销工具

敦煌网向注册卖家提供的营销工具有很多，与其他网站相比，具有敦煌网特色的营销工具主要有产品流量快车、视觉精灵和数据贸易中心。

1. 产品流量快车

产品流量快车是敦煌网为卖家量身打造的强力引流工具之一，其将会在产品排序列表页固定位置上，迅速提升店铺及产品浏览量。产品流量快车适用敦煌网所有卖家，线上正常展示产品均可使用且无时间限制。新注册卖家 1 个产品处于正常上架状态可添加快车产品 1 个，10 个产品处于正常上架状态可添加快车产品 2 个，30 个产品处于正常上架状态可添加快车产品 3 个，添加后可以查看，还可以更新快车推广产品。

2. 视觉精灵

视觉精灵是敦煌网为商户店铺产品量身打造的强力引流工具之一（见实例 9-6），凡使用视觉精灵的产品，将在行业产品列表和店铺产品页突出显示，强烈吸引卖家眼球，提高店铺流量，轻松获得点击。视觉精灵有 7 天、14 天、21 天三个突显时段和突显底色、突显边框、突显底色＋边框三种方式，注册卖家可根据店铺产品特色任意挑选，也可依据运营推广计划随时更换突显产品。

实例 9-6　　　　　　　　　　视觉精灵

3. 海外数字贸易中心

海外数字贸易中心(见实例9-7)是敦煌网为帮助国内中小企业打开海外市场,以海外展示中心为运营模式,为入驻企业提供进口、出口双向贸易资源对接与服务,为企业提供对外展示品牌的窗口,为企业提供一手的本地市场商情、爆款、营销趋势分析等,为入驻企业提供面对面接触海外买家的机会,定期组织对接当地企业商会联合会举办洽谈会,实现贸易最大化。

实例 9-7 海外数字贸易中心

第三节　第三方跨境贸易电子商务平台交易

一、敦煌网的跨境物流服务

(一) 物流平台

敦煌网物流平台(见图9-3)是敦煌网为注册企业提供安全、高效、低价的国际物流运输方式在线服务,包括跨境物流、国内上门揽收、国内集货、本地配送服务。敦煌网合作的跨境

图 9-3　敦煌网物流平台

物流企业包括 DHL、UPS、TNT、FedEx、USPS、SF 等,卖家只要在线填写发货申请、线下发货至合作仓库、在线支付运费,就能快速完成国际物流发货。

（二）海外仓储服务

敦煌网已经在美国、英国等国家建立了海外仓,在本地发货时效快,退换货便捷;同时,还在海外仓中建立产品展示中心,深入该国当地的市场,为当地的批发商提供直接的服务。敦煌网的海外仓操作步骤见图 9-4。

图 9-4　敦煌网的海外仓操作步骤

二、敦煌网的跨境支付服务

（一）收款银行账户的设置

注册卖家登录后台,点击"资金账户"下的"账户设置",进入银行账户设置的页面,先选择人民币银行账户或者美元银行账户,也可选择其中一个币种的账户;然后填写有关信息,经审核通过后,系统发出"验证已通过"的信息。

（二）支付方式

敦煌网同时支持 VISA 信用卡、MASTER 信用卡、Moneybookers、Bank Transfer、Western Union 五种全球性的付款方式,且在 60 多个主要国家开通本地的银行转账账户,与国外著名的 Moneybookers、Global Collect、Western Union、WorldPay 等支付机构保持着长期的合作关系。敦煌网通过支付合作机构,为买家提供了众多国家的银行转账账户,买家只需要通过电子银行向指定银行账户转账即可完成付款,并且可免除跨国转账的手续费用。买家购物时使用何种支付方式付款,由其自行决定,可以是信用卡,也可以是在线银行转账,还可以是线下银行转账。

（三）敦煌网收支货款流程

敦煌网收支货款流程如图 9-5 所示。

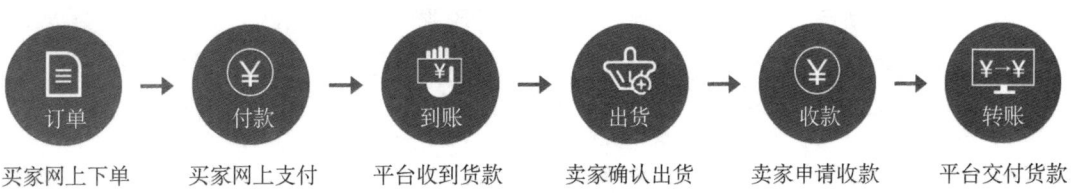

图 9-5　敦煌网收支货款流程

案例思政

倡议世界电子贸易平台　助力全球跨境电子商务

【案例简介】

进入 21 世纪以来,全球互联网技术和电子商务迅速发展,国际贸易主体、贸易形态、商业模式、组织方式都在发生重大变革,这促进了世界经济贸易的普惠发展,驱动了传统产业的转型升级,也对全球贸易规则和公共政策提出了新要求和新挑战。2016 年,阿里巴巴集团提出了构建世界电子贸易平台的倡议,得到了国际社会包括联合国机构在内的国际组织、政府机构、工商界、智库学者的积极回应和高度认同,并被写入领导人杭州峰会公报。世界电子贸易平台是一个共创治理规则的平台、一个交流最佳实践的平台、一个建设未来设施的平台、一个追梦普惠贸易的平台。2017 年 3 月,首个世界电子贸易平台试验区在马来西亚落地,中马双方共同建设"数字自由贸易区",其将被打造成物流、支付、通关、数据一体化的数字枢纽,成为发展数字经济的基础设施,成为马来西亚和东南亚中、小、微型企业通向世界的窗口。

【案例思政】

2018 年 11 月,国家主席习近平在首届中国国际进口博览会开幕式并发表主旨演讲中指出:"一花独放不是春,百花齐放春满园""包容普惠、互利共赢才是越走越宽的人间正道"。习近平强调,中国将进一步降低关税,提升通关便利化水平,削减进口环节制度性成本,加快跨境电子商务等新业态、新模式的发展。世界电子贸易平台旨在探讨全球数字经济和电子贸易的发展趋势、面临问题和政策建议,分享商业实践和最佳范例,孵化和创新贸易新规则和新标准,推动全球数字经济基础设施建设,共同促进全球经济社会普惠和可持续发展。

❰❰❰ 复习与思考 ❱❱❱

一、单项选择题

1. 第三方电子商务平台也称为(　　)收回货款。

A. 电子商务企业　　　　　　　　　　　B. 第三方企业

C. 企业　　　　　　　　　　　　　　　D. 第三方电子商务企业

2. 下列各项中,不属于第三方跨境贸易电子商务平台的作用是(　　)。

A. 开发企业新产品　　　　　　　　　　B. 降低经营成本

C. 增加成交商机　　　　　　　　　　　D. 提升小微企业对跨境贸易参与度

3. 中小企业注册入驻第三方跨境贸易电子商务平台时必须阅读并签订(　　)。

A. 租赁协议　　　　　　　　　　　　　B. 买卖合同

C. 服务协议　　　　　　　　　　　　　D. 交易合同

4. 卖家注册第三方跨境贸易电子商务平台获准后,会收到该平台发出的(　　)。

A. 认证号码 　　　　　　　　　　　　B. 交易号码

C. 店铺账号 　　　　　　　　　　　　D. 出口收汇高风险以外的企业

5. 2016 年,在中国杭州 G20 峰会上,阿里巴巴集团提出建立(　　)。

A. 世界电子贸易平台 　　　　　　　　B. 全球跨境电子商务标准

C. 全球数字贸易 　　　　　　　　　　D. 世界电子贸易体系

6. 下列各项中,不属于专属元素内容的是(　　)。

A. 通用包装 　　　　　　　　　　　　B. 特殊包装

C. LOGO 　　　　　　　　　　　　　　D. 特定广告语

7. 直播营销与视频营销都是在网站上进行,其最大区别是(　　)。

A. 可视性 　　　　　　　　　　　　　B. 互动性

C. 直观性 　　　　　　　　　　　　　D. 开放性

8. 快递服务企业通过不同的运输工具实施门到门的快速投递服务,向客户收取(　　)。

A. 佣金 　　　　　B. 服务报酬 　　　　　C. 利润 　　　　　D. 增值报酬

9. 下列各项中,不属于第三方电子商务平台不可抗力事件范围的是全国性行业政策调整、政府行为、(　　)等不可抗力事件。

A. 地震、台风、水灾 　　　　　　　　B. 战争、暴动、罢工

C. 网络传输故障、黑客攻击 　　　　　D. 第三方电子商务企业倒闭

10. (　　)是指供需双方生产商或零售商之间利用互联网技术,通过跨境电子商务交易平台完成货物买卖的一种交易模式。

A. B2B2C 　　　　　B. C2B 　　　　　C. B2C 　　　　　D. B2B

二、多项选择题

1. 第三方跨境电子商务平台的盈利模式主要包括(　　)等。

A. 佣金 　　　　　　　　　　　　　　B. 会员费

C. 增值服务费 　　　　　　　　　　　D. 广告费

2. 第三方电子商务平台可以分成(　　)。

A. 数据交换平台 　　　　　　　　　　B. 贸易型电子商务平台

C. 零售型电子商务平台 　　　　　　　D. 买家与卖家交易平台

3. 第三方跨境贸易电子商务平台的服务主要包括(　　)。

A. 生产咨询服务 　　　　　　　　　　B. 咨询情报服务

C. 营销推广服务 　　　　　　　　　　D. 在线交易服务

4. 第三方跨境贸易电子商务平台在线交易服务主要包括(　　)。

A. 半自动核销 　　　　　　　　　　　B. 自动核销

C. 在线交易 　　　　　　　　　　　　D. 物流、仓储、支付、金融等一站式服务

5. 下列各项中,属于整合营销范畴的有(　　)。

A. 通过不同方法推广同一产品 　　　　B. 通过不同途径推广同一产品

C. 通过不同形式推广同一产品 　　　　D. 通过同一方法推广一种产品

6. 视频营销可以分为(　　)。

A. 有声视频营销 　　　　　　　　　　B. 立体视频营销

C. 无声视频营销   D. 品牌视频营销

7. 海外仓储的类型主要包括(　　)。

A. 保税海外仓   B. 租赁型海外仓

C. 租用自营型海外仓   D. 自建型海外仓

8. 第三方跨境贸易电子商务平台在营销推广方面提供的服务有(　　)。

A. 提供付费或免费的店铺市场   B. 设置各种广告

C. 提供搜索引擎   D. 提供引流工具

9. 在第三方跨境贸易电子商务平台上开展服务与交易的主要环节包括(　　)。

A. 商品注册、发布信息   B. 磋商、订单处理

C. 货物托运、通关   D. 申请收款、付款转账

10. 敦煌网卖家在注册时,卖家必须是具有合法经营资格的实体(　　)。

A. 组织   B. 个人   C. 单位   D. 团体

11. 按第三方平台的规定,注册商铺的企业不得(　　)。

A. 采取不正当竞争行为   B. 扰乱网上交易的正常秩序

C. 从事与网上交易无关的行为   D. 讨价还价

三、判断题

1. 第三方电子商务企业凭借网络服务平台为企业提供商品交易中介服务。 （　　）

2. 通常跨境贸易电子商务企业在逐笔支付佣金后还要支付年费。 （　　）

3. 按效果付费是按海外买家实际有效询盘来付费的盈利模式。 （　　）

4. 第三方跨境贸易电子商务平台具有独立性、集成性、规范性等特征。 （　　）

5. 国际贸易领域 B2B 电子商务的创新者是阿里巴巴集团。 （　　）

6. 注册第三方跨境贸易电子商务平台在填写信息还要进行营业执照、身份证验证。

（　　）

7. 第三方跨境贸易电子商务平台不禁止发布重复产品。 （　　）

8. 第三方跨境贸易电子商务平台禁止抄袭或者使用他人或者与产品信息不符的图片。

（　　）

9. 汇款结算是指付款人主动通过银行或者其他途径将款项汇给收款人。 （　　）

10. 跨境电子商务推动了中、小、微型企业进入国际市场。 （　　）

四、简答题

1. 简述世界电子贸易平台倡议的概况。

2. 简述我国跨境电子商务的发展阶段及特征。

3. 简述跨境电子商务的产生条件。

4. 简述国际贸易方式的类型。

五、案例分析题

2017 年上半年,小红书出现用户信息大面积泄漏事件,被泄露信息的用户接到诈骗电话,诈骗分子以退款为诱饵,通过蚂蚁借呗、来分期、马上金融等借贷平台进行诈骗,用户遭受不同程度经济损失。

请分析,此事件是否属于违法? 其责任人应该是谁? 为什么? 你认为电子商务平台企业应该树立什么样的社会价值观?

第十章　加工贸易

学习目标

◆ 了解加工贸易的类型和区别、综合保税区委托加工与出境加工业务的管理。
◆ 熟悉加工贸易企业的信用认定、加工贸易商品的管理、加工贸易监管方式。
◆ 明确加工贸易合同的备案、加工贸易手册核销的主要作用。
◆ 掌握加工贸易企业的资质,以及开展加工贸易业务的条件、范围和要求。

本 章 概 要

　　本章包括三部分内容:第一部分为加工贸易概述,介绍加工贸易企业的类型、管理、监管和综合保税区委托加工业务、出境加工业务以及加工贸易的发展历程;第二部分为加工贸易手册的设立,介绍加工贸易合同的类型和备案、加工贸易手册的设立;第三部分为加工贸易手册的核销,介绍加工贸易产品的生产、加工贸易手册的核销条件和核销程序。

第一节　加工贸易概述

一、加工贸易企业的类型

　　加工贸易是指从境外保税进口全部或者部分原辅材料、零部件、元器件、包装物料等料件,经境内企业加工或者装配后,将制成品复出口的经营活动。随着国际产业分工不断细化,产业转移不断推进,一件最终产品的各个生产环节在空间上不断分离,产品中包含进口、加工、复出口的成分越来越多,加工贸易成为国际贸易的主要方式。加工贸易包括以下两种类型。

　　（一）来料加工贸易

　　来料加工贸易简称来料加工,是指外商提供全部或者部分原料、辅料、零配件、元器件、配套件和包装物料,要求中方加工企业按照其要求进行加工或者装配,并在成品交付后支付给加工企业工缴费的一种贸易方式。

1. 来料加工贸易的方式

来料加工贸易依据外商提供料件的数量分为两种方式:一是全部来料来件加工装配,是指由国外委托方提供全部原料、辅料和元器件,要求中方承接加工企业按照其要求进行加工或者装配,并在成品交付后支付给加工企业工缴费;二是部分来料来件加工装配,是指国外委托方提供部分原料、辅料和元器件,其余部分的料件由中国承接方提供,要求中方承接加工企业按照其要求进行加工或者装配,并在成品交付后支付加工企业提供料件的价款和工缴费。

2. 来料加工贸易的特点

来料加工贸易有三个方面的特点:一是两头在外,是指在加工贸易方式中,外商从境外提供全部或者部分原料、辅料和元器件,加工后的成品由中方加工企业负责出境交付,由外商负责在境外销售;二是加工增值,是指在加工贸易方式中,中方根据外商对产品的要求进行加工,不参与外商经营该业务所得利润的分配,也不承担在加工业务过程中产生的各种经济风险,仅仅收取加工贸易合同约定的工缴费;三是料件保税,中国海关对外商从境外提供全部或者部分原料、辅料和元器件实施保税监管,要求专库存放,或者做到分列单批存放,在库房和账簿上标明"海关监管货物"字样。对用于加工装配返销出口产品的料件、在生产过程中消耗掉的燃料、磨料、触媒剂、催化剂、洗涤剂予以全额保税,加工成品的出口不征收出口关税。

(二)进料加工贸易

进料加工加工贸易简称进料加工,是指拥有进出口经营权的生产企业用外汇购买进口全部或者部分原料、辅料、零配件、元器件、配套件和包装物料等料件,并在加工后将成品或者半成品销往境外的一种贸易方式。

1. 进料加工贸易的方式

进料加工贸易依据承接加工的对象不同分为两种方式:一是自行加工,是指拥有进出口经营权的生产企业对外签订料件进口贸易合同和制成品出口贸易合同,利用本企业的生产条件进行加工,并将制成品复出口的一种贸易方式;二是委托加工,是指拥有进出口经营权的生产企业对外签订料件进口贸易合同后,以委托加工形式拨交给其他生产企业进行加工,支付加工费后将其制成品进行出口的一种贸易方式。

2. 进料加工贸易的特点

进料加工贸易的特点有三个方面:一是外汇购买,是指加工贸易企业对外签订料件进口贸易合同,用本企业外汇从国外购买全部或者部分原料、辅料、零配件、元器件、配套件和包装物料等料件;二是自行销售,是指加工贸易企业自行决定产品的款式、规格和生产数量,将进口料件加工成制成品后自行销往国外市场;三是自负盈亏,是指加工贸易企业国外采购进口料件到加工生产,再将制成品销往国外市场,其生产与经营过程全部实施独立核算,自负盈亏,自担风险。

来料加工与进料加工的区别表现在以下三个方面:

(1)贸易性质不同。来料加工属于加工贸易性质,当事人双方是一种委托与被委托的关系。委托方提供加工技术方案和全部或者部分的料件,在必要时还会提供专用设备,被委托方按照委托方的要求加工,根据加工数量收取工缴费;进料加工属于一般贸易性质,当事人双方是一种买卖关系,在料件进口贸易合同和制成品出口贸易合同中,我国外贸企业分别处于进口商和出口商的角色。

（2）所有权不同。在来料加工方式中，外商对其所提供的全部或者部分的料件和加工后的制成品拥有所有权，我国外贸企业只有对料件的使用权、制成品的报关权；在进料加工方式中，我国外贸企业是用本企业的外汇采购进口料件，并按照自己的制造技术要求生产加工，根据自己的计划出口销售，对料件和制成品拥有所有权。

（3）风险不同。在来料加工方式中，我国外贸企业加工企业属于被委托方，对料件和制成品不拥有所有权，也就不承担料件采购和制成品销售所带来的各种风险；在进料加工方式中，我国外贸企业用自己的外汇进口料件，根据自己的设计要求生产产品，完全是自主经营，期间存在着汇率、交易等市场风险。

二、加工贸易企业的管理

加工贸易企业是指依法设立，并经海关备案注册登记，从国外进口原料、材料或者零件，利用本国的廉价劳动力和土地，加工成成品复出口的企业。它包括经营企业和加工企业。其中，经营企业是指负责对外签订加工贸易合同的进出口企业、外商投资企业和获得来料加工经营许可的对外加工装配服务企业；加工企业是指接受经营企业委托，负责对进口料件进行加工或者装配，且具有法人资格的生产企业，以及由经营企业设立的虽不具有法人资格，但实行相对独立核算并已获得工商营业执照的厂家。

（一）加工贸易企业的资质

申请加工贸易的企业应当根据我国法律法规的有关规定，获取由市场监督管理部门核发的"多证合一、一照一码"营业执照，具备企业的经营权、进出口经营权、报关报检资质。

（二）加工贸易企业的能力

申请加工贸易的企业应当具有与业务范围相适应的工厂、加工设备和工人。根据商务部与海关总署发布的公告，从2019年1月1日起，从事加工贸易业务的企业不再申领《加工贸易企业经营状况及生产能力证明》，但是必须在"加工贸易企业经营状况及生产能力信息系统"中自主填报《加工贸易企业经营状况及生产能力信息表》，并对信息真实性做出承诺。

（三）报检报关资质

申请加工贸易的企业应当根据我国海关总署的相关规定，向属地海关办理进出口货物收发货人的备案，备案后拥有报检报关权。

（四）加工贸易企业的信用认定

2019年1月1日起，海关根据企业的信用状况将企业认定为以下三类。

1. 失信企业

海关将企业认定为失信企业的依据有以下两个方面。

1）违反以下十种情形之一的企业

具体情形包括：一是有走私犯罪或者走私行为的；二是非报关企业1年内违反海关监管规定行为次数超过上年度报关单、进出境备案清单、进出境运输工具舱单等相关单证总票数1‰且被海关行政处罚金额累计超过100万元的，报关企业1年内违反海关监管规定行为次数超过上年度报关单、进出境备案清单、进出境运输工具舱单等相关单证总票数5‰且被海关行政处罚金额累计超过30万元的；三是拖欠应缴税款或者拖欠应缴罚没款项的；四是未按照规定向海关提交《企业信用信息年度报告》的，经过实地查看在海关登记的住所或者经营场所无法查找，并且无法通过在海关登记的联系方式与企业取得联系，这些情形被海关列入信用信息异常企业名录超过 90 日的;五是假借海关或者其他企业名义获取不当利益的;六是向海关隐瞒真实情况或者提供虚假信息,影响企业信用管理的;七是抗拒、阻碍海关工作人员依法执行职务,情节严重的;八是因刑事犯罪被列入国家失信联合惩戒名单的;九是违反国境卫生检疫、进出境动植物检疫、进出口食品化妆品安全、进出口商品检验规定被追究刑事责任的;十是海关总署规定的其他情形。根据《海关认证企业标准》的规定,企业主动披露且被海关处以警告或者 50 万元以下罚款的行为,不作为海关认定企业信用状况的记录。

案例分析

广东某玩具国际贸易公司未经海关许可,擅自将国内采购的毛绒布顶替进料加工登记手册项下进口毛绒布,用于加工贸易出口成品的加工生产,并将登记手册项下进口料件用于内销,涉案价值为 214.83 万元。海关缉私分局调整核实后,根据我国《海关行政处罚实施条例》的规定,对当事人处以罚款 25 万元。

请你从学习者的视角分析,该公司的违法行为是否能作为海关认定企业信用状况的记录? 为什么?

2) 处罚金额累计超过 100 万元或者 30 万元的企业

具体情形包括:一是当年注册登记或者备案的非报关企业,1 年内因违反海关监管规定被海关行政处罚金额分别累计超过 100 万元的;二是当年注册登记或者备案的报关企业,1 年内因违反海关监管规定被海关行政处罚金额分别累计超过 30 万元的。

案例分析

2021 年 10 月,南通制造有限公司在开展进料加工贸易过程中,未经海关许可擅自将进料加工登记手册项下保税进口的矽钢片、漆包线等外发至其他企业,加工成单体变压器出口。根据我国《海关行政处罚实施条例》的规定,海关对当事人处以罚款 10 万元。

请你从学习者的视角分析,该公司是否可以认定为失信企业? 为什么?

2. 一般信用企业

海关认定为一般信用企业的依据有三个方面:一是在海关首次注册登记或者备案的企业;二是认证企业不再符合《海关认证企业标准》,并且未发生失信企业认定情形的;三是自被海关认定为失信企业之日起连续 2 年未发生失信企业认定情形的。

3. 认证企业

海关开展认证企业的依据是海关总署于 2018 年 11 月 22 日发布的《海关认证企业标准》。该标准规定了企业认证总分(100 分),并分成达标、基本达标、不达标和不适用四类。达标的记 0 分,评判依据是申请认证企业的实际情况符合该项标准及每个分项标准;基本达标记-1 分,评判依据是申请认证企业实际情况基本符合该项标准及每个分项标准;不达标记-2 分,评判依据是申请认证企业实际情况不符合该项标准,如果分项标准中有不达标情形的,该项标准即为不达标;不适用是指认证的相关标准不适用于该经营类别企业,海关不对该项标准进行认证。《海关认证企业标准》将认证企业分为一般认证企业和高级认证企业,并分别规定了其认证要求。

1）一般认证企业标准

一般认证企业标准包括内部控制标准、财务状况标准、守法规范标准和贸易安全标准，共有 17 条 29 项（见表 10-1）。

表 10-1　　　　　　　　　　　　一般认证企业标准

一般认证企业标准			达标情况			
			达标 0	基本达标 —1	不达标 —2	不适用 —
一、内部控制标准						
（一）组织机构控制	1. 海关业务培训	建立海关法律法规等相关规定的内部培训制度并有效落实				
	2. 内部组织架构	法定代表人（负责人）、负责关务的高级管理人员、关务负责人、负责贸易安全的高级管理人员应当每年参加 1 次以上海关法律法规等相关规定的内部培训，及时了解、掌握相关管理规定				
（二）进出口业务控制	1. 单证控制	建立进出口单证复核或者纠错制度并有效落实				
	2. 单证保管	（1）建立符合海关要求的进出口单证管理制度，确保归档信息的及时性、完整性、准确性与安全性				
		（2）建立符合海关要求的特殊物品安全管理制度，并按照规定留存特殊物品生产、使用、销售记录				
		（3）建立符合海关要求的货物技术标准规范保管制度				
		（4）妥善管理报关专用印章、海关核发的证书、法律文书等单证				
		（5）建立企业认证的书面或者电子资料的专门档案				
（三）内部审计控制	1. 内审制度	（1）建立对进出口活动的内部审计制度并有效落实				
		（2）每年实施 1 次以上的内部审计并建立书面或者电子资料的档案				
		（3）已成为一般认证企业的，应当每年对持续符合海关一般认证企业标准实施内部审计				
	2. 质量管理	建立对应的食品、化妆品、动植物及产品、工业品等法检商品质量安全管控制度，并有效落实				
	3. 改进机制	（1）建立对进出口活动中已发现问题的改进机制和违法行为的责任追究机制并有效落实				
		（2）对海关要求的改正或者规范改进等事项，应当由法定代表人（负责人）或者负责关务的高级管理人员组织实施				
（四）信息系统控制	1. 信息系统	具有管理企业生产经营活动的信息化系统				
	2. 数据管理	建立信息系统的数据管理制度，数据存储 3 年以上				

（续表）

一般认证企业标准			达标情况			
			达标 0	基本达标 −1	不达标 −2	不适用 —
（四）信息系统控制	3. 信息安全	(1) 建立信息安全管理制度并有效落实				
		(2) 对员工进行信息安全相关的培训				
		(3) 对违反信息安全管理制度造成损害的行为应当予以责任追究				
二、财务状况标准						
财务状况	1. 会计信息	企业申请认证的,提交当年度会计师事务所审计报告,审计报告所反映的企业财务状况真实、完整、规范、合法;重新认证的,企业自成为一般认证企业起每年接受会计师事务所审计,审计报告所反映的企业财务状况真实、完整、规范、合法				
	12. 综合财务状况	企业在偿付、盈利、缴税能力方面整体状况良好,综合速动比率、现金流动负债比率、资产负债率、营业利润率、净资产收益率等财务状况在安全或者正常范围内				
三、守法规范标准						
（一）遵守法律法规	1. 人员守法	企业相关人员1年内未因故意犯罪受过刑事处罚				
	2. 企业守法	1年内被海关列入信用信息异常企业名录次数不超过1次,且不超过30日				
（二）进出口业务规范	1. 注册信息	在海关的注册登记或者备案信息与实际相符				
	2. 进出口记录	2年内有进出口活动或者为进出口活动提供相关服务				
	3. 申报规范	见单项标准				
	4. 传输规范	见单项标准				
	5. 税款缴纳	(1) 认证期间,没有超过法定缴款期限尚未缴纳税款及罚没款项的情形				
		(2) 上年度以及本年度1月至上月滞纳税款报关单率不超过5%				
（三）海关管理要求	管理要求	(1) 1年内无海关责令限期改正,但逾期不改正的情形				
		(2) 1年内无向海关提供虚假情况或者隐瞒事实的情形				

一般认证企业标准			达标情况			
			达标 0	基本达标 —1	不达标 —2	不适用 —
（三）海关管理要求	管理要求	（3）1年内无由海关要求承担技术处理、退运、销毁等义务,但逾期不履行的情形				
		（4）1年内无明知其产品存在风险未主动向海关报告相关信息,或者存在瞒报、漏报的情形				
		（5）1年内无拒绝、拖延向海关提供账簿、单证或者海关归类、价格、原产地、减免税核查所需资料等有关材料的情形				
		（6）1年内无转移、隐匿、篡改、毁弃报关单证、进出口单证、合同、与进出口业务直接有关的其他资料的情形				
		（7）1年内无拒不配合海关执法的情形				
		（8）1年内无未按海关要求办理保金保函的延期、退转手续的情形				
		（9）1年内无向海关人员行贿的行为				
		（10）属于中国外贸出口先导指数样本企业的,1年内填报问卷及时率在90%以上、问卷答案与出口增速的吻合度在0.3以上的;属于进口货物使用去向调查样本企业、其他统计专项调查样本企业的,1年内填报问卷及时率和复核准确率在90%以上				
		（11）1年内无未按规定向海关报告减免税货物使用状况的情形				
（四）外部信用	外部信用	企业和企业相关人员1年内均未被列入国家失信联合惩戒名单				
四、贸易安全标准						
（一）场所安全控制措施	场所安全	（1）建立企业经营场所安全的管理制度并有效落实				
		（2）企业经营场所应当具有相应设施防止未载明货物和未经许可人员进入				
（二）进入安全控制措施	进入安全	（1）建立人员和车辆出入管理制度并有效落实				
		（2）对企业员工进行身份识别和出入权限控制,限制未经授权员工进入敏感区域,对员工的身份标识发放和回收进行统一管理。员工的车辆进入企业应当停放在指定区域				

一般认证企业标准			达标情况			
			达标 0	基本 达标 －1	不 达标 －2	不 适用 －
（二）进入安全控制措施	进入安全	（3）实行访客登记管理，登记时必须检查带有照片的身份证件。访客进入企业应当佩戴临时身份标识，进入企业重点敏感区域应当有企业内部人员陪同。访客的车辆进入企业应当登记并停放在指定区域				
（三）人员安全控制措施	人员安全	（1）建立员工入职、离职停职等管理制度并有效执行				
		（2）实行员工档案管理，具有动态的员工清单				
		（3）聘用员工前，核实应聘人员的身份、就业经历等信息，对拟聘用人员进行违法记录调查				
		（4）对离职停职员工及时收回工作证件、设备，并禁止其进入企业经营场所及使用企业信息系统				
（四）商业伙伴安全控制措施	商业伙伴安全	建立评估、检查商业伙伴供应链安全的管理制度并有效落实				
（五）货物安全控制措施	货物、物品安全	建立保证进出口货物、进出境物品在运输、装卸和存储过程中的完整性、安全性的管理制度并有效落实				
（六）集装箱安全控制措施	集装箱安全	建立保证集装箱完整性、安全性的管理制度并有效落实				
（七）运输工具安全控制措施	运输工具安全	建立保证运输工具的完整性、安全性的管理制度并有效落实				
（八）危机管理控制措施	危机管理	（1）建立应对灾害、紧急情况的应急预案				
		（2）定期对员工进行与国际贸易供应链中货物流动相关风险的教育和培训，让员工了解、掌握海关认证企业在保证货物安全过程中应做的工作				
		（3）定期对员工进行危机管理的培训和危机处理模拟演练，让员工了解、掌握在应急处置和异常报告过程中应做的工作				

申请一般认证企业需要先进行自我评估核查,并向海关提交《适用认证企业管理申请书》(见表 10-2),海关收到申请书之日起 90 日内对企业信用状况按照《海关认证企业标准》进行审核,符合要求的,可获得一般认证企业资格。

表 10-2　　　　　　　　　　　　　　适用认证企业管理申请书

企业名称			
统一社会信用代码			
业务类型	□非报关企业		□报关企业
联系人		座机电话	
		移动电话	

海关:

　　根据《中华人民共和国海关企业信用管理办法》有关规定,本单位按照《海关认证企业标准》进行自我评估,认为符合标准,现向你关申请适用□一般认证企业□高级认证企业管理。

　　本单位知悉并同意遵守《中华人民共和国海关企业信用管理办法》及海关相关规定,已经做好接受海关认证的准备,保证所提交的材料真实、齐全、有效,并存有相关文件、资料备查。

申请单位(盖章)

年　月　日

2)高级认证企业标准

高级认证企业标准是在一般认证企业标准的基础上增加了 2 项(见表 10-3)。申请高级认证企业向海关提交《适用认证企业管理申请书》,海关收到申请书之日起 90 日内对该企业的实际情况进行审核,符合要求的,可获得高级认证企业资格。

表 10-3　　　　　　　　　　　　　　　高级认证企业标准

高级认证企业标准			达标情况			
			达标 0	基本达标 -1	不达标 -2	不适用 —
一、内部控制标准						
(一)组织机构控制	1. 海关业务培训	建立海关法律法规等相关规定的内部培训制度并有效落实				
		法定代表人(负责人)、负责关务的高级管理人员、关务负责人、负责贸易安全的高级管理人员应当每年参加 2 次以上海关法律法规等相关规定的内部培训,及时了解、掌握相关管理规定				
	2. 内部组织架构	(1)进出口业务、财务、贸易安全、内部审计等部门(岗位)职责分工明确并有效落实				
		(2)指定高级管理人员负责关务				

（续表）

高级认证企业标准			达标情况			
			达标 0	基本达标 −1	不达标 −2	不适用 —
（二）进出口业务控制	1. 单证控制	建立进出口单证复核或者纠错制度并有效落实				
	2. 单证保管	(1) 建立符合海关要求的进出口单证管理制度，确保归档信息的及时性、完整性、准确性与安全性				
		(2) 建立符合海关要求的特殊物品安全管理制度并按照规定留存特殊物品生产、使用、销售记录				
		(3) 建立符合海关要求的货物技术标准规范保管制度				
		(4) 妥善管理报关专用印章、海关核发的证书、法律文书等单证				
		(5) 建立企业认证的书面或者电子资料的专门档案				
	3. 进出口活动	建立进出口活动的流程管理制度				
（三）内部审计控制	1. 内审制度	(1) 建立对进出口活动的内部审计制度并有效落实				
		(2) 每年实施1次以上的内部审计并建立书面或者电子资料的档案				
		(3) 已成为高级认证企业的，应当每年对持续符合海关高级认证企业标准实施内部审计				
	2. 质量管理	建立对应的食品、化妆品、动植物及产品、工业品等法检商品质量安全管控制度，并有效落实				
	3. 改进机制	(1) 建立对进出口活动中已发现问题的改进机制和违法行为的责任追究机制并有效落实				
		(2) 对海关要求的改正或者规范改进等事项，应当由法定代表人（负责人）或者负责关务的高级管理人员组织实施				
（四）信息系统控制	1. 信息系统	具有管理企业生产经营活动的信息化系统				
	2. 数据管理	建立信息系统的数据管理制度，数据存储3年以上				
	3. 信息安全	(1) 建立信息安全管理制度并有效落实				
		(2) 对员工进行信息安全相关的培训				
		(3) 对违反信息安全管理制度造成损害的行为应当予以责任追究				

（续表）

高级认证企业标准			达标情况			
			达标 0	基本达标 －1	不达标 －2	不适用 －
二、财务状况标准						
财 务 状 况	1. 会计信息	企业申请认证的,提交当年度会计师事务所审计报告,审计报告所反映的企业财务状况真实、完整、规范、合法;重新认证的,企业自成为高级认证企业起每年接受会计师事务所审计,审计报告所反映的企业财务状况真实、完整、规范、合法				
	2. 综合财务状况	企业在偿付、盈利、缴税能力方面整体状况良好,综合速动比率、现金流动负债比率、资产负债率、营业利润率、净资产收益率等财务状况在安全或者正常范围内				
三、守法规范标准						
（一）遵守法律法规	1. 人员守法	企业相关人员2年内未因故意犯罪受过刑事处罚				
	2. 企业守法	1年内被海关列入信用信息异常企业名录次数不超过1次,且不超过30日				
（二）进出口业务规范	1. 注册信息	在海关的注册登记或者备案信息与实际相符				
	2. 进出口记录	2年内有进出口活动或者为进出口活动提供相关服务				
	3. 申报规范	见单项标准				
	4. 传输规范	见单项标准				
	5. 税款缴纳	(1) 认证期间,没有超过法定缴款期限尚未缴纳税款及罚没款项的情形				
		(2) 上年度以及本年度1月至上月滞纳税款报关单率不超过3%				
（三）海关管理要求	管理要求	(1) 2年内无海关责令限期改正,但逾期不改正的情形				
		(2) 2年内无向海关提供虚假情况或者隐瞒事实的情形				
		(3) 2年内无由海关要求承担技术处理、退运、销毁等义务,但逾期不履行的情形				

（续表）

高级认证企业标准			达标情况			
			达标 0	基本达标 −1	不达标 −2	不适用 —
（三）海关管理要求	管理要求	（4）2年内无明知其产品存在风险未主动向海关报告相关信息，或者存在瞒报、漏报的情形				
		（5）2年内无拒绝、拖延向海关提供账簿、单证或者海关归类、价格、原产地、减免税核查所需资料等有关材料的情形				
		（6）2年内无转移、隐匿、篡改、毁弃报关单证、进出口单证、合同、与进出口业务直接有关的其他资料的情形				
		（7）2年内无拒不配合海关执法的情形				
		（8）2年内无未按海关要求办理保金保函的延期、退转手续的情形				
		（9）2年内无向海关人员行贿的行为				
		（10）属于中国外贸出口先导指数样本企业的，1年内填报问卷及时率在90%以上、问卷答案与出口增速的吻合度在0.3以上的；属于进口货物使用去向调查样本企业、其他统计专项调查样本企业的，1年内填报问卷及时率和复核准确率在90%以上				
		（11）2年内无未按规定向海关报告减免税货物使用状况的情形				
（四）外部信用	外部信用	企业和企业相关人员2年内均未被列入国家失信联合惩戒名单				
四、贸易安全标准						
（一）场所安全控制措施	场所安全	（1）建立企业经营场所安全的管理制度并有效落实				
		（2）企业经营场所应当具有相应设施防止未载明货物和未经许可人员进入				
（二）进入安全控制措施	进入安全	（1）建立人员和车辆出入管理制度并有效落实				
		（2）对企业员工进行身份识别和出入权限控制，限制未经授权员工进入敏感区域，对员工身份标识的发放和回收进行统一管理。员工的车辆进入企业应当停放在指定区域				
		（3）实行访客登记管理，登记时必须检查带有照片的身份证件。访客进入企业应当佩戴临时身份标识，进入企业重点敏感区域应当有企业内部人员陪同。访客的车辆进入企业应当登记并停放在指定区域				
		（4）对未经许可进入、身份不明的人员能够识别并加以处置				

（续表）

高级认证企业标准			达标情况			
			达标 0	基本达标 －1	不达标 －2	不适用 －
（三）人员安全控制措施	人员安全	（1）建立员工入职、离职停职等管理制度并有效执行				
		（2）实行员工档案管理,具有动态的员工清单				
		（3）聘用员工前,核实应聘人员的身份、就业经历等信息,对拟聘用人员进行违法记录调查				
		（4）对离职停职员工及时收回工作证件、设备,并禁止其进入企业经营场所及使用企业信息系统				
（四）商业伙伴安全控制措施	商业伙伴安全	建立评估、检查商业伙伴供应链安全的管理制度并有效落实				
（五）货物安全控制措施	货物、物品安全	建立保证进出口货物、进出境物品在运输、装卸和存储过程中的完整性、安全性的管理制度并有效落实				
（六）集装箱安全控制措施	集装箱安全	建立保证集装箱完整性、安全性的管理制度并有效落实				
（七）运输工具安全控制措施	运输工具安全	建立保证运输工具的完整性、安全性的管理制度并有效落实				
（八）危机管理控制措施	1.危机管理	（1）建立应对灾害、紧急情况的应急预案				
		（2）对发生的灾害或者紧急情况进行应急处置,降低上述情形对企业进出口活动的影响				
		（3）发生的灾害或者紧急情况涉及海关业务的,应当及时向海关报告				
	2.安全培训	（1）建立贸易安全的内部培训机制并有效落实				
		（2）定期对员工进行与国际贸易供应链中货物流动相关风险的教育和培训,让员工了解、掌握海关认证企业在保证货物安全过程中应做的工作				
		（3）定期对员工进行危机管理的培训和危机处理模拟演练,让员工了解、掌握在应急处置和异常报告过程中应做的工作				

3）通过认证企业的条件

申请认证的企业必须同时达到三个条件：一是所有标准项及每个分项标准均没有不达标的情形；二是内部控制、贸易安全两类标准中没有单一标准项基本达标超过 3 项的情形；三是认证标准总分为 100 分，必须达到 95 分以上。

（五）加工贸易企业的分类管理

为了建立企业进出口信用管理制度，海关总署于 2018 年 1 月 29 日公布了《企业信用管理办法》，并在同年 11 月 27 日对该管理办法有关事项做了补充说明。海关针对不同信用等级企业采取下列不同的管理措施。

1. 失信企业

海关对失信企业管理的措施有九个方面：一是进出口货物平均查验率在 80% 以上；二是不予免除查验企业的吊装、移位、存储等费用；三是不适用汇总征税制度；四是除了特殊情形，不适用存样留像放行措施；五是经营加工贸易业务的，全额提供担保；六是提高对企业稽查、核查频次；七是国家有关部门实施的失信联合惩戒措施；八是进出口货物平均检验检疫抽查比例在 80% 以上；九是海关总署规定的其他管理措施。

2. 一般信用企业

海关对一般信用企业无特殊的管理措施。

3. 一般认证企业

海关对一般认证企业管理措施有七个方面：一是进出口货物平均查验率在 50% 以下；二是优先办理进出口货物通关手续；三是海关收取的担保金额可以低于其可能承担的税款总额或者海关总署规定的金额；四是进出口货物平均检验检疫抽查的比例在一般信用企业平均抽查比例的 50% 以下（法律、行政法规、规章或者海关有特殊要求的除外）；五是出口货物原产地调查平均抽查比例在一般信用企业平均抽查比例的 50% 以下；六是优先办理海关注册登记或者备案以及相关业务手续，除首次注册登记或者备案以及有特殊要求外，海关可以实行容缺受理或者采信企业自主声明，免予实地验核或者评审；七是海关总署规定的其他管理措施。

4. 高级认证企业

海关对高级认证企业管理措施有十二个方面：一是进出口货物平均查验率在一般信用企业平均查验率的 20% 以下；二是可以向海关申请免除担保；三是减少对企业稽查、核查频次；四是可以在出口货物运抵海关监管区之前向海关申报；五是海关为企业设立协调员；六是 AEO 互认国家或者地区海关通关便利措施；七是国家有关部门实施的守信联合激励措施；八是因不可抗力中断国际贸易恢复后优先通关；九是进出口货物平均检验检疫抽查比例在一般信用企业平均抽查比例的 20% 以下（法律、行政法规、规章或者海关有特殊要求的除外）；十是出口货物原产地调查平均抽查比例在一般信用企业平均抽查比例的 20% 以下；十一是优先向其他国家或地区推荐食品、化妆品等出口企业的注册；十二是海关总署规定的其他管理措施。

相关链接

经认证的经营者

经认证的经营者（authorized economic operator，AEO）是指以任何一种方式参与货物国际流通,并被海关当局认定符合世界海关组织或相应供应链安全标准的一方,包括生产商、进口商、出口商、报关行、承运商、理货人、中间商、口岸和机场、货站经营者、综合经营者、仓储业经营者和分销商。

2019年4月24日,海关总署发布公告,自2019年6月1日起正式实施《中华人民共和国海关和日本国海关关于中国海关企业信用管理制度和日本海关"经认证的经营者"制度互认的安排》。其有四个方面的规定:一是日本海关认可中国海关的高级认证企业为中国的AEO企业,中国海关认可日本海关"经认证的经营者"为日本的AEO企业,双方为其货物提供通关便利;二是中日双方海关相互给予对方AEO企业在进口货物通关时的便利措施:在开展风险评估以减少查验和监管时,充分考虑对方AEO企业的资质;对需要查验的货物,在最大限度上进行快速处置;指定海关联络员负责沟通联络,以解决AEO企业通关过程中遇到的问题;在主要基础设施从贸易中断恢复后,最大限度上为AEO企业的货物提供快速通关;三是中国AEO企业向日本出口货物时,需要将AEO企业编码通报给日本进口商,由其按照日本海关规定填写申报,日本海关在确认中国AEO企业身份后将会给予相关便利措施;四是中国企业从日本AEO企业进口货物时,需要分别在进口报关单"境外发货人"栏目中的"境外发货人编码"一栏和水、空运货运舱单中的"发货人AEO企业编码"一栏填写日本发货人的AEO编码,中国海关在确认日本AEO企业身份后,将会给予相关便利措施。

三、加工贸易的监管

(一) 加工贸易商品的管理

我国相关法律法规将加工贸易商品分为以下三大类。

1. 禁止类

我国相关法律法规禁止的加工贸易商品有三个方面:一是《中华人民共和国对外贸易法》禁止的进出口商品;二是《加工贸易禁止类商品目录》中的商品,2015年海关总署发布的加工贸易禁止类商品目录有1 862个十位商品编码;三是《中华人民共和国枪支管理法》禁止以加工贸易方式生产、出口的仿真枪支。

2. 限制类

在2015年海关总署发布的《关于加工贸易限制类目录的公告》中,属于限制类目录共计451项,其中限制出口95项商品编码,限制进口356项商品编码。

3. 允许类

允许类是指除禁止类和限制类以外的其他商品。

(二) 加工贸易的监管方式

1. 加工贸易联网监管

加工贸易联网监管是指海关以中国电子口岸为平台,依托公共网络,为企业的加工贸易业务提供网络化、无纸化高效服务,以电子账册为手段,实行以企业为单元的实时监管、分段核销的管理模式。它是基于互联网的以企业为单元进行管理的加工贸易监管模式,一家企业对应一本账册,即可实现加工贸易业务全程网上无纸化操作。加工贸易联网监管的管理模式如下。

1)电子账册管理

电子账册管理是指海关以企业整体加工贸易业务为单元,实施对保税加工货物进行监管,不使用纸质加工贸易手册,不设银行保证金台账。根据2019年3月25日海关总署发布的《关于启用出境加工电子账册的公告》,从2019年4月1日起,海关总署正式启用出境加工账册,企业可通过国际贸易"单一窗口"办理出境加工账册设立等各项手续。

2)电子手册管理

电子手册是指海关以加工贸易合同为单元为联网企业建立的电子底账。实施电子手册管理的联网企业,其每个加工贸易合同设立一个电子手册,以替代纸质加工贸易手册。海关应当根据贸易合同的有效期限确定核销日期,对实行电子手册管理的联网企业进行定期核销管理。

2. 以企业为单元加工贸易监管

2018年6月21日,海关总署发布了《关于全面推广以企业为单元加工贸易监管改革》的公告,全面推广实施新的监管模式。

1)实施对象

实施新监管模式的对象必须是以自己名义开展加工贸易业务的生产型企业,其海关信用等级是在一般认证及以上,或者为一般信用企业,其内部加工贸易货物流和数据流透明清晰,逻辑链完整,耗料可追溯,满足海关监管要求。

如果企业出现海关信用等级降为失信企业的,或者内部信息化系统不完备,加工贸易货物流和数据流逻辑链条不完整,耗料管理不能满足海关监管要求的;或者不能规范办理海关手续,不能按要求及时提交、保留、存储相关数据、单证和资料的;或者主动申请不实施新监管模式的;或者其他需要撤销新监管模式的,海关对出现上述情形之一的企业不再实施新监管模式。

2)主要业务

实施新监管模式企业开展的业务有八种方式:一是账册设立,企业可以根据行业特点、生产规模、管理水平等因素选择以料号或者项号设立账册;二是进出口,企业应依据账册设立时的料号或者项号,以来料加工或者进料加工监管方式申报进出口,并按照规定提交、保留、存储相应电子数据和纸质单证;三是外发加工,企业开展外发加工业务时,不再需要报送收发货清单,但应保存相关资料和记录予以备查;四是深加工结转,企业在办理深加工结转手续时,应于每月月底前对上月深加工结转情况进行集中申报,不再需要报送收发货记录,但应保存相关资料和记录予以备查;五是集中内销;企业应于每月15日前对上月发生的内销保税货物,在依法提供税收担保的前提下,集中办理纳税手续,但不得跨年;六是剩余料件结转,企业应在核报前,以剩余料件结转方式处置实际库存;七是核报,是指企业自主核定保税进口料件的耗用量并向海关如实申报的行为,包括申请核报加工贸易账册的相关材料,进、出、转、销和期末实际库存数据,边角料、残次品、副产品、受灾保税货物、销毁货物的相关情况,料件和成品退换情况,国内购买料件情况,消耗性物料情况以及企业需要申报其他情况的补充说明;八是核销,核销周期为1年,超过期限的企业每年至少向海关申报1次保税料件耗用量等账册数据,年度申报数据的累加作为本核销周期保税料件耗用总量。企业可以根据生产周期,自主选择合理核销周期,并按照现有规定确定单耗申报环节,自主选择单耗申报时间。在核销周期内,企业采用自主核报方式向海关办理核销手续,其中,对核销周期超过1年的,企业应进行年度申报。在账册核销周期结束前,企业对本核销周期内因突发情况和内部自查自控中发现的问题,主动向海关补充申报,并提供及时控制或者整改措施的,海关对企业的申报进行集中处置。

四、综合保税区委托加工业务

（一）综合保税区的内涵

1. 保税区

保税区是指经国务院批准设立的,经海关批准注册的,可以较长时间存储商品,并受海关特殊监管的经济区域。保税区享有"免证、免税、保税"政策,外国商品存入保税区不必缴纳进口关税,可自由进出,只需缴纳存储费和少量费用,也可以在海关监管范围内进行储存、改装、分类、混合、展览和加工制造,如要进入关境则需缴纳关税。保税区有以下四种功能。

1）保税仓储

在中国采购的国际企业可以将采购出口货物的配送中心设在保税区,直接对国外市场进行货物配送,从而降低配送的成本;进口货物也可以先在保税区内进行保税仓储,再根据实际的销售数量和形式进行货物清关工作。

2）进出口加工

加工贸易企业可从保税区进口原材料,将半成品或者成品出口保税区,完成加工贸易手册的核销工作,将各种转厂手续变成进口手续。保税区内加工贸易企业使用的进口设备不需缴税,不受项目内容限制和投资总额的限制,也不实行外汇核销制度,有利于企业开展出口加工贸易。

3）国际贸易

我国相关法律法规规定,不允许外资独资成立纯粹的贸易性企业,但在保税区可以设立并可取得一般纳税人的权利,可以在中国银行开立人民币账户,对外开具增值税发票。同时,我国法律法规也不允许国内贸易公司从事转口贸易,但在保税区可以开立外币现汇账号,并可从事外币结算货物的贸易活动,具备了从事转口贸易的条件。

4）保税仓储商品展示

来自国外的保税汽车、大型工程机械成套设备等货物,可以在保税区内设立展览馆进行商品展示,简化了展览产品的通关环节,提高了在中国市场的影响。

2. 保税港区

保税港区是指经国务院批准设立的,在港口作业区和与之相连的特定区域内集港口作业、物流和加工为一体,具有口岸功能的海关特殊监管区域。保税港区享受保税区相关税收政策:国外货物进入保税港区,可以进行保税;国外货物离开保税港区进入国内市场,必须办理进口报关手续,并缴纳进口关税;国内货物入保税港区必须办理出口报关手续,缴纳出口关税,并可办理出口退税;在保税港区内的企业之间所进行的交易,不征增值税和消费税。保税港区有以下五种功能。

1）国际中转

保税港区是具有国际中转能力的现代化港口，它已成为全球航运中心的枢纽。

2）国际配送

保税港区拥有保税物流园区，在园区内为各国企业开展国际配送的业务。

3）国际采购

采购在保税港区内的国内仓储货物，可以进行简单加工，并向世界各国分销；采购在保税港区内的进口保税货物，也可以在简单加工后再向全球分销。

4）国际转口贸易

在保税港区的企业可以从事转口贸易、交易、展示、出样和订货等经营活动。

5）出口加工贸易

保税港区陆上特定区域设立了出口加工区，进口料件可予保税。

3. 综合保税区

综合保税区是指设立在内陆地区集保税区与保税港区功能为一体的海关特殊监管区域，享有其特殊政策，可以开展国际中转、配送、采购、转口贸易和出口加工等业务。目前，经国务院批准设立的综合保税区有 50 多家。

（二）综合保税区委托加工

委托加工是指综合保税区内企业利用监管期限内的免税设备接受综合保税区外企业委托，对区外企业提供的入区货物进行加工，加工后的产品全部运往境内（区外），收取加工费，并向海关缴纳税款的行为。2019 年 1 月 29 日，海关总署发布了"关于支持综合保税区内企业承接境内（区外）企业委托加工业务的公告"，规定了委托加工业务的条件和管理。

1. 委托加工业务的条件

在综合保税区内企业开展委托加工业务，应当具备两个条件：一是企业信用状况为一般信用及以上；二是具备开展该项业务所需的场所和设备，对委托加工货物与其他保税货物分开管理、分别存放。

2. 委托加工业务的管理

1）电子账册设立

在综合保税区内企业开展委托加工业务，应当设立专用的委托加工电子账册。委托加工电子账册核销周期最长不超过 1 年，区内企业应当按照海关监管要求，如实申报企业库存、加工耗用等数据，并根据实际加工情况办理报核手续。

2）区内料件报关

委托加工业务需使用区内企业保税料件的，区内企业应当事先如实向海关报备。

3）区外料件监管方式

委托加工业务用料件原则上由综合保税区外企业提供，使用非保税料件由区外入区时，区外企业申报监管方式为"出料加工/代码 1427"，运输方式为"综合保税区/代码 Y"；区内企业申报监管方式为"料件进出区/代码 5000"，运输方式为"其他/代码 9"。区外入区的委托加工用料件属于征收出口关税商品的，区外企业应当按照海关规定办理税款担保事宜。

4）委托加工成品监管方式

委托加工成品运往区外时,区外企业申报监管方式为"出料加工/代码1427",运输方式为"综合保税区/代码Y"。

5）委托加工剩余料件监管方式

由区外入区的委托加工剩余料件运回区外时,区外企业申报监管方式为"出料加工/代码1427",运输方式为"综合保税区/代码Y",区内企业申报监管方式为"料件进出区/代码5000",运输方式为"其他代码9"。

五、出境加工业务

出境加工是指我国境内符合条件的企业将自有的原料、辅料、零部件、元器件或者半成品等货物委托境外企业制造或加工后,在规定的期限内复运进境并支付加工费和境外料件费等相关费用的经营活动。

（一）出境加工业务的企业

开展出境加工业务的企业必须信用等级为一般认证以上的,不涉及国家禁止或者限制的进出境货物,不涉及国家应征出口关税的货物。如果企业涉嫌走私、违规,已被海关立案调查、侦查,且案件尚未审结的,或者未在规定期限内向海关核报已到期出境加工账册的,不得开展出境加工业务。

（二）出境加工业务的范围

企业开展出境加工的货物不受加工贸易禁止类、限制类商品目录的限制,不实行单耗管理等加工贸易的相关规定。

（三）出境加工业务的监管

企业开展出境加工业务,应设置符合海关监管要求的账簿、报表以及其他有关单证,记录与本企业出境加工货物有关的情况,凭合法、有效凭证记账、核算并接受海关监管。

1. 账册设立

开展出境加工业务的企业应向其所在地主管海关办理账册设立手续,提交出境加工合同、生产工艺说明、相关货物的图片或者样品和海关需要的其他证件与材料。申请企业提交的证件与材料符合规定的,主管海关在自接受申请之日起5个工作日内完成出境加工账册设立手续。

2. 出境加工货物的申报

开展出境加工业务企业应按下列方式进行申报。

1）出境加工货物从国内出口

出境加工货物从国内出口,企业填报出口货物报关单的监管方式为"出料加工/代码1427",征减免税方式为"全免","备注"栏填写账册编码,其他项目据实填写。

2）出境加工货物复进口

出境加工货物从国外加工完毕后复进口,企业填报进口货物报关单的监管方式为"出料加工代码1427",商品编号栏目按实际报验状态填报,每一项复进口货物分列两个商品项填报,其中一项申报所含原出口货物价值,商品数量填写复进口货物实际数量,征减免税方式为"全免";另一项申报境外加工费、料件费、复运进境的运输及其相关费用和保险费等,商品数量为"0.1",征减免税方式为"照章征税"。"备注"栏填写账册编码,其他项目据实填写。

3. 出境加工账册核销

出境加工账册核销有以下四种方式：

（1）出境加工账册采取企业自主核报、自动核销模式，企业应于出境加工账册核销期结束之日起 30 日内向主管海关核报出境加工账册。

（2）出境加工货物因故无法按期复运进境的，企业应及时向主管海关书面说明情况，海关根据实际情形核实扣除复运进境商品数量。

（3）海关对逾期不向海关核报出境加工账册的企业进行催核，经催告核销后仍不予以核报的，直接对账册进行核销。

（4）海关对账册不平衡等异常情况要求企业做出说明，并按具体情况办结相关海关手续后予以核销。

六、加工贸易的发展历程

改革开放 40 年来，我国加工贸易从无到有、从小到大，先后经历了来料加工、进料加工、转型升级三个阶段，并从"中国制造"向"中国创造"稳步转变。

（一）来料加工阶段（1978—1987 年）

此阶段的特征是以来料加工贸易方式为主，包括来料加工、来样加工和来件装配，充分发挥我国劳动力的优势。1978 年 7 月，国务院发布了《开展对外加工：装配业务试行办法》，先在广东、福建和上海等地进行试行，对加工装配所需的料件和设备的进口免征关税、工商税。1978 年 8 月，珠海香洲毛纺厂签订了第一份毛纺织品来料加工协议，开启了来料加工贸易的先河。1979 年 9 月，国务院发布了《发展对外加工装配和中小型补偿贸易办法》和《以进养出试行办法》，提出了积极利用国外原材料和先进技术，发挥国内生产能力，大力发展以进养出业务，通过来料加工贸易的方式扩大出口，把出口贸易做大做活，增加外汇收入。据海关统计，1980 年来料加工进出口总额为 13.3 亿美元，占加工贸易总额的 79.8％，进料加工进出口额仅为 3.36 亿美元，所占比重为 20.2％，主要是劳动密集型产品。

（二）进料加工阶段（1988—2000 年）

此阶段的特征是以进料加工贸易为主，资金与技术优势得到不断的积累。1988 年，海关总署发布了《进料加工进出口货物管理办法》。1989 年，对外经济贸易部[①]发布了《关于加强进料加工复出口管理工作的通知》，确立了在加工贸易保税制度，鼓励和支持进料加工贸易，放宽了对进料加工的限制。与此同时，由于该阶段发达国家加快了全球产业转移的步伐，越来越多的大型跨国公司来华投资，推动了进料加工业务的迅速发展，逐步取代了来料加工贸易的主导地位。1989 年，进料加工进出口首次超过来料加工，占加工贸易的 53.1％。1988 年，加工贸易进出口占我国进出口总额的 26％，到 1992 年升至 43％，到 1995 年已占出口总额的一半，之后一直保持在 75％左右，到 2006 年高达 79.8％。

---

① 1993 年更名为对外贸易经济合作部；2003 年与国家经济贸易委员会内负责贸易的部门合并成中华人民共和国商务部。

（三）转型升级阶段（2001年至今）

此阶段的特征是从劳动密集型向资金、技术密集型为主转变。1992年，海关总署发布了《海关对外商投资企业进出口货物监管和征免税办法》，鼓励外商投资企业开展进料加工贸易。1994年，外商投资企业在加工贸易中的比重首次超过内资企业，占到56.1%，其中包括400家大型跨国公司，成为加工贸易的经营主体。2001年，外商投资企业在加工贸易中的比重达到73.3%，到2005年上升到83.7%。大型跨国公司拥有雄厚的资金、先进的技术和全球化的销售市场，使得我国机电、生物制药等高科技制造业成为全球产业链上的一个环节。2003年起，国家实施加工贸易转型升级战略，加工贸易出口产品结构进一步优化，机电产品和高新技术产品在加工贸易出口中的比重不断提高。2006年，加工贸易机电产品出口额达3 913.2亿美元，占加工贸易出口总额的76.7%，其中高新技术产品出口额为2 458.4亿美元，占同年加工贸易出口总额的48.2%。2010年10月，党的十七届五中全会提出要"延长加工贸易国内增值链"，为我国加工贸易的发展指明了方向。

相关链接

中国加工贸易产品博览会

中国加工贸易产品博览会是中国唯一促进加工贸易创新发展的国家级展会，已成功举办12届，成为推动内外贸一体化及加工贸易企业转型升级的重要途径和平台。第十二届中国加工贸易产品博览会于2020年12月17日在广东省东莞市拉开帷幕，有1 193家企业参展，增设出口转内销产品展、医疗防护设备及用品展、港增企业专区、医疗防护，展品涵盖了智能手机及移动终端、服装服饰、箱包名鞋、餐厨用品、礼品玩具、家居饰品等，在推动加工贸易创新发展、促进中外经贸合作等方面发挥了重要作用。

 **实例展示**

业务情境

上海立达进出口有限公司在原进出口业务的基础上向加工贸易领域进行开拓。为了能更好地开展各项业务，该公司根据商务部与海关总署发布的《中华人民共和国海关企业信用管理办法》和《海关认证企业标准》的相关规定申请一般认证企业资质，进行自我评估核查，填写《适用认证企业管理申请书》，并向上海海关提交。海关依据认证企业标准对上海立达进出口有限公司的信用状况进行审核，认定其符合要求，并授予一般认证企业的资质。

一、自我评估核查

上海立达进出口有限公司根据一般认证企业标准进行自我评估核查，按照以下四大类、17条二级指标和29项三级指标进行打分。其具体情况见实例10-1。

实例 10-1　　　　　　　　　　　　一般认证企业标准

一般认证企业标准			达标情况			
			达标 0	基本达标 —1	不达标 —2	不适用 —
一、内部控制标准						
（一）组织机构控制	1. 海关业务培训	建立海关法律法规等相关规定的内部培训制度并有效落实	0			
	2. 内部组织架构	法定代表人（负责人）、负责关务的高级管理人员、关务负责人、负责贸易安全的高级管理人员应当每年参加1次以上海关法律法规等相关规定的内部培训，及时了解、掌握相关管理规定	0			
（二）进出口业务控制	1. 单证控制	建立进出口单证复核或者纠错制度并有效落实	0			
	2. 单证保管	(1) 建立符合海关要求的进出口单证管理制度，确保归档信息的及时性、完整性、准确性与安全性	0			
		(2) 建立符合海关要求的特殊物品安全管理制度并按照规定留存特殊物品生产、使用、销售记录	0			
		(3) 建立符合海关要求的货物技术标准规范保管制度	0			
		(4) 妥善管理报关专用印章、海关核发的证书、法律文书等单证	0			
		(5) 建立企业认证的书面或者电子资料的专门档案	0			
（三）内部审计控制	1. 内审制度	(1) 建立对进出口活动的内部审计制度并有效落实	0			
		(2) 每年实施1次以上的内部审计并建立书面或者电子资料的档案	0			
		(3) 已成为一般认证企业的，应当每年对持续符合海关一般认证企业标准实施内部审计	0			
	2. 质量管理	建立对应的食品、化妆品、动植物及产品、工业品等法检商品质量安全管控制度，并有效落实	0			
	3. 改进机制	(1) 建立对进出口活动中已发现问题的改进机制和违法行为的责任追究机制并有效落实	0			
		(2) 对海关要求的改正或者规范改进等事项，应当由法定代表人（负责人）或者负责关务的高级管理人员组织实施	0			

（续）

一般认证企业标准			达标情况			
			达标 0	基本达标 −1	不达标 −2	不适用 —
（四）信息系统控制	1. 信息系统	具有管理企业生产经营活动的信息化系统	0			
	2. 数据管理	建立信息系统的数据管理制度,数据存储3年以上	0			
	3. 信息安全	(1) 建立信息安全管理制度并有效落实	0			
		(2) 对员工进行信息安全相关的培训	0			
		(3) 对违反信息安全管理制度造成损害的行为应当予以责任追究	0			
二、财务状况标准						
财务状况	1. 会计信息	企业申请认证的,提交当年度会计师事务所审计报告,审计报告所反映的企业财务状况真实、完整、规范、合法;重新认证的,企业自成为一般认证企业起每年接受会计师事务所审计,审计报告所反映的企业财务状况真实、完整、规范、合法	0			
	2. 综合财务状况	企业在偿付、盈利、缴税能力方面整体状况良好,综合速动比率、现金流动负债比率、资产负债率、营业利润率、净资产收益率等财务状况在安全或者正常范围内	0			
三、守法规范标准						
（一）遵守法律法规	1. 人员守法	企业相关人员1年内未因故意犯罪受过刑事处罚	0			
	2. 企业守法	1年内被海关列入信用信息异常企业名录次数不超过1次,且不超过30日	0			
（二）进出口业务规范	1. 注册信息	在海关的注册登记或者备案信息与实际相符	0			
	2. 进出口记录	2年内有进出口活动或者为进出口活动提供相关服务	0			
	3. 申报规范	见单项标准	0			
	4. 传输规范	见单项标准	0			
	5. 税款缴纳	(1) 认证期间,没有超过法定缴款期限尚未缴纳税款及罚没款项的情形	0			
		(2) 上年度以及本年度1月至上月滞纳税款报关单率不超过5%	0			

（续）

一般认证企业标准			达标情况			
			达标 0	基本 达标 —1	不 达标 —2	不 适用 —
（三）海关管理要求	管理要求	(1) 1年内无海关责令限期改正,但逾期不改正的情形	0			
		(2) 1年内无向海关提供虚假情况或者隐瞒事实的情形	0			
		(3) 1年内无由海关要求承担技术处理、退运、销毁等义务,但逾期不履行的情形	0			
		(4) 1年内无明知其产品存在风险未主动向海关报告相关信息,或者存在瞒报、漏报的情形	0			
		(5) 1年内无拒绝、拖延向海关提供账簿、单证或者海关归类、价格、原产地、减免税核查所需资料等有关材料的情形	0			
		(6) 1年内无转移、隐匿、篡改、毁弃报关单证、进出口单证、合同、与进出口业务直接有关的其他资料的情形	0			
		(7) 1年内无拒不配合海关执法的情形	0			
		(8) 1年内无未按海关要求办理保金保函的延期、退转手续的情形	0			
		(9) 1年内无向海关人员行贿的行为	0			
		(10) 属于中国外贸出口先导指数样本企业的,1年内填报问卷及时率在90%以上、问卷答案与出口增速的吻合度在0.3以上的;属于进口货物使用去向调查样本企业、其他统计专项调查样本企业的,1年内填报问卷及时率和复核准确率在90%以上	0			
		(11) 1年内无未按规定向海关报告减免税货物使用状况的情形	0			
（四）外部信用	外部信用	企业和企业相关人员1年内均未被列入国家失信联合惩戒名单	0			
四、贸易安全标准						
（一）场所安全控制措施	场所安全	(1) 建立企业经营场所安全的管理制度并有效落实	0			
		(2) 企业经营场所应当具有相应设施防止未载明货物和未经许可人员进入	0			

（续）

一般认证企业标准			达标情况			
			达标 0	基本 达标 －1	不 达标 －2	不 适用 －
（二）进入安全控制措施	进入安全	（1）建立人员和车辆出入管理制度并有效落实	0			
		（2）对企业员工进行身份识别和出入权限控制,限制未经授权员工进入敏感区域,对员工的身份标识发放和回收进行统一管理。员工的车辆进入企业应当停放在指定区域	0			
		（3）实行访客登记管理,登记时必须检查带有照片的身份证件。访客进入企业应当佩戴临时身份标识,进入企业重点敏感区域应当有企业内部人员陪同。访客的车辆进入企业应当登记并停放在指定区域	0			
（三）人员安全控制措施	人员安全	（1）建立员工入职、离职停职等管理制度并有效执行	0			
		（2）实行员工档案管理,具有动态的员工清单	0			
		（3）聘用员工前,核实应聘人员的身份、就业经历等信息,对拟聘用人员进行违法记录调查	0			
		（4）对离职停职员工及时收回工作证件、设备,并禁止其进入企业经营场所及使用企业信息系统	0			
（四）商业伙伴安全控制措施	商业伙伴安全	建立评估、检查商业伙伴供应链安全的管理制度并有效落实	0			
（五）货物安全控制措施	货物、物品安全	建立保证进出口货物、进出境物品在运输、装卸和存储过程中的完整性、安全性的管理制度并有效落实	0			
（六）集装箱安全控制措施	集装箱安全	建立保证集装箱完整性、安全性的管理制度并有效落实	0			
（七）运输工具安全控制措施	运输工具安全	建立保证运输工具的完整性、安全性的管理制度并有效落实	0			

（续）

一般认证企业标准			达标情况			
			达标 0	基本 达标 —1	不 达标 —2	不 适用 —
（八）危机管理控制措施	危机管理	（1）建立应对灾害、紧急情况的应急预案	0			
		（2）定期对员工进行与国际贸易供应链中货物流动相关风险的教育和培训，让员工了解、掌握海关认证企业在保证货物安全过程中应做的工作	0			
		（3）定期对员工进行危机管理的培训和危机处理模拟演练，让员工了解、掌握在应急处置和异常报告过程中应做的工作	0			

二、提交适用认证企业管理申请书

上海立达进出口有限公司根据一般认证企业标准自我核查并评估达标后，填写《适用认证企业管理申请书》并向海关提交（见实例10-2），经海关核准后获得一般认证企业资格。

实例 10-2 　　　　　适用认证企业管理申请书

企业名称	上海立达进出口有限公司		
统一社会信用代码	3101062278358009-8		
业务类型	☑ 非报关企业		□ 报关企业
联系人	方 欣	座机电话	65788888
		移动电话	13917935888

海　关：
　　根据《中华人民共和国海关企业信用管理办法》的有关规定，本单位按照《海关认证企业标准》进行自我评估，认为符合标准，现向你关申请适用☑一般认证企业□高级认证企业管理。

　　本单位知悉并同意遵守《中华人民共和国海关企业信用管理办法》及海关相关规定，已经做好接受海关认证的准备，保证所提交的材料真实、齐全、有效，并存有相关文件、资料备查。

申请单位（盖章）

2021 年 7 月 1 日

第二节　加工贸易手册的设立

开展加工贸易业务的企业应当是注册地的具有独立法人资格,持有营业执照的外贸公司、具有加工生产能力的外商投资企业或者内资自营进出口生产企业。

一、加工贸易合同的类型

(一) 来料加工贸易合同

1. 合同的主要条款

来料加工贸易合同与出口贸易合同、进口贸易合同的基本格式与条款大致相同,具体内容如下。

1) 品名与品质条款

合同的品名与品质条款包括两个部分:一是对来料来件的品名、规格与商标等内容予以规定;二是对加工至成品的品名、规格、型号和标准等内容明确规定,如果是来样加工,还要列明样品的编号或者寄送日期和残次品率。

2) 数量条款

合同的数量条款主要分为两个部分:一是对来料来件的数量及计量单位等内容进行规定;二是对制成品成品的数量、计量单位予以规定,还要订明具体的耗料率。

3) 包装条款

合同的包装条款要确定两个部分的内容:一是规定来料来件的包装材料、包装方式等相关要求;二是规定制成品的包装材料和包装方式等方面的要求。

4) 工缴费条款

合同的工缴费条款主要是对加工费和结算方式等内容予以规定。工缴费结算方法有两种:一是料件和成品都不作价,单收加工费,在制成品交付后进行支付;二是对料件和成品分别作价,在制成品交付后进行抵账,由外商向中方支付其差额。如果外商还提供某些加工设备,要确定设备折价形式、金额和支付方式。

5) 运输条款

合同的运输条款主要是对来料的运进和成品运出两段运输的装运时间、装运港(地)、目的港(地)、分批装运或者转运等内容进行明确的规定。

6) 货运保险条款

合同的货运保险条款是对来料和成品两段货物运输保险的保险责任、投保险别、保险金额和保险条款等内容予以规定。

7) 不可抗力条款

合同的不可抗力条款是对不可抗力事件的认定、处理方法和不可抗力事件通知等相关要求等进行的明确规定,可以做为处理不可抗力事件的依据。

8) 仲裁条款

合同的仲裁条款是对仲裁地点、仲裁机构、仲裁规则和裁决的效力等内容予以规定,可以做为申请仲裁的法律依据。

2. 订立来料加工合同条款时应注意的事项

加工贸易企业在订立来料加工合同时应注意三个方面的问题：一是如果中方能用国产的原料、辅料、零部件、包装物料等代替进口料件的，应当与外商协商尽量争取，不仅减少加工贸易的成本，也能增加企业的收益；二是要规定验收进口料件的办法，明确侵犯知识产权的责任和违约救济方法；三是来料加工贸易的本质是一种劳务出口的方式，工缴费的核定应当以国际劳务价格作为基准。

（二）进料加工贸易合同

进料加工贸易是指拥有进出口经营权的企业从国外进口料件，经过自行加工或者委托加工后的成品或者半成品销往国外的一种贸易方式。进料采购合同与产品或者半产品的销售合同与一般贸易进出口合同的形式、内容基本相同。如果加工贸易企业采用国内委托加工的形式，还需要选择加工生产企业，对其企业资质、生产能力、社会信誉等方面进行考核，与合适的企业签订加工生产合同。

1. 选择加工企业的方法

判断一家加工生产企业是否合适，主要有以下四种方法：

（1）望。通过"望"，加工贸易企业可掌握生产企业的基本信息，包括企业法人登记注册事项、实地考查企业规模、生产设备和生产管理等是否达到加工产品的生产能力以及外商的评估要求。

（2）闻。通过"闻"，加工贸易企业可从各个方面听取有关生产企业的经营管理状况、产品信息反馈、员工基本素质和企业文化等信息，并在"望"的基础上，通过对"闻"到的信息进行深入的分析。

（3）问。通过"问"，加工贸易企业可通过不同的设疑对企业相关人员进行询问，主要是关于企业产能、技术要求和企业管理等主要问题。

（4）切。通过"切"，加工贸易企业可在"望""闻""问"的基础上做一个正确的判断，从而对该企业有一个客观的认识。

2. 选择加工企业时的主要事项

加工贸易企业在选择加工企业时主要应注意两个问题：一是要综合考虑，规模大的生产加工企业做外贸订单，质量有保证，但往往工期紧张，交货时有拖期的现象；规模小的生产加工企业积极热情，接单顺利，但是质量难以保障。二是不宜将大的或者工序复杂的外贸订单放在一家企业做，万一该企业发生意外状况不能按时、按质交货，就没有任何回转余地。

二、加工贸易合同的备案

（一）来料加工贸易合同备案

来料加工贸易合同签订后，企业应当在进口料件到达目的地之前，根据有关法律法规的规定向海关申请合同备案。来料加工贸易合同备案的具体流程及内容如下。

1. 提交申请备案材料

来料加工贸易合同备案材料主要包括：加工贸易企业经营情况及生产能力信息表；来料加工贸易合同；委托加工的，应当提交与加工生产企业签订的委托加工合同；加工贸易料件和产品属于国家限制性的，需提供对口主管部门的许可证件；加工合同备案申请表；加工出口成品备案表;单耗备案申请表;经预录入的企业加工合同备案呈报表;产品生产工艺流程;为确定单耗和损耗率所需的相关资料;海关规定的其他证明文件和材料。

2. 受理申请

海关对申请来料加工贸易合同备案材料进行初审,符合规定的,出具《受理通知书》。

3. 核发手册

海关核准备案材料符合相关法律法规要求的,由主管海关核发加工贸易登记手册,企业凭以办理加工贸易货物的进出口手续。

(二) 进料加工贸易合同备案

进料加工贸易企业在与外商签订料件进口贸易合同后,在料件到达目的地之前,应当根据有关法律法规的规定向海关申请合同备案。进料加工贸易合同备案的具体流程及内容如下。

1. 提交申请备案材料

进料加工贸易合同备案材料主要包括:加工贸易合同;经营企业自身具有加工能力的,应当提交加工贸易企业经营情况及生产能力信息表;经营企业委托加工的,应当提供加工企业的经营情况及生产能力信息表;经营企业签订的经营企业委托加工的,应当提交经营企业与加工企业签订的委托加工合同;加工贸易进出口商品属于国家限制的,需提供许可证件;加工合同备案申请表;进口料件备案申请表;单耗备案申请表;产品生产工艺流程;为确定单耗和损耗率所需的相关资料;海关认为需要提交的其他证明文件和材料。

2. 受理申请

海关对进料加工贸易合同备案进行初审,符合规定的,出具《受理通知书》。

3. 核发手册

海关核准备案材料符合相关法律法规要求的,由主管海关核发加工贸易登记手册,企业凭以办理加工贸易货物的进出口手续。

三、加工贸易手册的设立

企业开展加工贸易业务,须登录商务部业务系统统一平台的"加工贸易企业经营状况及生产能力信息系统",自主填报《加工贸易企业经营状况及生产能力信息表》,并对信息的真实性做出承诺。企业做出不实承诺的,将被记入企业诚信记录,并依法采取降低海关信用等级等措施。

加工贸易企业填报《加工贸易企业经营状况及生产能力信息表》后,持海关规定的申请材料到主管海关办理加工贸易手册设立手续。其主要包括:进出口合同;委托加工的,需要提供委托加工合同;禁止或者限制开展加工贸易商品的,需要提供商务部出具的核准文件;进口保税消耗性物料的,需要出具主管海关签章确认的《加工贸易项下进口消耗性物料申报表》。

 实例展示

业务情境

近日,上海立达进出口有限公司在其网站上收到日本高村商社寻求来料加工合作的信息,于是双方当事人进行了多次磋商,并达成了一致意见,签订了来料加工贸易合同。上海立达进出口有限公司根据海关对开展加工贸易的相关规定,登入商务部业务系统统一平台,填报《加工贸易企业经营状况及生产能力信息表》,并向上海海关办理加工贸易手册的设立手续。

一、签订加工贸易合同

上海立达进出口有限公司与日本高村商社签订了一份来料加工贸易合同,合同约定由日本高村商社负责提供棉布原料,其他辅料由上海立达进出口有限公司负责提供,产品为全棉男式 6 袋短裤。具体内容见实例 10-3。

实例 10-3　　　　　　　　　来料加工贸易合同

来料加工贸易合同
INCOMING PROCESSING TRADE CONTRACT

合同号码:
CONTRACT NO.:20210530
日　期:
DATE:JUNE 9,2021

甲　方: 上海立达进出口有限公司
Party A:　SHANGHAI LIDA IMP. & EXP. CO., LTD.
上海市人民路 1 号
No.1 RENMIN ROAD SHANGHAI CHINA

乙　方: 日本高村商社
Party B:　TKAMR TRADE CORPORATION
37 VICTORIA MACH, TOKYO JAPAN

甲乙双方经过洽谈,就来料加工商品达成下列协议:
An agreement is reached on this date between Party A and Party B on the conclusion of the following business of processing Party B's materials into finished products according to the provisions of this contract:
1. 乙方向甲方负责提供下列原(辅)料,其运输、保险等费用均由乙方负担。
Materials (and finding, if any) to be supplied to Party A by Party B, at Party B's expense, freight and insurance also to be borne contract.

来料品名及规格 DESCRIPTION	数　量 QUANTITY	包　装 PACKING	单价 UNIT PRICE	金　额 AMOUNT
全棉布 WOVEN FABRICS OF COTTON 自然色、黑色 NATURAL、BLACK 规格: SPECIFICATION: 20×20、60×60	18000 M	180 CTNS	CIF SHANGHAI USD1.00	USD18000.00

2. 来料装运期:　　　　　　来料交付目的港:
　SHIPMENT: JUNE 30,2021　　DESTINATION(FOR MATERIALS): SHANGHAI BY SEA
甲方向乙方提供下列商品:

（续）

Finished products to be supplied to Party B by Party A.

成品名及规格 DESCRIPTION	数量 QUANTITY	包装 PACKING	加工费 PROCESSING CHARGES	
			UNIT PRICE	AMOUNT
全棉男式 6 袋短裤 MENS'S 100% COTTON6-POCKET SHORTS S、M、L、XL、XXL	12000PCS	600 CARTONS	FOB SHANGHAI USD3.00	USD36000.00

3. 付款条款： 前 T/T

Payment Terms: T/T（Payment in Advance）

4. 包装条款： 每条装入一个胶袋，20 条不同尺码与颜色装入一只出口纸箱。

Packing: Each piece in a polybag, 20 pieces into an export carton, with assorted sizes and colours.

5. 成品装运时间：不迟于 2021 年 7 月 31 日。

ShipmentTime: not later than JULY 31,2021.

6. 成品装运目的口岸：大阪

7. Destination (for finished products)：OSAKA

8. 凡因执行本合同所发生的或与本合同有关的一切争议，双方应通过友好协商解决；如果协商不能解决，应提交上海国际经济贸易仲裁委员会，根据该会的仲裁规则进行仲裁。仲裁裁决是终局的，对双方都有约束力。仲裁费用除仲裁庭另有规定外，均由败诉方负担。

All disputes in connection with this contract or arising from the execution thereof e, shall be amicably settled through negotiation in case no settlement can be reached between the two parties, the case under disputes shall be submitted to Shanghai International Economic and Trade Arbitration Commission for arbitration in accordance with its Rules of Arbitration. The arbitral award shall be final and binding upon both parties. The arbitration fee shall be borne by the losing party unless otherwise awarded by the arbitration court.

9. 买方收到本售货合同书后请立即回签一份，如买方对本合同书有异议，应于收到后五天内提出，否则认为买方已同意接受本合同书所规定的各项条款。

The buyer is requested to sign and return one copy of the Sales Contract immediately after the receipt of same, Objection, if any, should be raised by the Buyer within five days after the receipt of this Sales Contract, in the absence of which it is understood that the Buyer has accepted the terms and condition of the sales Contract.

10.本合同经甲乙双方当事人签章后生效，一式两份，双方各持一份。

This contract is taken into effect after the signing of the parties to Party A and B, with two copies and one share of each party.

甲 方：
Party A　王祥

乙 方：
Party B　高村

二、填报《加工贸易企业经营状况及生产能力信息表》

上海立达进出口有限公司先登入 https://ecomp.mofcom.gov.cn，申请统一平台账户（见实例10-4），选择账号类型，输入统一社会信用代码、进出口企业代码（见实例10-5），输入完毕后点击"注册"按钮；然后填报《加工贸易企业经营状况及生产能力信息表》（见实例10-6），并对信息真实性做出承诺。

实例 10-4　　　　　　　　　　　　　　申请统一平台账户

请输入您的账户信息

*登录账号(包含英文和数字,至少8位)　　　　　　　　*显示名(中文不超过20位,英文和数字不超过40位)

| 请输入登录账号 | | 请输入显示名 |

*密码 (10-20位,须包含大小写字母、数字)　　　　　　　*确认密码 (两次输入的密码必须相同)

| 请输入密码 | | 请确认密码 |

实例 10-5　　　　　　　　　　　　　　　输入账号信息

ⓘ 请选择您的账号类型

个人用户　　　**境内企业**　　　境外企业

请输入您的企业基本信息

*组织机构代码/统一社会信用代码 (统一社会信用代码18位)

▼ 统一社会信用代码　　示例:9999000001016367613　　　　　　　　　　样 例

进出口企业代码

示例:9900147023485　　　　　　　　　　　　　　　　　　样 例

实例 10-6　　　　　　　　加工贸易企业经营情况及生产能力信息表

企业类型:☑ 经营企业　　□ 经营加工企业　　□ 加工企业

企业基本信息		
企业名称:上海立达进出口有限公司		
统一社会信用代码:3101062278358009-8		
海关注册编码:3110965711	外汇登记号:0005432/86-08765	
法人代表:王祥	联系电话:65788888	传真:65788899
业务负责人:方欣	职务:主管	手机:13917935888
业务联系人:方欣	职务:主管	手机:13917935888
企业地址:上海市人民路1号		邮政编码:
企业性质:□ 国有企业　　□ 外商投资企业　　☑其他企业		
海关认定信用状况:□高级认证企业　□一般认证企业　☑一般信用企业　□失信企业		
行业分类:		
进口料件: 料件代码:　　　料件名称:　　　　　　　数量:　　　(　)金额:　(美元)		
出口产品: 产品代码:　　　产品名称:　　　　　　　数量:　　　(　)金额:　(美元)		
人员信息:		
企业就业人数:20	其中从事加工贸易业务人数:10	
资产情况:		

（续）

外商投资企业填写（万美元）	注册资本：	累计实际投资总额/资产总额：		外商本年度拟投资额： 外商下年度拟投资额： 直接投资主体是否是世界 500 强企业：□ 是 ☑ 否
		实际投资来源地：（按投资额度或者控股顺序填写前五位国别/地区及累计金额） （1） （2） （3） （4） （5）	累计实际投资额（截止填表时） （1） （2） （3） （4） （5）	
内资企业填写（万元人民币）	注册资本：150	资产总额（截至填表时）：	净资产额（截至填表时）：	本年度拟投资额： 下年度拟投资额：

企业上年度经营情况：	
总产值（万元人民币）：	利润总额总产值（万元人民币）：
纳税总额（万元人民币）：	工资总额（万元人民币）：

本企业采购国产料件额（万元人民币）：（不含深加工结转料件和出口后复进口的国产料件）		
加工贸易出口额占企业销售收入总额比例：	加工贸易转内销额（万美元）：	内销征税额（万元人民币含利息）：
深加工结转总额（万美元）：	转出额（万美元）：	转进额（万美元）：
国内上游配套企业家数：	国内下游用户企业家数：	

企业生产能力：				
厂房面积（平方米）： □ 自有　　　　□ 租用	年生产能力： 产品名称：	产品代码：	单位：	数量：

累计生产设备投资额（万美元）：（截至填表时）

累计加工贸易进口不作价设备额（万美元）：（截至填表时）

主要生产设备名称及数量：

序号	设备名称	单位	数量	是否租赁
1				
2				
3				
4				
5				

备注：

录入人员：	录入日期：
企业承诺：	以上情况真实无讹并承担法律责任。

说明：（1）开展加工贸易企业需要登入 https://ecomp.mofcom.gov.cn/填报。
（2）有关数据如无特殊说明均填写上年度数据。
（3）如无特别说明，金额最小单位为"万美元"和"万元人民币"。
（4）涉及数值、年月均值写阿拉伯数字。
（5）进口料件和出口商品指企业从事加工贸易业务所涉及的全部进口料件和出口商品；数量和金额指企业当年加工能力最大值。
（6）进出口额、深加工结转额以海关统计或者实际发生额为准。
（7）此信息表有效期为自填报（更新）之日起一年。

三、设立加工贸易手册

上海立达进出口有限公司在线填报《加工贸易企业经营状况及生产能力信息表》后，到上海海关办理加工贸易手册设立手续，申领《加工贸易手册》（见实例10-7）。

实例10-7　　　　　　　　　　　加工贸易手册

手册/分册编号＿＿＿＿＿＿＿＿＿＿

中华人民共和国海关
加 工 贸 易 手 册

中华人民共和国　　上海　　海关核发

经营企业名称　　　上海立达进出口有限公司

海关注册编码　　　　　3110965711

手册备案有效期＿＿＿＿＿＿＿＿＿＿＿＿＿＿

加 工 贸 易 企 业 须 知

1. 本加工贸易手册供经营加工贸易的企业，办理加工贸易合同登记备案（变更）、货物进出口和核销之用。本手册适用进料加工、来料加工等业务。

2. 经营企业应当向加工企业所在地主管海关办理加工贸易货物备案手续。企业办理加工贸易相关业务，按照有关规定需要担保的，企业应按规定办理担保手续。

3. 经营企业办理加工贸易货物备案手续，应当提交下列单证：商务（外经贸）主管部门签发的同意开展加工贸易业务的有效批准文件；商务（外经贸）主管部门签发的《加工贸易企业经营状况及生产能力证明》；经营企业对外签订的合同；经营企业委托加工的，还应当提交经营企业与加工企业签订的委托加工合同；海关认为需要提交的其他证明文件和材料。

4. 已经办理加工贸易货物备案的经营企业可以向海关申领加工贸易手册分册、续册。

5. 经营企业经海关批准可以开展外发加工业务。外发加工应当在加工贸易手册有效期内进行。

6. 经营企业办理货物进出口手续时，应当持加工贸易手册、加工贸易进出口货物专用报关单等有关单证办理加工贸易货物进出口报关手续。

7. 加工贸易货物备案内容发生变更的，经营企业应当在加工贸易手册有效期内按有关规定办理变更手续。需要报原审批机关批准的，还应当报原审批机关批准。

8. 加工贸易出口制成品属于国家对出口有限制性规定的，经营企业应当向海关提交出口许可证件。加工贸易项下的出口产品属于应当征收出口关税的，海关按照有关规定征收出口关税。

9. 加工贸易货物未经海关许可，不得抵押、质押、留置。

10. 未经海关许可并且未缴纳应纳税款、交验有关许可证件的，不得擅自将加工贸易货物在境内销售。加工贸易货物因故转为内销的，海关凭商务（外经贸）主管部门准予内销的有效批准文件，对保税进

（续）

口料件依法征收税款并加征缓税利息；进口料件属于国家对进口有限制性规定的，经营企业还应当向海关提交进口许可证件。

11. 加工贸易企业应当根据《中华人民共和国会计法》及国家有关法律、行政法规、规章的规定，设置符合海关监管要求的账簿、报表及其他有关单证，记录与本企业加工贸易货物有关的进口、存储、销售、加工、使用、损耗和出口等情况。

12. 海关根据监管需要对加工贸易企业进行核查的，企业应当予以配合。

13. 经营企业应当在手册有效期限内将进口料件加工复出口，以及办理料件或者成品的内销、深加工结转、余料结转、放弃、退运等海关手续，并自加工贸易手册项下最后一批成品出口或者加工贸易手册有效期限到期之日起 30 日内向海关报核。经营企业对外签订的合同因故提前终止的，应当自合同终止之日起 30 日内向海关报核。报核前必须办结余料结转、征税、退运、放弃等相关手续。

14. 经营企业报核时应当向海关如实申报进口料件、出口成品、边角料、剩余料件、残次品、副产品以及单耗等情况，并向海关提交加工贸易手册、加工贸易进出口货物专用报关单以及海关要求提交的其他单证。

15. 经营企业应妥善保管手册，遗失加工贸易手册的，应当及时向海关报告，并承担相应责任。海关在按照有关规定处理后对遗失的加工贸易手册予以核销。

16. 加工贸易企业出现分立、合并、破产的，应当及时向海关报告，并办结海关手续。加工贸易货物被人民法院或者有关行政执法部门封存的，加工贸易企业应当自加工贸易货物被封存之日起 5 个工作日内向海关报告。

17. 加工贸易企业从事加工贸易，违反海关法律法规的规定，构成走私或者违反海关监管规定行为的，由海关按照《中华人民共和国海关法》和《中华人民共和国海关行政处罚实施条例》的有关规定予以处理；构成犯罪的，依法追究刑事责任。

18. 本须知未尽事项以及与现行法律法规有抵触的，以现行法律、行政法规、规章为准。

19. 本手册由海关统一印制。

经 营 企 业 情 况 表

经营企业名称（海关注册编码）　上海立达进出口有限公司（3110965711）　　经营期限　　10 年

注册地址　上海市人民路 1 号　　　　　　　　加工厂厂址　上海市沪南公路 2130 号

注册资本　250 万元人民币　　年加工能力　630 万元人民币　　年进出口额（美元）　100 万

企业管理类别　一般信用企业　　厂房所有权：租赁（✔）自建（　）其他（　）厂房租赁期　5 年

企业负责人　王 祥　　办公电话　65788811　手机　13917935888　邮箱　SIBO@ qq.com

经办人　　　方 欣　　办公电话　65788811　手机　13917935887　邮箱　SIBO@sohu.com

传　真　　657888812　邮　编　200056　网址　LIDA888.com.cn

本企业保证手册填报内容真实有效；愿意遵守《中华人民共和国海关法》及相关法律、行政法规、规章，保证合法经营，按期加工复出口，及时办理变更、核销等海关手续；因故转为内销的，及时按规定办理补税等手续。如有违法违规之情事，愿承担一切法律责任。

企业法人或其授权人签字：王祥

企业盖章：

2021 年 7 月 1 日

加 工 企 业 情 况 表

企业名称（海关注册编码）_____ 注册地址 _____

注册资本 _____ 加工设备价值 _____

厂房面积 _____ 年加工能力 _____

企业负责人 _____ 办公电话 _____ 手 机 _____

经办人 _____ 办公电话 _____ 手 机 _____

传 真 _____ 邮 编 _____ 网 址 _____

本企业愿与经营企业共同承担相应的法律责任。

企业法人或者其授权人签字：王祥

企业盖章：

年　月　日

注：如经营企业与加工企业相同，可不填此表。

加工贸易合同备案审批表

加工贸易备案（变更）手册情况表粘贴栏

海关批注意见：

海关备案业务联系电话：_____

海关盖章：

年　月　日

货物进口/结转转入报关登记表

报关日期	报关单编号	运提单号/手册编号	货物名称、规格	单位	数量	价值	海关签章	备注

注：深加工结转和余料结转需在"运提单号"栏注明转出手册编号。

货物出口/结转转出报关登记表

报关日期	报关单编号	运提单号/手册编号	货物名称、规格	单位	数量	价值	海关签章	备注

注:深加工结转和余料结转需在"运提单号"栏注明转入手册编号。

货物内销/放弃登记表

报关日期	报关单/凭证号	货物名称、规格	单位	数量	价值	海关签章	备注

注:"备注"栏需注明货物处理方式("内销"或者"放弃")。

核销申请表粘贴栏

《海关合同结案表》和《结案通知书》粘贴栏

第三节　加工贸易手册的核销

加工贸易手册核销是指加工贸易单位在合同执行完毕后,将《加工贸易登记手册》、进出口专用报关单等有效数据递交海关,由海关核查该合同项下进出口、耗料等情况,以确定征、免、退、补税的海关后续管理中的一项业务。

一、加工贸易产品的生产

(一) 加工贸易的生产进度跟进

1. 生产进度跟进的内容

生产进度跟进主要有以下三个方面。

1) 面料、辅料的供给

加工贸易企业要了解面料、辅料的送交与收取等环节的执行情况,保证加工生产的供给,发现问题会同有关部门及时处理。

2) 生产进度的控制

加工贸易企业应掌握生产计划的执行情况,掌握生产作业的日程进度,定期汇总生产进度执行情况,做好记录报呈主管。

3) 异常现象的处理

加工贸易企业在加工生产过程中若发现异常现象,如生产设备出现故障、临时遇到停电、面料或者辅料供不应求等,需要与有关责任部门协调处理,保证加工生产顺利进行。

2. 生产进度跟进的程序

1) 下达生产通知单

加工生产企业下达生产通知单,其内容主要包括产品的名称、规格型号、数量、包装、出货时间等要求。

2) 产前试样

加工生产企业车间应根据生产通知单的要求,在大货生产前使用大货原料和辅料按工艺要求进行产前样的试制,确认生产加工方案的可行性,观察各工序完工所需时间及总工时。产前样由品质管理部进行检验,检验合格后随附产前样确认表寄送至外商确认。该确认后的样品,是大货生产的主要依据。

3) 制订生产计划

生产计划主要是对裁剪、缝制、检品和包装等部门提出具体的生产进程和要求。

(二) 加工贸易商品品质跟进

1. 加工贸易商品品质跟进的内容

品质跟进的内容主要有以下两个方面。

1) 工艺准备的跟进

工艺准备是根据产品的设计要求和企业的生产规模确定生产的方法和程序,将操作人员、材料、设备、专业技术和生产设施等生产要素合理地组织起来,使产品质量符合设计标准的全部活动。

2）生产过程中的跟进

生产过程中的跟进包括两个方面的内容：一是半成品质量控制，根据产品设计和工艺文件的规定进行半成品的生产，并根据品质控制计划的要求处理影响产品品质的各种现象；二是成品质量控制，在生产过程中加强工艺管理，建立工序质量控制点，强化过程检验，掌握质量动态，控制不合格品。

2. 产品质量检验的方法

1）全数检验与抽样检验

全数检验是指根据质量标准对送交检验的全部产品逐件进行试验测定，从而判断每一件产品是否合格的检验方法。

抽样检验是指从一批产品中随机抽取少量产品（样本）进行检验，据以判断该批产品是否合格的统计方法。

2）计数检验与计量检验

计数检验是指对抽样组中的每一个单位产品通过测定的检验项目仅确定其为合格品或者不合格品，从而推断整批产品的不合格品率的检验方法。

计量检验是指在抽样检验的样本中，对每一个体测量其某个定量特性的检验方法。

3）理化检验与感官检验

理化检验是指应用物理或者化学的方法，依靠量具、仪器及设备装置，如千分尺、千分表、验规、显微镜等对受检物进行检验的方法。其精度高，人为误差小。

感官检验是指依靠检验人员的经验，通过其感觉器官对质量特性或特征做出评价和判断的检验方法。例如，对产品的形状、颜色、污损等现象的检查就属于感官检验。

4）固定检验与流动检验

固定检验是指在生产单位内设立固定的检验站，各生产部门将产品加工后送到该站集中检验的方法。

流动检验是指由检验人员直接去工作地检验，深入生产现场，掌握生产过程质量动态的检验方法。其检验结果比较可靠。

二、加工贸易手册的核销条件

加工产品完成后，企业应当向主管海关办理加工贸易手册的手册核销手续。其有六个方面的条件：一是具有法人资格的加工贸易经营企业；二是加工贸易合同项下的进口料件已加工复出口；三是合同履约后的余料、边角料、成品、残次品、副产品已核算清楚，能向海关如实申报；四是合同履约后的余料、边角料、成品、残次品、副产品等已办理了内销征税、退运、放弃或余料结转等手续；五是在加工贸易手册项下最后一批成品出口或者加工贸易手册到期之日起 30 日内提出；六是加工贸易合同因故提前终止的，应当自合同终止之日起 30 日内提出。

三、加工贸易手册的核销程序

（一）经营企业报核

经营企业应当在规定的期限内向主管海关申请报核，提交报核材料，包括加工贸易手册、加工贸易进出口货物专用报关单、核销核算表和进口料件、出口成品、边角料、剩余料件、残次品、副产品和单耗等情况的书面材料，以及海关规定的其他单证和材料。

（二）海关受理核销

海关对四种不同的情形进行核销：一是加工贸易进口料件退运出境的，海关凭有关退运单证核销；二是经海关批准经营企业放弃加工贸易货物的，海关凭接受放弃的有关单证核销；三是经营企业在生产过程中产生的边角料、剩余料件、残次品、副产品和受灾保税货物，海关凭有关单证核销；四是经营企业如遗失加工贸易手册的，海关按照有关规定处理后进行核销。

海关应当自受理报核之日起 30 日内，对单证齐全有效的，受理报核，符合相关法律法规的予以受理，并核发加工贸易合同结案通知书；不予受理的，应当书面告知企业原因，企业应当按照规定重新报核。

 实例展示

业务情境

上海立达进出口有限公司根据来料加工贸易合同的规定办理入境料件的报关报检手续，依据日本高村商社提供的技术指标和其他要求进行全棉男式 6 袋短裤的生产加工，并将制成品及时报关出境。在加工商品清关后，上海立达进出口有限公司填写相关单证，并向上海海关办理加工贸易手册核销手续。

一、办理进口料件报关报检

日本高村商社按照来料加工贸易合同的规定，办理全棉男式 6 袋短裤加工面料的托运手续。上海立达进出口有限公司收到到货通知后，办理进口料件的入境报检报关手续（见实例 10-8）。

实例 10-8 　　　　　　　中华人民共和国海关进口货物报关单

预录入编号：22010210I123456789　　　　　　　　　海关编号：220120210I127654321

境内收货人 上海立达进出口有限公司 3110965711	进境关别 吴淞海关 2202	进口日期 2021.7.12	申报日期 2021.7.13		备案号
境外发货人 TKAMR TRADE CORPORATION	运输方式 水路运输 2	运输工具名称及航次号 COS8765/COS123	提运单号 AC17/123		货物存放地点 AC23456789
消费使用单位 上海立达进出口有限公司	监管方式 来料加工 0214	征免性质 来料加工 502	许可证号		起运港 东京 501
合同协议号 20210530	贸易国（地区） 日本 116	启运国（地区） 日本 116	经停港		入境口岸 吴淞海关 2202
包装种类 纸箱	件数 50	毛重（千克） 4500	净重（千克）3000	成交方式 CIF 1	运　费 502/1230/3
随附单据及编号					

（续表部分）保费 502/560/3　　杂费

（续）

标记唛码及备注	LD 20210530 SHANGHAI C/NO. 1-50

项号	商品编号	商品名称及规格型号	数量及单位	单价/总价/币制	原产国(地区)	最终目的国(地区)	境内目的地	征免
01	5209310092	全棉布 20×20，60×60	4 500 千克 12 000 米		日本	中国	上海	全免

报关人员 方欣 报关人员证号 2201021 0E987653421 电话 65788811 兹声明以上内容承担如实	海关批注及签章
申报单位　上海金发报关专业有限公司	放行章
申报、依法纳税之法律责任	王莉 2021.7.13
申报单位(签章)	

二、进行加工贸易产品生产

上海立达进出口有限公司在面料到达工厂后，根据日本高村商社提供的产品技术要求试制样裤，并寄送日商确认，经确认后组织大货生产，及时检验成品质量并进行抽样检查。12 000 条全棉男式 6 袋短裤加工生产结束后，上海立达进出口有限公司跟单员从中抽取 100 条不同规格、不同颜色的短裤进行抽样检查，结果有 14 条不合格。跟单员根据 AQL 等级检查表中的 2.5 正常标准(见实例 10-9)来判断该批产品是否合格。12 000 条全棉男式短裤的批量范围是从 10 001～35 000，2.5 正常标准接受与拒绝的范围分别是 14 和 15，本批货物不合格数是 14 条，属于接受范围，故判定该批加工产品属于合格范围。

实例 10-9　　　　　　　　　　　　AQL 等级检查表

AQL 等级		1.5 加严			2.5 正常			4.0 放宽		
批量(接收数量或者即将装运数量)		检验数量	接受	拒绝	检验数量	接受	拒绝	检验数量	接受	拒绝
从	到									
51	90	13	0	1	13	1	2	13	1	2
91	150	20	1	2	20	1	2	20	2	3
151	280	32	1	2	32	2	3	32	3	4
281	500	50	2	3	50	3	4	50	5	6
501	1 200	80	3	4	80	5	6	80	7	8

（续）

AQL 等级		1.5 加严			2.5 正常			4.0 放宽		
批量（接收数量或者即将装运数量）		检验数量	接受	拒绝	检验数量	接受	拒绝	检验数量	接受	拒绝
从	到									
1 201	3 200	125	5	7	125	7	8	125	10	11
3 201	10 000	200	7	8	200	10	11	200	14	15
10 001	35 000	315	10	11	315	14	15	315	21	22
35 001	150 000	500	14	15	500	21	22			
150 001	500 000	800	21	22						
500 001	以上	1 250	21	22						

三、办理制成品出口报关报检

上海立达进出口有限公司根据加工贸易合同的相关规定，对全棉男式 6 袋短裤进行包装，并办理出口报关报检手续（见实例 10-10）。清关后，上海立达进出口有限公司根据海关要求办理加工贸易手册核销（见实例 10-11）。

实例 10-10　　　　　　　　中华人民共和国海关出口货物报关单

预录入编号：22010210E324234567　　　　　　　　海关编号：220120210E123443211

境内发货人 上海立达进出口有限公司 3110965711	出境关别 吴淞海关 2202	出境日期 2021.7.30	申报日期 2021.7.23		备案号
境外收货人 TKAMRA TRADE CORPORATION	运输方式 水路运输 2	运输工具名称及航次号 COSCO123456/COS 321	提运单号 COS123456		
生产销售单位 上海立达进出口有限公司 3110965711	监管方式 来料加工 0214		许可证号		
合同协议号 20210530	贸易国（地区） 日本 116	运抵国（地区） 日本 116	指运港 东京 501		离境口岸 吴淞海关 2202
包装种类 纸箱	件数 600	毛重（千克） 5000	净重（千克） 3500	成交方式 FOB 3	运费 502/1250/3	保费 502/600/3	杂费
随附单据及编号							
标记唛码及备注　　TK 20210530 TOKYO C/NO.1-600							

（续）

项号	商品编号	商品名称及规格型号	数量及单位	单价/总价/币制	原产国(地区)	最终目的国(地区)	境内货源地
01	6203429012	全棉男式6袋短裤 S、M、L、XL、XXL	5000千克 12000条		中国	日本	上海

报关人员 方欣 报关人员证号 22010210B987653421 电话 65788811 兹声明以上内容承担如实

申报单位 上海金发报关专业有限公司

责任

申报单位（签章）

申报、依法纳税之法律

海关批注及签章

放行章

2021.7.29

实例 10-11   加工贸易手册

手册/分册编号＿＿＿＿＿＿＿＿

中华人民共和国海关

加 工 贸 易 手 册

中华人民共和国 上海 海关核发

经营企业名称 ＿＿＿上海立达进出口有限公司＿＿＿

海关注册编码 ＿＿＿3110965711＿＿＿

手册备案有效期 ＿＿2021年7月2日＿＿

加 工 贸 易 企 业 须 知

1. 本加工贸易手册供经营加工贸易的企业，办理加工贸易合同登记备案(变更)、货物进出口和核销之用。本手册适用进料加工、来料加工等业务。

2. 经营企业应当向加工企业所在地主管海关办理加工贸易货物备案手续。企业办理加工贸易相关业务，按照有关规定需要担保的，企业应按规定办理担保手续。

3. 经营企业办理加工贸易货物备案手续，应当提交下列单证：商务(外经贸)主管部门签发的同意开展加工贸易业务的有效批准文件；商务(外经贸)主管部门签发的《加工贸易企业经营状况及生产能力证明》；经营企业对外签订的合同；经营企业委托加工的，还应当提交经营企业与加工企业签订的委托加工合同；海关认为需要提交的其他证明文件和材料。

4. 已经办理加工贸易货物备案的经营企业可以向海关申领加工贸易手册分册、续册。

5. 经营企业经海关批准可以开展外发加工业务。外发加工应当在加工贸易手册有效期内进行。

6. 经营企业办理货物进出口手续时，应当持加工贸易手册、加工贸易进出口货物专用报关单等有关单证办理加工贸易货物进出口报关手续。

7. 加工贸易货物备案内容发生变更的，经营企业应当在加工贸易手册有效期内按有关规定办理变更手续。需要报原审批机关批准的，还应当报原审批机关批准。

8. 加工贸易出口制成品属于国家对出口有限制性规定的，经营企业应当向海关提交出口许可证件。加工贸易项下的出口产品属于应当征收出口关税的，海关按照有关规定征收出口关税。

（续）

9. 加工贸易货物未经海关许可，不得抵押、质押、留置。

10. 未经海关许可并且未缴纳应纳税款、交验有关许可证件的，不得擅自将加工贸易货物在境内销售。加工贸易货物因故转为内销的，海关凭商务（外经贸）主管部门准予内销的有效批准文件，对保税进口料件依法征收税款并加征缓税利息；进口料件属于国家对进口有限制性规定的，经营企业还应当向海关提交进口许可证件。

11. 加工贸易企业应当根据《中华人民共和国会计法》及国家有关法律、行政法规、规章的规定，设置符合海关监管要求的账簿、报表及其他有关单证，记录与本企业加工贸易货物有关的进口、存储、销售、加工、使用、损耗和出口等情况。

12. 海关根据监管需要对加工贸易企业进行核查的，企业应当予以配合。

13. 经营企业应当在手册有效期限内将进口料件加工复出口，以及办理料件或者成品的内销、深加工结转、余料结转、放弃、退运等海关手续，并自加工贸易手册项下最后一批成品出口或者加工贸易手册有效期限到期之日起 30 日内向海关报核。经营企业对外签订的合同因故提前终止的，应当自合同终止之日起 30 日内向海关报核。报核前必须办结余料结转、征税、退运、放弃等相关手续。

14. 经营企业报核时应当向海关如实申报进口料件、出口成品、边角料、剩余料件、残次品、副产品以及单耗等情况，并向海关提交加工贸易手册、加工贸易进出口货物专用报关单以及海关要求提交的其他单证。

15. 经营企业应妥善保管手册，遗失加工贸易手册的，应当及时向海关报告，并承担相应责任。海关在按照有关规定处理后对遗失的加工贸易手册予以核销。

16. 加工贸易企业出现分立、合并、破产的，应当及时向海关报告，并办结海关手续。加工贸易货物被人民法院或者有关行政执法部门封存的，加工贸易企业应当自加工贸易货物被封存之日起 5 个工作日内向海关报告。

17. 加工贸易企业从事加工贸易，违反海关法律法规的规定，构成走私或者违反海关监管规定行为的，由海关按照《中华人民共和国海关法》和《中华人民共和国海关行政处罚实施条例》的有关规定予以处理；构成犯罪的，依法追究刑事责任。

18. 本须知未尽事项以及与现行法律法规有抵触的，以现行法律、行政法规、规章为准。

19. 本手册由海关统一印制。

经 营 企 业 情 况 表

经营企业名称（海关注册编码）　上海立达进出口有限公司（3110965711）　　经营期限　10 年

注册地址　上海市人民路 1 号　　　　　　　　加工厂厂址　上海市沪南公路 2130 号

注册资本　250 万元人民币　年加工能力　630 万元人民币　年进出口额（美元）　100 万

企业管理类别　一般信用企业　　厂房所有权：租赁（✓）自建（　）其他（　）厂房租赁期　5 年

企业负责人　王 祥　办公电话　65788811　手机　13917935888　邮箱　SIBO@ qq.com

经办人　　　方 欣　办公电话　65788811　手机　13917935887　邮箱　SIBO@sohu.com

传 真　657888812　邮 编　200056　网址　LIDA888.com.cn

本企业保证手册填报内容真实有效；愿意遵守《中华人民共和国海关法》及相关法律、行政法规、规章，保证合法经营，按期加工复出口，及时办理变更、核销等海关手续；因故转为内销的，及时按规定办理补税等手续。如有违法违规之情事，愿承担一切法律责任。

企业法人或者其授权人签字：王祥

企业盖章：　　　　　　　　　　　2021 年 7 月 1 日

加 工 企 业 情 况 表

企业名称（海关注册编码）_____ 　注册地址 _____

注册资本 _____ 　加工设备价值 _____

厂房面积 _____ 　年加工能力 _____

企业负责人 _____ 办公电话 _____ 手 机 _____

经办人 _____ 办公电话 _____ 手 机 _____

传 真 _____ 邮 编 _____ 网 址 _____

本企业愿与经营企业共同承担相应的法律责任。

　　　　　　　　　　　　　企业法人或者其授权人签字：王祥

　　　　　　　　　　　　　企业盖章：

　　　　　　　　　　　　　　　　　　年　 月　 日

注：如经营企业与加工企业相同，可不填此表。

加工贸易合同备案审批表

加工贸易备案（变更）手册情况表粘贴栏

海关批注意见：

　　同意备案

海关备案业务联系电话：___58434567_____

　　　　　　　　　　　　　　　海关盖章： 海关章

　　　　　　　　　　　　　　　2021 年 7 月 2 日

货物进口/结转转入报关登记表

报关日期	报关单编号	运提单号/手册编号	货物名称、规格	单位	数量	价值	海关签章	备注

注：深加工结转和余料结转需在"运提单号"栏注明转出手册编号。

货物出口/结转转出报关登记表

报关日期	报关单编号	运提单号/手册编号	货物名称、规格	单位	数量	价值	海关签章	备注

注:深加工结转和余料结转需在"运提单号"栏注明转入手册编号。

货物内销/放弃登记表

报关日期	报关单/凭证号	货物名称、规格	单位	数量	价值	海关签章	备注

注:"备注"栏需注明货物处理方式("内销"或者"放弃")。

核销申请表粘贴栏

核销申请表
…………
………………
………………

《海关合同结案表》和《结案通知书》粘贴栏

海关合同结案表	结案通知书
…………	…………
………………	………………
………………	………………

 案例思政

中国制造 中国智造

【案例简介】

中国加工贸易产品博览会简称"加博会",2009—2020 年已在广东省东莞市连续举办了 12 届,共吸引了 9 000 多家企业参展,共促成商贸合作项目超过 6.8 万个、意向成交额超过 7 000 亿元,其中拥有自主技术和品牌的加工贸易产品占比从 53％提升至 86％,展示了超过数十万种加工贸易高端、终端消费产品,全面反映了我国加工贸易的发展水平。例如,东莞得利钟表有限公司与中国航天联合推出的 SAGA SPACE 航天系列手表是世界上最薄的碳纤维手表。

【案例思政】

国家富强、民族振兴、人民幸福是"中国梦"的具体表现,是我国社会主义现代化国家的建设目标,也是社会主义核心价值观的基本内容。改革开放以来,我国对外贸易经济发展取得了长足的进步,出口货物贸易总额位列世界第一,进口货物总额位列世界第二,成为世界货物贸易第一大国。其中,加工贸易产品以代工为主,发展以自主品牌为主,从中国制造到中国智造,从跟随世界到引领世界。

复习与思考

一、单项选择题

1. 下列各项中,不属于海关认定为一般信用企业的依据是( )。

A. 拥有进出口外贸权

B. 首次注册登记或者备案的企业

C. 不符合海关认证企业标准并未发生失信企业认定情形的

D. 自被海关认定为失信企业之日起连续 2 年未发生失信企业认定情形的

2. 海关开展认证企业的依据是( )。

A. 海关总署相关规定   B. 海关认证企业标准

C.《海关法》   D. 海关总署管理措施

3. 下列各项中,不属于来料加工贸易特点的是( )。

A. 两头在外   B. 信用保证   C. 加工增值   D. 料件保税

4. 下列各项中,不属于进料加工贸易特点的是( )。

A. 外汇购买   B. 自行销售   C. 自负盈亏   D. 加工增值

5. 下列各项中,不属于保税港区的功能是( )。

A. 国际中转与国际配送   B. 国际采购

C. 加工装配   D. 国际转口贸易与出口加工贸易

6. 开展出境加工业务企业的信用等级必须是( )以上。

A. 一般认证   B. 一般信用   C. 高级信用   D. 高级认证

7. ( )，珠海香洲毛纺厂签订了第一份毛纺织品来料加工协议，开启了来料加工贸易的先河。

A. 1978 年 8 月   B. 1979 年 8 月   C. 1980 年 8 月   D. 1981 年 8 月

8. 中国加工贸易产品博览会是中国唯一的( )。

A. 国家级展会   B. 直辖市展会

C. 省级展会   D. 市级展会

9. 填报《加工贸易企业经营状况及生产能力信息表》的平台是( )。

A. 加工贸易业务系统统一平台   B. 海关业务系统统一平台

C. 商务部业务系统统一平台   D. 工商业务系统统一平台

10. 海关对申请加工贸易手册核销材料核准后发放( )。

A. 核销单   B. 核销批准书

C. 加工贸易合同结案通知书   D. 加工贸易合同结案通知书备案表

二、多项选择题

1. 从事加工贸易企业应当拥有( )。

A. 工商经营资质   B. 外贸经营资质

C. 生产经营能力   D. 报检报关资质

2. 海关根据企业的信用状况将企业认定分为( )。

A. 合百强企业   B. 失信企业

C. 认证企业   D. 一般信用企业

3. 海关认定为失信企业的依据有( )。

A. 走私犯罪

B. 拖欠应缴税款或者拖欠应缴罚没款项的

C. 假借海关或者其他企业名义获取不当利益的

D. 向海关隐瞒真实情况或者提供虚假信息，影响企业信用管理的

4. 《海关认证企业标准》将认证企业分为( )。

A. 一般信用企业   B. 失信企业

C. 一般认证企业   D. 高级认证企业

5. 通过认证企业必须同时达到( )。

A. 所有标准项及每个分项标准均没有不达标的情形

B. 内部控制、贸易安全两类标准中没有单一标准项基本达标超过 3 项的情形

C. 必须达到 95 分以上

D. 进出口货物平均查验率在 80% 以上

6. 加工贸易包括( )。

A. 补偿贸易   B. 来料加工贸易

C. 进料加工贸易   D. 一般贸易

7. 保税区具有的功能是( )。

A. 保税仓储   B. 进出口加工

C. 国际贸易   D. 保税仓储商品展示

8. 工缴费的结算方法有（　　）。

A. 合同指定方式

B. 来料、来件和成品都不作价，单收加工费

C. 法律规定方式

D. 对来料、来件和成品分别作价，收取差额

9. 加工生产企业选择方法有（　　）。

A. 望　　　　　　　B. 闻　　　　　　　C. 问　　　　　　　D. 切

10. 加工贸易手册核销的材料有（　　）等。

A. 申请核销加工贸易货物的书面材料　　　　B. 加工贸易手册

C. 加工贸易进出口货物专用报关单　　　　　D. 核销核算表

三、判断题

1. 加工贸易是指境内企业将进口全部料件加工成制成品后复出口的经营活动。（　　）

2. 电子账册管理是指海关以企业整体加工贸易业务为单元，实施对保税加工货物的监管，不使用纸质加工贸易手册，不设银行保证金台账。（　　）

3. 电子手册将替代纸质加工贸易手册。（　　）

4. 进料加工贸易依据承接加工的对象不同分为自行加工、委托加工和全部来料加工。

（　　）

5. 加工贸易手册核销是海关对加工贸易单位在合同执行前的一种业务管理。（　　）

6. 保税区享有"免证、免税、保税"政策。（　　）

7. 申请加工贸易核销的企业必须是具有法人资格的加工贸易经营企业。（　　）

8. 进口料件加工复出口应当在加工贸易手册到期之日起10日内向海关报核。（　　）

9. 海关应当自受理报核之日起10日内做出是否受理的决定。（　　）

10. 加工贸易企业合同履约后的余料、边角料可以由该企业自行处理。（　　）

11. 加工贸易合同因故提前终止的，经营企业应当自合同终止之日起30日内提出核销。

（　　）

四、简答题

1. 简述来料加工与进料加工的区别。

2. 简述以企业为单元加工贸易监管的实施对象和主要业务。

3. 简述企业开展出境加工业务的要求、范围和海关监管的内容。

4. 简述进料加工贸易合同与来料加工贸易合同备案的流程、内容和要求。

5. 简述加工贸易手册的核销程序、内容和要求。

五、案例分析题

某特种设备有限公司在开展数控电火花切割机的进料加工业务过程中，在未经主管海关许可的情况下擅自将导线器等保税料件与一般贸易进口料件相互借用、调换，涉案货物价值人民币2 000万元。海关缉私分局经调查核实后，根据我国《海关行政处罚实施条例》的规定，对当事人处以罚款100万元。

请你从学习者的视角分析，该公司的违法行为是否能作为海关认定企业信用状况的记录？为什么？

第十一章　国际贸易市场监管

 学习目标

◆ 了解与知识产品相关的国际公约和中国法律法规对侵权所规定的法律责任。

◆ 熟悉相关的国际公约和我国法律法规对垄断、不正当竞争行为所规定的法律责任。

◆ 明确保护知识产权、反垄断、反不正当竞争对营造我国良好国际营商环境的作用。

◆ 掌握我国电子商务方面的法律法规对跨境电商经营者义务与责任的规定。

本 章 概 要

　　本章包括五部分内容:第一部分为国际商标侵权责任,介绍了国际商标注册的程序、国际商标权的保护和国际商标侵权法律责任;第二部分为国际专利侵权责任,介绍了专利权的种类、国际专利权申请、国际专利权保护和国际专利侵权法律责任;第三部分为著作侵权责任,介绍了著作权和著作侵权法律责任;第四部分为产品侵权责任,介绍了产品责任、侵权责任和经营者责任;第五部分为不正当竞争责任,介绍了垄断和不正当竞争;第六部分为跨境电子商务经营者责任,介绍了电子商务经营者的义务和电子商务经营者的责任。

第一节　国际商标侵权责任

一、国际商标注册的程序

　　在国际贸易和跨境电商活动中,为了区别不同的商品或者服务,经营者通常要使用一种特殊的标记商标进行标识。按照《保护工业产权巴黎公约》(以下简称《巴黎公约》)、《商标国际注册马德里协定有关议定书》(以下简称《马德里议定书》)和各国商标法的规定,商标进行注册登记后,商标权所有人方可获得商标权,并依法受到法律的保护。

（一）国际商标注册申请的原则

《中华人民共和国商标法》（以下简称《商标法》）以商标注册为获得商标专用权的法律依据，谁最先申请注册，谁就获得商标专用权。如果商标使用者已经在商业上使用某一商标，但是未在商标局进行商标注册的，不具有对该商标的专用权。

（二）国际商标注册的程序

国际商标注册是指商标使用人为了取得商标专用权，将其使用或者准备使用的商标，依照有关国际公约和本国法律所规定的条件和程序，向知识产权国际局提出注册申请，经其核准后予以注册，获取国际注册证书。

1. 申请人提出国际商标注册申请

1）申请人

《国际商标注册马德里协定》（以下简称《马德里协定》）规定，缔约国的国民可以通过原属国的注册当局，向知识产权国际局提出商标注册申请。多个自然人或者法人可作为同项国际注册的申请人，但是申请人应均为某缔约国的国民。

2）申请材料

申请人向原属国注册当局提供的材料包括：国际局统一制定的国际商标注册申请表一式两份；商标图样各 1 份；商标注册申请人的身份证明文件等，以颜色组合或者着色图样申请商标注册的，还应提交着色图样 1 份；不指定颜色的，提交黑白图样 1 份。

2. 原属国注册机构进行初审

商标原属国注册机构初审的内容包括：一是国际商标注册项目与本国注册簿中的项目是否相一致；二是注册商标商品是否按照国际分类表的类别号、名称填报；三是原属国申请注册的日期、号码是否注明；四是申请国际注册的日期是否注明。如果初审内容核准无误，由原属国国家主管机关签字。

3. 国际局审核

国际局先对通过原属国注册机构提交的商标注册申请材料进行审查，申请文件符合规定的给予受理；然后通知有关国家注册机构转告申请人缴纳注册费用。如果申请材料存在分类不正确或者商品和服务名称不正确的，或者语言极含混的，或者材料不符合规定的，国际局暂缓注册，并通知有关国家注册机构要求申请人在一定时间内完成修订或者补齐材料。

4. 国际商标申请注册的登记

国际局收到申请人的缴费后，在国际注册簿上予以注册，在国际局《国际商标》刊物上进行公告，并通过原属国注册机关向注册商标所有人寄送注册证。根据《马德里议定书》的相关规定，国际商标在国际注册簿上注册之日起生效，受到缔约成员国的保护。

二、国际商标权的保护

国际商标权保护的内容有六个方面：一是专有权，是指国际商标权人依法获准使用注册商标的权利，非经商标权人的许可，他人不能使用；二是禁止权，是指国际商标权人依法具有禁止他人伪造、擅自制造注册商标标识或者在同一种商品、类似商品上使用与注册商标相同或者近似商标的权利；三是转让权，是指国际商标权人依法具有将其注册商标转让给他人所有的权利；四是使用许可权，是指国际商标权人可以通过签订商标使用许可合同，允许他人使用其注册商标的权利；五是收益权，是指国际商标权人在转让或者许可他人使用其注册商标时，有获得一定报酬的权利;六是续展权,是指国际商标权人在注册商标有效期届满时,可在法定期间内申请续展注册的权利。

三、国际商标侵权法律责任

(一)国际商标侵权的情形

我国《商标法》规定有六种商标侵权行为:一是冒用注册商标,在同一种商品上冒用他人注册商标,并将该商品投入市场的;二是伪造他人注册商标标识或者销售擅自制造他人注册商标标识的;三是故意混淆注册商标,在同一种或者类似商品上使用与其注册商标近似的商标,容易导致混淆的;四是销售侵犯注册商标专用权商品;五是未经商标注册人同意,更换其注册商标并将该更换商标的商品又投入市场的;六是故意为侵犯他人商标专用权行为提供便利条件,并帮助其实施侵犯权行为的。

 案例分析

扬州美美电子商务有限公司经营韩国食品,在众多类别的商品和服务上申请注册了50多件商标,模仿与复制了韩国首尔牛奶公司的商标。韩国首尔牛奶公司向商标局进行了投诉,提供了该公司的商标注册证复印件、获奖报道、广告宣传和促销活动资料以及扬州美美电子商务有限公司模仿与复制商标的证据材料。

请分析,扬州美美电子商务有限公司的行为是否构成了商标侵权行为?为什么?

(二)侵权责任的承担

1. 民事责任

商标注册人或者利害关系人有证据证明他人存在侵犯其注册商标专用权的行为,或者正在实施或者即将实施侵犯其注册商标专用权的行为时,可以向人民法院起诉,要求侵权人停止侵害、消除影响及赔偿损失,或者在起诉前向人民法院申请采取责令停止有关行为和财产保全的措施。

侵犯商标专用权的赔偿数额,按照权利人因被侵权所受到的实际损失确定;实际损失难以确定的,可以按照侵权人因侵权所获得的利益确定;权利人的损失或者侵权人获得的利益难以确定的,参照该商标许可使用费的倍数合理确定。对恶意侵犯商标专用权,情节严重的,可以在按照上述方法确定数额的1倍以上3倍以下确定赔偿数额。赔偿数额应当包括权利人为制止侵权行为所支付的合理开支。

2. 行政责任

市场监督管理部门在处理有关注册商标专用权的纠纷时,认定侵权行为成立的,将责令立即停止侵权行为,没收或者销毁侵权商品和用于制造侵权商品与伪造注册商标标识的工具,并处罚款。当事人对处理决定不服的,可以自收到处理通知之日起15日内向人民法院提起行政诉讼。

根据我国《商标法》规定,未经注册商标的使用,由地方市场监督管理部门责令其限期申请注册,违法经营额5万元以上的,处以违法经营额20%以下的罚款;没有违法经营额或者违法经营额不足5万元的,处以1万元以下的罚款。如果经营者将未注册商标冒充注册商标使用的,或者使用禁止商标内容的,由地方市场监督管理部门予以制止,限期改正,并予以通报,违法经营额5万元以上的,处以违法经营额20%以下的罚款;没有违法经营额或者违法经营额不足5万元的,处以1万元以下的罚款。

3. 刑事责任

刑事责任有三种情形：一是未经商标注册人许可，在同一种商品上使用与其注册商标相同的商标，构成犯罪的，除赔偿被侵权人损失外，依法追究刑事责任；二是伪造或者销售他人注册商标标识，构成犯罪的，除了赔偿被侵权人的损失，依法追究刑事责任；三是销售假冒注册商标的商品，构成犯罪的，除了赔偿被侵权人损失，依法追究刑事责任。我国《商标法》规定，商标权人在起诉前可以向法院申请对侵权人采取责令停止有关行为和财产保全措施，在诉讼中可以要求侵权人停止侵害、消除影响和赔偿损失等。

 案例分析

> 自然人张某于 2002 年开了一家"添腾汽车配件经营部"，取前两个汉字拼音中的首字母"tt"向属地商标局申请注册了商标，并于 2007 年 8 月 14 日获得了商标注册证。2008 年，奥迪 tt 跑车在中国上市，张某委托律师向属地法院起诉，称跨国企业德国奥迪汽车股份公司与奥迪（中国）企业管理有限公司生产的奥迪 tt 跑车侵犯其商标专用权，要求其立即停止在中国境内生产与销售奥迪，并赔偿其经济损失 50 万元。奥迪汽车股份公司代理人认为，奥迪"tt"跑车于 1998 年在德国上市，2002 年走进中国市场，但一直未申请商标权，直到 2007 年第二代跑车在中国上市后，才开始注册"tt"商标，依据"保护在先权"的原则，其诉请不应被支持。同时，"tt"商标的跑车都是在德国生产后，原装进口到中国的，两个商标不存在任何关联，都具有独立的使用权，尤其是奥迪汽车除使用"tt"标志外，还使用了四个相连的圆环商标，消费者不会对商品的来源产生混淆和误认，不存在侵权。
>
> 请分析，张某的请求是否合理？为什么？

第二节　国际专利侵权责任

一、专利权的种类

专利是指由政府机关或者代表若干国家的区域性组织根据申请而颁发的记载发明创造内容的一种证明。根据《专利合作条约》和各国专利法的规定，发明创造人将其发明创造申请专利注册后，其专有权将依法受到法律的保护。专利权人享有法律所赋予三种权利：一是独占权，是指专利权人享有任何单位或者个人未经专利权人许可不得实施其制造、使用、销售、许诺销售和进口等权利；二是许可权，是指专利权人通过签订许可合同的方式，许可他人在一定条件下使用其取得专利权的发明创造的全部或者部分技术的权利；三是转让权，是指专利权人有权以买卖、赠与、交换等形式将专利权转让给他人。

二、国际专利权的申请

中国公民可以通过《专利合作条约》和《巴黎公约》两条途径申请国际专利。

（一）国际专利权申请人

《专利合作条约》规定，国际专利权申请人包括自然人或者法人，其国籍或者居所是《专利合作条约》成员国的,缔约国的任何居民或者国民均可提出国际申请。《巴黎公约》规定,缔约国的居民或者国民可以提出国际申请。《中华人民共和国专利法》(以下简称《专利法》)规定,国际专利权申请人是指可以申请并取得专利权的个人和单位,包括在中国具有经常居所的外国人。在中国没有经常居所或者营业所的外国人、外国企业或者外国其他组织在中国申请专利的,依照其所属国同中国签订的协议或者共同参加的国际条约,委托依法设立的专利代理机构办理。

(二) 国际专利权申请人的类型

国际专利权申请人分为以下三种类型。

1. 发明人或者设计人

发明人或者设计人是指对发明创造的实质性特点做出创造性贡献的人。其所完成的非职务发明创造,申请专利的权利归其所有,申请被批准后,该发明人或者设计人为专利权人。在完成发明创造过程中只负责组织工作的人,或者为物质条件的利用提供方便的人,或者其他从事辅助工作的人,不应当被认为是发明人或者设计人。

2. 发明人或者设计人所在单位

发明人或者设计人所在单位是指单位从业人员在执行本单位的任务或者主要是利用本单位物质条件所完成的职务发明创造,申请专利的权利归属于该单位,申请被批准后,该单位为专利权人。其中,利用本单位的物质技术条件,如资金、设备、零部件、原材料或者不对外公开的技术资料等所完成的发明创造,单位与发明人或者设计人订有合同的,根据对申请专利的权利和专利权的归属的约定进行处理。我国《专利法》规定,职务专利发明人或者设计人,享有获得奖励、报酬的权利和署名的权利,没有独自使用、占有、处分专利的权利。

3. 共同发明人或者设计人

共同发明人或者设计人是指由两个以上的个人或者单位协作完成共同发明创造或者设计的人。共同发明创造的专利权归属于共同发明人或者设计人。

(三) 国际专利权授予的条件

申请专利应当具备以下三个条件。

1. 新颖性

新颖性是指该发明或者实用新型不属于现有技术,也没有任何单位或者个人就同样的发明或者实用新型在申请日以前向国务院专利行政部门提出过申请,并记载在申请日以后公布的专利申请文件或者公告的专利文件中。

我国《专利法》规定,现有技术是指申请日以前在国内外为公众所知的技术。申请专利的发明创造在申请日以前 6 个月内,在中国政府主办或者承认的国际展览会上首次展出的,或者在规定的学术会议或者技术会议上首次发表的,或者他人未经申请人同意而泄露其内容的,不丧失新颖性。

2. 创造性

创造性是指与现有技术相比,该发明具有突出的实质性特点和显著的进步,该实用新型具有实质性特点和进步。

3. 实用性

实用性是指该发明或者实用新型能够制造或者使用,并且能够产生积极效果。

(四)《专利合作条约》国际专利申请流程

《专利合作条约》规定,在任何缔约国,保护发明的申请都可以按照该条约作为国际申请提出,其限于发明和实用新型专利。中国是该条约的成员国,并且是受理局、国际检索和初步审查单位,具备国际申请的条件。中国个人或者单位申请发明和实用新型的国际专利流程,有以下两个阶段。

1. 国际阶段是申请与审查

1)向受理局提出国际申请

受理局是指受理国际申请的国家局或者政府间组织。在中国,受理局通常是指国务院授权的专利行政部门。申请人应向指定的受理局提交《专利合作条约》规定的材料,经国务院有关主管部门同意后,委托指定的专利代理机构办理。专利的国际申请应提交的材料:一是请求书,在请求书中应注明"按《专利合作条约》的规定予以处理"的文字、发明保护的缔约国名称、发明的项目名称、发明人的姓名、申请国际专利的要求以及其他规定事项等内容;二是权利要求书,其应当包括具体的权利要求和保护内容,并应以说明书作为依据;三是附图,如果需要附图帮助对发明的理解或者性质予以说明的,应当附图;四是摘要,其不能用来解释所要求的保护范围及其他用途。

2)受理局进行国际检索与公布

受理局对专利国际申请的材料进行形式审查,再进行国际检索,并出具国际检索报告,给出一篇或者多篇的现有技术文件,使得专利申请人了解现有技术的状况,初步判断该发明是否具备授予专利的条件。国际检索报告应当先送达申请人,然后公布。专利申请人在收到国际检索报告后,在规定的期限内享有向国际局提出修改或者简短声明的一次机会。

3)受理局进行国际初步审查

专利申请人如有需要,可以要求该国的受理局对国际专利申请进行国际初步审查,通过初审后可以获得一份国际初步审查报告。如果报告表明,该发明具备了新颖性、创造性和工业实用性,专利申请人可以进入国家或者地区阶段的核准;如果报告表明,该发明不具备新颖性、创造性和工业实用性,申请人应根据国际检索报告与国际初步审查报告提出的意见,对文件进行修改。

2. 国家或者地区阶段的核准

国际申请进入国家或者地区阶段,由《专利合作条约》国家或者地区阶段的国家局或者地区局在对国际申请材料核准后做出授予专利的决定,并向申请人发放发明人证书或者实用证书。

(五)《巴黎公约》国际专利申请流程

中国是《巴黎公约》的成员国。申请人自发明或者实用新型在中国初次提出专利申请之日起 12 个月内,或者自外观设计在中国初次提出专利申请之日起 6 个月内,就相同主题在《巴黎公约》成员国提出专利申请,并享有优先权。《巴黎公约》的具体国际专利申请流程如下。

1. 申请材料的准备

专利申请人在 12 个月优先权期限内,根据相关规定制作专利文件,包括中国专利受理通知书复印件、优先权副本、中国专利说明书、权利要求书、附图和委托书等申请材料。

2. 向指定国家申请

专利申请人完成专利文件制作后,按照指定国家的相关法律完成递交,并跟进相应国家的受理和审查过程。

3. 获取专利证书

专利申请通过指定国家专利局的审查后,领取专利证书,获得该国相关法律的专利保护。

三、国际专利权保护

（一）国际专利权保护的范围

1. 发明与实用新型专利权的保护依据

发明或者实用新型专利权的保护是以其权利要求的内容为准，说明书及附图可以用来解释权利要求的内容。

2. 外观设计专利权的保护依据

外观设计专利权的保护是以表示在图片或者照片中的该产品的外观设计为准，简要说明可以用来解释图片或者照片所表示的该产品的外观设计。

（二）专利权保护的方式

当发生专利纠纷或者遭受侵权时，专利权人可通过以下方式予以保护。

1. 行政单位处理

侵夺发明人或者设计人的非职务专利权的，当事人可以向所在单位或者上级主管机关投诉，由其进行行政处理。

2. 当事人协商解决

未经专利权人许可实施其专利所引起纠纷的，可以由当事人协商解决。

3. 主管机构处理

当事人对侵权纠纷不愿协商或者协商不成的，可以请求管理专利工作的部门处理，认定侵权行为成立的，可以责令侵权人立即停止侵权行为。进行处理的管理专利工作的部门应当事人的请求，可以就侵犯专利权的赔偿数额进行调解。

4. 法院裁决

管理专利工作的部门对专利侵权纠纷调解不成的，当事人可以向人民法院起诉，诉讼时效为 2 年，自专利权人或者利害关系人得知或者应当得知侵权行为之日起计算。当事人也可以直接向人民法院起诉侵权行为，法庭依据相关法律条文直接予以判决。

 案例分析

自然人杨某于 2015 年 10 月 8 日向国家知识产权局提出了名称为"极速拉线装置"的实用新型专利申请。2016 年 3 月 9 日，该项专利申请获得授权。2017 年某月，该专利权人发现阿里巴巴电商平台上有 240 条链接具有侵权行为，向属地知识产权机构进行了投诉，并提供了涉案专利的专利证书、专利权评价报告以及有初步实物拆解图等内容的专利侵权初步分析报告等证据材料。该知识产权机构委托属地知识产权维权援助中心进行判定，经查发现部分网站销售商品构成了侵权行为，阿里巴巴电商平台及时对涉案链接进行了断开处理。

请分析，这种维权协作执法机制的作用是什么？

四、国际专利侵权法律责任

我国《专利法》规定，对专利申请人的违法行为和假冒专利行为追究相应的法律责任。

（一）专利申请人的违法行为

专利申请人向外国申请专利,泄露国家秘密的,由所在单位或者上级主管机关给予行政处分;构成犯罪的,依法追究刑事责任。

（二）假冒专利的违法行为

1. 假冒专利的违法情形

假冒专利主要有以下三种情形:

（1）在未被授予专利权的产品及其包装上标注专利标识,专利权被宣告无效后或者终止后继续在产品及其包装上标注专利标识,或者未经许可在产品及其产品包装上标注他人的专利号。

（2）销售未被授予专利权在产品及包装上标注专利标识的商品,或者销售无效和终止专利权在产品及包装上标注专利标识的商品,或者销售未经许可他人专利号在产品及包装上标注专利标识的商品。

（3）故意对公众进行误导或者混淆的行为,如在产品说明书等材料中,将未被授予专利权的技术和设计称为专利技术和专利设计,将专利申请称为专利,伪造或者变造专利证书、专利文件或者专利申请文件等。

2. 假冒专利的法律责任

假冒专利的,除了依法承担民事责任,由管理专利工作的部门责令改正并予公告,没收违法所得,可以并处违法所得 4 倍以下的罚款;没有违法所得的,可以处 20 万元以下的罚款;构成犯罪的,依法追究刑事责任。

3. 赔偿金额

侵犯专利权的赔偿数额包括权利人因被侵权所受到的实际损失和权利人为制止侵权行为所支出的合理费用,如果实际损失难以确定的,可以按照侵权人因侵权所获得的利益确定;如果这两者都难以确定的,依据该专利许可使用费的倍数进行合理确定;如果这三者都难以确定的,由人民法院根据专利权的类型、侵权行为的性质和情节等因素,确定给予 1 万元以上 100 万元以下的赔偿。

 案例分析

本田技研工业株式会社于 2014 年 9 月 5 日向国家知识产权局提出了名称为"摩托车(小型)"的外观设计专利申请。2015 年 2 月 25 日,该专利申请获得授权。2016 年 5 月 12 日,本田技研工业株式会社发现上海某公司在某杂志刊登的 HL100T-5A 型号摩托车广告的页面上标注了其文字商标、图形商标和企业名称,即刻向公证处提出保全证据申请,公证购买了这款摩托车,取得了《机动车销售统一发票》三联,由该公证处出具了相关公证书,并进行了确认,认为上海某公司销售"摩托车(小型)"侵犯其外观设计专利权,遂向上海市知识产权局提出专利侵权纠纷处理请求。上海某公司辩称,该摩托车涉及外观的配件均是向其他公司采购的产品,其仅是组装后再销售,属于合理使用范畴,不应承担侵权责任。

请分析,你认为其是否构成侵权? 为什么?

第三节　著作侵权责任

一、著作权

在国际贸易和跨境电商活动中，交易的商品或提供的服务在其创意、造型、内容和标志等呈现方面，如果涉及他人的文学、艺术、自然科学、社会科学、工程技术等作品的作者权和传播权，其行为就侵犯了作品所有人的著作权。《保护文学和艺术作品伯尔尼公约》（以下简称《伯尔尼公约》）、《保护表演者、唱片制作者和广播组织的国际公约》（以下简称《罗马公约》）、《保护录音制品制作者禁止未经许可复制其录音制品公约》《与贸易有关的知识产权协定》《世界版权公约》和各国著作权法对著作权保护的范围、内容、时效和侵权责任等予以了规定。

（一）著作权人

作者是指所创作作品的公民。创作作品包括由法人或者其他组织创作并承担责任的作品。著作权人是指依法享有著作权的作者，包括公民、法人或者其他组织。

（二）著作权的内容

《世界版权公约》规定："缔约各国承允对文学、科学、艺术作品，包括文字、音乐、戏剧和电影作品，以及绘画、雕刻和雕塑者的作者及其他版权所有者的权利，提供充分有效的保护。"著作权包括以下十六个方面。

1. 发表权

发表权是指著作权人具有对其作品是否公之于众的权利。

2. 署名权

署名权是指著作权人具有在其作品上署名，表明作者身份的权利。

3. 修改权

修改权是指著作权人具有对其作品进行修改或者授权他人修改作品的权利。

4. 保护作品完整权

保护作品完整权是指著作权人具有对其作品不受歪曲或者篡改的权利。

5. 复制权

复制权是指著作权人具有对其作品进行印刷、复印、拓印、录音、录像、翻录和翻拍，复印或者制作多份的权利。

6. 发行权

发行权是指著作权人具有对其作品进行出售或者赠与，为公众提供作品的原件或者复制件的权利。

7. 出租权

出租权是指著作权人对其作品具有有偿许可他人临时使用电影作品和以类似摄制电影的方法创作的作品、计算机软件的权利。计算机软件不是出租的主要标的的除外。

8. 展览权

展览权是指公开陈列美术作品、摄影作品的原件或者复制件的权利。

9. 表演权

表演权是指著作权人对其作品具有公开表演，或者用各种手段公开播送作品的权利。

10. 放映权

放映权是指著作权人对其作品具有通过放映机、幻灯机等技术设备公开再现美术、摄影、电影和以类似摄制电影的方法创作作品等权利。

11. 广播权

广播权是指著作权人对其作品具有通过无线或有线方式公开广播或者传播作品，以及通过扩音器或者其他传送符号、声音、图像的类似工具向公众传播广播的作品的权利。

12. 信息网络传播权

信息网络传播权是指著作权人对其作品具有通过有线或者无线方式向公众提供作品，使公众可以在其个人选定的时间和地点获得作品的权利。

13. 摄制权

摄制权是指著作权人对其作品具有通过摄制电影或者以类似摄制电影的方法将作品固定在载体上的权利。

14. 改编权

改编权是指著作权人对其作品具有改变作品，创作出具有独创性的新作品的权利。

15. 翻译权

翻译权是指著作权人对其作品具有将一种语言文字转换成另一种语言文字的权利。

16. 汇编权

汇编权是指著作权人具有将其作品或者作品的片段通过选择或者编排，汇集成新作品的权利。

（三）著作权归属

著作权的归属有以下九个方面。

1. 属于作者

《中华人民共和国著作权法》（以下简称《著作权法》）规定：“著作权属于作者，本法另有规定的除外。”

2. 属于改编、翻译、注释、整理者

改编、翻译、注释、整理已有作品而产生的作品，由其改编、翻译、注释、整理者享有，但不得侵犯原作品的著作权。

3. 属于合作作者

两人以上合作创作的作品由合作作者共同享有，合作作者也可以对各自创作的部分单独享有著作权，但不得侵犯合作作品整体的著作权。例如，电影作品中的剧本、音乐等可以单独使用，编剧和音乐制作者有权单独行使其著作权。如果发生合作作者之一死亡，其权利无人继承又无人受遗赠的，由其他合作作者享有。

4. 属于汇编者

汇编作品要体现编排的独创性，其著作权由汇编人享有，如百科全书和选集等，但不得侵犯原作品的著作权。

5. 属于制片者

电影作品和以类似摄制电影的方法创作的作品，其著作权由制片者享有，但编剧、导演、摄影、作词、作曲等作者享有署名权，并有权按照与制片者签订的合同获得报酬。

6. 属于职务作品的著者

公民为完成法人或者其他组织工作任务所创作的作品,除了法律规定,著作权由作者享有,但在作品完成 2 年内,未经单位同意,不得许可第三人以与单位使用的相同方式使用该作品。如果单位同意,所获报酬,由作者与单位按约定的比例分配。

7. 属于职务作品的法人或其他组织

凡是法律、行政法规规定的,以及合同约定的著作权由法人或者其他组织享有的职务作品,还包括利用法人或者其他组织的物质技术条件创作,并由法人或者其他组织承担责任的工程设计图、产品设计图、地图、计算机软件等职务作品。但是,作者享有署名权,并可获得该法人或者其他组织给予的奖励。

8. 属于委托作品合同的约定者

受委托创作的作品著作权,根据双方当事人签订的合同约定归属。如果合同未做约定或者没有订立合同,著作权属于受托人,即作者。

9. 属于依法继承者

著作权属于公民的,如果其死亡后,在保护期内依照继承法的规定其著作财产权可以被继承。著作权属于法人或者其他组织的,如果其发生变更、终止后,在保护期内,由承受其权利义务的法人或者其他组织享有;如果没有,则由国家享有,由国务院著作权行政管理部门进行管理。

（四）著作权的保护

1. 著作权的保护范围

我国《著作权法》规定的保护范围有四种情形:一是中国公民、法人或者其他组织的作品,不论是否发表;二是外国人、无国籍人的作品根据其作者所属国或者经常居住地国同中国签订的协议或者共同参加的国际条约的;三是外国人、无国籍人的作品首先在中国境内出版的;四是未与中国签订协议或者共同参加国际条约的国家的作者以及无国籍人的作品首次在中国参加的国际条约的成员国出版的,或者在成员国和非成员国同时出版的。

2. 著作权的保护期限

我国《著作权法》对著作权保护起始日有两个方面的规定:一是著作权自作品完成之日起开始;二是在中国境内出版的外国人、无国籍人著作权从作品首版之日起。

《伯尔尼公约》对著作权保护期限有六个方面的规定:一是作者的署名权、修改权、保护作品完整权的保护期不受限制;二是公民作品的发表权为作者或者最后作者死亡后第 50 年的 12 月 31 日;三是法人或者其他组织的作品著作权的保护期为首次发表后第 50 年的 12 月 31 日;四是实施对外国实用艺术作品的保护期为自该作品完成起 25 年;五是外国计算机程序作为文学作品的保护期为自该程序首次发表之年年底起 50 年;六是作者身份不明的作品保护期截止于作品首次发表后第 50 年的 12 月 31 日。

二、著作侵权法律责任

（一）承担民事责任

1. 侵权行为

我国《著作权法》规定承担民事责任的侵权有十一种情形:一是未经著作权人许可,发表其作品的；二是未经合作作者许可，将与他人合作创作的作品当作自己单独创作的作品发表的；三是没有参加创作，为谋取个人名利，在他人作品上署名的；四是歪曲、篡改他人作品的；五是剽窃他人作品的；六是未经著作权人许可，以展览、摄制电影和以类似摄制电影的方法使用，或者以改编、翻译、注释等方式使用作品的；七是使用他人作品，应当支付报酬而未支付的；八是未经电影作品和以类似摄制电影的方法创作的作品、计算机软件、录音录像制品的著作权人或者与著作权有关的权利人许可，出租其作品或者录音录像制品的；九是未经出版者许可，使用其出版的图书、期刊的版式设计的；十是未经表演者许可，从现场直播或者公开传送其现场表演，或者录制其表演的；十一是其他侵犯著作权以及与著作权有关的权益的行为。

2. 侵权责任

我国《著作权法》规定，具有上述侵权行为的责任人，应当承担停止侵害、消除影响、赔礼道歉、赔偿损失等民事责任。

 案例分析

> 近日，由某影星表演的舞蹈节目《千手观音》在某电视综艺节目中播出，受到广大观众的喜爱与赞扬。《千手观音》舞蹈的编导是张继钢，著作权人是中国残疾人艺术团。为此，中国残疾人艺术团发表声明：某影星在综艺节目中表演的舞蹈《千手观音》未经著作人授权许可。
>
> 请分析，该影星是否构成了侵权行为？为什么？

（二）承担民事责任、行政责任和刑事责任

1. 侵权行为

我国《著作权法》规定承担民事责任、行政责任和刑事责任的侵权有八种情形：一是未经著作权人许可，复制、发行、表演、放映、广播、汇编、通过信息网络向公众传播其作品的；二是出版他人享有专有出版权的图书的；三是未经表演者许可，复制、发行录有其表演的录音录像制品，或者通过信息网络向公众传播其表演的；四是未经录音录像制作者许可，复制、发行、通过信息网络向公众传播其制作的录音录像制品的；五是未经许可，播放或者复制广播、电视的；六是未经著作权人或者与著作权有关的权利人许可，故意避开或者破坏权利人为其作品、录音录像制品等采取的保护著作权或者与著作权有关的权利的技术措施的；七是未经著作权人或者与著作权有关的权利人许可，故意删除或者改变作品、录音录像制品等的权利管理电子信息的；八是制作、出售假冒他人署名的作品的。

2. 侵权责任

我国《著作权法》规定，具有上述侵权行为的责任人，应当承担停止侵害、消除影响、赔礼道歉、赔偿损失等民事责任；同时损害公共利益的，可以由著作权行政管理部门责令停止侵权行为，没收违法所得，没收、销毁侵权复制品，并可处非法经营额 1 倍以上 5 倍以下的罚款，如果没有非法经营额或者非法经营额在 5 万元以下的，著作权行政管理部门根据情节轻重，可处 25 万元以下的罚款；情节严重的，著作权行政管理部门还可以没收主要用于制作侵权复制品的材料、工具、设备等；构成犯罪的，依法追究刑事责任。

案例分析

2019年6月,张某在自己的"格丽莎卫浴"淘宝网店上销售"格丽莎"系列水龙头产品,在网站水龙头页面的图片上印有"格丽莎 grace"水印标记,买家下单后,就从海门丽丽卫浴有限公司进货。一个多月来,"格丽莎卫浴"淘宝网店经过促销后,该水龙头的销售势头很旺。南通卫浴有限公司于2018年7月注册了系列水龙头"格丽莎"商标,该产品向全国销售。2019年6月的某日,该公司业务部在淘宝网发现了"格丽莎卫浴"淘宝网店在销售"格丽莎"系列水龙头产品,立即向属地市场监督管理局进行了投诉。

请分析,张某的经营行为是否构成了哪些侵权行为?为什么?应如何对其处罚?

第四节　产品侵权责任

一、产品责任

产品责任是指因产品有缺陷而导致消费者或者其他人伤亡或者财产损失,产品的制造者与销售者应承担相应的民事责任。随着全球经济一体化的进程,在国际贸易和跨境电子商务活动中,国际产品侵权责任案件日益增多,世界与地区组织以及我国先后制定了《关于产品责任的法律适用公约》《关于造成人身伤害与死亡的产品责任的欧洲公约》《关于对有缺陷的产品责任的指令》和《中华人民共和国产品质量法》(以下简称《产品质量法》)、《中华人民共和国侵权责任法》(以下简称《侵权责任法》)等法律法规来加强对生产者和经营者的管理。

（一）产品责任的客体

1. 产品

我国《产品质量法》规定,产品责任的客体是指经过加工、制作,用于销售的产品。《关于产品责任的法律适用公约》规定,产品应包括天然产品和工业产品,无论是未加工还是加工的,是动产还是不动产。《关于造成人身伤害与死亡的产品责任的欧洲公约》规定,产品是指所有动产品,包括天然动产、工业动产,无论是未加工还是加工过的,即使是组装在另外的动产内或者组装在不动产内,也应该包括在内。

2. 产品缺陷

我国《产品质量法》规定,产品缺陷是指产品存在危及人身、他人财产安全的不合理的危险。《关于造成人身伤害与死亡的产品责任的欧洲公约》规定,如果一项产品没有向有权期待安全的人提供安全,则该产品为有瑕疵。《关于对有缺陷的产品责任的指令》规定,若产品未给人们和财产提供一个人有权期待的安全,则该产品有瑕疵。中国与欧盟国家和对缺陷界定有较大区别:我国认定缺陷产品采取的是不合理危险标准和生产标准,且优先适用生产标准,企业只要证明自己的产品符合有关国家标准和行业标准,就无须承担责任;欧盟国家判断一个产品是否为缺陷产品,看其是否符合消费者期待的安全性,即使符合产品标准,仍有可能要承担产品责任。

（二）产品责任的主体

产品责任的主体主要包括以下两类。

1. 生产者

生产者一般是指从事物质资料生产的劳动者。《关于对有缺陷的产品责任的指令》规定："生产者指成品和任何材料或者配件的生产者，任何将其姓名、商标或者其他识别特征用于商品上的人表明他自己是该商品的生产者。若不能查明商品的生产者，应视商品的每一个提供者为该商品的生产者，除非他在合理时间内将生产者或者其他提供商品者的身份通知受害者。任何为再销售或者类似目的将商品输入欧洲共同体内者应视为该商品的生产者。"《关于造成人身伤害与死亡的产品责任的欧洲公约》规定，生产者是指成品或者零配件的制造商以及天然产品的生产者，也包括在产品上显示自己名字、商号等识别标志的进口产品者。

2. 销售者

销售者是指以营利为目的专门从事向消费者提供商品服务的商业组织和自然人，包括进口商、批发商和零售商等销售产品者。

（三）产品责任的赔偿范围

我国《民法典》规定："因产品存在缺陷造成他人损害的，被侵权人可以向产品的生产者请求赔偿，也可以向产品的销售者请求赔偿。"《关于造成人身伤害与死亡的产品责任的欧洲公约》和《关于对有缺陷的产品责任的指令》也有相应的规定，生产者应当承担由其产品瑕疵造成的死亡或者人身伤害的赔偿，但对有缺陷产品的自身的损失、不超过 500 欧元的损失，以及因核事故引起的损失不予考虑。

（四）产品责任赔偿的限额

《关于对有缺陷的产品责任的指令》规定的最低赔偿金额标准为 500 欧元，并允许成员国可以对损害赔偿额规定上限。我国《产品质量法》未对赔偿限额做出具体的规定。

（五）产品责任的诉讼

1. 诉讼时效

《关于造成人身伤害与死亡的产品责任的欧洲公约》和《关于对有缺陷的产品责任的指令》对产品责任的诉讼时效规定为 3 年，从受害方应该知道损害或者缺陷的存在以及生产者身份时起计算。但产品进入流通满 10 年后，生产者对产品缺陷造成的损害责任消灭，除非受害者同时已对生产者起诉。我国《产品质量法》规定，因产品存在缺陷造成的损害要求赔偿的时效期间为 2 年，自当事人知道或者应当知道其权益受到损害时起计算。该请求权在造成损害的缺陷产品交付最终用户、消费者满 10 年后丧失，但尚未超过明示的安全试用期的除外。

2. 举证责任

《关于对有缺陷的产品责任的指令》规定，受害人应当对损害或者缺陷及两者之间的因果关系负举证责任。我国《产品质量法》虽然没有明文规定如何举证，但是按照"谁主张、谁举证"的一般法律原则，也应当由受害人负责举证。

二、侵权责任

（一）侵权责任的分类

侵权责任是指侵害民事权益后应当承担的民事责任。其分为以下两大类。

1. 一人实施侵权行为的责任

一人实施侵权行为责任有以下两种现象。

1）过错侵权责任

行为人因过错侵害他人民事权益，应承担侵权责任。根据法律规定推定行为人有过错，行为人不能证明自己没有过错的，应承担侵权责任；行为人损害他人民事权益，不论行为人有无过错，应承担侵权责任。

2）教唆或者帮助他人实施侵权责任

教唆或者帮助他人实施侵权行为的，应与行为人承担连带责任。教唆或者帮助无民事行为能力人、限制民事行为能力人实施侵权行为的，应承担侵权责任；该无民事行为能力人、限制民事行为能力人的监护人未尽到监护责任的，应承担相应的责任。

2. 两人以上实施侵权行为的责任

两人以上实施侵权行为责任有以下两种现象。

1）共同实施侵权责任

两人以上共同实施侵权行为，造成他人损害的，应当承担连带责任。两人以上实施危及他人人身、财产安全的行为，其中一人或者数人的行为造成他人损害，能够确定具体侵权人的，由侵权人承担责任；不能确定具体侵权人的，行为人承担连带责任。

2）分别实施侵权责任

两人以上分别实施侵权行为造成同一损害，每个人的侵权行为都足以造成全部损害的，行为人承担连带责任。两人以上分别实施侵权行为造成同一损害，能够确定责任大小的，各自承担相应的责任；难以确定责任大小的，平均承担赔偿责任。

（二）侵权责任的主体

侵权责任主体是在产品责任主体的基础上而引申出的，各国法律对其规定可以归为两类：一是因产品存在缺陷造成他人损害的，生产者应当承担侵权责任；二是因销售者的过错使产品存在缺陷，造成他人损害的，不能指明缺陷产品的生产者也不能指明缺陷产品的供货者的，销售者应当承担侵权责任。

（三）产品侵权责任法律的适用

产品侵权责任法律的适用主要有以下五种基本原则。

1. 侵害地国法律

《关于产品责任的法律适用公约》明确规定，如果侵害地所在国家同时又是直接遭受损害的人的惯常居所地，或者是被请求承担责任人的主营业地，或者是直接遭受损害的人取得产品的地方，则适用侵害地所在国家的国内法；因侵权与不法行为而产生的非合同之债，适用损害发生地所在国家的国内法。

2. 惯常所在地国家法律

《关于产品责任的法律适用公约》规定，如果直接遭受损害的人的惯常所在地同时又是被请求承担责任的人的主营业地，或者是直接遭受损害的人取得产品的地方，则仍然适用于直接遭受损害的人的惯常居住地所在国家的国内法；被请求承担责任人与受害人在同一国拥有惯常居所，应适用该共同惯常居所地国家的国内法。

3. 主营业地国家法律

《关于产品责任的法律适用公约》规定，如果侵害地所在国家法律或者惯常所在地国家的法律都不适用，应适用被请求承担责任的人的主营业地所在国家的国内法，除非原告基于侵害地所在国家的国内法提出其请求。

4. 最密切联系地法律

《欧盟非合同之债的法律适用条例》(以下简称《罗马条例Ⅱ》)第四条第三款规定,如果从案件各种事实来看,侵权与不法行为明显于该条第一、第二款以外的国家有密切联系的,则适用该国的国内法。

5. 当事人意思自治原则

《罗马条例Ⅱ》规定,当事人选择适用于非合同之债的法律,可以在损害事件发生之前或者之后自由订立协议的方式,选择法院地以外的法律。在案件的审理中,其在顺序上优先于侵权行为地法。

《中华人民共和国涉外民事关系法律适用法》(以下简称《涉外民事关系法律适用法》)规定,侵权责任适用侵权行为地法律,但当事人有共同经常居所地的,适用共同经常居所地法律。侵权行为发生后,当事人协议选择适用法律的;产品责任适用被侵权人经常居所地法律,被侵权人选择适用侵权人主营业地法律、损害发生地法律的,或者侵权人在被侵权人经常居所地没有从事相关经营活动的,适用侵权人主营业地法律或者损害发生地法律。

(四) 侵权责任的赔偿

1. 请求损害赔偿的对象

我国《侵权责任法》规定,因产品存在缺陷造成损害的,被侵权人可以向产品的生产者请求赔偿,也可以向产品的销售者或者经营者请求赔偿。如果产品缺陷因生产者造成的,销售者或者经营者在赔偿后可向生产者追偿;如果产品缺陷因销售者或者经营者的过错造成的,生产者在赔偿后有权向销售者或者经营者追偿;如果产品缺陷因运输者、仓储者等第三人的过错造成他人损害的,生产者、销售者或者经营者在赔偿后可向第三人追偿。

2. 请求损害赔偿的范围

各国相关法律法规对损害赔偿的范围大致归为以下三类。

1) 人身损害赔偿

造成他人身体上痛苦、残疾、死亡等人身伤亡的,侵权人应当向被侵权人赔偿为治疗与康复支出的合理费用、残疾生活辅助费与残疾赔偿金、丧葬费与死亡赔偿金等,还应当赔偿精神损失费。

2) 财产损失赔偿

财产损失赔偿应当包括为替换或者修复受损坏的财产所支出的合理费用。侵害他人财产造成损失的,应当按损失发生时的市场价格或者其他方式计算确定赔偿金额;侵害他人人身权益造成财产损失的,应当按被侵权人因此受到的损失确定赔偿金额;被侵权人的损失难以确定,侵权人因此获得利益的,按照其获得的利益确定赔偿金额。如果被侵权人和侵权人就赔偿数额协商不成的,可向法院提起诉讼。

3) 其他现象赔偿

其他现象赔偿主要有三种情形:一是因防止或者制止他人民事权益被侵害而使自己受到损害的,由侵权人承担责任,其无法实施的情况下由受益人给予适当补偿;二是因紧急避险造成损害的,由引起险情发生的人承担责任;三是利用网络服务实施侵权行为的,被侵权人有权通知网络服务提供者采取删除、屏蔽、断开链接等必要措施,如果其未及时采取必要措施的,应当承担连带责任。

（五）除外责任

除外责任主要包括三种现象：一是损害是因受害人故意造成的，行为人不承担责任；二是因不可抗力造成他人损害的，不承担责任；三是因正当防卫造成损害的，不承担责任。

三、经营者责任

经营者是指向消费者提供商品或者服务的法人、其他经济组织和自然人。我国《侵权责任法》规定，经营者向消费者提供商品或者服务应根据有关法律法规的规定履行义务。

（一）人身与财产安全的责任

1. 确保提供的场所与设施应符合保障人身、财产安全的要求

（1）经营者为消费者提供的消费场所、服务设施、店堂装饰、商品陈列、网络环境等场所与设施应当符合保障人身、财产安全的要求，对可能危及消费者人身、财产安全的场所和设施条件，应以显著的方式设置安全使用说明、警示标识，并采取必要的安全防护措施。

（2）经营者提供的场所和设施遇到危险或不法侵害时，经营者应当给予救助。

2. 确保提供的商品或者服务符合保障人身和财产安全的要求

（1）经营者发现其提供的商品或者服务存在的缺陷，有危及人身或者财产安全危险的，应向有关行政部门报告和告知消费者，并采取停止销售、警示、召回、无害化处理、销毁、停止生产或者服务等措施。

（2）经营者以奖励或者附赠等形式向消费者免费提供商品或者服务，应符合保障人身和财产安全的强制性标准，不存在其他危及人身和财产安全的危险。

（二）商品和服务质量的责任

1. 确保商品的质量

（1）不得在生产和销售商品中掺杂、掺假，以不合格商品冒充合格商品。

（2）不得销售失效或变质的商品。

（3）不得将"处理品""残次品"和"等外品"等商品作为正品销售。

（4）经营者应保证在正常使用商品的情况下其提供的商品应具有的质量、性能、用途和有效期限。

（5）经营者以广告、产品说明、实物样品或者其他方式表明商品质量状况的，应确保提供的商品实际质量与表明的质量状况相符。

2. 确保服务的质量

（1）经营者不得以虚假的商品说明、商品标准、实物样品、价格表示、促销方式、现场说明和演示等方式销售商品或者服务。

（2）经营者应保证在正常接受服务的情况下其提供的服务应具有的质量和有效期限。

（3）经营者以广告方式表明服务质量状况的，应确保提供的服务实际质量与表明的质量状况相符。

（三）经营和服务规范的责任

1. 经营的规范性

（1）经营者应当标明其真实名称和标记，租赁他人柜台或者场地也应当标明。采用电视方式提供商品或者服务的，应在电视画面中以显著方式标明商品经营者的名称和标记。

（2）经营者提供的商品或者服务应明码标价，提供商品或者服务后依法或者商业惯例向消费者出具购货凭证或者服务单据。

（3）网络交易平台提供者应对进入平台销售商品或者提供服务的经营者进行身份信息审查和登记，应建立平台内交易规则、交易安全保障、不良信息处理、信用评价等管理制度。各项管理制度应当在其网站持续显示，并从技术上保证消费者能够便利、完整地阅览和保存。

（4）网络交易平台经营者应当建立消费者信息安全保障制度，采取电子签名、数据备份、故障恢复等技术手段确保消费者网络交易数据和资料的完整性和安全性，并应当保证原始数据的真实性。

（5）经营者不得收集与经营业务无关的信息或者采取不正当方式收集信息，不得向消费者的固定电话、移动电话等通信设备，电脑等电子终端或者电子邮箱、网络硬盘等电子信息空间发送商业性电子信息或者拨打商业性推销电话。

（6）经营者不得生产和销售伪造产地、伪造或者冒用他人的厂名、厂址、篡改生产日期、伪造冒用质量标志的商品，不得生产和销售侵犯他人注册商标专用权、虚假名称和标记的商品，不得采用虚构交易、虚标成交量、虚假评论或者雇佣他人等方式进行欺骗式销售诱导。

（7）网络交易平台经营者应当对通过平台销售的商品和服务信息，以及通过平台销售商品或者提供服务的经营者建立检查监控制度，发现有涉嫌违法行为的，应当向有关行政部门报告，并及时采取措施制止。

（8）网络交易平台经营者不得挪用消费者权益保证金及专项赔付款。

2. 服务的规范性

（1）经营者应向消费者提供有关商品或者服务的真实信息，不得做引人误解的虚假宣传。

（2）经营者提供的服务不得侵犯他人注册商标专用权，不得以虚假的名称和标记提供服务。

（3）经营者应听取消费者对其提供的商品或者服务的意见，接受消费的监督，及时回答消费者就提供商品或者服务的质量和使用方法等问题，并依法承担包修、包换、包退或者其他责任的。

（4）经营者不得对消费者进行侮辱、诽谤，不得搜查消费者的身体及其携带的物品，不得侵犯消费者的人身自由。

（5）经营者不得以格式合同、通知、声明、店堂告示等方式做出对消费者不公平、不合理的规定，或者减轻、免除其损害消费者合法权益。

（6）网络交易平台在其从事经营活动的主页面显著位置公示相关信息，应自行或者与平台内经营者协议建立消费者权益保证金制度或者先行赔付制度，并公开消费者权益保证金及赔付款项的管理和使用办法，不得在提供金融商品或者服务过程中出现欺诈金融消费者的行为。

第五节　不正当竞争责任

一、垄断

垄断是指在市场结构模式中，一个人或者少数几个人或者公司支配着某项产品或者服务的市场。反垄断是指有关世界组织或者国家政府采取法律、行政等手段进行干预,禁止市场垄断和贸易限制等相关行为。为了预防和制止垄断行为,世界知识产权组织、联合国贸易和发展组织与我国先后制定了《反不正当竞争示范条款》《关于管制限制性商业行为的多边公平规则》和《中华人民共和国反垄断法》(以下简称《反垄断法》)、《中华人民共和国反不正当竞争法》(以下简称《反不正当竞争法》)。

(一)垄断行为

垄断行为主要有以下三种情形。

1. 经营者达成垄断协议

1)垄断协议的类型

垄断协议是指排除、限制竞争的协议或者决定或者其他协同行为。其有两种类型:一是横向垄断协议,是指具有竞争关系的经营者达成的协议,包括固定或者变更商品价格、限制商品生产数量或者销售数量、分割销售市场或者原材料采购市场、限制购买新技术与新产品和联合抵制交易等;二是纵向垄断协议,是指经营者与交易相对人达成的协议,涉及固定向第三人转售商品的价格、限定向第三人转售商品的最低价格等。

 案例分析

2000 年至 2011 年 6 月,四家在中国生产轴承的日资企业,在日本组织召开了亚洲研究会,在上海组织召开了轴承出口市场会,讨论亚洲地区和中国市场的轴承涨价方针、涨价时机和幅度,交流涨价实施情况。四家轴承企业在中国境内销售轴承时,依据亚洲研究会和轴承出口市场会共同协商的价格或者互相交换的涨价信息,实施了涨价行为,损害了下游制造商的合法权益和我国消费者利益。

请分析,四家轴承企业是否涉嫌达成并实施了轴承的价格垄断协议?为什么?

2)垄断协议的除外情形

不属于垄断协议的情形有七个方面:一是为改进技术、研究开发新产品的;二是为提高产品质量、降低成本、增进效率,统一产品规格、标准或者实行专业化分工的;三是为提高中小经营者经营效率,增强中小经营者竞争力的;四是为实现节约能源、保护环境和救灾救助等社会公共利益的;五是因经济不景气,为缓解销售量严重下降或者生产明显过剩的;六是为保障对外贸易和对外经济合作中的正当利益的;七是法律和国务院规定的其他情形。

3)实施垄断协议的法律责任

经营者违法达成并实施垄断协议的,由反垄断执法机构责令停止违法行为,没收违法所得,并处上一年度销售额 1% 以上 10% 以下的罚款;尚未实施所达成的垄断协议的,可以处 50 万元以下的罚款。经营者主动向反垄断执法机构报告达成垄断协议的有关情况并提供重要证据的,反垄断执法机构可以酌情减轻或者免除对该经营者的处罚。

行业协会违法组织本行业经营者达成垄断协议的,反垄断执法机构可以处 50 万元以下的罚款;情节严重的,社会团体登记管理机关可以依法撤销登记。

2. 经营者滥用市场支配地位

滥用市场支配地位是指经营者在相关市场内具有能够控制商品价格、数量和其他交易条件,或者能够阻碍、影响其他经营者进入相关市场能力的市场地位。相关市场是指经营者在一定时期内就特定商品或者服务进行竞争的商品范围和地域范围。

1）市场支配地位的认定

认定经营者是否具有市场支配地位应依据六个方面的因素：一是该经营者在相关市场的市场份额，以及相关市场的竞争状况；二是该经营者控制销售市场或者原材料采购市场的能力；三是该经营者的财力和技术条件；四是其他经营者对该经营者在交易上的依赖程度；五是其他经营者进入相关市场的难易程度；六是与认定该经营者市场支配地位有关的其他因素。

2）市场支配地位的推定

可以推定经营者具有市场支配地位有三种情形：一是某经营者在相关市场的市场份额达到 1/2 的；二是两个经营者在相关市场的市场份额合计达到 2/3 的；三是三个经营者在相关市场的市场份额合计达到 3/4 的。

3）滥用市场支配地位的行为

具有市场支配地位的经营者滥用市场支配地位的七种行为：一是以不公平的高价销售商品或者以不公平的低价购买商品；二是没有正当理由，以低于成本的价格销售商品；三是没有正当理由，拒绝与交易相对人进行交易；四是没有正当理由，限定交易相对人只能与其进行交易或者只能与其指定的经营者进行交易；五是没有正当理由搭售商品，或者在交易时附加其他不合理的交易条件；六是没有正当理由，对条件相同的交易相对人在交易价格等交易条件上实行差别待遇；七是反垄断执法机构认定的其他滥用市场支配地位的行为。

4）滥用市场支配地位的法律责任

经营者违法滥用市场支配地位的，根据我国《反垄断法》的规定，由反垄断执法机构责令停止违法行为，没收违法所得，并处上一年度销售额 1% 以上 10% 以下的罚款。

 案例分析

三佳交互数字技术公司参与各类无线通信国际标准的制定，将其直接或者间接拥有的专利权纳入无线通信的国际标准，并以此形成了相关市场的支配地位。桦微技术有限公司是全球主要的电信设备提供商，向法院起诉主张，三佳交互数字技术公司在相关市场处于垄断地位，无视其在加入标准组织时对公平、合理、无歧视原则的承诺，对其专利许可设定不公平的过高价格，对条件相似的交易相对人设定歧视性的交易条件，在许可条件中附加不合理的条件，在许可过程中涉嫌搭售，滥用其市场支配地位，不仅损害了竞争秩序，也对桦微技术有限公司造成实质损害，已威胁到桦微技术有限公司在相关市场的正常运营。故桦微技术有限公司请求法院判令三佳交互数字技术公司立即停止垄断民事侵权行为，赔偿其经济损失 2 000 万元人民币。

请分析，三佳交互数字技术公司是否滥用市场支配地位？为什么？

3. 经营者集中

1）经营者集中的情形

经营者集中的情形有三个方面：一是经营者合并；二是经营者通过取得股权或者资产的方式取得对其他经营者的控制权；三是经营者通过合同等方式取得对其他经营者的控制权或者能够对其他经营者施加决定性影响。

2）违法集中的法律责任

经营者违法实施集中的,根据我国《反垄断法》的规定,由反垄断执法机构责令停止实施集中、限期处分股份或者资产、限期转让营业以及采取其他必要措施恢复到集中前的状态,可以处 50 万元以下的罚款。

(二) 涉嫌垄断行为的调查

我国《反垄断法》规定对涉嫌垄断行为的举报、调查措施和调查规定如下。

1. 涉嫌垄断行为的举报

任何单位和个人对涉嫌垄断行为有权向反垄断执法机构举报,反垄断执法机构应当为举报人保密。举报采用书面形式并提供相关事实和证据的,反垄断执法机构应当进行必要的调查。

2. 涉嫌垄断行为的调查措施

反垄断执法机构调查涉嫌垄断行为的措施有五个方面:一是进入被调查的经营者营业场所或者其他有关场所进行检查;二是询问被调查的经营者和利害关系人或者其他有关单位与个人,要求其说明有关情况;三是查阅和复制被调查的经营者和利害关系人或者其他有关单位与个人的有关单证、协议、会计账簿、业务函电、电子数据等文件资料;四是查封和扣押相关证据;五是查询经营者的银行账户。实施这些措施,反垄断执法人员需要向反垄断执法机构主要负责人书面报告,并经批准后方可实施。

3. 涉嫌垄断行为的调查

1）执法机构及人员的职责和义务

执法机构及人员的职责和义务有五个方面:一是反垄断执法机构调查涉嫌垄断行为的执法人员不得少于 2 人,执法时应出示执法证件;二是询问和调查应制作笔录,由被询问人或者被调查人签字;三是对被调查的经营者和利害关系人提出的事实、理由和证据进行核实;四是对执法过程中知悉的商业秘密负有保密义务;五是对涉嫌垄断行为调查核实并构成垄断行为的,应依法做出处理决定向社会公布。

2）被调查对象的义务

被调查的经营者、利害关系人或者其他有关单位和个人应当配合反垄断执法机构依法履行职责,有权陈述意见,不得阻碍或者拒绝调查。

3）涉嫌垄断行为调查的中止

被调查的涉嫌垄断行为经营者承诺在反垄断执法机构认可的期限内,采取具体措施消除该行为后果的,反垄断执法机构对其履行承诺的情况进行监督,如果确实履行承诺的,可以决定终止调查。反垄断执法机构发现对被调查的涉嫌垄断行为经营者未履行承诺的,或者做出中止调查决定所依据的事实发生重大变化的,或者基于经营者提供的不完整或者不真实的信息做出的,应当恢复调查。

4）涉嫌垄断行为调查的法律责任

对反垄断执法机构依法实施的审查和调查,被调查的单位和个人拒绝提供有关材料、信息,或者提供虚假材料、信息,或者隐匿、销毁、转移证据,或者有其他拒绝和阻碍调查行为的,由反垄断执法机构责令改正,并处个人 2 万元以下、单位 20 万元以下的罚款;情节严重的,对个人处 2 万元以上 10 万元以下的罚款,对单位处 20 万元以上 100 万元以下的罚款;构成犯罪的,依法追究刑事责任。

反垄断执法机构工作人员滥用职权、玩忽职守、徇私舞弊或者泄露执法过程中知悉的商业秘密,构成犯罪的,依法追究刑事责任;尚不构成犯罪的,依法给予处分。

二、不正当竞争

竞争是指在市场经济条件下,经营者在从事生产或者服务中从各自的利益出发,为取得更多的市场资源而进行的优胜劣汰过程。不正当竞争行为是指在市场经济条件下,经营者在市场竞争中采取非法的或者有悖于公认的商业道德手段和方式,如以假冒、虚假广告、窃取商业秘密等与其他经营者展开竞争,攫取他人的竞争优势的行为。竞争必然导致经济实体实力的增强与集中,从而导致垄断。垄断进而排斥竞争,导致市场失去竞争活力。两者是对立统一的辩证关系。

（一）不正当竞争行为

《反不正当竞争示范条款》和我国《反不正当竞争法》对不正当竞争的行为归类为以下七种。

1. 混淆行为

混淆行为是指经营者采用欺骗性的手段从事市场交易,使自己的商品或者服务与特定竞争对手的商品、服务相混淆,或者足以引人误认与他人存在特定联系,以造成购买者误认或者误购目的的不正当竞争行为。混淆行为具有三个特征:一是行为的目的是竞争,行为人在主观上希望客户或者消费者产生混淆和误解,以此获得竞争优势;二是行为的表现,行为人利用他人的商品或者服务标志,包括商品名称、包装、装潢、企业名称、社会组织名称、姓名、网站名称等;三是行为的本质,是欺骗与之交易的消费者和经营者。

2. 诋毁商誉行为

诋毁商誉行为又称为商业诽谤行为,是指经营者自己或者利用他人,通过编造、传播虚假信息或者误导性信息,对竞争对手的商业信誉、商品声誉进行恶意的诋毁、贬低,以削弱其市场竞争能力,为自己取得竞争优势的行为。在现实经济生活中,诋毁商誉行为的情形主要有五类:一是产品附属资料中的商业诽谤;二是产品交易中的商业诽谤;三是新闻、广告中的商业诽谤;四是直接在公众中散布谣言;五是组织、唆使、利用他人进行商业诽谤。

3. 误导公众行为

误导公众是指经营者对其商品的性能、功能、质量、销售状况、用户评价、曾获荣誉等做虚假或者引人误解的商业宣传。误导公众行为具有两种特征:一是商品宣传的内容与实际情况不符;二是宣传的内容易误导消费者对该商品的认识并影响其购买的行为。

经营者不得通过组织虚假交易等方式,帮助其他经营者进行虚假或者引人误解的商业宣传。虚假宣传行为主要有三种类型:一是商品的交易或者服务的提供是虚构的;二是商品或者服务的信息存在着虚构现象;三是商品或者服务的效果是虚构的。

4. 侵犯商业秘密行为

商业秘密是指不为公众所知悉、具有商业价值并经权利人采取相应保密措施的技术信息和经营信息。侵犯商业秘密行为具有四个法律特征:一是秘密性,是指技术信息和经营信息不为公众所知悉,这是商业秘密的本质特征;二是实用性,是指技术信息和经营信息能给权利人带来实际的或者潜在的经济利益及竞争优势,这是商业秘密的商业价值所在;三是保密性,是指权利人对技术信息和经营信息采取了保密措施,权利人是否采取了保密措施不仅是技术信息或者经营信息能否成为商业秘密的条件,也是寻求法律保护的前提;四是信息性,是指商业秘密只包括具有信息性质的技术信息和经营信息。

5. 商业贿赂行为

商业贿赂行为是指经营者为争取交易机会,暗中给予交易对方有关人员和能够影响交易的其他相关人员以财物或者其他好处的行为。商业贿赂行为具有四个特征:一是商业贿赂的主体是从事市场交易的经营者,既可以是卖方,也可以是买方;二是商业贿赂的性质是经营者故意侵犯同业竞争者的公平竞争权,扰乱了社会经济秩序;三是商业贿赂的目的是为了排挤竞争对手;四是商业贿赂的表现,违反国家有关财务、会计及廉政等方面的法律法规的规定秘密给付财物,提供免费的度假和旅游等,以及赠送昂贵物品等形式。

《反不正当竞争法》规定:"经营者不得采用财物或者其他手段贿赂下列单位或者个人,以谋取交易机会或者竞争优势:(一)交易相对方的工作人员;(二)受交易相对方委托办理相关事务的单位或者个人;(三)利用职权或者影响力影响交易的单位或者个人。经营者在交易活动中,可以以明示方式向交易相对方支付折扣,或者向中间人支付佣金。经营者向交易相对方支付折扣、向中间人支付佣金的,应当如实入账。接受折扣、佣金的经营者也应当如实入账。经营者的工作人员进行贿赂的,应当认定为经营者的行为;但是,经营者有证据证明该工作人员的行为与为经营者谋取交易机会或者竞争优势无关的除外。"

6. 不正当有奖销售行为

不正当有奖销售行为是指经营者销售商品或者提供服务,附带性地向购买者提供物品、金钱或者其他经济上的利益的行为。《反不正当竞争法》规定有奖销售不得存在以下三种情形:一是所设奖的种类、兑奖条件、奖金金额或者奖品等有奖销售信息不明确,影响兑奖;二是采用谎称有奖或者故意让内定人员中奖的欺骗方式进行有奖销售;三是抽奖式的有奖销售,最高奖的金额超过5万元。

7. 妨碍破坏网络经营行为

妨碍破坏网络经营行为是指利用软件等技术手段,在互联网领域通过影响用户选择或者其他方式,实施的干扰、限制、妨碍、破坏、影响其他经营者合法提供的网络产品或者服务正常运行的行为。其主要有四种情形:一是未经其他经营者同意,在其合法提供的网络产品或者服务中插入链接,强制进行目标跳转;二是误导、欺骗、强迫用户修改、关闭、卸载其他经营者合法提供的网络产品或者服务;三是恶意对其他经营者合法提供的网络产品或者服务实施不兼容;四是其他妨碍、破坏其他经营者合法提供的网络产品或者服务正常运行的行为。

(二) 对涉嫌不正当竞争行为的调查

1. 涉嫌不正当竞争行为的举报

我国《反垄断法》规定,监督检查部门应当向社会公开受理举报的电话、信箱或者电子邮件地址,接受任何单位和个人对涉嫌不正当竞争行为的举报,并为举报人保密。

2. 涉嫌不正当竞争行为的调查措施

《反垄断法》规定,监督检查部门调查涉嫌不正当竞争行为可以采取的措施:一是进入涉嫌不正当竞争行为的经营场所进行检查;二是询问被调查的经营者、利害关系人及其他有关单位、个人,要求其说明有关情况或者提供与被调查行为有关的其他资料;三是查询、复制与涉嫌不正当竞争行为有关的协议、账簿、单据、文件、记录、业务函电和其他资料;四是查封、扣押与涉嫌不正当竞争行为有关的财物;五是查询涉嫌不正当竞争行为的经营者的银行账户。实施这些措施需要向监督检查部门主要负责人书面报告,并经批准。监督检查部门采取上述第四、第五项规定的措施,应当向设区的市级以上人民政府监督检查部门主要负责人书面报告,并经批准。

3. 涉嫌不正当竞争行为的调查

监督检查部门的调查职责有三个方面:一是监督检查部门及其工作人员对调查过程中知悉的商业秘密负有保密义务;二是监督检查部门接到举报后应当依法及时处理,对实名举报并提供相关事实和证据的,监督检查部门应当将处理结果告知举报人;三是监督检查部门调查涉嫌不正当竞争行为,应当遵守《中华人民共和国行政强制法》和其他有关法律、行政法规的规定,并应当将查处结果及时向社会公开。监督检查部门的工作人员滥用职权、玩忽职守、徇私舞弊或者泄露调查过程中知悉的商业秘密的,依法给予处分;构成犯罪的,依法追究刑事责任。监督检查部门调查涉嫌不正当竞争行为,被调查的经营者、利害关系人及其他有关单位、个人应当如实提供有关资料或者情况。

(三) 经营者的权利

我国《反垄断法》规定,经营者的合法权益受到不正当竞争行为损害的,可以向人民法院提起诉讼。因不正当竞争行为受到损害的经营者的赔偿数额,按照其因被侵权所受到的实际损失确定;实际损失难以计算的,按照侵权人因侵权所获得的利益确定。赔偿数额还应当包括经营者为制止侵权行为所支付的合理开支。

(四) 经营者的责任

我国《反垄断法》规定:"经营者违反本法规定,给他人造成损害的,应当依法承担民事责任。"经营者的责任有以下八个方面。

1. 混淆行为的法律责任

混淆行为的法律责任有两项:一是权利人因被侵权所受到的实际损失、侵权人因侵权所获得的利益难以确定的,由人民法院根据侵权行为的情节判决给予权利人 300 万元以下的赔偿;二是实施混淆行为的,由监督检查部门责令停止违法行为,没收违法商品;违法经营额 5 万元以上的,可以并处违法经营额 5 倍以下的罚款;没有违法经营额或者违法经营额不足 5 万元的,可以并处 25 万元以下的罚款;情节严重的,吊销营业执照。

2. 诋毁商誉行为的法律责任

经营者或者与其他经营者受指使从事诋毁竞争对手商业信誉、商品声誉的,可以构成共同侵权人,由监督检查部门责令停止违法行为、消除影响,处 10 万元以上 50 万元以下的罚款;情节严重的,处 50 万元以上 300 万元以下的罚款。

3. 误导公众行为的法律责任

经营者对其商品做虚假或者引人误解的商业宣传,或者通过组织虚假交易等方式帮助其他经营者进行虚假或者引人误解的商业宣传的,由监督检查部门责令停止违法行为,处 20 万元以上 100 万元以下的罚款;情节严重的,处 100 万元以上 200 万元以下的罚款,并可吊销营业执照。经营者对其商品的商业宣传属于发布虚假广告的,依照《中华人民共和国广告法》的规定处罚。

4. 侵犯商业秘密行为的法律责任

经营者侵犯商业秘密的,由监督检查部门责令停止违法行为,处 10 万元以上 50 万元以下的罚款;情节严重的,处 50 万元以上 300 万元以下的罚款。

5. 商业贿赂行为的法律责任

《反不正当竞争法》规定,经营者贿赂他人的,由监督检查部门没收违法所得,处10万元以上300万元以下的罚款;情节严重的,吊销营业执照。

6. 不正当有奖销售行为的法律责任

经营者违反《反不正当竞争法》规定进行有奖销售的,由监督检查部门责令停止违法行为,处5万元以上50万元以下的罚款。

7. 妨碍破坏网络经营行为的法律责任

经营者违反《反不正当竞争法》规定妨碍、破坏其他经营者合法提供的网络产品或者服务正常运行的,由监督检查部门责令停止违法行为,处10万元以上50万元以下的罚款;情节严重的,处50万元以上300万元以下的罚款。

8. 其他情形法律责任

经营者从事不正当竞争,有主动消除或者减轻违法行为危害后果等法定情形的,依法从轻或者减轻行政处罚,由监督检查部门记入信用记录。如果违法行为轻微并及时纠正,没有造成危害后果的,不予行政处罚。经营者如果妨害监督检查部门依照《反不正当竞争法》履行职责,拒绝、阻碍调查的,由监督检查部门责令改正,对个人可以处5 000元以下的罚款,对单位可以处5万元以下的罚款,并可以由公安机关依法给予治安处罚。

第六节　跨境电子商务经营者责任

跨境电子商务作为国际贸易新的业态,在全球得到了迅猛发展。为了保护跨境电子商务合同当事人的合法权益,国际组织和我国都先后制定了《联合国国际贸易法委员会电子商务示范法》《联合国国际贸易法委员会电子签名示范法》《联合国国际合同使用电子通信公约》和《中华人民共和国电子签名法》《中华人民共和国电子商务法》(以下简称《电子商务法》)等法律法规来规范跨境电子商务行为。

一、电子商务经营者的义务

电子商务经营者包括电子商务平台经营者、平台内经营者以及通过自建网站、其他网络服务销售商品或者提供服务的电子商务经营者。

(一) 电子商务经营者的义务

电子商务经营者具有以下六个方面的义务。

1. 依法销售商品或者提供服务

电子商务经营者销售的商品或者提供的服务应符合保障人身、财产安全和环境保护的要求,不得销售或者提供法律与行政法规禁止交易的商品或服务,并要真实、及时地披露相关信息,保障消费者的知情权和选择权,不得以虚构交易、编造用户评价等方式进行虚假或者引人误解的商业宣传,误导、欺骗消费者。

电子商务经营者销售的商品或者提供的服务还应注意两个现象:一是如果搭售商品或者服务的,应以显著方式提请消费者注意,不得将搭售商品或者服务作为默认同意的选项;二是如果根据消费者的兴趣爱好、消费习惯等特征向其提供商品或者服务的搜索结果时,应当同时向该消费者提供不针对其个人特征的选项，尊重和平等保护消费者合法权益。

2. 依法履约并承担责任

电子商务经营者应按照承诺或者与消费者约定的方式、时限向消费者交付商品或者服务，并承担商品运输中的风险和责任，并依据销售商品或者提供服务出具纸质发票或者电子发票等购货凭证或者服务单据。如果按约向消费者收取押金的，电子商务经营者应当明示押金退还的方式及程序，不得对押金退还设置不合理的条件。

3. 依法履行纳税义务

电子商务经营者应依法履行纳税义务，依法享受税收优惠。不需要办理市场主体登记的电子商务经营者在首次纳税义务发生后，应依照税收征收管理法律与行政法规的规定申请办理税务登记，并如实申报纳税。

4. 依法依规开展市场竞争

电子商务经营者因其技术优势、用户数量、对相关行业的控制能力以及其他经营者对该电子商务经营者在交易上的依赖程度等因素而形成的市场支配地位，不得滥用其排除或者限制竞争。

5. 依法依规收集管理用户信息

电子商务经营者收集或者使用用户的个人信息，应遵守法律与行政法规有关个人信息保护的规定，应明示用户信息的查询、更正、删除以及用户注销的方式与程序，不得对用户信息查询、更正、删除以及用户注销设置不合理条件，要按照用户的申请并在核实身份后及时提供查询或者更正或者删除或者注销的服务。如果有关主管部门依照法律与行政法规的规定要求电子商务经营者提供有关电子商务数据信息的，应给予提供。

6. 依法依规开展跨境电子商务

电子商务经营者从事跨境电子商务，应当遵守进出口监督管理的法律与行政法规以及国家有关规定。

（二）电子商务平台经营者的义务

电子商务平台经营者是指在电子商务中为交易双方或者多方提供网络经营场所、交易撮合、信息发布等服务，供交易双方或者多方独立开展交易活动的法人或者非法人组织，如敦煌禾光信息技术有限公司的敦煌网等。电子商务平台经营者具有以下九个方面的义务。

1. 审核管理经营者的注册信息

电子商务平台经营者审核管理经营者注册信息主要有以下三个方面：

（1）电子商务平台经营者对申请注册经营者提交的注册材料进行核验，并进行登记，建立其档案，每年定期予以验证。

（2）电子商务平台经营者应按照规定向市场监督管理部门报送平台内经营者的身份信息，提示未办理市场主体登记的经营者依法办理登记。

（3）电子商务平台经营者应配合市场监督管理部门，针对电子商务的特点，为应当办理市场主体登记的经营者办理登记提供便利。

2. 制定平台服务协议与交易规则

电子商务平台经营者应遵循公开、公平、公正的原则，制定平台服务协议和交易规则，并在首页显著位置持续公示平台服务协议和交易规则，或者其链接标识，明确进入和退出平台、商品和服务质量保障、消费者权益保护、个人信息保护等方面的权利和义务，不得利用服务协议、交易规则和技术等手段在平台内的交易、交易价格以及与其他经营者的交易等进行不合理限制或者附加不合理条件,或者向平台内经营者收取不合理费用。如果电子商务平台经营者修改平台服务协议和交易规则,应当在首页显著位置公开征求意见,修改内容至少应在实施前7日予以公示。电子商务平台内经营者不接受修改内容,要求退出平台的,必须放行并按照修改前的服务协议和交易规则承担相关责任。

3. 监管平台内经营者的交易行为

电子商务平台经营者监管平台内经营者的交易行为主要有以下三个方面。

1)监管平台内商品或者服务信息是否存在违法行为

电子商务平台经营者记录并保存不少于3年平台上发布的商品信息、服务信息和交易信息,确保信息的完整性、保密性、可用性;发现平台内的商品或者服务信息存在违反法律与法规情形的,应依法采取必要的处置措施,向有关主管部门报告,还要实施警示、暂停或者终止服务等措施,并及时公示。

2)监管平台内商品或者服务信息是否存在侵害知识产权的现象

电子商务平台经营者应建立知识产权保护规则,与知识产权权利人加强合作,依法保护知识产权,对侵害知识产权的现象,应采取删除、屏蔽、断开链接、终止交易和服务等必要措施;未采取必要措施的,与侵权人承担连带责任。

3)对平台内商品或者服务存在侵害知识产权现象采取必要措施

电子商务平台经营者接到含有侵权初步证据的通知后,应及时采取必要措施,并将该通知转送平台内经营者;否则,对损害的扩大部分需要承担连带法律责任。电子商务平台内经营者接到转送的通知后,可以提交含有不存在侵权行为初步证据的声明,由电子商务平台经营者转送相关知识产权权利人。在该声明到达知识产权权利人后的15日内,电子商务平台经营者未收到权利人投诉或者起诉通知的,应及时终止所采取的措施。

电子商务平台经营者因通知错误造成平台内经营者损害的,依法承担民事责任;恶意发出错误通知,造成平台内经营者损失的,应加倍承担赔偿责任。

4. 及时报送平台内经营者纳税相关信息

电子商务平台经营者依照税收征收管理法律与行政法规的规定,向税务部门报送平台内经营者的身份信息和纳税有关的信息,并提示不需要办理市场主体登记的电子商务经营者依法办理税务登记。

5. 规范平台的自营业务

电子商务平台经营者在其平台上开展自营业务的,应以显著方式区分标记自营业务和平台内经营者开展的业务,不得误导消费者;对其标记为自营的业务依法承担商品销售者或者服务提供者的民事责任。

6. 保障电子商务交易安全

电子商务平台经营者应采取技术措施,确保平台的稳定运行,制定网络安全事件应急预案,确保网络安全,并防范网络违法犯罪活动,保障电子商务交易的安全。

7. 承担连带法律责任

电子商务平台经营者知道或者应知道平台内经营者销售的商品或者提供的服务,不符合保障人身与财产安全的要求,或者有其他侵害消费者合法权益的行为,如果未采取必要措施的,依法承担连带法律责任;对销售生命健康商品或者服务平台内经营者的资质未尽到审核义务,或者对消费者未尽到安全保障义务,由此造成消费者损害的,依法承担相应的责任。

8. 提供其他服务

电子商务平台经营者提供两项其他服务:一是电子商务平台经营者应根据商品或者服务的价格、销量、信用等以多种方式向消费者显示商品或者服务的搜索结果,对于竞价排名的商品或者服务应标明"广告";二是电子商务平台经营者可按照平台服务协议和交易规则为经营者之间的电子商务提供仓储、物流、支付结算和交收等服务,其应遵守法律与行政法规和国家有关规定,不得采取集中竞价、做市商等集中交易方式进行交易,不得进行标准化合约交易。

9. 建立健全信用评价制度

电子商务平台经营者应建立健全信用评价制度,公示信用评价规则,为消费者提供对平台内销售的商品或者提供的服务进行评价的途径,不得删除其评价信息。

(三) 平台内经营者的义务

平台内经营者是指通过电子商务平台销售商品或者提供服务的电子商务经营者。平台内经营者分为两类:一是电子商务平台的销售商,包括批发商、零售商、贸易商和个体商家;二是电子商务平台的服务商,包括物流企业、金融企业和外贸综合服务企业等,如顺丰控股股份有限公司、韵达控股股份有限公司、支付宝(中国)网络技术有限公司、西联国际汇款公司和上海春宇供应链管理有限公司等。

1. 销售商的义务

销售商是指以出售、租赁或者其他任何方式向第三方提供产品和服务的利益相关的企业与自然人。销售商的义务有以下五个方面。

1) 应建立并执行进货检查验收制度

我国《产品质量法》规定:"销售者应建立并执行进货检查验收制度,验明产品合格证明和其他标识。"进货检查验收制度是指销售者根据产品品质相关法律法规,结合与生产者或者其他供货者之间订立的合同,对进货产品质量进行检查,符合合同约定的予以验收的制度。进货检查验收主要有验明产品合格证明和其他标识两项工作内容。产品合格证明是产品合格证、合格印章等的统称,是生产者出具的用来证明出厂产品的质量经过检验并符合相应要求的标志;验明其他标识是指检查进货产品的标识,包括产品名称、厂名与厂址、产品规格与等级、所含主要成分的名称和含量、生产日期与失效日期、警示标志或者中文警示说明等。销售者在执行进货检查验收时,首先应当检验产品的合格证明,其次验明产品合格证明和其他标识的内容,如果没有合格证明或者标识不符合法律规定要求的产品,可以拒收,或者要求供货者退货或者更换。

2) 应采取措施确保销售产品的质量

我国《产品质量法》规定:"销售者应当采取措施,保持销售产品的质量。"销售者要增强对产品质量负责的责任感,加强企业内部质量管理,根据产品的不同特点增大对保证产品质量的技术投入等措施,确保消费者购买产品的质量。

3) 不得销售产品质量不合格的产品

我国《产品质量法》规定,销售产品"不得掺杂、掺假,不得以假充真、以次充好,不得以不合格产品冒充合格产品"。销售不合格产品在客观上是对消费者的欺骗,造成了消费者的财产损失,甚至会危及消费者的人身安全。

4）不得销售法律禁止的产品

我国《产品质量法》规定："销售者不得销售国家明令淘汰并停止销售的产品和失效、变质的产品。"国家明令淘汰产品是指国务院及其有关部门通过颁发公告等形式,公开淘汰某项产品或者产品的某个型号;失效产品是指失去了本来应当具有的效力与作用的产品;变质产品是指内在质量发生了本质性的物理、化学变化,失去了产品应当具备的使用价值的产品。销售者销售法律禁止的产品,会危及消费者的人身安全,并造成消费者的财产损失。

5）销售产品的标识应符合法律的规定

销售产品的标识应符合我国《产品质量法》规定。其有六项要求:一是有产品质量检验合格证明;二是有中文标明的产品名称、生产厂厂名和厂址;三是根据产品的特点和使用要求,需要标明产品规格、等级、所含主要成分的名称和含量的,用中文相应予以标明;四是需要事先让消费者知晓的,应当在外包装上标明,或者预先向消费者提供有关资料;五是有使用期限的产品,应在显著位置清晰地标明生产和失效的日期;六是使用不当,容易造成产品本身损坏或者可能危及人身、财产安全的产品,应有警示标志或者中文警示说明。

2. 服务商的义务

服务商向消费者提供服务,应当按照有关法律和约定的合同履行义务,不得设定不公平、不合理的条件。服务商具有以下四个方面的义务。

1）确保人身与财产的安全

服务商向消费者提供服务,必须符合保障人身和财产安全的要求,对可能危及人身、财产安全的服务,应当向消费者做出真实的说明和明确的警示,并说明和标明接受服务的方法以及防止危害发生的方法。

2）提供真实的服务信息

服务商向消费者提供的服务信息,应当真实、全面,不得做出虚假或者引人误解的宣传,对消费者就其提供的服务所提出的询问,应当做出真实、明确的答复。

3）出具服务的单据

服务商向消费者提供的服务应当按照国家有关规定或者商业惯例向消费者出具服务单据。服务单据是指服务提供者与消费者形成交易关系的书面凭据,是确定双方之间的权利义务、解决争议以及明确相应责任的重要依据。

4）保证服务的质量

服务商向消费者提供的服务,应当保证其提供的服务的实际质量与表明的质量状况相符。

二、电子商务经营者的责任

我国《电子商务法》对电子商务经营者、电子商务平台经营者的违法行为处罚予以了规定。

（一）电子商务经营者违法行政责任

1. 处 1 万元以下罚款的违法行为

其有三种违法行为:一是未在首页显著位置公示营业执照信息、行政许可信息、属于不需要办理市场主体登记情形等信息,或者上述信息的链接标识的;二是未在首页显著位置持续公示终止电子商务的有关信息的;三是未明示用户信息查询、更正、删除以及用户注销的方式、程序,或者对用户信息查询、更正、删除以及用户注销设置不合理条件的。电子商务经营者有上述行为之一的,由市场监督管理部门责令限期改正,可以处 1 万元以下的罚款。

2. 处 5 万元以上 20 万元以下罚款的违法行为

其有三种违法行为:一是未根据消费者的兴趣爱好、消费习惯等特征向其提供商品或者服务的搜索结果的;二是违法搭售商品或者服务的;三是未向消费者明示押金退还的方式、程序,对押金退还设置不合理条件,或者不及时退还押金的。电子商务经营者有上述行为之一的,由市场监督管理部门责令限期改正,没收违法所得,可以并处 5 万元以上 20 万元以下的罚款;情节严重的,并处 20 万元以上 50 万元以下的罚款。

3. 依据其他法律处罚的行为

电子商务经营者其他违法行为有十二种:一是未取得相关行政许可从事经营活动的;二是销售法律、行政法规禁止交易商品的;三是提供法律、行政法规禁止的服务的;四是未按规定提供有关电子商务数据信息的;五是采取集中交易方式进行交易的;六是进行标准化合约交易的;七是违反法律、行政法规有关个人信息保护规定的;八是采取技术措施和其他必要措施保证其网络安全、稳定运行的;九是未按照有关法律、行政法规规定履行网络安全保障义务的;十是销售的商品或者提供的服务不符合保障人身、财产安全要求的;十一是实施虚假或者引人误解的商业宣传等不正当竞争行为的;十二是滥用市场支配地位,或者实施侵犯知识产权、侵害消费者权益等行为的。电子商务经营者有上述行为之一的,依照有关法律、行政法规的规定处罚。

(二) 电子商务平台经营者违法行政责任

1. 处 2 万元以上 10 万元以下罚款的违法行为

其有十一种违法行为:一是未在首页显著位置公示营业执照信息、行政许可信息、属于不需要办理市场主体登记情形等信息,或者上述信息的链接标识的;二是未在首页显著位置持续公示平台服务协议、交易规则信息或者上述信息的链接标识的;三是修改交易规则未在首页显著位置公开征求意见,未按照规定的时间提前公示修改内容,或者阻止平台内经营者退出的;四是未明示用户信息查询、更正、删除以及用户注销的方式、程序,或者对用户信息查询、更正、删除以及用户注销设置不合理条件的;五是未以显著方式区分标记自营业务和平台内经营者开展的业务的;六是未为消费者提供对平台内销售的商品或者提供的服务进行评价的途径,或者擅自删除消费者的评价的;七是不按规定向市场监督管理部门、税务部门报送有关信息的;八是不对违法情形采取必要的处置措施,或者未向有关主管部门报告的;九是不履行商品和服务信息、交易信息保存义务的;十是不履行核验、登记义务的;十一是未在首页显著位置持续公示终止电子商务的有关信息的。电子商务平台经营者有上述行为之一的,由有关主管部门责令限期改正;逾期不改正的,处 2 万元以上 10 万元以下的罚款;情节严重的,责令停业整顿,并处 10 万元以上 50 万元以下的罚款。法律、行政法规另有规定的,依照其规定。

2. 处 5 万元以上 50 万元以下罚款的违法行为

其有六种违法行为:一是电子商务平台经营者对平台内经营者在平台内的交易、交易价格或者与其他经营者的交易等进行不合理限制或者附加不合理条件;二是向平台内经营者收取不合理费用的;三是对平台内经营者侵害消费者合法权益行为未采取必要措施;四是对平台内经营者未尽到资质资格审核义务的;五是对消费者未尽到安全保障义务的;六是对平台内经营者实施侵犯知识产权行为未依法采取必要措施的。由有关知识产权行政部门责令限期改正;电子商务平台经营者有上述行为之一的,由市场监督管理部门责令限期改正,可以处 5 万元以上 50 万元以下的罚款;情节严重的,处 50 万元以上 200 万元以下的罚款;构成犯罪的,依法追究刑事责任。

 **案例思政**

加强知识产权保护 营造更好营销环境

【案例简介】

2017 年 7 月 17 日,习近平主持召开中央财经领导小组第十六次会议时指出,要完善知识产权保护相关法律法规,提高知识产权审查质量和审查效率;要加快新兴领域和业态知识产权保护制度建设;要加大知识产权侵权违法行为惩治力度,让侵权者付出沉重代价;要调动拥有知识产权的自然人和法人的积极性和主动性,提升产权意识,自觉运用法律武器依法维权。2017 年,中国发明专利申请量达到 138.2 万件,连续 7 年居世界首位,申请者中近 10% 为外国单位和个人;国外来华发明专利申请量达到 13.6 万件。据世界知识产权组织的公布,2017 年中国通过《专利合作条约》途径提交的专利申请受理量达 5.1 万件,仅次于美国,居全球第二位。

【案例思政】

2018 年 4 月 10 日,习近平在博鳌亚洲论坛年会开幕式上发表主旨演讲时指出,中国将重新组建国家知识产权局,完善执法力量,加大执法力度,把违法成本显著提上去,把法律威慑作用充分发挥出来。重新组建的国家知识产权局在北京、上海、广州设立三家知识产权法院,在南京、苏州、武汉、西安等 15 个中级法院内设立专门审判机构,跨区域管辖专利等知识产权案件。国家知识产权局加大行政执法力度,针对重点违法领域,开展专利"护航"行动、打击网络侵权盗版"剑网"行动、出版物版权"扫黄打非"和"秋风"行动、打击侵权假冒的"网剑行动""质检利剑"打假行动等专项行动,打造更好的营销环境。

复习与思考

一、单项选择题

1. 下列各项中,属于保护专利权的国际条约的是(　　)。

A.《伯尔尼公约》　　　　　　　　　　B.《罗马公约》

C.《马德里议定书》　　　　　　　　　D.《专利合作条约》

2. 我国《商标法》规定注册商标的有效期为 10 年,自商标(　　)之日起计算。

A. 申请注册　　　　　　　　　　　　B. 初审公告

C. 异议成立　　　　　　　　　　　　D. 核准注册

3. 下列各项中,不属于电子商务经营者的是(　　)。

A. 电子商务平台经营者　　　　　　　B. 平台内经营者

C. 定制产品制造者   D. 通过网站提供服务的经营者

4. 下列各项中,不属于电子商务经营者违法行为的是( )。

A. 未取得相关行政许可从事经营活动的   B. 销售法律、行政法规禁止交易商品的

C. 提供法律、行政法规禁止的服务的   D. 在网站开展视频营销的

5. 《关于造成人身伤害与死亡的产品责任的欧洲公约》规定产品责任诉讼时效为( )年。

A. 1   B. 2

C. 3   D. 4

6. 下列各项中,不属于电子商务平台的销售商的是( )。

A. 批发商   B. 制造商

C. 零售商   D. 贸易商

7. 下列各项中,不属于电子商务平台的服务商的是( )。

A. 物流企业   B. 金融企业

C. 外贸综合服务企业   D. 制造企业

8. 在商业混淆诉讼中,权利人因被侵权所受到的实际损失、侵权人因侵权所获得的利益难以确定的,由人民法院根据侵权行为的情节判决给予权利人( )万元以下的赔偿。

A. 100   B. 200

C. 300   D. 500

9. 下列各项中,不属于处 2 万元以上 10 万元以下罚款违法行为的是( )。

A. 未在首页显著位置公示营业执照信息、行政许可信息的

B. 不按规定向市场监督管理部门、税务部门报送有关信息的

C. 向平台内经营者收取不合理费用的

D. 不履行商品和服务信息、交易信息保存义务的

10. 下列各项中,不属于处 5 万元以上 50 万元以下罚款违法行为的是( )。

A. 不履行核验、登记义务的

B. 对消费者未尽到安全保障义务的

C. 向平台内经营者收取不合理费用的

D. 对平台内经营者未尽到资质资格审核义务的

二、多项选择题

1. 下列各项中,属于保护商标权的国际公约的有( )。

A. 《巴黎公约》   B. 《马德里协定》

C. 《马德里议定书》   D. 《专利合作条约》

2. 下列各项中,属于保护著作权的国际公约的有( )。

A. 《巴黎公约》

B. 《伯尔尼公约》

C. 《罗马公约》

D. 《世界版权公约》

3. 下列各项中,不受《著作权法》保护的有( )。

A. 依法禁止出版、传播的作品   B. 法律、法规及官方文件

C. 时事新闻   D. 历法、通用数表、通用表格和公式

4. 我国《著作权法》保护的邻接权包括（   ）。

A. 表演权   B. 表演者权

C. 音像制作者权   D. 广播组织者权

5. 商标的构成要素为（   ）。

A. 可视可听性   B. 显著性

C. 非冲突性   D. 创造性

6. 下列各项中，属于我国《侵权责任法》包含的侵权责任有（   ）。

A. 违约责任   B. 产品责任

C. 高度危险责任   D. 机动车交通事故责任

7. 下列各项中，属于产品责任法的特征的有（   ）。

A. 属于民事责任的法律

B. 具有公法性质，更具强制性

C. 补偿范围包括物质和精神损失

D. 法律诉讼不需要原被告之间存在合同关系

8. 下列各项中，属于我国《涉外民事关系法律适用法》中对侵权责任适用的正确法律有（   ）。

A. 侵权行为地法律   B. 共同经常居所地法律

C. 协议选择适用法律   D. 被侵权人主营业地法律

9. 因产品存在缺陷造成损害的，被侵权人可以向产品的（   ）请求赔偿。

A. 生产者   B. 监督者

C. 销售者   D. 经营者

10. 下列各项中，属于诋毁商誉表现形式的有（   ）。

A. 产品附属资料中的商业诽谤   B. 新闻、广告中的商业诽谤

C. 直接在公众中散布谣言   D. 组织、唆使、利用他人进行商业诽谤

三、判断题

1. 我国知识产权法律规定，中华人民共和国缔结或者参加的国际条约同我国相关法律有不同规定的，适用国际条约的规定。   （   ）

2. 根据《马德里议定书》的相关规定，国际商标在国际注册簿上注册之日起生效，受到缔约成员国的保护。   （   ）

3. 对于注册不当的商标，从商标注册之日起 2 年内，在先权利人或利害关系人可以请求商标评审委员会宣告该注册商标无效；对恶意注册的，驰名商标所有人不受其时间的限制。

    （   ）

4. 在完成发明创造过程中只负责组织工作的人，或者为物质条件的利用提供方便的人，或者其他从事辅助工作的人，应当被认为是发明人或设计人。   （   ）

5. 发明或者实用新型专利权的保护是以其权利要求的内容和说明书为准的，附图可以用来解释权利要求的内容。   （   ）

6. 信息网络传播权是指著作权人对其作品具有通过有线或者无线方式向公众提供作品，使公众可以在其个人选定的时间和地点获得作品的权利。   （   ）

7. 受委托创作的作品著作权,根据双方当事人签订的合同约定归属。如果合同未作约定或者没有订立合同,著作权属于委托人。（　　）

8. 欧盟国家认定缺陷产品采取的是不合理危险标准和生产标准,且优先适用生产标准,企业只要证明自己的产品符合有关国家标准和行业标准,就无须承担责任。（　　）

9. 证明缺陷是在产品投入市场时的科学技术水平不可能发现的,不属于产品责任的抗辩事由。（　　）

10. 产品责任适用侵权人经常居所地法律,被侵权人选择适用侵权人主营业地法律、损害发生地法律的,或者侵权人在被侵权人经常居所地没有从事相关经营活动的,适用侵权人主营业地法律或者损害发生地法律。（　　）

11. 如果产品缺陷因运输者、仓储者等第三人的过错造成他人损害的,生产者、销售者或者经营者在赔偿后不能向第三人追偿。（　　）

12. 商业秘密是不为公众所知悉的,能为权利人带来经济利益,具有实用性并经权利人采取相应保密措施的技术信息和经营信息。（　　）

13. 经营者的工作人员进行贿赂的,应当认定为经营者的行为,如果经营者有证据证明该工作人员的行为与为经营者谋取交易机会或者竞争优势无关的除外。（　　）

14. 电子商务平台经营者未在首页显著位置持续公示平台服务协议和交易规则或者其链接标识的行为,属于违法行为。（　　）

四、简答题

1. 简述我国《商标法》规定的商标侵权的情形。

2. 简述我国《著作权法》规定的表演者的权利。

3. 简述网络不正当竞争行为的表现。

4. 简述电子商务平台经营者违法行政责任。

五、案例分析题

某年,欧盟反垄断监管机构在对三洋、松下和索尼三家日本公司的调查中发现,2004—2007 年,这三家日本公司与三星 SDI 公司协调可充电锂离子电池价格,当时由于钴（一种用于生产锂离子电池的原材料）的价格临时上涨,四家公司统一上涨了锂电池的价格。欧盟反垄断监管机构认定,四家公司组成卡特尔,操纵手机和笔记本电脑等设备所使用的锂电池价格,并对其处以总计 1.66 亿欧元的罚款。

请分析,欧盟反垄断监管机构对这四家公司查处的依据是什么?